영과 혼의 궁금증이 풀리다!

Know Thyself!

너 자신을 알라!

변승우 지음

도서출판 거룩한진주

영과 혼의 궁금증이 풀리다!

Know Thyself!

너 자신을 알라!

변승우 지음

도서출판 거룩한진주

CONTENTS

Ⅳ. 영과 혼에 대한 더 구체적인 설명!

V. 영과 혼에 대한 무지에서 비롯된 문제들!

여호와 하나님이 땅의 흙으로 사람을 지으시고 생기를
그 코에 불어넣으시니 사람이 생령이 되니라

창세기 2:7

방언을 말하는 자는 사람에게 하지 아니하고 하나님께 하
나니 이는 알아 듣는 자가 없고 영으로 비밀을 말함이라

고린도전서 14:2

평강의 하나님이 친히 너희를 온전히 거룩하게 하시고
또 너희의 온 영과 혼과 몸이 우리 주 예수 그리스도께서
강림하실 때에 흠 없게 보전되기를 원하노라

데살로니가전서 5:23

제가 주일학교 때부터 신앙생활을 하고 수십 년간 목회하고 설교하면서 해석이 불가능할 정도로 심히 어렵고, 그래서 더 알고 싶었던 것이 세 가지가 있습니다.

첫째는, 로마서 9장의 토기장이의 비유였습니다. 그런데 하나님의 은혜로 2018년에 그것을 풀 수 있었고 『**예정론의 최고 난제: 토기장이의 비유 풀이!**』라는 책으로 출판했습니다.

둘째는, 성경에서 가장 어려운 요한계시록이었습니다. 그것도 2020년에 하나님의 은혜로 기적적으로 풀렸고 『**하나님의 어리석음이 사람보다 지혜롭다!!!**』는 제목으로 책을 출판했습니다.

셋째는, 구체적으로 인간의 영은 무엇이고 혼은 무엇인가였습니다. 저는 오래도록 이것을 알지 못했을 뿐 아니라 이해할 엄두도 내지 못했습니다. 그런데 2021년 2월 13일, 하나님께서 기적적으로 깨닫게 해주셨습니다. 그리하여 평생토록 알고 싶어 했던 3대 난제가 모두 풀렸습니다. 할렐루야! 모든 것이 하나님의 은혜입니다.

여러분처럼 저도 오랫동안 영과 혼에 대해 알고 싶어 했습니다. 그러나 어디서도 만족할 만한 답을 찾을 수 없었습니다. 케네스 해긴 목사님도 『사단, 귀신 및 귀신 들림』이라는 책에서 이렇게 말했습니다.

"내가 연구해보니 몸(body)과 마음(mind)을 구분 짓는 것은 항상 아주 쉬웠다. 그러나 혼(soul)과 영(spirit)을 나누려고 할 때는 좀 더 어려워진다. **우리는 한 번도 그것을 속시원히 해결해 본 적이 없다.**"[1]

이것이 저의 경험이었고 또한 여러분의 경험이었습니다. 그런데 케네스 해긴 목사님이 영과 혼에 대해 15년간 연구한 끝에 『인간의 세 가지 본성』이라는 책을 출판했습니다.

해긴 목사님도 우리처럼 영과 혼에 대해 지대한 관심을 갖고 계셨습니다. 그래서 영과 혼을 알고자 치열하게 연구했습니다. 그 노력이 그분이 쓴 책 곳곳에 나타나 있습니다.

"나는 15년 동안 밤늦게까지 연구했습니다. 내가 가장 알고 싶어 하는 것이 바로 영과 혼이 어떻게 다른가에 관한 것이었습니다."[2]

---

1 케네스 E. 해긴 『사단, 귀신 및 귀신 들림』 오태용 옮김. 서울: 베다니, 2017. p. 75.

2 케네스 E. 해긴 『어떻게 하나님의 영으로 인도받을 수 있는가?』 김진호 옮김. 성남: 믿음의 말씀사, 2005. p. 20.

"인간의 세 가지 본성 — 영(spirit), 혼(soul), 육(body) — 에 대한 연구는 언제나 제게 흥미를 돋웁니다. 저는 그 세 가지 사이의 차이에 대해 배우기 위해 진지하게 탐구해 왔습니다. 육체(body)와 다른 두 가지를 구별하는 것은 쉽습니다. 그러나 영(spirit)과 혼(soul)을 구별하는 것은 때때로 어려운 일입니다. 오직 성경만이 할 수 있는 것입니다. 이 주제에 대한 오해가 많이 있습니다. 목사들조차도 많은 오류들을 가르쳐왔습니다. 수년 동안 저는 이 분야의 진리를 찾아내려고 다양한 신학교에서 인간에 대한 연구에 사용되는 책들을 공부했습니다. 저는 순복음성경학교들에서 가르치는 책들을 공부했습니다. 제가 이전에 소속되었던 교파에서 사용되던 책들도 가지고 있었습니다. 그러나 저는 이 모든 것들로부터 만족스러운 결과를 거의 찾지 못했습니다. 그것들은 모두 성경이 아닌 개인의 가르침에 기반을 둔 것이었습니다. 저는 순복음권의 가장 유능한 교사 몇 명과 얘기했습니다. 또한 신학박사 학위를 가진 사람들과도 얘기했습니다. 그들 대부분이 영(spirit) 혼(soul) 육(body)에 관하여 얼마나 아는 것이 없는지 놀라울 뿐이었습니다."[3]

"영과 혼의 차이는 무엇인가?

영과 혼은 같은 것이 아닙니다. 오래전 50년대 초에 나는 이 주제에 관하여 깊이 연구했었습니다. 나는 인간이란 주제에 관

---

3 케네스 E. 해긴 『인간의 세 가지 본성』 김진호 옮김. 성남: 믿음의 말씀사, 2000. pp. 7-8.

하여 좀 더 알아보기 위하여 오순절과 가정교단의 대표적 성경학교와 신학대학원으로부터 책을 구했으나 어떤 책도 나를 만족시키지 못했고 성경적이지 않았습니다. 그 책들은 '부분적'으로만 성경적일 뿐이었습니다. 나는 전국의 유명한 신학자와 목사들에게 질문해 보았습니다. 지금 그 이름을 언급한다면 그 중 몇 사람은 여러분도 알 것입니다."[4]

이렇게 15년간 열심히 연구 후 책으로 출판한 것이 바로 『인간의 세 가지 본성』입니다.

저는 케네스 해긴 목사님을 깊이 존경하기 때문에 기대감이 매우 컸습니다. 그래서 큰 기대를 갖고 그 책을 읽었습니다. 그러나 아쉽게도 기대한 것과 달리 속시원한 확실한 답이 없었습니다. 뭔가 정곡을 찌르지 못하고 알맹이가 없는 느낌이었습니다. 아마 여러분도 그러셨을 것입니다.

해긴 목사님의 영 혼 육에 대한 설명은 기본적으로는 틀린 것이 아닙니다. 그러나 영과 혼을 정확하게 이해한 것이 아닙니다. 그래서 속을 후련하게 하는 정확한 해석을 하시지 못했습니다. 또한, 영과 혼에 대한 부분적으로 왜곡된 이해에 기초해서 거듭남과 성화에 대해 빗나간 해석을 하셨습니다. 그래서 저는 해긴 목사님도 정확한 답을 모르신다면 과연 어디서 이것을 알 수 있을까? 하고 포기했습니다.

---

4 케네스 E. 해긴 『어떻게 하나님의 영으로 인도받을 수 있는가?』 김진호 옮김. 성남: 믿음의 말씀사, 2005. p. 19.

그런데 여러분, 기뻐하십시오. 여러분은 이 설교를 통해 처음으로 영과 혼에 대한 속시원하고 후련한 설명을 듣게 되실 것입니다. 또한, 덤으로 거듭남과 성화에 대한 더욱 성경적인 가르침을 듣게 될 것입니다. 왜냐하면 하나님께서 은혜로 제게 영과 혼에 대한 정확하고 깊은 깨달음을 부어주셨기 때문입니다. 이 설교는 단지 영과 혼에 대한 여러분의 궁금증을 풀어주는 사변적인 설교가 아닙니다. 신앙생활에 실제로 큰 도움이 되는 매우 실용적인 설교입니다. 그러므로 집중해서 끝까지 잘 들어주시기 바랍니다.

I
이분설과 삼분설, 어느 것이 옳은가?

사람의 구성요소에 대해서는 이분설과 삼분설 두 가지가 있습니다. 이에 대해 웨인 그루뎀은 『조직신학(상)』권에서 이렇게 썼습니다.

"**인간은 어떻게 구성되어 있을까?** 우리가 육체를 가지고 있다는 사실에는 누구나 동의한다. 대부분의 사람들은(신자와 불신자 모두) 비물질적인 부분, 즉 육체가 죽은 후에도 계속 살아있을 혼이 있다고 느끼고 있다. 그러나 그 이후에는 거의 의견이 일치하지 않는다.

어떤 사람들은 몸과 혼 이외에 하나님과 직접적으로 관계를 갖고 있는 영이 있다고 믿는데, 이처럼 사람이 세 부분(몸, 혼, 영)**으로 되어 있다고 믿는 것을 삼분설이라고 부른다.** 복음주의에서 볼 수 있는 상당히 일반적인 견해였지만, 오늘날 이 입장을 지지하는 사람은 많지 않다. 많은 **삼분설 지지자들에 의하면, 사람의 혼은 지성과 감정과 의지를 포함한다. 모든 사람들**

이 혼을 가지고 있으며, 이 혼의 여러 다른 요소들이 하나님을 섬기게도 하고 죄를 짓게 만들기도 한다고 그들은 주장한다. 또한 사람의 영은 한 개인이 그리스도인이 될 때 살아나는 더 고귀한 부분이라는 것이 그들의 주장이다(롬 8:10 "그리스도께서 너희 안에 계시면 몸은 죄로 인하여 죽은 것이나 영은 의를 인하여 산 것이니라"). 따라서 사람의 영은 하나님께 기도하고 예배드리는 데 있어 가장 직접적인 부분이 된다(요 4:24; 빌 3:3을 보라).

하지만 또 다른 사람들은 '영'이 사람의 한 부분이 아니라 단지 '혼'을 지칭하는 다른 용어일 뿐이라고 주장하면서, 그 두 용어는 성경에서 몸이 죽은 후에도 살아 있는 비물질적인 부분에 대해 호환되고 있는 용어라고 한다. 사람은 두 부분(몸과 영/혼)으로 되어 있다는 입장을 우리는 이분설이라고 부른다. 이 입장을 지지하는 사람들도 '영'(히브리어: 루아흐, 헬라어: 프뉴마)이라는 단어가 하나님과의 관계를 나타낼 때 가장 자주 사용되었음은 인정하지만, 반드시 그랬던 것은 아니고 영이 사용될 수 있는 모든 곳에 혼도 사용될 수 있었음을 특히 강조한다."[5]

이제, 이분설과 삼분설이 무엇인지 아시겠지요!

저는 둘 중 오래도록 삼분설을 지지했습니다. 그러다 이번에 모든 주석들을 읽고 영과 혼을 집중 연구하다가 처음으로 마음이 이분설로 기울었습니다. 난생처음 이분설을 받아들였습

5 웨인 그루뎀 『조직신학(상)』 노진준 옮김. 서울: 은성, 2009. pp. 713-714.

니다. 그러나 연구를 더 해보고 삼분설이 옳다는 최종 결론에 도달했습니다.

저도 거의 대부분의 학자들이 이분설을 지지한다는 것을 압니다. 그러나 사도들의 영향을 받은 초기 교회의 이레니우스와 크리소스톰을 비롯하여 대부분의 교부들은 삼분설을 지지했습니다. 초기 교회의 정론은 이분설이 아니라 삼분설이었습니다. 또, 금세기 최고의 복음주의 신학자라는 평가를 받고 있는 존 스토트는 지혜롭게 다른 학자들과 달리 삼분설의 가능성을 열어두었습니다.

> "바울이 여기에서 우리의 인성에 대한 삼분법적 견해를 주장하고 있다면 — 초대교회 교부들이 대부분 그렇다고 믿었듯이 — 라이트풋의 설명이 최선의 것인 듯하다. 영은 '인간 안에 있는 지배 기능으로서 … 그것을 통해 그가 보이지 않는 세계와 교통하는 것이다.' 혼은 '그의 모든 충동들과 성질들이 있는 곳, 그 외 인격의 중심'이다. 한편 몸은 '그를 물질세계와 연결시켜 주며 그의 모든 외부로 향한 행동의 도구이다.'"[6]

또한, 워치만 니와 조용기 목사님은 물론이고 존경하는 케네스 해긴 목사님도 삼분설을 지지했고, 성결대학교 총장을 지낸 성기호 박사님도 완곡하게 삼분설을 지지했습니다.

---

6 존 스토트 『복음, 종말, 교회』 정옥배 옮김. 서울: IVP, 1995. p. 161.

"보통으로 인간의 구조를 말할 때 육체와 영혼으로 이루어져 있다고 말할 수 있다. 성경에서도 영과 혼을 서로 바꾸어 사용하기도 하며 영혼과 영을 동일한 것으로 취급하기도 한다(히 12:23; 계 6:9). 그러나 **성경의 진리를 보다 정확하게 설명하는 데는 이분법적인 인간의 구조보다는 삼분법적인 설명이 더욱 적합하다.**"[7]

여러분이 이 설교를 끝까지 들으시면 이분설이 아니라 삼분설이 옳다는 것을 확실히 깨닫게 되실 것입니다. 그러나 고정관념 때문에 여기서 귀를 닫지 않도록 둘 중 어느 것이 옳은지 간단명료하게 설명해드리겠습니다.

이분설과 삼분설 중 어느 것이 옳은지 알 수 있는 키는 데살로니가전서 5장 23절과 히브리서 4장 12절입니다. 이 두 성구를 옳게 해석하면 둘 중 어느 것이 옳은지 알 수 있습니다. 그래서 두 성구에 대해 자세히 설명해드리겠습니다.

1. 히브리서 4장 12절

"하나님의 말씀은 살아 있고 활력이 있어 좌우에 날선 어떤 검보다도 예리하여 혼과 영과 및 관절과 골수를 찔러 쪼개기까지 하며 또 마음의 생각과 뜻을 판단하나니"

---

7 성기호 『이야기 신학』 서울: 국민일보사, 1997. p. 135.

저는 이분설을 지지하는 학자들의 거의 모든 글을 읽었습니다. 하지만 이 구절과 데살로니가전서 5장 23절이 삼분설의 근거가 아니라는 것을 보여주는 완벽한 설명을 어디서도 찾을 수 없었습니다.

이 구절이 단지 말씀의 능력이 아니라 심판과 관계가 있는 구절이라는 것은 기본적인 사실입니다. 12절이 "왜냐하면"으로 시작되고 11절의 이유를 설명한 것이기 때문입니다. 그래서 이분설을 지지하는 학자들은 이 구절이 영과 혼이 서로 다르다는 뜻이 아니라 하나님께서 인간의 죄를 속속들이 감찰하신다는 의미로 해석합니다. 즉, 혼과 영과 관절과 골수가 사람의 각각의 구성요소를 뜻하는 것이 아니라 사람의 전 존재를 지칭하는 수사법이라고 이구동성으로 주장합니다.

그런데 관건은 "혼과 영과 및 관절과 골수를 찔러 쪼개기까지 하며"가 단지 감찰한다는 뜻이냐? 아니면 쪼개서 분리시킨다는 뜻이 있느냐? 하는 것입니다. 헬라어로 "찔러"는 "디이크네오마이"로 "꿰뚫다, 관통하다."라는 뜻입니다. 이것만 보면 감찰한다는 해석이 맞는 것 같습니다. 그러나 "쪼개기까지"에 해당하는 "메리스모스"는 "나눔, 분리, 분배"라는 뜻입니다. 영과 혼의 분리가 가능하다는 뜻입니다. 그래서 자연스럽게 이것은 영이고 저것은 혼이다, 이렇게 구분하는 것이 가능하다는 결론이 나옵니다.

그런데도, 학자들은 대부분 꿰뚫어보고 감찰한다는 뜻으로만 해석합니다. 바른 것이 아니지요! 그래서 저는 동의할 수 없습니다. 성경에는 분명히 "좌우에 날선 검보다도 예리하여 … 찔러 쪼개기까지 하며"라고 분리시킨다고 되어 있습니다. 우리가 보는 개역개정만 그런 것이 아닙니다. 거의 모든 번역본들이 그렇게 번역했습니다.

> 개역성경 "하나님의 말씀은 살았고 운동력이 있어 좌우에 날선 어떤 검보다도 예리하여 혼과 영과 및 관절과 골수를 찔러 **쪼개기까지 하며** 또 마음의 생각과 뜻을 감찰하나니"

> 바른성경 "과연 하나님의 말씀은 살아 있고 활동력이 있으며 어떤 양날 선 검보다도 더 날카로워서, 혼과 영과 관절과 골수를 찔러 **쪼개기까지** 하며 마음의 생각과 의도를 분별해 낸다."

> 표준새번역 "하나님의 말씀은 살아 있고 힘이 있어서, 어떤 양날칼보다도 더 날카롭습니다. 그래서, 사람 속을 꿰뚫어 혼과 영을 **갈라내고**, 관절과 골수를 **갈라놓기까지** 하며, 마음에 품은 생각과 의도를 밝혀냅니다."

> 공동번역 "하나님의 말씀은 살아 있고 힘이 있으며 어떤 쌍날칼보다도 더 날카롭습니다. 그래서 사람의 마음을 꿰뚫어 영혼과 정신을 **갈라놓고** 관절과 골수를 쪼개어 그 마음 속에 품은 생각과 속셈을 드러냅니다."

많은 이들이 “혼과 영과 및 관절과 골수를 찔러 쪼개기까지 하며”라는 부분을 말씀이 혼을 찔러 쪼개고, 영을 찔러 쪼개고, 관절을 찔러 쪼개고, 골수를 찔러 쪼갠다는 뜻으로 착각합니다. 그렇게 오해하는 사람들이 많습니다. 즉 검이 예리하다고 했기 때문에 수술에 대해 말하고 있다고 생각합니다. 그러나 수술이 아닙니다. 만약 수술이라면 무엇 때문에 관절과 골수를 찔러서 쪼개겠습니까? 그것은 절단이지 수술이 아닙니다. 그러므로 수술이 아니라 말씀이 능히 찔러서 쪼갤 수 있을 정도로 얼마나 예리한가를 설명한 것입니다. 그 증거로, 히브리서 기자는 “혼과 영과 관절과 골수”라고 하지 않고 “혼과 영과 및 관절과 골수”라고 했습니다. “및”이라는 단어에 주목하십시오. 이 단어 때문에 ‘혼과 영’과 ‘관절과 골수’가 짝을 이룹니다. 그리고 각각 그 사이를 찔러서 쪼갠다는 듯이 됩니다. 검은 본래 찔러서 쪼개는 역할을 합니다. 그러므로 그런 뜻으로 보아야 마땅합니다.

하지만, ‘혼과 영’은 깔끔한데 ‘관절과 골수’는 깔끔하지 않은 면이 있습니다. 영과 혼은 ‘영혼’으로 완전히 연합되어 있습니다. 마찬가지로 관절과 골수도 가까이 붙어 있습니다. 그 둘 사이를 찔러 쪼개는 것을 뜻합니다. 그러나 관절은 뼈와 바로 연결되지만, 골수는 뼈 속에 있습니다. 그래서 관절에 붙어 있는 것은 뼈인데 왜 “관절과 뼈를 찔러 쪼개기까지 하며”가 아니라 “관절과 골수를 찔러 쪼개기까지 하며”라고 했을까? 라는 의문이 생깁니다. 저는 오래도록 이것이 이해가 안 되고 이상했습니다. 그래서 많은 생각과 고민을 했습니다.

그러던 어느 날, 잠에서 깨기 전에 침대에 누워서 곰곰이 이 부분을 생각을 해봤는데, 어찌 생각하면 이것이 전혀 이상하지 않다는 생각이 들었습니다. 히브리서 기자가 "혼과 영을 찔러 쪼갠다"고 한 것은, 혼과 영 사이를 찔러 쪼개서 분리시킨다는 뜻입니다. 마찬가지로 관절과 골수를 찔러 쪼갠다는 것도 관절과 골수 사이를 찔러서 쪼개고 나누는 것을 뜻합니다. 그것을 통해 말씀이 정확하게 그 둘 사이를 구분하고 분별한다는 것을 말하고자 한 것입니다.

그런데 그럴 경우 무엇을 잘라야 할까요? 관절과 골수 사이의 뼈를 잘라야 합니다. 이 구절은 말씀의 검이 얼마나 예리하고 잘 드는지를 보여주는 것입니다. 그런데 관절과 골수 사이에 있는 뼈는 사람의 신체 중 가장 단단한 부위입니다. 그러므로 하나님의 말씀이 어떤 검보다도 예리해서 뼈를 찔러 쪼갠다고 한 것이 전혀 이상하지 않습니다. 오히려 적절한 표현입니다.

어떤 분들은 제 설명에 동의하지 않을 수도 있습니다. 그러나 설사 그렇더라도 문제 될 것이 없습니다. 그 이유는 다음 두 가지입니다.

첫째, 어차피 관절과 골수도 같은 것이 아닙니다. 서로 다른 것입니다. 그러므로 관절과 골수 자체를 찔러 쪼개든, 그 사이를 찔러 쪼개어 분리시키든 상관이 없습니다. 관절과 골수가 서로 다른 것이듯이, 그 앞에 나오는 혼과 영도 같은 것이 아니라 서로 다른 것이라는 것이 분명히 성립되기 때문입니다.

그런데 이에 대해 이런 반론이 제기될 수 있습니다.

"관절과 골수는 둘 다 몸의 부분들이다. 마찬가지로 혼과 영은 사람의 영혼의 한 부분들이다. 부분들을 통해 영혼을 설명한 것이다. 그러므로 둘이 아니라 하나다. 따라서 이것은 이분설이 틀렸다는 증거가 아니다."

그러나 이것은 이분설에 기초해서 영혼이 영 혹은 혼과 같은 것이라는 착각에 근거한 것입니다. 또, 성경 어디에 '관절'과 '골수'가 몸 전체를 대표하거나 몸의 대표적인 구성요소로 보고 있는 것이 있습니까? 예수님은 사람의 몸을 "살과 뼈"로 설명하셨습니다.

누가복음 24:39 "내 손과 발을 보고 나인 줄 알라. 또 나를 만져 보라. 영은 **살과 뼈**가 없으되 너희 보는 바와 같이 나는 있느니라."

또, 성경저자들은 자주 사람의 몸을 "혈과 육" 즉 피와 살로 표현했습니다.

고린도전서 15:50 "형제들아 내가 이것을 말하노니 **혈과 육**은 하나님 나라를 이어 받을 수 없고 또한 썩는 것은 썩지 아니하는 것을 유업으로 받지 못하느니라."

에베소서 6:12 "우리의 씨름은 **혈과 육**을 상대하는 것이 아니요. 통치자들과 권세들과 이 어둠의 세상 주관자들과 하늘에 있는 악의 영들을 상대함이라."

히브리서 2:14 "자녀들은 **혈과 육**에 속하였으매 그도 또한 같은 모양으로 **혈과 육**을 함께 지니심은 죽음을 통하여 죽음의 세력을 잡은 자 곧 마귀를 멸하시며"

그러나 몸을 관절과 골수로 표현한 곳은 없습니다. 태권동자 마루치 아라치에 나오는 파란해골 13호도 아니고 어떻게 사람의 몸이 관절과 골수로만 이루어질 수 있습니까? 그러므로 이 구절은 영 혼 육 전체를 말한 것이 아닙니다. 즉, 몸이 관절과 골수로 구성되어 있듯이 영혼은 영과 혼으로 구성되어 있다는 뜻이 아닙니다. 단지 말씀의 검이 얼마나 예리한지를 설명하기 위해 혼과 영 그리고 관절과 골수를 소재로 설명했을 뿐입니다. 그러므로 이것은 참으로 영과 혼이 다르다는 것을 보여주는 구절입니다.

둘째, 이 구절과 데살로니가전서 5장 23절에 삼분설에 대한 모든 반론을 잠재울 수 있는 확고하고 결정적인 증거가 나타나 있습니다. 그것은 바로 '영과 혼' 혹은 '혼과 영' 사이에 있는 "카이"(그리고, ~와, and)라는 단어입니다.

데살로니가전서 5:23 "평강의 하나님이 친히 너희를 온전히 거룩하게 하시고 또 너희의 온 영**'과'**(카이) 혼과 몸이 우리 주 예수 그리스도께서 강림하실 때에 흠 없게 보전되기를 원하노라."

히브리서 4:12 "하나님의 말씀은 살아 있고 활력이 있어 좌우에 날선 어떤 검보다도 예리하여 혼'과'(카이) 영과 및 관절과 골수를 찔러 쪼개기까지 하며 또 마음의 생각과 뜻을 판단하나니"

이것은 신약성경에서 '영'과 '혼'이 함께 나오는 전부입니다. 그런데 영과 혼 혹은 혼과 영 사이에 '카이'라는 단어가 있습니다. 이는 '영 그리고 혼', '혼 그리고 영'이라는 뜻입니다. 이것은 영과 혼이 같은 것이 아니라 서로 다른 것이라는 명백한 증거입니다! 때문에 H. A. 아이언사이드 박사는 이 구절에 대해 이렇게 썼습니다.

"혼을 영과 혼동해서는 안 된다는 것이 다음의 구절에 잘 나타나 있습니다. 이 구절은 영과 혼 사이에 접속사 '…과'(and)가 사용됨으로써 이 사실을 더욱 강조하고 있습니다. 히브리서 4장 12절은 다음과 같습니다.

'하나님의 말씀은 살았고 운동력이 있어 좌우에 날선 어떤 검보다도 예리하여 혼과 영과 및 관절과 골수를 찔러 쪼개기까지 하며 또 마음의 생각과 뜻을 감찰하나니'

여기서 우리는 하나님의 말씀은 혼과 영을 구분하고 있음을 보게 됩니다."[8]

8 https://nncnet.tistory.com/2803 [푸른초장]

옳은 지적이지요! 또한, 케네스 해긴 목사님은 이렇게 말했습니다.

"어떤 사람이 어느 유명한 목사님에게 '영과 혼의 차이가 무엇입니까?'라고 묻자 그 목사님은 잠시 놀라면서 '나는 영과 혼이 같은 것이라고 생각하는데요'라고 답한 것을 들은 적도 있습니다. 내가 질문했던 대부분의 목사님들은 같은 답을 하였습니다. 그렇다면 어떻게 둘이 똑같은 것이란 말입니까? **바울은 영과 혼은 하나님의 말씀으로 나누어질 수 있다고**(쪼개기까지 하며) **말했습니다**(히 4:12). **만일 당신이 무엇을 나눌 수 있다면 그것은 똑같은 것이 아닙니다. 그러나 오직 하나님의 말씀만이 영과 혼을 나눌 수 있습니다. 우리가 영과 혼을 구별하지 못했던 이유는 말씀을 깊이 파고들어 가지 않았기 때문입니다.**"[9]

여러분 이제 아시겠습니까? 그러므로 누가 뭐래도 이분설이 아니라 삼분설이 옳은 것입니다.

2. 데살로니가전서 5장 23절

"평강의 하나님이 친히 너희를 온전히 거룩하게 하시고 또 너

9 케네스 E. 해긴 『어떻게 하나님의 영으로 인도받을 수 있는가?』 김진호 옮김. 성남: 믿음의 말씀사, 2005. pp. 19-20.

희의 온 영과 혼과 몸이 우리 주 예수 그리스도께서 강림하실 때에 흠 없게 보전되기를 원하노라."

이분설을 지지하는 학자들은 이 구절 역시 사람이 영 혼 육으로 구성되어 있다는 것을 보여주는 것이 아니라고 합니다. 마음을 다하고 목숨을 다하고 뜻을 다하여 하나님을 사랑하라는 구절처럼 사람의 전 존재를 지칭하는 수사학적인 표현이라고 주장합니다.

그러나 그것은 옳은 말이 아닙니다. 왜냐하면 영과 혼을 구분하는 이런 구절이 이곳에만 있는 것이 아니기 때문입니다.

이사야 57:16 "내가 영원히 다투지 아니하며 내가 끊임없이 노하지 아니할 것은 내가 지은 그의 **영과 혼**이 내 앞에서 피곤할까 함이라."

과연 이 구절도 사람의 전 존재를 가리키는 수사학적인 표현이라고 할 수 있을까요? 이곳에는 데살로니가전서 5장 23절이나 히브리서 4장 12절과 달리 몸에 해당되는 것이 없습니다. 그래서 그렇게 생각할 수 없습니다. 그러므로 데살로니가전서 5장 23절을 이 구절처럼 영과 혼을 구분해서 한 말씀으로 볼 수밖에 없습니다.

또, 많은 학자들이 데살로니가전서 5장 23절을 3장 13절과 비교합니다.

"너희 마음을 굳건하게 하시고 우리 주 예수께서 그의 모든 성도와 함께 강림하실 때에 하나님 우리 아버지 앞에서 거룩함에 흠이 없게 하시기를 원하노라."

두 곳에 나오는 "흠 없게" 혹은 "흠이 없게"라는 표현 때문입니다. 그러면서 5장 23절의 "영과 혼"이 이 구절의 "마음"과 같은 것이라고 주장합니다. 그러므로 실제로는 영과 혼이 서로 별개가 아니라 하나라고 주장합니다. 하지만 이것은 "마음"이 무엇인지 몰라서 하는 주장입니다. 성경에 의하면 마음은 동물에게도 있고(단 4:16) 하나님께도 있습니다. 동물의 마음은 혼에 속하고 하나님의 마음은 영에 속한 것입니다. 그러나 사람의 마음은 영과 혼 모두를 뜻합니다. 그래서 여기서 병행을 이루고 있을 뿐 영과 혼이 하나라는 뜻이 아닙니다. 이것은 후에 자세히 설명해드릴 것입니다. 아무튼, 학자들의 이런 주장은 영과 혼 그리고 마음에 대한 무지에서 나온 말일 뿐 옳은 것이 아닙니다.

또, 저는 인터넷에서 영과 혼에 대해 검색하다가 어떤 이들이 이렇게 주장하는 것을 읽어보았습니다.

"삼분설의 근거로 주장되는 살전 5:23에는 영, 혼, 육이라는 표현이 신구약 전체를 통해 단 한 번만 나오지만 고전 15:50, 엡 6:12, 히 2:14에는 세 번이나 '혈과 육'이라는 말이 동시에 나온다. 그렇다면, 영-혼-혈-육의 사분설은 왜 이야기되지 않는가?

> 왜 그런 것인가? 이유는 간단하다. 혈과 육은 인간의 육신을 지칭하는 서로 다른 표현들로 간주되기 때문이다.
>
> 그렇다면 서두에 말한 데살로니가전서 5장 23절의 '영과 혼과 몸'은 어떻게 이해할 것인가? 이는 존재적 구분에서 영, 혼, 몸을 의미한 것이 아니라, 사람의 전 존재를 표현하는 성경의 수사방법이다."

그럴듯하지요! 그래서 처음엔 귀가 솔깃했습니다. 그러나 위 세 구절들에 나오는 "혈과 육" 중 "혈"은 "하이마" 즉 "피(blood)"를 뜻하고, "육"은 "사르크스" 즉 "살, 육체(flesh)"를 뜻합니다. 이 두 가지가 몸을 구성합니다. 그러나 같은 부분이 아니라 서로 다른 부분입니다. 마치 이와 같이 영과 혼이 합해서 영혼을 이루고 있고 그것은 같은 부분이 아니라 다른 부분입니다. 그런데 이분설은 영과 혼이 같은 것이라는 주장입니다. 그러므로 이 설명은 데살로니가전서 5장 23절이 삼분설을 말한 것이 아니라는 증거가 될 수 없습니다. 오히려 삼분설에 유리한 자료입니다.

또, 저는 인터넷에서 이런 주장도 읽어보았습니다. 사람은 영과 혼과 육으로 구성되어 있는 존재입니다. 그러나 사람은 크게 보면 영혼과 육체로 이루어져 있고, 자세히 보면 영과 혼과 육으로 구성된 존재라고 할 수 있습니다. 이 때문에 어떤 이들은 이렇게 주장합니다.

"첫째는 인간을 둘로 나눈다고 해서 '이분설', 둘째는 인간을 셋으로 나눈다고 해서 '삼분설'이라고 합니다.

어떤 분들은 이분설이 맞다, 삼분설이 맞다 하며 싸우지만 사실은 싸울 필요가 없습니다. … 두 가지 모두 성경에서 말씀하는 사실이니까요.

둘 다 맞습니다. 크게 나누면 '영+육'으로 나눌 수 있고, 좀 더 자세히 나누면 '영+혼+몸'으로 나눌 수 있는 것이지요."

이것은 상당히 지혜롭고 맞는 말 같지만 사실은 무지한 말입니다. 왜냐하면 이분설은 단순히 인간이 영혼과 육체로 구성되어 있다는 주장이 아니라 영과 혼이 같은 것이고 하나라는 주장이기 때문입니다. 케네스 해긴 목사님은 이렇게 말했습니다.

"어떤 사람은 제게 **'난 언제나 영(spirit)과 혼(soul)이 같은 것이라고 가르쳤습니다. 그렇게 설교해왔지요'**라고 말했습니다. 그러나 저는 **그 둘이 같을 수 없다**고 그들에게 지적했습니다. 그렇지 않고는 **어째서 성경에서 '하나님의 말씀은 살았고 운동력이 있어 좌우에 날선 어떤 검보다도 예리하여 혼(soul)과 영(spirit)과 및 관절과 골수를 찔러 쪼개기까지 하며…'(히 4:12)라고 말하고 있습니까? 만약 그 둘이 같은 것이라면 바울은 '… 또 너희 온 영(spirit)과 혼(soul)과 몸(body)이 우리 주 예수 그리스도 강림하실 때에 흠 없게 보전되기를 원하노라'(살전 5:23)라고 말하지 않았을 것입니다. 영과 혼이 같은 것이라는 말은**

성경적으로 육체와 혼이 같다고 얘기하는 것과 마찬가지입니다. 실제로는 구별된 세 가지인 것입니다."[10]

그러므로 그렇게 말할 것이 아니라 이분설은 틀렸고 삼분설이 맞다고 해야 옳습니다.

이제, 굉장히 중요한 것을 말씀드리겠습니다. 성경은 "영"과 "혼"이라는 단어를 교호적으로 사용합니다. 그 이유는 나중에 설명해드릴 것인데, 들으면 조금도 이상하지 않고 지극히 성경적이라는 것을 아시게 될 것입니다. 즉, 그것이 무질서한 것이 아니라 올바른 사용이라는 것을 아시게 될 것입니다.

아무튼, 성경은 "영"과 "혼"이라는 단어를 교호적으로 사용합니다. 그래서 거의 모든 학자들이 "영이 혼이고, 혼이 영이다."라는 함정에 빠져서 "영과 혼은 하나다."라는 이분설을 주장하게 된 것입니다.

그러나 그것은 오판입니다! 왜냐하면 "영"과 "혼"은 서로 다른 단어지만, 그 의미는 똑같이 '영혼'을 뜻하기 때문입니다. 참고로, 여기서 '영혼'은 혼과 동의어로 쓰이는 영혼이 아니라 영과 혼을 합한 영혼을 뜻합니다. 그러므로 "영"과 "혼"이라는 단어를 통해서 "영과 혼은 서로 다른 것이 아니라 하나다."라고 말하고 있는 것이 아닙니다. '영혼'이라는 뜻으로 사용한 것입니다.

---

10 케네스 E. 해긴 『인간의 세 가지 본성』 김진호 옮김. 성남: 믿음의 말씀사, 2000. p. 8.

물론 영과 혼은 서로 다른 것입니다. 그러나 인간은 영과 혼이 연합된 영혼으로 존재합니다. 그래서 성경의 많은 곳에서 영과 혼이라는 단어를 단지 영이나 혼이 아니라 영혼을 뜻하는 단어로 사용했습니다. 그런데 히브리어나 헬라어를 설명한 사전에서 그런 설명을 찾아볼 수가 없습니다. 그래서 제가 뉴욕의 허대니 목사님에게 원어의 "혼"이라는 단어가 단지 혼만 뜻하는지 내가 말하는 영혼이라는 뜻도 있는지, 또 "영"과 "혼"이라는 단어에 영과 영혼 혹은 혼과 영혼 두 가지 뜻이 다 있는지 알아봐달라고 했습니다. 얼마 후 제게 이런 답변이 왔습니다.

"네페쉬(히)와 프쉬케(헬)는 영혼인가 혼인가?

저도 이 부분 때문에 번역하고 통역할 때 많은 어려움을 겪었습니다. 그 이유는 영어나 원어에는 '영혼'과 '혼'이 구별되어 있지 않기 때문입니다. 우리말 성경에는 '영, 심령, 혼, 영혼, 마음' 이런 여러 단어들이 있지만, 원어와 영어에서는 딱 두 가지밖에 없습니다. spirit 아니면 soul 둘밖에 없습니다. 우리말 성경에 나오는 '혼'과 '영혼'은 원어성경에서는 결국 같은 단어로 표현되어 있습니다. 엄밀히 말하자면 '영혼'이라는 단어가 원어상 아예 존재하지 않습니다. 우리가 흔히 사용하는 영혼의 의미는 네페쉬와 프쉬케에 담겨 있지만, 영과 혼을 결합해서 일컫는 단어는 원어에 존재하지 않고, 영혼과 혼은 둘 다 soul(네페쉬/프쉬케)이라는 단어로 표현할 수밖에 없습니다.

물론 같은 단어여도 사용도가 다르면 문맥에 따라 뜻이 달라질 수 있기 때문에 '영혼'이 오역이라고 말하기는 어렵지만, 원어상으로는 '혼'과 차이가 없습니다. 저도 그래서 사실 아직 혼과 영혼의 차이를 잘 모르겠습니다.

영어가 모국어인 상황으로 자라왔기 때문에 저도 최근에 목사님 설교를 들으면서 둘이 다르다는 것을 처음 들었습니다. 사실 깜짝 놀랐습니다! 영혼과 혼은 같은 것인 줄 알았기 때문입니다. 목사님 보시기에 차이점이 무엇인지 간단하게 알려주시면, 원어상 그것이 가능한지는 알려드릴 수 있습니다만, 네페쉬와 프쉬케가 영혼인지 혼인지 명확하게 말씀드리기는 어려울 것 같습니다.

즉, 영과 영혼은 구분이 가능하지만, 영혼과 혼은 구분하기 어렵지 않을까 싶습니다. 다른 증거로 설명이 가능할지 몰라도 원어 상으로는 이 이상으로 구분할 수 없을 것 같습니다."

이것은 제가 기대한 답변이 아닙니다. 그러나 저에게 전혀 문제가 되지 않았습니다. 왜냐하면 "영"과 "혼"이라는 단어는 다르지만, 성경에서 많은 경우 '혼과 동의어로 사용하는 영혼'이 아닌 '영과 혼의 합성어인 영혼'이라는 뜻으로 사용되었기 때문입니다. 영도, 혼도 영혼이라는 뜻으로 자주 사용되었습니다.

물론 데살로니가전서 5장 23절과 그 외 두 구절(사 57:16, 히 4:12)에서는 영과 혼이 영은 영, 혼은 혼을 뜻하는 개념으로 쓰였습니다. 그러나 다른 곳에서는 대부분 둘 다 영혼을 뜻하는 단어로 쓰였습니다. 후에 이에 대해 자세히 설명할 것입니다. 그래서 지금은 아주 간단한 예만 들겠습니다.

먼저, 다음 두 구절을 비교해보십시오.

누가복음 12:20 "하나님은 이르시되 어리석은 자여 **오늘 밤에 네 영혼(혼-프쉬케)을 도로 찾으리니** 그러면 네 준비한 것이 누구의 것이 되겠느냐 하셨으니"

사도행전 7:59 "**그들이 돌로 스데반을 치니 스데반이 부르짖어 이르되 주 예수여 내 영혼(영-프뉴마)을 받으시옵소서** 하고"

상식이지만, 사람이 죽을 때 어떤 사람은 몸에서 혼만 떠나고 어떤 사람은 영만 떠나는 것이 아닙니다. 둘 다 떠납니다. 때문에 둘 다 영혼을 뜻하고 있음이 분명합니다.

또, 다음 두 구절을 비교해보십시오.

열왕기상 17:22 "여호와께서 엘리야의 소리를 들으시므로 **그 아이의 혼(네페쉬)이 몸으로 돌아오고 살아난지라.**"

누가복음 8:55 "**그 영(영-프뉴마)이 돌아와 아이가 곧 일어나거늘** 예수께서 먹을 것을 주라 명하시니"

역시 사람이 되살아날 때, 어떤 사람은 혼만 돌아오고 어떤 사람은 영만 돌아오는 것이 아닙니다. 만일 그런다면 그것은 사람이 아닐 것입니다. 그래서 둘 다 영혼을 뜻할 수밖에 없습니다. 그러므로 이 구절들은 "영과 혼은 하나"라고 말하고 있는 것이 아닙니다. 그런데 학자들이 이것을 캐치하지 못했습니다. 그래서 이분설로 착각했습니다. 그러므로 이분설은 옳은 것이 아닙니다.

한편, 저는 이 설명에 근거해서 오히려 원어사전에 문제가 있다는 것을 알았습니다. 히브리어사전과 헬라어사전 둘 다 마찬가지입니다. 둘 다 '영'과 '혼'이라는 단어의 뜻만 고지식하게 써놓았습니다. 그래선 안 됩니다. 왜냐하면 성경이 그것과 다른 의미로 그 단어들을 주로 사용하기 때문입니다. 비근한 예로, 저는 '영', '혼', '영혼'을 국어사전에서 찾아보았습니다. 그런데 우리가 쓰는 것과 매우 다른 뜻이었습니다. 마찬가지로 '영'과 '혼'이라는 단어도 사전적인 의미와 주로 다른 뜻으로 사용하고 있기 때문에 그런 설명으론 불충분합니다. 그러므로 사전들이 이 단어를 설명할 때, 이렇게 설명했어야 합니다.

"영과 혼을 뜻하는 히브리어와 헬라어는 각각 영과 혼이라는 뜻이다. 그러나 성경은 이 단어들을 인간을 상대로 사용할 때, 세 번만 각각 영과 혼을 뜻하는 것으로 사용했고 많은 경우 영혼을 뜻하는 것으로 사용했다. 그러므로 이 단어들은 영과 영혼 혹은 혼과 영혼이라는 뜻을 가진다."

이렇게 설명해야 사람들이 오해하지 않고 바르게 이해할 수

2. 데살로니가전서 5장 23절

있습니다. 그런데 학자들 대부분 이분설을 지지합니다. 이런 설명을 할 수가 없습니다. 그래서 원어사전이 부실하고 부정확하게 만들어질 수밖에 없었습니다. 그 결과 영과 혼을 이해하는데 원어사전이 도움이 되는 것이 아니라 도리어 걸림돌이 되고 있습니다.

물론 나름 그 점을 보강하려고 애는 썼습니다. 그 단어의 뜻뿐 아니라 첫째, '고전 헬라어 문헌의 용법', 둘째, '구약 및 칠십인 역본의 용법', 셋째, '신약성경의 용법'을 기술했습니다. 그러나 그 설명들을 자세히 읽어본 결과 '영'과 '혼'이 정확하게 분리가 되어 있지 않고, '영'이나 '혼'을 설명할 때 이 두 가지가 각각 영과 혼을 뜻할 뿐 아니라 영과 혼의 합성어인 '영혼'을 가리킬 때가 많다는 것을 전혀 설명하지 않았습니다. 그것만 보면 성경이 말하고 있는 영과 혼에 대해 바르게 이해할 수 없게 되어 있습니다. 즉, 이분설로 오해하기 딱 좋게 되어 있었습니다. 그러므로 영과 혼에 대한 원어사전의 설명이 바뀌어야 합니다.

제가 이렇게 쓴 후, 허대니 목사님이 다시 메일을 보내왔습니다. 우리 교회 성도님들은 다 아시겠지만, 타교회의 분들을 위해 허대니 목사님에 대해 간단히 소개하겠습니다. 허 목사님은 하버드대학교 경제학과를 졸업했고, 고든콘웰신대원의 목회학석사과정을 수석으로 졸업했습니다. 또 재학 중 헬라어 강사로 발탁되어서 졸업할 때까지 학교에서 강의를 했습니다. 또한, 프린스턴신대원에서 신학석사학위를 받았고 신학박사 과정을 밟아야 하는데 아프리카에 선교의 문이 활짝 열리면서 통역을 하느라 잠시 중단한 상태이고 올 가을부터 다시 박사 과정을 시작할 예정입니다. 그래서 제가 허대니 목사님에게 원어에 대해 물어본 것입니다. 다음은 허대니 목사님이 보내온 메일의 내용입니다.

"제가 어제 답변을 드리면서 영 마음이 찝찝했습니다. 원어로는 목사님의 견해에 도움이 될 만한 근거가 없다고 말씀드리면서, 팩트는 그게 맞지만 제 영이 만족하지 못하는 것을 느꼈습니다. 그래서 차 전도사님께 부탁드려서 목사님의 견해를 조금 더 알면 도움이 될까 하는 마음에 영 혼 육에 대한 담임목사님의 녹취본을 받아 훑어보았는데 깜짝 놀랐습니다.

원어가 목사님의 견해를 뒷받침해주지 못하는 이유는 바로 원어에 개혁이 필요했기 때문이었습니다. 문맥을 보면 '프뉴마'(영)라는 단어가 영을 뜻할 때도 있고, 영+혼을 뜻할 때도 분명히 있지만, 사전에는 그런 정의가 없습니다. 그나마 비슷한 것은, 프뉴마가 때로는 혼과 동일시 여겨진다는 뜻이 있는데요. 이것은 이분설의 주장 때문에 생겨난 정의로 보입니다. 하지만 프뉴마가 단지 혼과 동일하다는 것이 아니라, 프뉴마가 영과 혼을 결합하여 일컫는 말일 수도 있다는 것은 그 어느 사전에도 없는 신선한 정의입니다.

마찬가지로 '네페쉬/프쉬케'(혼)라는 단어도 오로지 혼과 연관이 되어 있지, 영과 관련되어 있다는 증거는 사전에 없습

2. 데살로니가전서 5장 23절

니다. 하지만 이 부분도 역시, 혼만 말하는 것이 아니라 영+혼을 뜻하는 성경구절이 명백히 있다는 것을 보고 깜짝 놀랐습니다.

즉, 이분설의 근거가 되는 모든 성경구절이 오히려 영+혼이라는 기능을 증명해주는 것으로 이해가 되었습니다(영혼이라는 개념은 우리말에는 존재하지만, 영어나 원어에는 존재하지 않기 때문에 영과 혼을 결합하여 본다는 것 자체가 굉장히 새롭고 놀라운 발견입니다).

원어가 목사님의 견해를 서포트하지 못한다는 제 결론이 잘못된 것이었고, 오히려 성경이 뒷받침해주는 목사님의 견해가 사전보다 더 정확하다는 것을 깨닫게 되었습니다. 이것은 진성원 목사님께서 말씀하신 것처럼, 그냥 또 하나의 새로운 해석이 아니라 현실감이 없을 정도로 놀라운 차원의 계시라서 저도 놀라움을 금치 못한 채 이렇게 두서없이 목사님께 편지를 보냅니다.

원어에 관심이 많은 사람으로서 저는 목사님의 견해가 원어의 정의까지 개혁하는 것을 보며 놀라움을 금치 못하고 있습니다.

하지만 원어까지 마음대로 바꿔가면서 해석한다고 반박하는 자들이 행여라도 있을까 봐 제 나름대로의 반론을 미리 준비해보았습니다.

사전을 개선한다는 것이 일반인이 보기에는 범접할 수 없는 영역으로 보일 수도 있지만, 성경의 원어는 고대 언어이기

때문에, 이중 언어를 완벽하게 마스터한 사람이 사전을 쓴 것이 아니라, 고고학처럼 현대 학자들이 고대 문서를 발굴하면서 새롭게 발견되는 파편으로 고대 언어를 차근차근 다시 쌓아가는 것입니다. 그래서 오히려 새로운 발견이 있으면 사전에 추가하고 개선하는 것이 맞는 과정이고, 성서학회에서 학자들이 늘 하는 것이 이런 새로운 발견을 논의하고 발표하는 것입니다. 저는 담임목사님의 이 진리가 프뉴마(영)와 프쉬케(혼)라는 두 단어에 대한 완전히 새롭고 놀라운 정의를 새로 발굴한 것이라고 생각합니다. 이것은 학회에서 발표해서 모든 헬라어 히브리어사전에 추가해야 한다고 생각합니다.

어제 질문하신 것에 제대로 된 답변을 다시 드리겠습니다.

질문: '네페쉬/프쉬케'라는 단어가 단지 혼만 가리키는 것이 아니라, 영혼이라는 뜻도 가질 수 있는가?

예, 가능합니다! 사전에는 그렇게 나와 있지 않지만, 담임목사님께서 인용하신 성경구절의 문맥에 따르면, 이 구절들은 단순히 혼을 설명한다고 말하기가 불가능합니다. 그렇다고 이분설처럼 이것이 영과 동일하다고 말하는 것도 너무 제한적입니다. 이 '네페쉬/프쉬케'는 때로는 혼을 일컫지만, 때로는 영+혼이라는 뜻으로 사용될 수 있다는 것이 확실합니다!"

사실 이것은 그리 대단한 것이 아닙니다. 이렇게 기본적인 것을 이분설에 속아 학자들의 거의 단체로 캐치하지 못했다는 것이 희한할 따름입니다. 현재 교계에서 대세가 되어 있는 이

2. 데살로니가전서 5장 23절

분설은, 그것이 옳다는 편견 때문에 영과 혼이 주로 영혼이라는 뜻으로 사용되었다는 것을 간과한 데서 나온 그릇된 해석입니다. 그러므로 이분설이 아니라 삼분설이 옳다는 것이 밝히 드러난 것입니다.

끝으로, 이것에 더하여 이분설을 믿고 있는 분들에게 제가 묻고 싶은 것이 하나 있습니다. 성경은 방언에 대해 이렇게 말씀합니다.

> 고린도전서 14:2 "방언을 말하는 자는 사람에게 하지 아니하고 하나님께 하나니 이는 알아듣는 자가 없고 **영으로 비밀을 말함이라.**"

> 고린도전서 14:14-15 "내가 만일 방언으로 기도하면 나의 영이 기도하거니와 나의 마음은 열매를 맺지 못하리라. 그러면 어떻게 할까? **내가 영으로 기도하고 또 마음으로 기도하며 내가 영으로 찬송하고 또 마음으로 찬송하리라.**"

방언은 성령에 의해 영으로 기도하는 것입니다. 그런데 우리 영이 기도하는 것을 혼의 일부인 '누스'(이해력)가 모릅니다. 이분설에 의하면 영이 곧 혼입니다. 그런데 이 구절들에 의하면 영이 기도하는 것을 혼이 모릅니다. 그런데도 과연 이분설로 이것에 대해 설명할 수 있겠습니까? 아마도 없을 것입니다. 그러므로 이분설은 진리가 아닙니다.

이상 여러분에게 설명해드린 것처럼, 이분설이 아니라 삼분설이 옳습니다. 그러므로 사람은 영과 육이 아니라 영 혼 육으로 구성된 존재입니다.

그럼 영 혼 육은 구체적으로 어떤 것일까요? 어느 정도 가치가 있는 몇 가지 대표적인 설명들을 소개해드리겠습니다.

먼저, 그리스 계통의 교부들(Irenaeus, Chrysostom)은 **"영은 하나님과 교통하는** 인간의 이성적 **부분**, 즉 양심이나 의지와 관련되어 있는 것에 반해, **혼은 동물에게서도 공통적으로 발견될 수 있는 생명이나 감정, 감각과 관계를 맺고 있다.** … 그리고 **몸은 순수하게 물질적인 부분, 즉 육신을 가리킨다"**[11]고 주장했습니다.

또, 두란노 강해주석시리즈에서 토마스 칸스터블은 이렇게 주장했습니다.

> **"영이란 인간에게 있어서 가장 고상하고 독특한 부분으로서, 인간이 하나님과 교통할 수 있도록 해준다. 혼은** 인간을 양심적으로 만드는 부분이며 인간성의 자리이다. **몸은 물론 육체적인 부분으로서, 인간은 몸을 통하여 속사람을 표현하며 타인에게 인식된다."**[12]

---

11 강병도 편 『호크마종합주석 에베소서-빌레몬서』 서울: 기독지혜사, 1992. p. 354.

12 토마스 칸스터블·드에인 릿핀 『데살로니가전후서, 디모데전후서』 김운성 옮김. 서울: 두란노, 1992. p. 72.

또, 워치만 니는 『혼의 잠재력』이라는 책에서 이렇게 주장했습니다.

"영은 무엇인가?

우리로 하여금 하나님을 인식하게 하며 하나님과 관계를 맺게 하는 것이다.

혼은 무엇인가?

우리로 하여금 자아와 관계를 갖게 하며 자의식을 주는 것이다.

육체는 무엇인가?

그것은 우리로 외부 세계와 관계를 맺게 하는 것이다."[13]

또한, 성기호 박사는 『이야기 신학』이라는 책에서 이렇게 주장했습니다.

"흙에서 왔다가 흙으로 돌아가는 육체가 있고, 다른 동물도 가지고 있으며 이해, 감각, 감정 등을 주관하는 부분인 혼이 있으며, 사람에게만 있는 것으로 불멸적인 요소가 영인데 하나님과 교통하는 역할을 담당하고 있는 부분이다."[14]

마지막으로, 케네스 해긴 목사님은 이렇게 주장했습니다.

---

13 워치만 니 『혼의 잠재력』 강귀봉 옮김. 서울: 생명의말씀사, 2008. p. 15.

14 성기호 『이야기 신학』 서울: 국민일보사, 1997. p. 135.

"간단히, **인간의 세 가지 본질**은:

(1) **영 — 영적영역(the spiritual realm)을 다루는 인간의 차원. 하나님을 아는 인간의 부분(the part of man).**

(2) **혼 — 정신영역을 다루는 인간의 차원. 지성(intellect), 감성(sensibilities)과 의지(will), 논증하고(reason) 생각(think) 하는 부분.**

(3) **육 — 물리영역을 다루는 인간의 차원. 우리가 사는 집.** 저는 여러분이 여러분 스스로에 대해 새로운 관점으로 생각하기를 시작하기 원합니다. 당신 자신을, 혼(a soul)을 가지고 있고 육체(a body) 안에 사는 영(a spirit)으로 생각하십시오."[15]

"나의 몸으로는 물질세계(the physical realm)를 접촉하고 영으로는 영적세계(the spiritual realm)를 접촉한다. 이제 나의 남은 부분은 혼뿐이다. 그리고 지적인(the intellectual) 영역이 남아 있다. 즉 나의 혼을 통해 감성과 지성을 포함하는 지적인 영역을 접촉한다."[16]

어떻습니까? 영 혼 육에 대한 견해들이 대동소이하고 어느 정도 일치하지요! 이는 많은 분들이 영 혼 육에 대해 연구하면

---

15 케네스 E. 해긴 『인간의 세 가지 본성』 김진호 옮김. 성남: 믿음의 말씀사, 2000. p. 10.

16 케네스 E. 해긴 『어떻게 하나님의 영으로 인도받을 수 있는가?』 김진호 옮김. 성남: 믿음의 말씀사, 2005. pp. 20-21.

서 실제 개념에 어느 정도 근접했다는 것을 뜻합니다. 다행이고 감사한 일입니다.

그런데, 여러분은 이 설명들로 만족이 되십니까? 또, 여러분 속에 있는 영과 혼에 대한 의문이 말끔히 해소가 되십니까? 그렇지 않지요! 그런데 왜 그런지 아십니까? 그것은 이 설명들 중 어느 것도 영과 혼에 대한 정확하고 온전한 설명이 아니기 때문입니다. 사실 저와 여러분 모두 어느 책이나 설교에서도 속이 시원하고 만족한 설명을 보거나 들은 적이 없습니다. 그러나 낙심하지 마십시오! 여러분은 곧 하나님의 은혜로, 생전 처음으로 영과 혼에 대한 속시원한 정확하고 온전한 설명을 듣게 되실 것입니다. 그러므로 모두 기대하시기 바랍니다. 할렐루야!

II

경계해야 할
이단적인 가르침!

저는 영과 혼을 연구할 때, 영과 혼 관련구절들에 대한 주석들을 꼼꼼히 읽어보았습니다. 그 후 양이 차지 않아 더 많은 자료를 얻기 위해 인터넷을 검색했습니다. 그런데 혼탁하고 요상한 견해들이 너무 많아서 놀랐습니다. 어찌나 교묘한지 성경을 잘 아는 사람이 아니면 목회자들도 넘어갈 사람이 많겠다는 생각이 들 정도였습니다. 그러므로 여러분 모두 절대 호기심에 이끌려 인터넷에 떠도는 영과 혼에 대한 글이나 동영상을 보지 마시기 바랍니다.

인터넷에 올라와 있는 영과 혼에 대한 가르침 중 사람들이 가장 많이 본 것은 김명현 박사의 동영상입니다. 김명현 박사는 성경과학연구소 대표로, KAIST 재료공학 박사, 전 한동대학교 교수, 현 명지대학교 겸임교수, 현 한국창조과학회 이사로 있는 분입니다. 그래서 많은 분들이 더 신뢰하는 것 같습니다.

그러나 김명현 박사의 영과 혼에 대한 가르침은 이단성이 있는 매우 위험한 주장입니다. 또, 다룰 가치도 없는 내용입니다. 그럼에도 불구하고 분별력이 없어서 미혹된 목회자와 신자들이 너무 많습니다. 수십만 명이 넘는 동영상 클릭수와 댓글이 그것을 잘 보여줍니다. 그래서 저는 먼저는 우리 교회 성도님들이 미혹되는 일이 없도록, 나아가서 한국 교회 전체를 위해서 반드시 다뤄야 한다고 생각했습니다.

먼저, 저는 유튜브에 있는 김명현 박사의 강의 영상 중 문제가 되는 부분을 발췌해서 소개할 것입니다. 그 후, 왜 그것이 비성경적이고 잘못된 주장인지 자세히 설명해드릴 것입니다.

먼저, “[거듭남의 비밀] 영과 혼에 대한 원문”이라는 동영상에 나오는 내용입니다.

“거듭남은요. 영혼에 대해서 알아야만 이해가 되게 되어 있습니다. 여러분 창세기 2장 7절에 하나님께서 아담을 흙으로 창조하셨다 그 내용이 나오죠. 함께 한번 쭉 읽어보시겠습니다.

창세기 2:7 **‘여호와 하나님이 땅의 흙으로 사람을 지으시고 생기를 그 코에 불어넣으시니 사람이 생령이 되니라.’**

… 근데 여기서 좀 자세한 얘기를 해드려야 되는데 생령이 되었다고 번역이 되어 있지만 저게 정확한 번역이 아니고요. 원문 단어를 확인해보면 생령이 아니라 생혼이에요. …

성경을 읽다 보면 영혼이라는 단어가 많이 나오죠? 그런데

정확한 말씀을 드리면 성경 원문에는 영혼이라는 단어는 없어요. 영이라는 단어가 있고 혼이라는 단어가 있어요. 그래서 영혼이라는 단어는 합성어예요. 영이라는 단어와 혼이라는 단어, 두 단어를 합친 거예요. 그래서 성경 원문을 읽어보면 영 아니면 혼이에요. 그래서 이 경우도 살아 있는 혼, 이런 단어로 되어 있어요.

그래서 아직 저 때는 아담에게 영이 없는 상태예요. 그러니까 이 육체를 움직이는 혼만 있을 뿐이에요. 혼을 좀 쉽게 표현해드리면 혼의 또 다른 말이 얼이에요. 얼. 여러분 어떤 사람이 멍하니 있으면 뭐라고 표현해요? '에이 얼빠진 놈아' 이러죠? 왜냐면 사람의 몸을 정상적으로 움직이게 하는 게 얼이거든요. 근데 그 얼이 빠져나갔기 때문에 정상적인 반응을 못 보인다. 이런 뜻이에요. 좀 이해가 되시죠?

그 육체에 하나님께서 생명의 숨을 불어넣으셔서 혼을 갖게 하신 거예요. 그래서 그 혼이 육체를 움직이게 하셨고요. 그리고 거기에 하나님께서 영을 주셔가지고 영을 가진 혼이 되게 하신 거예요. 그래서 영과 혼과 육으로 사람이 이루어졌다고 봐야 되거든요. …

성경을 확인해 볼 텐데 **전도서 12장 7절에 보면 육체인 몸은 그 흙은 뭘로 돌아간다고요? 사람이 죽으면 몸은 땅으로 돌아가요. 근데 영은 어디로 돌아간다고요? 하나님께 돌아간다고 되어 있는데 그것을 주신 하나님께 돌아간다고 되어 있죠? 그럼 영은 누가 주시는 거예요? 하나님이 주시는 거예요. 그럼 영은 원래**

하나님이 가지고 계시다가 사람에게 부어 주신다는 거지요?

그러니까 여러분 사람이 영혼을 갖고 태어나는 게 아니고요. 하나님이 주시는 영을 받아들이는 거예요. 성경이 그렇게 되어 있잖아요."[17]

다음으로, "[김명현 박사의 특강시리즈] '영, 혼 그리고 육'에 관하여(2-1편)"라는 동영상에 나오는 내용입니다.

"창세기에 아까 살아 있는 혼이 되었다고 했죠?

고린도전서 15:45 '그러므로 기록된 바 첫 사람 아담은 살아 있는 혼(soul)이 되었더라 함과 같이 마지막 아담은 살려주는 영(spirit)이 되셨느니라.'

여러분 고린도전서도 정확하게 첫 사람 아담은 뭐가 되었다고요? 살아 있는 혼이에요. '생령이 되니라'는 명백하게 잘못 번역한 거예요. 그리고 '마지막 아담은 살려주는 영이 되었다' 이렇게 되었죠. …

그럼 여러분 하나님께서는요, 우리의 영을 구원하실까요? 우리의 혼을 구원하실까요? 아니면 우리의 영과 혼을 다 구원하실까요? 일단 성경이 제일 중요하죠. 그리고 원문의 단어가 중요하죠.

---

17 https://www.youtube.com/watch?v=otcevVrbI-0&t=537s

베드로전서 1:9 '이는 너희가 너희 믿음의 결말 곧 너희 혼(soul)의 구원을 받았기 때문이라.'

여러분의 상식을 의지하지 마시구요. 성경말씀을 신뢰하시기 바랍니다. 영의 구원입니까, 혼의 구원입니까? 혼의 구원. 그렇죠. 자 이거 구별할 수 있는 중요한 말씀이 전도서 12장 7절에 있어요. 원문 그대로 단어 대 단어로 번역한 번역이에요.

전도서 12:7 '그때에 흙은 전에 있던 땅으로 돌아가며 영은 그것을 주신 하나님께로 돌아가리로다.'

잘 보세요. 이 흙은 우리의 육체적인 걸 의미해요. 죽고 나면 땅으로 돌아간다고 되어 있죠. 이건 우리가 아는 상식이에요. 그런데 영이 중요해요. **영은 그것을 주신 누구에게로? 하나님께로 돌아간대요. 그럼 영은 원래 우리 거예요? 하나님 거예요? 하나님 거예요. 그렇죠. 근데 살아 있는 동안 잠시 소유하다가 죽고 나면 하나님께로 돌아가는 거예요. 그리고 영은 누가 주신 거예요?** 하나님이 주신 거예요. 우리가 갖고 태어나는 게 아니에요. 제 의견을 믿지 마시구요. 성경을 신뢰하세요. 성경을.

그렇다면 영은 원래 누구 거라고요? 하나님 거죠. 그렇다면 하나님의 영을 구원한다는 게 논리적으로 말이 돼요? 안 돼요? 안 되죠. 여러분 여기서 질서를 잘 잡으셔야 돼요. 구원의 대상이 혼이에요. 구원하시는 주체가 영이에요. 하나님의 영이

우리의 혼을 구원하시는 거예요. 근데 영혼이라는 단어를 쓰는 바람에 대혼란이 온 거예요. …

자 여기서 중요한 거 하나 정리해드릴게요. **모든 사람은 자기 고유의 혼을 갖고 있는 거예요. 그래서 그 혼은 누구를 줄 수도 없고 남의 혼을 받을 수도 없어요.** … 근데 영은 누구에게 줄 수도 있고 받을 수도 있고 공유할 수도 있는 게 영이에요."[18]

마지막으로, "[김명현 박사의 특강시리즈] '영, 혼 그리고 육'에 관하여(2-2편)"라는 동영상에 나오는 내용입니다.

"영은 원래 하나님 거거든요. 하나님의 영이 우리를 형통케 하는 거거든요. **그래서 영을 분별하라고 하잖아요. 사람들끼리도 서로 영을 주고 받을 수 있어요. 제 영을 여러분이 소유할 수도 있어요. 여러분의 영을 제가 갖게 될 수도 있고요. 그러니까 그 영이 하나님께로부터 온 건지, 사탄에게서 온 건지, 하나님이 주셨는데 사탄이 변질시킨 건지 구별하셔야 되는 거예요. 예, (영은) 태어난 이후에 받게 되는 거예요.** …

하나님의 영을 법이라는 관점으로 이해를 하면요. 하나님께서 아담에게 영을 주신 때가 있겠죠. 그걸 다른 말로 하면 법을 주신 때가 있겠죠. 무슨 법을 주셨죠? 절대적인 생명법 '먹지 말라'라는 그 법을 아담이 끝까지 지켰으면 그 말을 끝까지 지

---

18 https://www.youtube.com/watch?v=FgM-eLqnyUY&t=613s

켰으면 죽어요 살아요? 영원히 살아요. 근데 아담이 그 법을 버렸죠. 그 말씀을 버렸죠? 살아요 죽어요? 죽는 거예요.

그래서 에스겔 36:27 '내가 내 영을 너희 속에 두어 너희가 내 법 안에 걷게 해서 살게 할 거다.' 벗어나면 살아요 죽어요? 죽는다. 여러분 하나님이 아담에게 주신 그 계약이 영원한 법이었던 거예요. 근데 그거를 받아들였을 때는 아담이 살았어요. 근데 그것을 버리는 순간 하나님의 영이 떠났죠. 하나님의 영이 떠나면 인간이 살아요 죽어요? 자동으로 죽어요. **그래서 아담은 그냥 혼만 있는 존재이지 영은 떠나버린 거예요.**"[19]

저는 사실 조금 듣다가 너무 비성경적이고, 영에 빨간불이 켜져서 더 이상 보지 않았습니다. 이 녹취록도 부목사님들에게 나눠서 듣고 문제가 되는 부분을 뽑아달라고 한 것입니다. 그런데 이 안에 조금만 들어도 비성경적이고 잘못된 매우 이상한 주장이 다섯 가지나 있습니다.

1. 헬라어에 영과 혼만 있는데 영혼으로 번역하여 대혼란이 생겼다?

김명현 박사는 '영혼은 영과 혼의 합성어다, 헬라어에는 영

19 https://www.youtube.com/watch?v=Gu852emCVqk

혼이 없다, 영과 혼이라는 단어만 있다, 그런데 그것을 영혼이라고 번역했다'고 지적했습니다. 이것은 팩트입니다. 정당한 지적입니다.

그런데 그는 더 나아가 그래서 대혼란이 생겼다고 주장합니다. 여기서 '대혼란'은 구원은 혼이 받는 것인데 혼이 아니라 영이 구원받는다고 착각하게 되었다는 것입니다. 이것은 결코 옳은 말이 아닙니다.

그럼 왜 이런 이상한 착각을 하게 되었을까요? 그것은 영과 혼이라는 헬라어만 보고 용례에 주의하지 않았기 때문입니다. 우리는 학자들이 단체로 범한 실수를 김명현 박사가 반복하고 있음을 봅니다. 그의 주장은 영과 혼의 용례에 주의하지 않아서 나온 것입니다. 그러므로 결코 옳은 것이 아닙니다.

김명현 박사의 주장은 이처럼 기초부터 잘못된 것입니다. 그것을 전에 잠깐 설명해드린 성경저자들은 영과 혼이라는 단어를 교호적으로 사용했다는 것을 통해 증명해드리겠습니다. 참고로, 저만 이런 말을 하는 것이 아닙니다. 존 스토트도 이렇게 썼습니다.

"보통 신약에서는 우리가 두 부분 — 한 부분은 물질적인 것이며, 다른 한 부분은 비물질적인 것 — 으로 되어 있는 것으로 묘사하고 있다는 사실에는 분명히 동의해야 한다. **더구나 성경에서 '영'과 '혼'은 종종 동의어로 쓰인다. 마리아가 '내 영혼(soul)이 주를 찬양하며 내 마음(spirit)이 하나님 내 구주를 기**

빼함은'이라고 말했을 때와 같은 경우이다. 사실상 데살로니가 전서의 이 구절을 제하면 신약에서 오직 두 경우에만 '혼'과 '영'이 분명하게 구분되어 나타난다."[20]

또한, 웨인 그루뎀도 『조직신학(상)』권에서 이렇게 썼습니다.

"성경은 '영'과 '혼'을 호환해서 사용한다.

혼(히: nephesh, 헬: psyche)과 영(히: ruach, 헬: pneuma)이라고 번역된 성경의 이 두 단어는 종종 호환되기도 하는 것을 볼 수 있다. 예를 들면 요한복음 12:27에서 예수님께서는 '지금 내 마음(soul)이 민망하다'고 말씀하신 반면에 그 다음 장 아주 비슷한 문맥에서 요한은 예수님이 '심령(spirit)에 민망하셨다'(요 13:21)고 말하기도 했다. 누가복음 1:46-47의 마리아의 말에서도 비슷한 것을 본다: '내 영혼(soul)이 주를 찬양하며 내 마음(spirit)이 내 구주를 기뻐하였음은.' 이는 같은 생각을 유사어를 사용하여 반복하는 문학적 기법인 히브리 대구법의 좋은 예가 된다. 이 용어들의 호환성은 죽어서 천국이나 지옥에 간 사람들을 왜 '영들'(히 12:23, '온전케 된 의인의 영들'; 벧전 3:19, '옥에 있는 영들')과 '혼들'(계 6:9, '죽임을 당한 영혼들'; 계 20:4, '하나님의 말씀을 인하여 목 베임을 받은 자의 영혼들')이라고 불렀는가를 설명해준다."[21]

---

20 존 스토트 『복음, 종말, 교회』 정옥배 옮김. 서울: IVP, 1995. p. 160.

21 웨인 그루뎀 『조직신학(상)』 노진준 옮김. 서울: 은성, 2009. pp. 715-716.

그런데 누가 뭐라고 말했느냐가 아니라 성경이 뭐라고 말하느냐? 가 중요합니다. 그래서 저는 성경저자들이 영과 혼이라는 단어를 실제로 교호적으로, 그리고 한 걸음 더 나아가 영혼이라는 뜻으로 사용했다는 것을 여러분에게 4가지로 확증해 드리고자 합니다.

(1) 성경은 사람의 구조를 영과 몸 혹은 혼과 몸이라고 한다.

이것은 성경을 읽어보면 쉽게 알 수 있습니다.

마태복음 10:28 "**몸**은 죽여도 **영혼**(혼-프쉬케)은 능히 죽이지 못하는 자들을 두려워하지 말고 오직 **몸**과 **영혼**을 능히 지옥에 멸하실 수 있는 이를 두려워하라."

고린도전서 5:5 "이런 자를 사탄에게 내주었으니 이는 **육신**은 멸하고 **영**(영-프뉴마)은 주 예수의 날에 구원을 받게 하려 함이라."

이 구절들이 어떤 사람은 영과 몸으로 구성되어 있고 어떤 사람은 혼과 몸으로 구성되어 있다는 뜻일까요? 사람이 두 종류일까요? 그럴 리가 없지요! 그러므로 영과 혼이 똑같이 영혼이라는 뜻으로 쓰인 것입니다. 웨인 그루뎀은 그것을 다음과 같이 잘 설명했습니다.

"사람은 '몸과 영' 혹은 '몸과 혼'이라고 불렸다.

예수님께서는 '몸은 죽여도 영혼은 능히 죽이지 못하는 자들을 두려워하지 말고 오직 몸과 영혼을 능히 지옥에 멸하시는 자를 두려워하라'고 말씀하셨다(마 10:28). 여기서 … **예수님께서 '몸과 혼'이라고 말씀하실 때는 비록 '영'이라는 단어를 따로 언급하지는 않았지만 그 사람 전체에 관해 말씀하신 것으로 보여진다. 따라서 '혼'이란 사람의 비육체적인 부분 전체를 가리키는 듯하다.** 반면에 사람을 '몸과 영'이라고 말한 곳도 있다. 바울은 고린도교인들이 '육신은 멸하고 영은 주 예수의 날에 구원을 얻도록 하기 위해'(고전 5:5) 잘못한 형제들을 사단에게 내어줄 것을 원했다. **그가 사람의 혼의 구원을 잊어버린 것이 아니었다. 그는 단지 비물질적인 존재 전체를 '영'이라는 단어로 표현한 것이었다. 마찬가지로 야고보도 '영이 없는 몸은 죽은 것'(약 2:26)이라고 하면서 독립된 혼에 관해서는 한마디의 언급도 없었다.** 또 바울은 거룩함에 있어서의 성장에 관해 논하면서도 몸과 영을 다 거룩하게 하려는 여인에 관해 말했는데(고전 7:34), **이는 그 여인의 삶 전반을 의미한 것이었다.** 고린도후서 7:1에는 더욱 노골적으로 기록되었다: '우리가 하나님을 두려워하는 가운데서 거룩함을 온전히 이루어 육과 영의 온갖 더러운 것에서 자신을 깨끗케 하자.' **'영' 혹은 '혼'을 더러운 것으로부터의 깨끗게 함은 결국 우리의 존재의 비물질적인 부분 전체에 적용된다**(또한 롬 8:10; 고전 5:3; 골 2:5을 보라)."[22]

---

22 웨인 그루뎀 『조직신학(상)』 노진준 옮김. 서울: 은성, 2009. pp. 717-718.

(2) 성경은 죽음을 가리켜 영이 떠났다 혹은 혼이 떠났다고 말한다.

성경은 죽음을 사람의 몸에서 혼이 떠나는 것으로 봅니다.

창세기 35:18 "**그가 죽게 되어 그의 혼**(혼-네페쉬)**이 떠나려 할 때에** 아들의 이름을 베노니라 불렀으나 그의 아버지는 그를 베냐민이라 불렀더라."

예레미야애가 2:12 "그들이 성읍 길거리에서 상한 자처럼 기절하여 **그의 어머니들의 품에서 혼**(혼-네페쉬)**이 떠날 때에** 어머니들에게 이르기를 곡식과 포도주가 어디 있느냐 하도다."

누가복음 12:20 "하나님은 이르시되 어리석은 자여 **오늘 밤에 네 영혼**(혼-프쉬케)**을 도로 찾으리니** 그러면 네 준비한 것이 누구의 것이 되겠느냐 하셨으니"

또한, 죽음을 사람의 몸에서 영이 떠나는 것으로 봅니다.

욥기 34:14-15 "**그가 만일 뜻을 정하시고 그의 영과 목숨을 거두실진대 모든 육체가 다 함께 죽으며 사람은 흙으로 돌아가리라.**"

시편 31:5 "**내가 나의 '영'을 주의 손에 부탁하나이다.** 진리의 하나님 여호와여 나를 속량하셨나이다."

시편 104:29 "**주께서 낯을 숨기신즉 그들이 떨고 주께서 그들의 '호흡'**(영-루아흐)**을 '거두신즉'**(아사프: 모으다, 제거하다, 거두어들이다) **그들은 죽어 먼지로 돌아가나이다.**"

시편 146:4 "**그의 '호흡'**(영-루아흐)**이 '끊어지면'**(야차: 나가다, 나오다, 떠나다, 앞으로 가다, 나가게 하다, 이끌어내게 하다) **흙으로 돌아가서** 그 날에 그의 생각이 소멸하리로다."

전도서 12:7 "**흙은 여전히 땅으로 돌아가고 영**(영-루아흐)**은 그것을 주신 하나님께로 돌아가기 전에 기억하라.**"

사도행전 7:59 "그들이 돌로 스데반을 치니 스데반이 부르짖어 이르되 **주 예수여 내 영혼**(영-프뉴마)**을 받으시옵소서** 하고"

그런데 죽을 때 어떤 사람은 몸에서 혼만 떠나고 어떤 사람은 영만 떠날까요? 그래서 어떤 사람은 죽은 후에도 영이 남아 있고 어떤 사람은 혼이 남아 있는 것일까요? 그럴 리가 없지요! 그러므로 이 구절들에 나오는 영과 혼 모두 영혼을 뜻함이 분명합니다.

(3) 성경은 죽은 사람이 살아나는 것을 혼 혹은 영이 돌아왔다고 말한다.

성경은 죽은 사람이 다시 살아나는 것을 혼이 되돌아온 것으로 봅니다. 중복을 피하기 위해, 하나만 예를 들겠습니다.

열왕기상 17:21-22 "그 아이 위에 몸을 세 번 펴서 엎드리고 여호와께 부르짖어 이르되 내 하나님 **여호와여 원하건대 이 아이의 혼(혼-네페쉬)으로 그의 몸에 돌아오게 하옵소서** 하니 여호와께서 엘리야의 소리를 들으시므로 **그 아이의 혼(네페쉬)이 몸으로 돌아오고 살아난지라.**"

또한, 성경은 죽은 사람이 다시 살아나는 것을 영이 되돌아온 것으로 봅니다. 역시 하나만 예를 들겠습니다.

누가복음 8:55 "**그 영(영-프뉴마)이 돌아와 아이가 곧 일어나거늘** 예수께서 먹을 것을 주라 명하시니"

이것을 통해 우리는 성경에서 자주 영과 혼이 영혼이라는 똑같은 의미로 사용된다는 것을 알 수가 있습니다.

(4) 심지어 성경은 한 분 예수님의 죽음에 대해 혼이 떠났다 혹은 영이 떠났다고 하였다.

이사야는 우리 주 예수님에 대해 이런 예언을 했습니다.

이사야 53:12 "그러므로 내가 그에게 존귀한 자와 함께 몫을 받게 하며 강한 자와 함께 탈취한 것을 나누게 하리니 **이는 그가 자기 영혼(혼-네페쉬)을 버려 사망에 이르게 하며** 범죄자 중 하나로 헤아림을 받았음이니라. 그러나 그가 많은 사람의 죄를 담당하며 범죄자를 위하여 기도하였느니라."

그런데 신약성경에는 예수님의 죽음에 대해 이렇게 기록되어 있습니다.

누가복음 23:46 "예수께서 큰 소리로 불러 이르시되 **아버지 내 영혼(영-프뉴마)을 아버지 손에 부탁하나이다** 하고 이 말씀을 하신 후 숨지시니라."

요한복음 19:30 "예수께서 신 포도주를 받으신 후에 이르시되 **다 이루었다 하시고 머리를 숙이니 영혼(영-프뉴마)이 떠나가시니라.**"

이것은 예수님의 영과 혼 중 영 혹은 혼이 떠났다는 뜻이 아닙니다. 둘 다 영혼이 떠난 것을 그렇게 표현한 것입니다. 그러므로 둘 다 영혼을 뜻합니다.

이상 4가지로 설명해드린 것처럼, 성경은 영과 혼이라는 단어를 영혼이라는 뜻으로 교호적으로 사용합니다. 그런데 신학자들은 물론 창조과학자인 김명현 박사도 이것을 캐치하지 못했습니다. 그래서 신학자들은 영과 혼이 같은 것인 줄 알고 이분설을 받아들이고, 김명현 박사는 반대로 항상 영은 단순히 영, 혼은 단순히 혼을 뜻하는 줄 알고 혼의 구원을 말하는 성구들만 보고 구원은 영이 아니라 혼이 받는 것이라는 이상한 주장을 하게 된 것입니다. 그러므로 그것은 바른 것이 아닙니다.

한편, 이처럼 성경이 영과 혼을 교호적으로 사용하는 것에는 정당한 이유가 있습니다. 그러나 그것을 지금 설명해드릴 수는 없습니다. 후에 영과 혼이 구체적으로 무엇인지 설명하고 난 다음 설명해드릴 것입니다. 왜냐하면 그때가 되어야 비로소 여러분이 이해할 수가 있기 때문입니다.

2. 처음에 아담은 혼만 있고 영은 없는 상태였다?

김명현 박사는 아담이 처음 창조되었을 때 혼만 있고 영은 없었다는 생전 처음 듣는 요상한 주장을 합니다. 그 이후에 하나님이 아담에게 영을 주셨다는 것입니다. 이것은 창세기 2장 7절과 고린도전서 15장 45-46절을 곡해한 데서 나온 터무니없는 주장입니다. 그래서 그 두 구절을 여러분에게 설명해드리고자 합니다.

(1) 창세기 2장 7절에 대한 곡해!

창세기 2:7 "여호와 하나님이 땅의 흙으로 사람을 지으시고 생기를 그 코에 불어넣으시니 **사람이 생령이 되니라.**"

이 구절의 "생령"은 바른 번역이 아닙니다. 살아 있는 영이라는 뜻으로 오해하게 만들기 때문입니다. 생령의 "생"은 히브리어로 "하이"이며, "살아 있는, 생존하여 있는"이라는 뜻입니다. "령"은 "네페쉬"로 "숨 쉬는 존재, 영혼, 생명"이라는 뜻입니다. 그러므로 살아 있는 혼(영혼)으로 번역해야 합니다.

김명현 박사는 바로 이 점을 파고듭니다. 이것을 근거로 아담이 지음받았을 때 영이 없었고 단지 혼적인 존재였다고 주장합니다. 그러나 이것은 정말 말도 안 되는 소리입니다.

사람은 하나님의 걸작품입니다. 하나님은 인간을 지을 때 심히 기묘하게 만드셨습니다.

시편 139:13-14 "주께서 내 내장을 지으시며 나의 모태에서 나를 만드셨나이다. **내가 주께 감사하옴은 나를 지으심이 심히 기묘하심이라. 주께서 하시는 일이 기이함을 내 영혼이 잘 아나이다.**"

그런데, 사람의 구조 중 가장 신비한 것이 영입니다. 그것은 다음 성구들에 어느 정도 나타나 있습니다.

전도서 8:7-8 "사람이 장래 일을 알지 못하나니 장래 일을 가르칠 자가 누구이랴! **바람을 주장하여 바람을 움직이게 할 사람도 없고** 죽는 날을 주장할 사람도 없으며 전쟁할 때를 모면할 사람도 없으니 악이 그의 주민들을 건져낼 수는 없느니라."

전도서 11:5 "**바람의 길이 어떠함과** 아이 밴 자의 태에서 뼈가 어떻게 자라는지를 네가 알지 못함 같이 만사를 성취하시는 하나님의 일을 네가 알지 못하느니라."

많은 학자들이 이 구절의 "바람"을 실제 바람으로 이해합니다. 저도 과거에는 바람을 뜻하는 줄 알았습니다. 그런데 최근에 이 구절들을 읽는데 갑자기 '혹 바람이 영을 뜻하는 것 아니야?'라는 생각이 들었습니다. 그래서 원어를 찾아보았더니 "바람"과 "영" 두 가지 의미가 다 있는 "루아흐"였습니다.

과연 이 구절들에 나오는 "바람"은 바람일까요? 아니면 영을 뜻하는 것일까요? 먼저, 전도서 8장 7-8절에 대해 롤랜드 머피는 이렇게 썼습니다.

"많은 주석가들이 루아흐를 '바람'으로 해석하기를 좋아하고, 이것이 적절한 해석이 될 수도 있을 것이다. 그러나 이 말은 이어지는 '죽는 날'의 문맥에 따르면 생기로 이해하는 것이 더 낫다."[23]

23 롤랜드 머피 『전도서』 김귀탁 옮김. 서울: 솔로몬, 2008. p. 250.

또, 윌리엄 브라운은 이 구절에 대해 이렇게 썼습니다.

"지식이 없는 인간은 자신의 생명이나 죽음에 대하여 어떤 힘도 발휘할 수 없다(v.8). 그는 생명 숨(루아흐)과 죽음을 이해하지도 못하고 스스로 조절할 수도 없다."[24]

이처럼 바람을 영과 관련 있는 생기나 숨으로 이해했습니다. 또한, 크레이그 바솔로뮤는 이렇게 썼습니다.

"**'바람'은 '영'으로도 번역될 수 있다.** 그리고 아마도 코헬렛("지혜자"-저자 주)은 여기서 둘 다 염두에 두고 있을 것이다. '바람'은 모든 것이 수수께끼 같으며, 바람을 잡으려는 것 같다는 그의 되풀이되는 말을 떠올리게 한다. 그러나 아무도 바람을 통제할 수 없다. 그래서 **죽음으로 인간의 영이 '끝'나는 것이 그렇다. 곧 죽음에 대한 통제는 인간의 힘 바깥에 있다.**"[25]

이처럼 크레이그 바솔로뮤는 바람이 단지 바람이 아니라 영을 뜻한다고 보았습니다. 그러나 저는 전후 문맥을 볼 때 바람이 단지 영을 뜻한다고 생각합니다. "바람을 주장하여 바람을 움직이게 할 사람도 없고" 전에는 "사람이 장래 일을 알지 못

24 윌리엄 브라운 『전도서』 채은하 옮김. 서울: 한국장로교출판사, 2012. p. 151.

25 크레이그 바솔로뮤 『전도서 주석』 김정훈 옮김. 서울: CLC, 2020. p. 484.

하나니 장래 일을 가르칠 자가 누구이랴?"(전 8:7)라고 두 번이나 "장래 일"에 대해서 말했습니다. 그런데 그 뒤 나오는 바람은 장래 일과 아무 상관이 없어 보입니다. 더구나, 바로 뒤에는 "죽는 날을 주장할 사람도 없으며 전쟁할 때를 모면할 사람도 없으니 악이 그의 주민들을 건져낼 수는 없느니라."라고 역시 장래 일에 대해서 말했습니다. 그래서 저는 이 구절의 바람이 죽음과 관계있는 사람의 영을 뜻한다고 생각합니다.

이제, 전도서 11장 5절을 살펴보겠습니다.

> "**바람의 길이 어떠함**과 아이 밴 자의 태에서 뼈가 어떻게 자라는지를 **네가 알지 못함 같이** 만사를 성취하시는 하나님의 일을 네가 알지 못하느니라."

여기서 "바람의 길이 어떠함을 … 네가 알지 못한다는 것"은 요한복음 3장 8절을 상기시킵니다.

> "**바람이 임의로 불매 네가 그 소리는 들어도 어디서 와서 어디로 가는지 알지 못하나니** 성령으로 난 사람도 다 그러하니라."

이 구절은 언어유희를 포함하고 있습니다. 헬라어 '프뉴마'(pneuma)는 '바람', '숨' 혹은 '영'을 의미합니다. 이런 일치는 바람의 효과와 성령의 사역 사이의 비교를 끌어낼 수 있게 해줍니다.[26] 예수님의 강조점은 바람과 영적으로 거듭나는 것 사이에 공통점이 있다는 것입니다. 바람은 그 기원과 과정을 헤아릴 수 없지만, 그 결과를 눈으로 관찰할 수 있습니다. 성령으로 거듭나는 것도 이와 같습니다. 우리가 그 기원과 과정을 헤아릴 수 없지만, 영적으로 거듭나는 것은 내적 변화와 외적 열매를 통해 분명히 확인할 수 있습니다.[27] 그러므로 신비한 것이지만 그 실재를 의심할 수는 없습니다. 그런데 왜 거듭남이 존재한다는 것을 믿지 못하느냐고 말씀하고 있는 것입니다.

성령에 의해 영이 거듭나는 것은 설명하기 힘든 신비입니다. 비슬리-머리는 "8절의 비유적 이야기는 그 실재와 더불어 또한 인간 속에서의 성령의 사역의 불가해성을 예증한다."[28]고 했습니다. 안드레아스 쾨스텐버거도 같은 말을 했습니다.

> "바람의 기원에 대한 신비가 구약과 유대문헌에 상당히 자주 언급된다. **현재 본문에서도 예수님의 비유의 핵심은 바람과 영적 탄생 모두가 그 기원과 이동에 대해 신비롭다는 점이다.**"[29]

그런데 그것도 신비지만, 배 속의 아기에게 영혼이 깃드는 것

26 콜린 크루즈 『요한복음』 배용덕 옮김. 서울: CLC, 2013. p. 160.

27 안드레아스 쾨스텐베르거 『요한복음』 신지철 · 전광규 옮김. 서울: 부흥과개혁사, 2019. pp. 179-180.

28 비슬리-머리 『요한복음』 이덕신 옮김. 서울: 솔로몬, 2010. p. 192.

29 데이비드 파오 · 에카르트 슈나벨 · 안드레아스 쾨스텐버거 『누가, 요한복음』 우성훈 · 배성진 옮김. 서울: CLC, 2016. p. 536.

도 그에 못지않은 신비입니다. 그래서 두에인 게릿은 전도서 11장 5절에 나오는 두 가지를 "인생의 미스터리"[30]라고 했습니다. 사람이 알 수 없는 신비라는 것입니다.

더 나아가, 롤랜드 머피는 이 구절의 바람의 의미에 대해 이렇게 썼습니다.

> "**만일 루아흐가 4절에 나오는 의미인 '바람'으로 번역된다면, 전도자는 '하나님의 행사'로 비견되는**(3:11; 7:13; 8:17) **자연의 신비에 관해 두 가지 실례**(바람과 파종)**를 제시하는 것이 된다. 그러나 이 구절은 단지 한 가지 비교, 곧 태 안의 루아흐**("생기") **의 활동을 제시하는 것으로 보는 것이 더 낫다.** 이스라엘 사람들에게 제시된 잉태와 출생에 관한 신비는 시편 139:14-16; 욥기 10:10-11; 제2마카비 7:22 등에 나온다. **5절은 11:3-6의 핵심구절로 전도서 후반부의 기본 주제인 하나님의 행사에 관한 인간의 무지**(8:17)**를 반영하고 있다.**"[31]

또한, 윌리엄 브라운은 이렇게 썼습니다.

> "인간은 자연을 원천적으로 지배할 수 없다. 누구도 바람을 진두지휘할 수 없고(v. 4; 8:8), 그렇다고 바람을 따라갈 수도 없다

30 두에인 게릿 『잠언, 전도서, 아가』 황의무 옮김. 서울: 부흥과개혁사, 2019. p. 428.

31 롤랜드 머피 『전도서』 김귀탁 옮김. 서울: 솔로몬, 2008. p. 290.

(1:17, 2:26, 4:16, 6:9 참조). 더욱이 바람의 방향을 하늘에서도 예측할 수 없듯이(1:16). **인간은 바람이나 생명의 숨결(루아흐)이 태아에게 어떤 영향을 주는지 알 수 없다(v. 5). 전도자는 바람의 진로와 출생의 신비가 인간의 계획과는 무관하다고 증언한다."**[32]

그리고 결정적으로 마이클 이턴은 이렇게 썼습니다.

"다음과 같은 해석이 가능하다. i) '바람의 길이 무엇인지 네가 알지 못하는 것처럼, 또는 자궁 안에서 뼈들이 어떻게 자라는지 네가 알지 못하는 것처럼'(RV, NIV의 해석을 따르자면), ii) '영의 길이 무엇인지 네가 알지 못하는 것처럼, 또는 자궁 안에서 뼈들이 어떻게 자라는지 네가 알지 못하는 것처럼'(AV의 해석을 따르자면) …

두 번째 해석은 루아흐를 인간의 생명이나 영혼을 언급하는 것으로 간주한다. 이 해석은 그 구절에 어떤 일치성을 가져다주며, 인간의 태아가 성장한다는 생각과 잘 어울린다. …

첫째 해석과 둘째 해석 사이에서 결정하는 일에 있어서 절대적인 선택은 불가능하다. 그러나 두 번째 해석이 좀 더 개연성이 있는 것 같다. 인간 영혼의 기원의 신비와 인간 태아의 신비스런 성장은 인간의 무지의 명백한 증거이다."[33]

32 윌리엄 브라운 『전도서』 채은하 옮김. 서울: 한국장로교출판사, 2012. p. 172.

33 마이클 이턴 『전도서』 왕인성 옮김. 서울: 기독교문서선교회, 1994. pp. 203-204.

저는 이 설명에 동의합니다. 그래서 이 구절의 바람도 사람의 영을 뜻한다고 생각합니다.

물론 바람의 길이 신비인 것처럼, 아기 속에서 영혼이 어떻게 생기는가도 신비입니다. 그런데 창조 때 어떻게 사람에게 영이 생겨났는가는 더 큰 신비입니다. 성경에도 그것을 자세히 설명한 곳이 없습니다. 간단히 이렇게 기록했습니다.

창세기 2:7 "**여호와 하나님이 땅의 흙으로 사람을 지으시고 생기를 그 코에 불어넣으시니** 사람이 생령이 되니라."

참고로, 케네스 매튜스는 이 구절을 에스겔 37장과 비교하고 이렇게 주장했습니다.

"**'숨을 불어넣는다'**(나파흐)**는 묘사는 에스겔이 마른 뼈를 본 환상**(37:9-10)**에 아주 밀접한 평행을 두고 있는데, 여기서 다시 조립된 죽은 자의 뼈는 '영'**(개역성경은 '생기')**이 숨을 불어넣음으로써 다시 생명을 갖게 된다. 여기서 에스겔은 '생명의 호흡'**(니슈마트 하임) **대신에 '영'**(루아흐)**을 사용하지만 이 둘은 여기서도 그 외에 다른 곳에서도 흔히 같은 것으로 다루어진다.** 이렇게 호흡을 불어넣는 것은 본질적으로 아담의 육신이 생명에 이르렀음을 의미하는데, 그 이유는 '생명의 호흡'이 하나님에게서 기인하고 사람 안에 체화된 생명유지의 원리이기 때문이다. 욥기 27장 3절이 이를 반영한다. **'나의 생명 호흡이 아직**

내 속에 완전히 있고 / 하나님의 숨결(루아흐)이 아직도 내 코에 있느니라.'"[34]

창세기 2장 7절의 "생기"와 에스겔 37장에 나오는 "생기"는 우리말은 같지만 원어가 다릅니다. 그런데, 에스겔 37장의 "생기"는 "루아흐"입니다. 그래서 생기가 곧 영이라고 주장한 것입니다. 고든 웬함의 글도 이런 착각을 부추깁니다.

"**'불어넣으시니'**(나파흐) … 가장 밀접하게 평행되는 구절은 에스겔 37:9인데, 거기에서 다시 맞추어진 몸들을 소생시키기 위해 그것들에게 생기를 불어넣도록 예언자에게 명령한다. **그리하여 그것들은 바람/영으로 채워져서 살아나게 된다.**"[35]

그러나 케네스 매튜스의 주장은 성경적인 것이 아닙니다. 왜냐하면 에스겔 37장의 "생기"는 문맥에 의하면 사람의 영이 아니라 성령을 뜻하기 때문입니다.

에스겔 37:14 "**내가 또 내 영을 너희 속에 두어 너희가 살아나게 하고** 내가 또 너희를 너희 고국 땅에 두리니 나 여호와가 이 일을 말하고 이룬 줄을 너희가 알리라. 여호와의 말씀이니라."

34 케네스 매튜스 『창세기 1』 권대영 옮김. 서울: 부흥과개혁사, 2018. p. 238.

35 고든 웬함 『창세기』 박영호 옮김. 서울: 솔로몬, 2013. p. 173.

반면에 창세기 2장 7절의 생기는 문자 그대로 생기를 뜻합니다. 생기를 불어넣어 인간의 내면을 만드신 것을 기록한 것입니다.

이상 설명해드린 것처럼, 창세기 2장 7절은 영과 혼이 하나님의 생기에 의해 창조되었다는 것을 보여줍니다. 그러면서 혼(생령)만 언급하고 영을 언급하지 않았습니다. 그래서 김명현 박사가 이때 아담에게 혼만 있고 영은 없었다는 이상한 착각을 하게 된 것입니다.

그러나 이 구절에는 명시되어 있지 않지만, 이때 인간의 영이 지음받았다는 것은 의문의 여지가 없는 사실입니다. 때문에 창세기의 권위자인 엘런 로스는 이렇게 썼습니다.

> "**이 흙으로 만든 몸에 생명의 '호흡'이 불어넣어졌다.** 호흡에 해당하는 이 말은 하나님께 그리고 사람에게 주어진 생명에 사용되었고, 동물에게는 전혀 사용되지 않았다. … **이 호흡은 땅의 사람에게 단순한 생기 이상을 가져왔다**(2:7). **그 호흡은 영적 지각**(욥 32:8, 총명)**과 활동하는 양심**(잠 20:27)**을 가져다준다.**"[36]

진실로 이때 인간의 영이 지음을 받았습니다. 그것을 다음 성경구절들이 결정적으로 뒷받침해줍니다.

---

36 앨런 로스 『창조와 축복』 김창동 옮김. 서울: 디모데, 2015. p. 177.

스가랴 12:1 "이스라엘에 관한 여호와의 경고의 말씀이라. **여호와 곧 하늘을 펴시며 땅의 터를 세우시며 사람 안에 '심령'(루아흐)을 지으신 이가 이르시되**"

이사야 57:16 "내가 영원히 다투지 아니하며 내가 끊임없이 노하지 아니할 것은 **내가 지은 그의 영과 혼이 내 앞에서 피곤할까 함이라.**"

더 이상 전혀 의문의 여지가 없지요! 그러므로 인간의 영과 혼은 하나님이 사람을 처음 만들 때 만드신 것이 분명합니다.

생각해보십시오! 하나님은 먼저 흙으로 인간의 몸을 만드셨습니다. 그 후 그 몸에 생기를 불어넣었습니다. 이때 인간의 영과 혼이 창조되었습니다. 그 증거로, 하나님이 사람을 창조하기 위해 하신 일은 사람의 몸을 흙으로 만드시고 그 코에 생기를 불어넣으신 것 두 가지뿐입니다. 그래서 생기를 불어넣을 때 영과 혼이 모두 만들어졌다고 볼 수밖에 없습니다. 이와 달리, 이 구절에 영이 언급되어 있지 않으니 혼만 만들어졌고 영은 후에 주셨다고 보는 것은 사실상 불가능합니다.

뿐만이 아닙니다. 하나님은 창세기 1장에서 천지창조를 끝내셨습니다. 그래서 2장에 이렇게 기록되어 있습니다.

창세기 2:1-2 "**천지와 만물이 다 이루어지니라. 하나님이 그가 하시던 일을 일곱째 날에 마치시니 그가 하시던 모든 일을**

그치고 일곱째 날에 안식하시니라."

의심할 여지 없이, 하나님은 창세기 1장에서 인간 창조를 끝내셨습니다. 그것이 1장에도 기록되어 있습니다.

창세기 1:26-28 "하나님이 이르시되 우리의 형상을 따라 우리의 모양대로 우리가 사람을 만들고 그들로 바다의 물고기와 하늘의 새와 가축과 온 땅과 땅에 기는 모든 것을 다스리게 하자 하시고 **하나님이 자기 형상 곧 하나님의 형상대로 사람을 창조하시되 남자와 여자를 창조하시고** 하나님이 그들에게 복을 주시며 하나님이 그들에게 이르시되 생육하고 번성하여 땅에 충만하라, 땅을 정복하라, 바다의 물고기와 하늘의 새와 땅에 움직이는 모든 생물을 다스리라 하시니라."

이때 하나님은 아담은 물론 하와("여자")까지 사람의 창조를 끝내셨습니다. 그리고 창조가 끝났기 때문에 그들을 축복하셨습니다. 창세기 2장 7절은 그것을 다시 반복한 것이고 그 구절 역시 완성된 사람에 대해서 쓴 것입니다. 그런데 그때 혼만 있고 영이 없었다면 창조가 끝나지 않은 것이 됩니다. 그러므로 그것은 절대 옳은 견해가 아닙니다.

더 나아가, 하나님은 사람을 짐승과 달리 하나님의 모양과 형상대로 만드셨습니다. 그런데 "생령"으로 잘못 번역된 생혼은 짐승에게도 있습니다. 그 증거로, 생령의 원어는 "네페쉬 하야"인데 이것은 창세기 2장과 9장에서 들짐승들과 새들을 상대로 다시 사용되었습니다.

창세기 2:19 "여호와 하나님이 흙으로 각종 들짐승과 공중의 각종 새를 지으시고 아담이 무엇이라고 부르나 보시려고 그것들을 그에게로 이끌어 가시니 아담이 각 **'생물'**(네페쉬 하야)을 부르는 것이 곧 그 이름이 되었더라."

창세기 9:10 "너희와 함께 한 모든 **'생물'**(네페쉬 하야) 곧 너희와 함께한 새와 가축과 땅의 모든 **'생물'**(네페쉬 하야)에게 세우리니 방주에서 나온 모든 것 곧 땅의 모든 짐승에게니라."

창세기 9:16 "무지개가 구름 사이에 있으리니 내가 보고 나 하나님과 모든 육체를 가진 땅의 모든 **'생물'**(네페쉬 하야) 사이의 영원한 언약을 기억하리라."

또한, 그보다 전에 창세기 1장에서 바다의 짐승과 물고기들, 그리고 가축과 땅의 짐승들에게 사용되었습니다.

창세기 1:20-21 "하나님이 이르시되 물들은 **'생물'**(네페쉬 하야)을 번성하게 하라. 땅 위 하늘의 궁창에는 새가 날으라 하시고 하나님이 큰 바다 짐승들과 물에서 번성하여 움직이는 모든 **'생물'**(네페쉬 하야)을 그 종류대로, 날개 있는 모든 새를 그 종류대로 창조하시니 하나님이 보시기에 좋았더라."

창세기 1:24 "하나님이 이르시되 땅은 **'생물'**(네페쉬 하야)을 그 종류대로 내되 가축과 기는 것과 땅의 짐승을 종류대로 내라 하시니 그대로 되니라."

때문에 그 견해가 맞다면 짐승과 사람의 차이가 없어집니다. 그러므로 창세기 2장 7절의 아담을 혼만 있고 영은 없는 사람으로 보는 것은 매우 잘못된 견해입니다.

그럼에도 불구하고, 여전히 이 구절에 대해 이런 질문을 할 수 있습니다.

"듣고 보니 하나님이 창세기 2장 7절에서 생기를 불어넣으심으로 인간의 혼뿐 아니라 영을 창조하신 것이 분명합니다. 그러나 그렇긴 해도 왜 덜 중요한 혼은 언급하고 더 중요한 영은 언급하지 않았을까요? 그리고 왜 인간을 최종적으로 생혼이 되었다고 말씀하였을까요?"

앞의 것은 지금 답변할 수가 없습니다. 후에 영과 혼을 본격적으로 설명할 때 설명해드릴 것입니다. 그러나 뒤의 것은 지금 설명할 수 있습니다. "생령"(생혼)은 동물들에게도 사용된 표현이고 동물들은 살아서 움직입니다. 하나님은 처음에 흙으로 사람의 몸을 만드셨습니다. 그러나 살아서 자의식과 지정의를 가지고 움직이지 않았습니다. 그런데 생기를 불어넣어 영에 이어 혼을 만들자 비로소 동물처럼 자의식과 지정의를 가지고 살아 움직이는 존재가 되었습니다. 바로 그것을 표현한 것입니다. 창세기의 권위자인 엘런 로스도 저와 생각이 같습니다.

"창세기 2장 7절에 의하면 물질적인 육체와 하나님의 호흡의 결합은 **살아 있는 존재**(living being)를 만들어낸다."[37]

또한, 가장 권위 있는 주석인 『WBC 창세기』 주석의 저자 고든 웬함도 저와 견해가 같습니다.

"**'생령'은 암시적으로 죽은 자와 대조된다**(예를 들어, 민 5:2; 6:6, 11). **창세기 1, 2, 9장에서 네페쉬 하야라는 문구가 사용된 것을 고려한다면, 2:7의 '사람이 생령이 된지라'는 '그래서 사람은 산 존재가 되었다'는 TEV의 번역 이상을 의미하는 것 같지는 않다. 흙으로 만들어졌으며 아직 생명이 없는 몸에 생기를 불어넣음으로써, 하나님은 사람을 살아나게 하셨다.**"[38]

참으로 이것이 옳습니다! 왜냐하면 "생령"의 "영"에 해당하는 "네페쉬"는 "**숨 쉬는 존재**, 영혼, 생명"이라는 뜻이고, 원어

37 앨런 로스 『창조와 축복』 김창동 옮김. 서울: 디모데, 2015. p. 178.

38 고든 웬함 『창세기』 박영호 옮김. 서울: 솔로몬, 2013. p. 174.

사전에도 **"네페쉬는 사람이든 짐승이든 간에 육체를 살아 있는 존재로 만드는 것을 의미한다."**(G. Harder)고 되어 있기 때문입니다. 더구나, 그냥 혼이라고 하지 않고 살아 있는 혼이라고 했습니다. 강조점이 "살아 있는"에 있습니다. 그러므로 생혼은 이미 창조가 완성된 동물들처럼 사람의 창조가 완성되어 의식을 가지고 살아 움직이는 존재가 되었음을 뜻합니다. 그런 뜻이지 결코 영은 없고 혼만 있는 존재가 되었다는 의미가 아닙니다. 그러므로 그런 말도 안 되는 요상한 주장에 절대 미혹되는 일이 없으시길 바랍니다.

(2) 고린도전서 15장 45-46절에 대한 곡해!

고린도전서 15:45-46 **"기록된 바 첫 사람 아담은 생령이 되었다 함과 같이 마지막 아담은 살려주는 영이 되었나니 그러나 먼저는 신령한 사람이 아니요 육의 사람이요 그 다음에 신령한 사람이니라."**

김명현 박사는 창세기 2장 7절에 이어 이 구절을 아담이 처음 창조되었을 때 혼만 있고 영은 없었다는 증거로 제시합니다. 이 구절에도 창세기 2장 7절에 나오는 "생령"(생혼)이 나옵니다. 여기서 사용된 단어는 "혼"을 뜻하는 "프쉬케"로 창세기 2장 7절에 나오는 히브리어 네페쉬(혼)의 역어로 사용되는 단어입니다. 그러므로 동의어입니다.

이처럼 두 곳 다 아담이 살아 있는 혼이 되었다고 기록되어 있습니다. 더욱이 이곳에서는 살아 있는 '혼'과 반대로 예수님은 살려주는 '영'이 되었다고 말하고 있습니다. 그래서 영락없이 김명현 박사의 주장이 옳아 보입니다. 하지만 실제로는 그렇지 않습니다.

그럼, 문자적으로 보면 틀림없이 옳은 것 같은데 왜 바른 것이 아닐까요?

1) 고린도전서 15:45

"기록된 바 **첫 사람 아담은 생령이 되었다** 함과 같이 **마지막 아담은 살려주는 영이 되었나니**"

이것은 아담은 혼만 있고 예수님은 영을 가지고 있다는 뜻이 아닙니다. 이 구절의 의미를 옳게 파악하려면 문맥을 잘 살펴야 합니다. 바울은 바로 전에서 이렇게 말했습니다.

고린도전서 15:40-44 "**하늘**에 속한 형체도 있고 **땅**에 속한 형체도 있으나 **하늘**에 속한 것의 영광이 따로 있고 **땅**에 속한 것의 영광이 따로 있으니 해의 영광이 다르고 달의 영광이 다르며 별의 영광도 다른데 별과 별의 영광이 다르도다. 죽은 자의 부활도 그와 같으니 썩을 것으로 심고 썩지 아니할 것으로 다시 살아나며 욕된 것으로 심고 영광스러운 것으로 다시 살아나며 약

한 것으로 심고 강한 것으로 다시 살아나며 **육의 몸**으로 심고 **신령한 몸**으로 다시 살아나나니 **육의 몸**이 있은즉 또 **영의 몸**도 있느니라."

처음과 끝 부분을 주목하십시오. 보이는 것, 즉 이 세상이 전부가 아닙니다. 두 세상이 있습니다.

고린도전서 15:40 "**하늘**에 속한 형체도 있고 **땅**에 속한 형체도 있으나 **하늘**에 속한 것의 영광이 따로 있고 **땅**에 속한 것의 영광이 따로 있으니"

바로 하늘과 땅입니다. 그리고 그곳에서 살기에 적합한 두 가지 몸이 있습니다.

고린도전서 15:44 "**육의 몸**으로 심고 **신령한 몸**으로 다시 살아나나니 **육의 몸**이 있은즉 또 **영의 몸**도 있느니라."

여기서 "육의 몸"은 육에 몸이 있다는 뜻이 아닙니다. 육적인 세상을 살기에 적합한 몸을 뜻합니다. 또, 영의 몸도 영의 몸이 아닙니다. 즉, 영체가 아닙니다. 하늘나라에서 살기에 적당한 부활체를 뜻합니다. 육의 몸은 하나님 나라에 적합하지 않습니다. 그래서 바울은 50절에서 이렇게 말했습니다.

"형제들아 내가 이것을 말하노니 혈과 육은 하나님 나라를 이어 받을 수 없고 또한 썩는 것은 썩지 아니하는 것을 유업으로 받지 못하느니라."

또한, 데이비드 갈런드는 정리해서 이렇게 썼습니다.

"'자연적 몸이 있다면, 또한 영적인 몸도 있다.' 이 대조는 이 몸들이 적절할 수 있는 장소들 사이의 양극성, 곧 지상적인 것과 천상적인 것을 가정한다. … 첫 번째 몸은 창조에서의 존재에 적절하다. 두 번째 몸은 장차 올 세상에서의 존재에 적절할 것이다."[39]

이처럼 두 세상과 거기에 적합한 두 가지 몸이 있습니다. 이것을 이해하는 것은 그다음 45절을 이해하는 데 꼭 필요합니다.

"**기록된 바** 첫 사람 아담은 생령이 되었다 함과 같이 마지막 아담은 살려주는 영이 되었나니"

이 구절은 "기록된 바"라는 말로 시작합니다. 이 문구는 성경적인 근거를 제시할 때 사용됩니다. 그러므로 바울은 여기서

---

39 데이비드 갈런드 『고린도전서』 조호영 옮김. 서울: 부흥과개혁사, 2019. p. 958.

영과 혼이 아니라 두 가지 몸에 대해 말하고 있음을 알아야 합니다.

그런데, 바울은 45절에서 육의 몸과 영의 몸의 두 가지 근거가 아니라 한 가지만 제시했습니다. 바울은 오로지 육의 몸의 근거가 되는 창세기 2장 7절을 인용했습니다. 저는 항상 이 점이 이상했습니다. 그러면 왜 그랬을까요? 그 이유가 44절 후반절에 나타나 있습니다.

"… **육의 몸**이 있은즉 또 **영의 몸**도 있느니라."

육의 몸이 있으면 영의 몸도 있다! 바울은 이것을 기정사실로 여겼습니다. 그렇기 때문에 육의 몸의 근거를 제시하면 영의 몸도 있다는 것도 자동으로 증명이 됩니다. 그래서 육의 몸의 근거 하나만 제시를 한 것입니다. 이것을 염두에 두고 45절 전반절을 읽어보십시오.

"기록된 바 첫 사람 아담은 **생령**이 되었다 함과 같이"

우리는 이미 이 구절에 대해 공부했습니다. 여기서 "생령"은 영이 아니라 혼입니다. 그렇다고 아담에게 영이 없었다는 뜻이 아닙니다. 단지 영에 이어 혼이 창조됨으로 인간 창조가 완성되어 다른 동물들처럼 생명과 의식을 가지고 활동하는 살아 있는 존재(생명체)가 되었다는 뜻입니다. 이것은 전에 자세히 설명했으므로 다시 설명하진 않겠습니다. 대신 홍인규 교수님의 글을 인용해드리겠습니다.

> "하나님은 첫 사람 아담을 흙으로 만드시고 그 코에 생기를 불어넣으셔서 **'생명 있는 존재'**(living being)가 되게 하셨다. '기록된 바 첫 사람 아담은 **생령**이 되었다 함과 같이'(15:45a; 참조. 창 2:7). 여기 **'프쉬케 조사'**는 한글로 다양하게 번역된다: '생령'(개역개정), '산 영'(표준새번역개정), **'생명 있는 존재'(공동번역)**. 그런데 **가장 적절한 번역은 '생명 있는 존재'**(living being)**이다.**"[40]

그런데, 바울은 여기서 약간 다른 의미로 창세기 2장 7절을 인용했습니다. 바울은 지금 육의 몸의 근거를 말하고 있습니다. 아담은 이 세상에 적합한 육의 몸을 가진 존재입니다. 그가 창조될 때부터 아담과 그 후예들은 육의 몸을 갖게 되었습니다. 그래서 바울이 이 세상에 적합한 육의 몸의 근거로 창세기 2장 7절을 인용한 것입니다. 그러므로 이것은 아담에게 혼만 있고 영은 없었다는 것과 무관한 표현입니다.

다음으로, 앞에서 한 설명을 염두에 두고 45절 후반절을 보겠습니다.

"마지막 아담은 살려주는 영이 되었나니"

---

40 홍인규 『우리의 자화상 고린도교회』 용인: 킹덤북스, 2013. p. 233.

아담과 달리 예수님은 살려주는 영이 되셨습니다. 문제는 "영"이라는 단어입니다. 그러나 먼저 "살려주는"이라는 표현부터 살펴보겠습니다.

과연 '살려주는'은 무슨 뜻일까요? 많은 이들이 거듭나게 한다는 뜻으로 착각합니다. 그러나 고린도전서 15장은 부활장이고, 거듭남이 아니라 몸의 부활을 다루고 있는 곳입니다. 때문에 데이비드 갈런드는 이렇게 말했습니다.

> "'생명을 주는 것'은 죽은 자들을 일으키는 것과 동의어다(롬 4:17; 8:11; 고후 3:6)."[41]

또, 바울은 그 전에 이미 이렇게 말했습니다.

> 고린도전서 15:21-22 "**사망이** 한 사람으로 말미암았으니 **죽은 자의 부활도** 한 사람으로 말미암는도다. **아담 안에서 모든 사람이 죽은 것 같이 그리스도 안에서 모든 사람이 삶을 얻으리라.**"

또한, 44절에서 45절을 문맥에 주의하면서 읽어보십시오.

> **"육의 몸으로 심고 신령한 몸으로 다시 살아나나니 육의 몸이**

---

41 데이비드 갈런드 『고린도전서』 조호영 옮김. 서울: 부흥과개혁사, 2019. p. 958.

있은즉 또 영의 몸도 있느니라. 기록된 바 첫 사람 아담은 생령이 되었다 함과 같이 **마지막 아담은 살려주는 영이 되었나니**"

여기서 "육의 몸"은 아담에게 물려받은 몸이고, "신령한 몸"과 "영의 몸"은 예수님이 주실 부활체입니다. 그것을 44절에서 말한 후 "첫 사람 아담은 생령이 되었다 함과 같이 마지막 아담은 살려주는 영이 되었나니"(45절)라고 썼습니다. 그러므로 살려주는 영이 되었다는 것은 장차 우리 죽은 몸을 부활시켜서 신령한 몸을 갖게 해주실 것이라는 뜻입니다. 즉, 아담을 통해서 육의 몸을 받은 것같이 우리가 예수님을 통해 신령한 몸을 받게 될 것이라는 뜻입니다. 그러므로 정말로 "살려주는"이 부활을 뜻하는 것이 맞지요!

이로 보건대, 바울의 의도는 아담과 달리 예수님은 영을 가지고 있다고 말하려는 것이 아닙니다. 아담은 동물들처럼 죽어서 흙으로 돌아갈 몸을 가진 존재지만, 예수님은 영원히 죽지 않는 신령한 몸을 지니셨을 뿐 아니라 똑같은 몸을 우리에게 주실 분이라고 설명하고자 한 것입니다. 따라서 "살려주는 영"이라는 표현은 결코 예수님이 아담과 달리 영을 가진 존재라는 뜻이 아닙니다.

다음으로, 살려주는 "영"에 대해서 살펴보겠습니다.

여기서 바울은 왜 "영"이라는 단어를 사용했을까요? 주석들을 읽어보아도 만족스러운 답이 없고, 저도 이 부분이 참 어려웠습니다. 예수님은 성육신하신 분으로 영 혼 육을 갖고 계십니다. 그래서 성경에서 예수님을 '영'이라고 부르는 일은 거의 없습니다. 그런데 이 구절 외에 딱 한 번 고린도후서 3장 17절에서 예수님을 영이라고 불렀습니다.

"**주는 영이시니** 주의 영이 계신 곳에는 자유함이 있느니라."

스캇 하프만과 그랜트 오스본은 전 절인 16절이 출애굽기 34장 34절에 의존하고 있다는 것을 이유로, 이 구절의 "주"가 예수님이 아닌 하나님이라고 주장합니다. 그러나 16절은 출애굽기 34장 34절을 직접 인용한 것이 아닙니다. 그리고 14절에 이렇게 기록되어 있습니다.

"그러나 그들의 마음이 완고하여 오늘까지도 구약을 읽을 때에 그 수건이 벗겨지지 아니하고 있으니 **그 수건은 그리스도 안에서 없어질 것이라.**"

그 후 16절에서 이렇게 말했습니다.

"그러나 언제든지 **주께로 돌아가면 그 수건이 벗겨지리라.**"

그러므로 16절과 17절에 나오는 "주"는 하나님이 아닙니다. 예수님입니다! 따라서 17절에서 바울이 예수님을 '영'이라고 한 것이 맞습니다.

그러면 왜 그랬을까요? 여러 주석들에 나온 것처럼, 이것은 6절의 "율법 조문은 죽이는 것이요. 영은 살리는 것이니라."와 관계가 있습니다. 그리고 "영은 살리는 것"에 나오는 "영"은 로마서 7장 6절에서와 같이 성령을 뜻합니다. 그래서 일부 번역본과 학자들은 "예수님이 곧 성령이시다!" 즉 삼위일체적인 표현으로 봅니다.

그러나 그런 의미로 보면 안 됩니다. 왜냐하면 이 구절(17절)에서 '주'와 '주의 영'이 서로 구분이 되기 때문입니다. 그러므로 "주는 영이시니"를 "예수님이 곧 성령이시다!"라고 말할 수 없습니다. 또, 폴 바넷은 이렇게 썼습니다.

> "이 견해(예수님=성령님이라는 견해-저자 주)에는 문제가 많다. 하나는 우리가 신약에 나오는 **사도의 전도에 대해 듣는 메아리에서 청자가 '돌아오는' 대상은 주 예수 그리스도**라는 것이다. … **'성령으로 돌아간다'는 개념은 신약의 사상에 맞지 않다.**"[42]

그러므로 예수님이 곧 성령님이라는 뜻이 아닙니다.

그럼 그런 뜻이 아닌데 왜 '영'이라고 했을까요? 바울은 6절에서 "율법 조문은 죽이는 것이요 영은 살리는 것"이라고 했습니다. 때문에 예수님이 바로 살려주는 일을 하시는 분이다! 그런 뜻으로 볼 수밖에 없습니다. 칼빈도 "이 진술은 … 그리스

---

42 폴 바넷 『NICNT 고린도후서』 전용우 옮김. 서울: 부흥과개혁사, 2020. p. 265.

도의 본질과는 아무 상관이 없으며 단지 그분의 직무를 지적할 뿐"[43]이라고 했습니다. 그러므로 예수님의 역할에 대해서 말한 것입니다.

바로 뒤에 나오는 "주의 영이 계신 곳에는 자유함이 있느니라."도 그것을 뒷받침해줍니다. 여기서 "자유"는 '율법에서의 자유'와 '죄의 지배에서의 자유'를 뜻합니다. 콜린 크루즈는 이렇게 썼습니다.

> "**사람들이 바울이 살았던 시대의 유대인들처럼 옛 언약**(율법의 행위로 말미암아 하나님께 받아들여지길 추구하는 시대) **아래서 살게 될 때는, 자유가 결코 있을 수 없다.** 율법의 요구는 충족될 수 없고 그러므로 그들은 율법의 저주 아래 있게 될 뿐이다. **그러나 영의 계약 아래에서는 자유가 있다.** 더 이상의 죄에 대한 기억이 없고(롬 4:6-8), 죄인들에 대한 정죄가 없다(롬 8:1). 성령 자신이 우리 영으로 더불어 우리가 하나님의 자녀인 것을 증거하시고(롬 8:15-16), **영을 따라 행함으로 율법의 의로운 요구가 우리 안에서 성취된다**(롬 8:3-4)."[44]

예수님을 믿을 때 주의 영이 주어지고, 그 결과 우리는 율법뿐 아니라 죄의 지배에서 자유케 됩니다. 예수님은 이런 일을

---

43 폴 바넷 『BST 고린도후서』 정옥배 옮김. 서울: 한국기독학생회출판부, 2009. p. 97. 재인용.

44 콜린 크루즈 『틴데일주석, 고린도후서』 왕인성 옮김. 서울: 기독교문서선교회, 2013. p. 145.

하시는 분입니다. 그것을 "영"으로 표현한 것입니다.

그러면 고린도전서 15장 45절의 "살려주는 영이 되었나니"는 무슨 뜻일까요?

이미 살펴본 대로, 아담은 단순히 혼이 아니라 영을 갖고 있었습니다. 때문에 "살려주는 영이 되셨다"는 말을 "아담과 달리 예수님은 영을 갖고 있다"는 뜻으로 이해할 수는 없습니다. 그것은 불가능한 해석입니다.

그러면 왜 여기서 영이라는 단어를 사용했을까요? 40-44절에 의하면, 두 세상과 거기에 적합한 두 몸이 있습니다. 저는 그것이 45절을 이해하는 키라고 생각합니다.

"기록된 바 첫 사람 아담은 생령이 되었다 함과 같이 마지막 아담은 살려주는 영이 되었나니"

이 구절은 "기록된 바"라는 말로 시작합니다. 이 문구는 성경적인 근거를 제시할 때 사용됩니다. 그러므로 바울은 여기서 영과 혼이 아니라 두 가지 몸에 대해 말하고 있음이 분명합니다.

또, 46절의 "그러나 먼저는 신령한 사람이 아니요 육의 사람이요 그 다음에 신령한 사람이니라."도 그 뒤 구절들까지 보면 아담과 예수님 등 사람까지 포함하지만 이 구절 자체(원어)에는 '사람'이라는 단어가 없습니다. 그래서 '육의 몸'과 '신령한 몸'을 뜻한다고 번역한 번역본과 그렇게 해석하는 학자들이 많습니다. 그러므로 이 구절은 '육의 몸'과 '신령한 몸'과 깊은 관계가 있습니다.

더구나, 사람에 대해 말하는 그 뒤 구절들(47-49절)도 "형상", 즉 '육의 몸'과 '영의 몸'에 대한 것입니다. 그러므로 "생령이 되었다"는 것은 아담이 자연적인 몸을 가진 것을 말한 것이고, "생령이 되었다 함과 같이 마지막 아담은 살려주는 영이 되었나니"는 "되었다 함과 같이"가 보여주듯이, 단순히 예수님이 아니라 부활하신 주님이 가지고 있는 신령한 몸에 초점을 맞춘 표현입니다.

그렇다면, 몸에 초점을 맞춰서 말했는데 왜 '살려주는 영'이라고 했을까요? 두 가지로 이유를 생각해볼 수 있습니다.

먼저, 고린도전서가 아니라 후서에 나오는 말씀이지만 "영은 살려주는 것"이라고 했으므로, 고린도후서 3장 17절에서처럼 예수님이 살려주는 분이라는 것을 그렇게 표현했을 수 있습니다. 즉, 예수님은 믿는 자에게 성령을 주어 우리의 죽은 몸을 다시 살릴 분이라는 것을 그렇게 표현한 것입니다(롬 8:11, 고전 15:22). 그러므로 예수님의 역할을 영이라고 한 것입니다.

또한, 그 전에 '육의 몸'과 '영의 몸'이 나오는데, 부활하신 예수님의 몸은 몸인데 '영의 몸' 즉 '신령한 몸'이라는 것에서 그 이유를 찾을 수 있습니다. 원어로는 '영의'라는 단어와 '신령한'이라는 단어가 "프뉴마티코스"라는 한 단어입니다. 이것은 영을 뜻하는 프뉴마에서 유래했고, "영적인(spiritual)"이라는 뜻입니다. 고전 헬라어 문헌에서는 "영적인(spiritual)"인 또는 "영에 속하는(pertaining spirit)"이라는 뜻으로 사용되었습니다. 부활하신 예수님의 몸은 육적이지 않고 영적인 몸입니다. 때문에 공동번역은 이렇게 번역했습니다.

> 공동번역 고린도전서 15:45 "성서에 기록된 대로 첫 사람 아담은 생명 있는 존재가 되었지만 나중 아담은 **생명을 주는 영적 존재가 되셨습니다.**"

이처럼 부활하신 예수님은 몸까지도 영적인 혹은 영에 속한 것이기 때문에 "살려주는 영"이라고 표현했을 수 있습니다. 이것은 얼마든지 가능한 표현입니다. 왜냐하면 누가복음에 이렇게 기록되어 있기 때문입니다.

> 누가복음 20:27-36 "**부활**이 없다고 주장하는 사두개인 중 어떤 이들이 와서 물어 이르되 선생님이여 모세가 우리에게 써 주기를 만일 어떤 사람의 형이 아내를 두고 자식이 없이 죽으면 그 동생이 그 아내를 취하여 형을 위하여 상속자를 세울지니라 하였나이다. 그런데 칠 형제가 있었는데 맏이가 아내를 취하였다가 자식이 없이 죽고 그 둘째와 셋째가 그를 취하고 일곱이 다 그와 같이 자식이 없이 죽고 그 후에 여자도 죽었나이다. 일곱이 다 그를 아내로 취하였으니 **부활 때**에 그중에 누구의 아내가 되리이까? 예수께서 이르시되 이 세상의 자녀들은 장가도 가고 시집도 가되 저 세상과 및 **죽은 자 가운데서 부활함을 얻기에 합**

당히 여김을 받은 자들은 장가가고 시집가는 일이 없으며 그들은 다시 죽을 수도 없나니 이는 천사와 동등이요 부활의 자녀로서 하나님의 자녀임이라."

이처럼 부활하면 우리의 몸이 시집가고 장가가고 죽는 것과 상관없는 영들인 천사와 동등 혹은 유사하게 됩니다. 저는 이것이 예수님을 "살려주는 영"이라고 표현한 이유라고 생각합니다.

여러분, 제 설명에 만족하셨습니까? 혹 여러분 중 어떤 분들은 만족하지 못하셨어도 상관없습니다. 왜냐하면 "살려주는 영"이 아담과 달리 예수님은 영을 가지고 있다는 뜻이 아니라는 것은 조금만 생각해보아도 쉽게 알 수 있기 때문입니다.

스가랴 12:1 "이스라엘에 관한 여호와의 경고의 말씀이라. **여호와 곧 하늘을 펴시며 땅의 터를 세우시며 사람 안에 심령을 지으신 이가 이르시되**"

이사야 57:16 "내가 영원히 다투지 아니하며 내가 끊임없이 노하지 아니할 것은 **내가 지은 그의 영과 혼이 내 앞에서 피곤할까 함이라**."

데살로니가전서 5:23 "평강의 하나님이 친히 너희를 온전히 거룩하게 하시고 또 너희의 온 **영과 혼과 몸**이 우리 주 예수 그리스도께서 강림하실 때에 흠 없게 보전되기를 원하노라."

이처럼 성경은 아담이 처음부터 영을 가진 존재로 지음받았고 모든 사람이 영을 가지고 있다고 말씀합니다.

또한, 성경은 불신자들도 영을 가지고 있다고 말씀합니다. 많은 이들이 영이 죽은 것을 영이 없다는 뜻으로 착각하는데 그렇지 않습니다. 그 증거로, 불신자에게도 영이 존재한다는 것을 보여주는 성구들이 많습니다.

욥기 34:14-15 "그가 만일 뜻을 정하시고 **그의 영과 목숨**을 거두실진대 **모든 육체**가 다 함께 죽으며 사람은 흙으로 돌아가리라."

여기서 "그의 영과 목숨"은 김명현 박사의 주장처럼 영은 하나님의 것이고 사람에게 빌려주셨다가 다시 거두어 가신다는 뜻이 아닙니다. 인간에게 영과 목숨을 주신 분이 하나님이기 때문에 하나님의 영과 목숨이라고 한 것입니다. "그의"가 영뿐 아니라 목숨까지 받고 있다는 것이 그 증거입니다. 특히, "모든 육체"라는 말에 주목하십시오. 이것은 신자와 불신자를 모두 포함합니다. 그러므로 그들 모두에게 영이 있다고 말하고 있는 것입니다.

시편 146:3-4 "귀인들을 의지하지 말며 도울 힘이 없는 인생도

의지하지 말지니 **그의 '호흡'**(영-루아흐)**이 끊어지면**(야차: 나가다, 나오다, 떠나다) **흙으로 돌아가서** 그 날에 그의 생각이 소멸하리로다."

상식이지만, 귀인들과 도울 힘이 없는 인생들이 전부 믿는 자들일 수는 없습니다. 그 속에 불신자들도 있습니다. 그런데 그들 모두에게 영이라는 단어를 사용했습니다. 그러므로 이 구절도 불신자에게도 영이 있다는 증거입니다.

전도서 12:7 "**흙은 여전히 땅으로 돌아가고 영은 그것을 주신 하나님께로 돌아가기 전에 기억하라.**"

이 구절 역시 불신자들을 포함합니다. 같은 장 1-2절에서 솔로몬이 이런 말로 시작했습니다. "전에"라는 단어에 주목하십시오.

"너는 **청년의 때에** 너의 창조주를 기억하라. 곧 곤고한 날이 이르기 **전에**, 나는 아무 낙이 없다고 할 해들이 가깝기 **전에** 해와 빛과 달과 별들이 어둡기 **전에**, 비 뒤에 구름이 다시 일어나기 **전에** 그리하라."

이 단어는 이들이 아직 창조주에게 돌아오지 않았음을 뜻합니다. 바로 전에 있는 구절들을 읽어보면 그 점이 더욱 분명해집니다.

전도서 11:9-10 "**청년이여 네 어린 때를 즐거워하며 네 청년의 날들을 마음에 기뻐하여 마음에 원하는 길들과 네 눈이 보는 대로 행하라. 그러나 하나님이 이 모든 일로 말미암아 너를 심판하실 줄 알라. 그런즉 근심이 네 마음에서 떠나게 하며 악이 네 몸에서 물러가게 하라. 어릴 때와 검은 머리의 시절이 다 헛되니라.**"

이것은 신불신 구분 없이 모든 청년들에게 주는 권고입니다. 그런데도 솔로몬은 그 후 12장 7절에서 영이 하나님께로 돌아가기 전에 기억하라고 했습니다. 그러므로 이 구절도 불신자에게도 영이 있다는 분명한 증거입니다.

더 나아가, 이처럼 문맥이 아니라 구절 자체가 불신자의 영의 존재를 보여주는 구절들도 있습니다.

신명기 2:30 "헤스본 왕 시혼이 우리가 통과하기를 허락하지 아니하였으니 이는 네 하나님 여호와께서 그를 네 손에 넘기시려고 그의 **'성품'**(루아흐-영)을 **완강하게 하셨고** 그의 마음을 완고하게 하셨음이 오늘날과 같으니라."

다니엘 5:20 "그가 마음이 높아지며 **'뜻'**(루아흐-영)이 **완악하여** 교만을 행하므로 그의 왕위가 폐한 바 되며 그의 영광을 빼앗기고"

시편 78:8 "그들의 조상들 곧 완고하고 패역하여 그들의 마음이 정직하지 못하며 **그 '심령'**(루아흐-영)**이 하나님께 충성하지 아니하는 세대**와 같이 되지 아니하게 하려 하심이로다."

이 구절들은 불신자들과 명목상의 신자들에게도 영이 있다는 것을 보여줍니다. 그러므로 45절이 예수님이 아담과 달리 영을 가지고 있다는 의미일 가능성은 제로입니다. 그 구절은 결코 아담에게 혼만 있었고 예수님에게는 영이 있다는 뜻이 아닙니다.

2) 고린도전서 15:46

"그러나 먼저는 신령한 사람이 아니요 **육의 사람**이요 그 다음에 **신령한 사람**이니라."

이 구절에 나오는 "신령한 사람"은 원어로 "프뉴마티코스"이며 고전 헬라어 문헌에서 **"영에 속하는"**(pertaining spirit), 또는 **"영적인"**(spiritual)을 뜻합니다. 또 "육의 사람"은 원어로 "프쉬키코스"이며 고전 헬라어 문헌에서 "**영혼에 속하는**, 육적인, 천성적인"을 뜻합니다. 그래서 신령한 사람은 영을 가진 예수님이고 육의 사람은 혼만 있고 혼에 속하는 아담을 뜻한다고 착각할 수 있습니다. 김명현 박사의 주장도 그러합니다.

그러나 이 구절은 그런 뜻이 아닙니다. 앞 절에서 바울은 인류의 두 조상에 대해 말했습니다. 생령이 된 아담은 몸과 관련해서 인류에게 육의 몸을 물려준 조상입니다. 마지막 아담이신 예수님은 우리를 다시 살려서 영의 몸을 갖게 해주실 조상입니다. 바울은 46절 이하에서도 두 조상에 대한 설명을 계속합니다.

고린도전서 15:46 "**그러나 먼저는** 신령한 사람이 아니요 **육의 사람**이요 그 **다음에 신령한 사람**이니라."

바울은 이 구절에서 아담은 육의 사람이고 예수님은 신령한 사람이라고 말합니다. 이것은 아담은 혼만 있고 예수님에게는 영이 있다는 뜻이 아닙니다. 그것을 같은 단어들을 사용한 고린도전서 2장 14-15절을 통해서 확인할 수 있습니다.

"**'육에 속한'**(프쉬키코스) **사람**은 하나님의 성령의 일들을 받지 아니하나니 이는 그것들이 그에게는 어리석게 보임이요, 또 그는 그것들을 알 수도 없나니 그러한 일은 영적으로 분별되기 때문이라. **'신령한 자'**(프뉴마티코스)는 모든 것을 판단하나 자기는 아무에게도 판단을 받지 아니하느니라."

이곳에서 바울은 똑같은 단어 '프쉬키코스'와 '프뉴마티코스'를 사용했습니다. 그런데 '프쉬키코스'("육에 속한")과 '프뉴마티코스'("신령한 자")가 '혼만 있고 영은 없는' 혹은 '영이 있는'이라는 뜻이 아닙니다. 왜냐하면 이것은 아담이 아니라 고린도교회 성도들과 그 시대 사람들에 대한 언급인데, 그들 모두 영을 가지고 있음이 분명하기 때문입니다. 그러므로 46절도 그런 의미로 해석할 수가 없습니다.

그런데 이처럼 "육의 사람"과 "신령한 사람"이 혼만 있거나 영이 있는 사람을 뜻하는 것이 아니라면 과연 무슨 뜻일까요? 우리는 그 뒤에 나오는 구절들을 통해 그것을 깨달을 수 있습니다.

고린도전서 15:47 "**첫 사람은 땅에서 났으니 흙에 속한 자이거니와 둘째 사람은 하늘에서 나셨느니라.**"

46절의 "육의 사람"의 "육"과 이 구절의 "땅" 혹은 "흙"은 서로 그 뜻이 통합니다. 왜냐하면 하나님이 흙으로 사람의 몸("육")을 만드셨기 때문입니다.

창세기 2:7 "여호와 하나님이 **땅의 흙**으로 사람을 지으시고 생기를 그 코에 불어넣으시니 사람이 생령이 되니라."

이를 통해, 우리는 "육의 사람"이라는 표현이 혼과 관계있는 것이 아니라 흙으로 빚은 몸과 관계있는 표현임을 알 수가 있습니다. 바로 이것이 바울이 아담을 "육의 사람"(46절)이라고 부르다가 "흙에 속한 자"(47절)라고 부르고 있는 이유입니다.

여러분, 아담은 왜 육의 사람입니까? 그것은 혼만 가지고 있기 때문이 아닙니다. 땅에서 난, 즉 흙으로 만든 흙에 속한 자이기 때문입니다. 또, 예수님이 신령한 사람인 이유 역시 영을 갖고 있기 때문이 아닙니다. 흙이 아니라 하늘에서 나셨기 때문입니다. 흙에서 난 아담의 몸은 결국 흙으로 돌아갑니다. 그러나 하늘에서 난 예수님의 몸은 영원무궁합니다. 폴 가드너는 47절을 주해하면서 그것을 다음과 같이 잘 설명했습니다.

> "앞에서 바울은 창세기 2:7b을 인용했으나 지금은 2:7a을 인유한다. '여호와 하나님이 땅의 흙으로 사람을 지으시고' 바울은 아담을 창세기 창조 기사에 묘사된 대로 생각한다. **하나님은 아담을 땅의 흙으로 지으셨다. 이것은 아담을 땅에서 살도록 지음받은 존재로 규정한다.** 사실 창세기 2:7 자체는 지음받은 사람과 그가 살아야 할 땅의 이런 긴밀한 연계성을 계시한다. **'사람'**('아담')은 **'땅의 흙'**(아다마)**로 형성된다. 확실히 '아다마'로부터 취해진 '아담'은 '아다마'를 경작해야 하고, 결국은 '아다마'로 돌아가야 한다**(창 3:19, 23). **그러므로 아담이 '땅에서 난 자'라는 말은 그가 죽어서 흙으로 돌아가야 한다는 관념도 함축한다.**
>
> 따라서 **바울이 창세기 2:7을 인유하는 것은 여기서 두 '몸'의 차이를 설명하는 데 결정적으로 중요하다. 아담은 '땅'과 필수적으로 관련된 존재로 지음받았다. 마찬가지로 사람이신 그리스도도 지금 자신의 새로운 실존 영역과 필수적으로 관련되**

는 방식으로 다시 살아나셨다. 그래서 그리스도는 '하늘에 속한 이'로 묘사되고, 이것은 그리스도를 하나님 앞에서 하나님의 영의 영역에서 이루어지는 실존에 적합한 분으로 규정한다. 그리스도의 부활하신 몸은 썩지 않고 하나님의 영광과 능력을 반영하는 몸이다."[45]

이 모든 것을 종합해볼 때, 46절은 아담은 혼만 있고 예수님은 영을 가지고 있다는 뜻이 결코 아닙니다. 그러므로 그 견해는 성경에 전혀 근거가 없는 것이며 매우 비성경적인 것입니다.

3. 우리가 영을 서로 주고받을 수 있다?

김명현 박사는 영은 사람이 가지고 태어나는 것이 아니라 그 후에 하나님의 영을 받아들이는 것이라고 반복해서 주장합니다. 이것도 매우 비성경적인 주장입니다. 그 증거로, 이미 설명했으므로 설명하진 않겠지만, 전도서 11장 5절은 인간의 영이 태어나기 전에 주어진다고 말씀합니다.

"**바람(루아흐)의 길이 어떠함과 아이 밴 자의 태에서 뼈가 어떻게 자라는지를 네가 알지 못함 같이** 만사를 성취하시는 하

45 폴 가드너 『강해로 푸는 고린도전서』 김귀탁 옮김. 서울: 디모데, 2019. p. 771.

나님의 일을 네가 알지 못하느니라."

또, 성경은 인간의 영이 하나님이 지은 것이라고 분명히 말씀합니다.

이사야 57:16 "내가 영원히 다투지 아니하며 내가 끊임없이 노하지 아니할 것은 **내가 지은 그의 영**과 혼이 내 앞에서 피곤할까 함이라."

그것도 천지창조 때 지은 것이라고 말씀합니다.

스가랴 12:1 "이스라엘에 관한 여호와의 경고의 말씀이라. **여호와 곧 하늘을 펴시며 땅의 터를 세우시며 사람 안에 '심령'**(루아흐-영)**을 지으신** 이가 이르시되"

만약 영이 하나님의 영이고 살 동안 빌려준 것이라면 하나님이 지은 것일 수가 없습니다. 하나님이 하나님을 지은 것이 되기 때문입니다. 그러므로 그것은 잘못된 주장입니다.

또, 김명현 박사는 혼은 남에게 주거나 남의 혼을 받을 수 없지만 영은 다른 이에게 주거나 받을 수 있다고 주장합니다. 영을 서로 공유할 수 있다는 해괴한 주장을 펼칩니다. 그러나 인간은 영 혼 육이 결합되어 존재합니다. 인간의 영혼은 입신처럼 매우 예외적인 경우를 제외하고 평생 몸에서 분리되지 않습니다. 또, 영과 혼은 죽은 후에도 분리되지 않으며 서로 분리되는 일이 거의 없습니다. 더구나, 영이 몸에서 떠나는 것이 죽음입니다.

야고보서 2:26 "**영혼(프뉴마) 없는 몸이 죽은 것 같이** 행함이 없는 믿음은 죽은 것이니라."

이 외에도, 여러 곳에 그 사실이 나타나 있습니다(욥 17:1, 34:14-15, 시 31:5, 104:29, 146:4, 전 12:7, 행 7:59). 그런데 어떻게 영이 들어갔다 나왔다 합니까? 사람이 수시로 죽었다 살아나기라도 한다는 말입니까? 어이가 없는 주장입니다.

또한, 김명현 박사는 성경에서 영을 분별하라고 말씀한 이유가 사람들이 서로 영을 주고받을 수 있기 때문이라고 주장합니다. 그러나 그 구절은 사람의 영을 분별하라고 한 것이 아닙니다.

요한일서 4:1 "**사랑하는 자들아 영을 다 믿지 말고 오직 영들이 하나님께 속하였나 분별하라. 많은 거짓 선지자가 세상에 나왔음이라.**"

"거짓 선지자"라는 말에 주의하십시오. 참 선지자는 하나님의 영에 의해 예언했지만 거짓 선지자들은 악한 영들에 의해 거짓 예언(혹은 거짓 가르침)을 했습니다. 그러므로 그 배후의 영들을 분별하라고 한 것입니다. 이에 대해 존 스토트는 이렇게 썼습니다.

"적확(的確-확실(確實)함, 틀림이 없음)하게 뜻을 새기면, **선지자는 어떤 영의 대변자**이다. **참 선지자들은 '하나님의 영'(2절), 곧 6절에서 '진리의 영'이라고 불리어지고 있는 성령의 대언자**이다. 반면에 **거짓 선지자들은 '미혹의 영'(6절 하반절)의, 또는 '적그리스도의 영'(3절)의 대언자 즉 거짓 영을 받은 선지자들'(N. E. B.)** 이다. 그러므로 **모든 선지자의 배후에는 어떤 영이 있고 각 영의 배후에는 하나님 아니면 마귀가 있는 법이다. 우리가 어떤 영들을 신뢰하기에 앞서 먼저 그 영들이 하나님께 속하였나 시험해 보아야만 한다. 정작 문제 되는 것은 그들의 기원이다.**"[46]

그런데, 이런 반론이 있을 수 있습니다.

"1절의 '영'은 단수지만 '영들'은 복수다. 때문에 많은 영들을 뜻한다. 그래서 '영들'은 진리의 영이신 성령과 미혹의 영인 적그리스도의 영이 아니라 천사들과 사람들의 영을 뜻한다고 보아야 한다."

실제로, 로버트 야브루는 "복수의 영이 꼭 사악한 존재를 가리킬 필요는 없다. 신자를 친절하게 돕는 역할을 하는 천사를

46 존 스토트 『요한서신서』 김경신 옮김. 서울: CLC, 1994. p. 205.

'영들'로 간주할 수도 있다(히 1:14; 참고, 1:7)."[47]고 했습니다.

또한, 스테핀 스말리는 2절의 "하나님의 영"에 대해 이렇게 썼습니다.

> "토 프뉴마 투 데우("하나님의 영")라는 구문은 '하나님의 영'이라고 자연스럽게 번역된다. 이럴 경우 그 의미는 '그러므로 너희는 성령(에 의해 한 사람이 영감 된 것인지 아닌지를)을 인식할 수 있다'가 된다. …
>
> 다른 한편으로 '하나님의 영'(토 프뉴마 투 데우)이라는 표현은 '영, 하나님께로부터 나온'을 의미할 수도 있다. 즉 **'영적 기원이 하나님께 있는 사람'**(으로 이해될 수 있다). 이것은 JB에 의해 채택된 번역(you can tell the spirits that come from God)이다."[48]

김명현 박사의 주장과 어울리지요! 그러나, 1절에서 "영들"이라는 복수를 쓴 것은 단순히 두 가지 영이 있기 때문입니다. 또, 3절에 보면 "예수를 시인하지 아니하는 영"이 사람들의 영이 아니라 "적그리스도의 영"을 뜻한다고 명시되어 있습니다.

"예수를 시인하지 아니하는 영마다 하나님께 속한 것이 아니

47 로버트 야브루 『요한서신』 최병필 옮김. 서울: 부흥과개혁사, 2021. p. 313.

48 스테핀 S. 스말리 『요한 1,2,3서』 조호진 옮김. 서울: 솔로몬, 2014. p. 384.

니 이것이 곧 적그리스도의 영이니라."

또한, 우리가 분별해야 하는 "영들" 즉 두 영이 6절에 다음과 같이 명시되어 있습니다.

"우리는 하나님께 속하였으니 하나님을 아는 자는 우리의 말을 듣고 하나님께 속하지 아니한 자는 우리의 말을 듣지 아니하나니 진리의 영과 미혹의 영을 이로써 아느니라."

이 중 진리의 영은 성경에서 성령을 뜻하고(요 14:17), 미혹의 영은 귀신들을 뜻합니다(딤전 4:1). 그러므로 1절의 "영들"과 2-3절의 "영"은 천사나 사람을 뜻하는 것이 아닙니다. 성령과 적그리스도의 영을 뜻합니다. 이를 통해 우리는 요한일서 4장 1절이 사람들의 영을 분별하라고 한 것이 아님을 알 수가 있습니다.

4. 사람의 영은 죽은 후 하나님이 다시 회수해 가신다?

전도서 12:7 "흙은 여전히 땅으로 돌아가고 영은 그것을 주신 하나님께로 돌아가기 전에 기억하라."

김명현 박사는 이 구절을 들이대며 사람이 죽으면 몸은 흙으로 돌아가고 영은 원래 하나님의 것이므로 살아 있는 동안 소유하다가 죽을 때 하나님께로 돌아간다고 주장합니다. 저는 그것을 보고 어떻게 이렇게 황당한 주장을 할 수가 있나? 믿기지가 않았습니다. 그런데 그렇게 믿는 목사들이 소수지만 있더라고요. 예를 들어, 말씀보존학회 성경침례교회 김경환 목사라는 분도 이렇게 주장했습니다.

> "**우리가 죽으면** 몸은 무덤에 묻혀 흙으로 돌아가고, **영은 영을 주신 하나님께로 돌아가지만**(전 3:21) 우리 자신인 혼은 영원히 소멸되지 않는 존재로서 하늘나라 또는 지옥에서 영원을 보내게 된다."[49]

하지만, 전도서 12장 7절은 그런 뜻이 아닙니다. 누가복음 12장 20절의 "오늘 밤에 네 영혼(혼-프쉬케)을 도로 찾으리니"가 죽음을 뜻할 뿐 하나님께서 혼을 회수해간다는 뜻이 아닌 것처럼, "영은 그것을 주신 하나님께로 돌아간다"(전 12:7)는 것도 죽음을 뜻할 뿐 영을 회수해간다는 뜻이 아닙니다. 여러분에게 몇 가지 증거를 제시하겠습니다.

첫째로, 이 구절을 전도서 3장 21절과 비교해보십시오.

> 전도서 3:21 "인생들의 혼(루아흐)은 **위로 올라가고** 짐승의 혼(루

49 http://bbcinternational.org/believers/korean/articles/korea-times

아호)은 아래 곧 땅으로 내려가는 줄을 누가 알랴!"

전도서 12:7 "흙은 여전히 땅으로 돌아가고 영은 그것을 주신 **하나님께로** 돌아가기 전에 기억하라."

전도서 3장 21절의 혼(영)은 호흡이 아니라 영을 뜻합니다. 그것은 나중에 자세히 설명해드릴 것입니다. 그런데 사람의 영이 어디로 올라간다고 했습니까? "위로!" 또, 12장 7절에서는 사람의 영이 어디로 간다고 했습니까? "하나님께로!" 이처럼 "위로!"와 "하나님께로!"가 같은 뜻입니다. 하늘에 계신 하나님께 올라가는 것을 그렇게 표현한 것입니다. 그런데, 이것은 결코 하나님이 영을 회수하신다는 뜻이 아닙니다. 전도서 11장 9절에 기록되어 있듯이, 하나님 앞에 가서 심판을 받게 된다는 뜻입니다.

"청년이여 네 어린 때를 즐거워하며 네 청년의 날들을 마음에 기뻐하여 마음에 원하는 길들과 네 눈이 보는 대로 행하라. **그러나 하나님이 이 모든 일로 말미암아 너를 심판하실 줄 알라.**"

때문에 크레이그 바솔로뮤는 전도서 12장 7절에 대해 이렇게 썼습니다.

"7절은 분명히 인간의 죽음을 가리키며, 이것은 창세기 2:7에서 하나님이 인간을 흙과 숨결로 만드신 것을 생각나게 하는 용어로 표현된다. **흥미롭게도 죽음은 여기서 끝으로 보이지 않는다.** … 영혼은 그것을 주신 하나님께로 되돌아간다(참조. 전 3:21).

머피(Murphy)는 다른 많은 이의 견해에 따라 '이것은 '하나님을 향한 영혼의 회귀'가 있기라도 하는 것처럼 불멸이 아니라 사멸의 그림이다. 여기서는 영혼의 문제가 아니라 숨결로 완전히 다른 범주의 사상이다'라고 주장한다. 이와 비슷하게 롱맨(Longman)은 '코헬렛에게 죽음은 끝'이고, 그것은 '출생 이전의 상황'이라고 역설한다.

그러나 그것은 의문스럽다. 코헬렛이 여기서 죽음을 끝으로 보여준다면, 사람들이 어떻게 살았는지에 대해 심판받게 될 것을 암시하는 11:9의 하나님 심판을 언급하는 것은 무슨 뜻인가?

… 코헬렛은 분명히 죽은 뒤의 삶에 대한 발전된 견해를 가지고 있지 않다. 그러나 **12:1-7은 창조주에 대한 언급이 틀을 이룬다. 곧 12:1에서 사람들은 자기 창조주를 기억해야 하며, 12:7에서 영혼은 '그것을 주신 하나님께' 돌아간다. 따라서 헹스텐베르크가 … 이 문제에 대해 다음과 같이 주석한 것은 올바른 방향으로 간 것이다.**

'사람의 영혼이 육체와 함께 멸망하지 않는다는 사실은 여기서 … 가장 결정적인 가르침이다. … 영혼이 하나님께 돌아가는 것은 고린도후서 5:10에서 사도가 말하는 바로 그것일 뿐이다. … 다른 뜻이 아니라 '영혼은 언젠가 심판의 때에 하나님께 돌아간다'는 것이 이 단락 전체의 주된 특징인 '네 창조주를 기

억하라'는 훈계를 위한 길을 예비하는 데 가장 적절하다.'"[50]

이처럼 이 구절이 고린도후서 5장 10절에서 말한 심판에 대해 말한 것이라고 했습니다.

"이는 우리가 다 반드시 그리스도의 심판대 앞에 나타나게 되어 각각 선악 간에 그 몸으로 행한 것을 따라 받으려 함이라."

그러므로 전도서 12장 7절은 죽을 때 하나님이 인간의 영을 회수한다는 뜻이 아닙니다. 죽으면 하나님께로 가서 심판을 받게 된다는 뜻일 뿐입니다.

둘째로, 짐승에게도 혼이 있고, 사람을 짐승과 다르게 만드는 것은 영입니다. 그런데 영을 회수해가면 짐승과 다른 것이 없습니다. 과연 그런 인간을 위해 예수님이 십자가를 지셨을까요? 또 영으로 하나님과 교제하는 것인데, 하나님께서 영도 없는 인간과 천국에서 영원을 보내려 하시겠습니까? 그러므로 그런 뜻일 리가 없습니다.

셋째로, 하나님께서 사람이 죽을 때 영을 회수하지 않는다는 것을 보여주는 직접적인 성구들이 있습니다.

베드로전서 3:19 **"그가 또한 영으로 가서 옥에 있는 영들에게 선**

---

50 크레이그 바솔로뮤 『전도서 주석』 김정훈 옮김. 서울: CLC, 2020. pp. 605-607.

포하시니라."

만일 "옥에 있는 영들"이 죽은 사람을 뜻한다면, 죽은 후 하나님이 사람의 영을 회수하지 않는다는 좋은 증거입니다. 그러나 해석이 나누어집니다. 그러므로 결정적인 증거가 될 수 없습니다.

욥기 26:5 "**죽은 자의 영들**이 물 밑에서 떨며 물에서 사는 것들도 그러하도다."

앞 구절과 달리 이것은 결정적인 증거입니다. 그러나 아쉬운 점은 영들의 원어가 루아흐가 아니라 "라파"입니다. 라파는 '죽은 자의 망령'과 '유령'을 의미합니다. 그래서 국어사전에서 "망령"(亡靈)을 찾아보았더니, "죽은 사람의 영혼"입니다. "유령"(幽靈)을 찾아보았더니 "죽은 사람의 혼령"입니다.

이 구절에 나오는 "죽은 자의 영들"에 대해 데이빗 클린스는 이렇게 썼습니다.

> **"스올의 거주자들은 여기서 르바임이라 불린다. 이 용어는 구약에서 죽은 자들 일반을 가리키는 것으로 여러 번 사용된다**(시 88:11[10], "죽은 자들"과 평행; 그리고 사 26:19, 지하 세계가 "바임의 땅"이라 불림; 또한 잠 2:18; 9:18; 21:16)."[51]

---

51 데이빗 클린스 『욥기(중)』 한영성 옮김. 서울: 솔로몬, 2013. p. 253.

또, 트렘퍼 롱맨 3세는 이렇게 썼습니다.

"이 부분은 성경의 다른 곳(잠 9:18; 사 26:14 등)뿐만 아니라 우가릿 문헌에서도 알려진 르바임(Rephaim), 곧 떠나간 **죽은 자에 대한 언급**으로 시작한다."[52]

우리나라 이상근 박사님도 이렇게 썼습니다.

"**'죽은 자의 영들'은 육체를 떠난 영혼들이고, 특히 음부에 거하는 악한 영혼들이다**(Rawlinson). '물 밑'이란 지하의 물이 있는 세계로 곧 음부를 가리킨다. 이와 같이 **음부에 있는 영들**도 하나님의 대능 앞에서 떤다."[53]

그러므로 이 구절은 죽을 때 하나님이 사람의 영을 회수하지 않으신다는 명확한 증거입니다. 그리고 더 결정적인 증거가 있는데, 히브리서 12장 23절입니다.

"하늘에 기록된 장자들의 모임과 교회와 만민의 심판자이신 하나님과 및 온전하게 된 의인의 영들과"

52 트렘퍼 롱맨 3세 『욥기 주석』 임요한 옮김. 서울: CLC, 2017. pp. 517-518.

53 이상근 『구약주해 에스라-욥』 서울: 기독교문사, 2008. pp. 362-363.

이 구절은 천국에 대해 쓰고 있는데, 누가 천국에 있습니까? “온전하게 된 의인의 영들”입니다. 영은 하나님이 가져가고 혼만 있는 것이 아닙니다. 이것을 통해, 우리는 김명현 박사의 주장이 비성경적이라는 것을 확실히 알 수가 있습니다.

5. 구원을 받는 것은 인간의 혼이지 영이 아니다?

김명현 박사는 인터넷에 올린 동영상에서 구원에 대해 이런 주장을 했습니다.

> “여러분, 하나님께서 … 우리의 영을 구원하실까요? 우리의 혼을 구원하실까요? 아니면 우리의 영과 혼을 다 구원하실까요? 일단 성경이 제일 중요하죠. 그리고 원문의 단어가 중요하죠.
>
> 베드로전서 1:9 ‘이는 너희가 너희 믿음의 결말 곧 너희 혼(soul)의 구원을 받았기 때문이라.’
>
> 여러분의 상식을 의지하지 마시구요. 성경말씀을 신뢰하시기 바랍니다. 영의 구원입니까 혼의 구원입니까? 혼의 구원. 그렇죠. 자 이거 구별할 수 있는 중요한 말씀이 전도서 12장 7절에 있어요. 원문 그대로 단어 대 단어로 번역한 번역이에요.
>
> 전도서 12:7 ‘그때에 흙은 전에 있던 땅으로 돌아가며 영은 그것을 주신 하나님께로 돌아가리로다.’

잘 보세요. … 그런데 영이 중요해요. … 영은 원래 우리 거예요? 하나님 거예요? 하나님 거예요. … 그렇다면 하나님의 영을 구원한다는 게 논리적으로 말이 돼요? 안 돼요? 안 되죠. 여러분 여기서 질서를 잘 잡으셔야 돼요. 구원의 대상이 혼이에요. … 하나님의 영이 우리의 혼을 구원하시는 거예요. 근데 영혼이라는 단어를 쓰는 바람에 대혼란이 온 거예요."

우리는 성경에서 베드로전서 1장 9절뿐 아니라 혼의 구원을 말씀하고 있는 수많은 구절들을 발견할 수 있습니다. 그러나 과연 이것들이 사람의 영이 아니라 혼만 구원받는다는 뜻일까요?

그렇지 않습니다. 이미 설명해드린 대로, 성경저자들은 자주 영과 혼이라는 단어를 단순히 영이나 혼이 아니라 영과 혼의 합성어인 영혼이라는 뜻으로 사용했습니다. 이 구절들도 그런 뜻으로 혼이라는 단어를 사용한 것입니다. 그러므로 그것을 근거로 사람의 혼만 구원받는다고 주장하는 것은 잘못된 것입니다.

이 외에도, 사람이 혼만 구원받는 것이 아니라는 증거는 많습니다. 여러분, 스데반이 죽을 때 뭐라고 기도했습니까?

사도행전 7:59 **"그들이 돌로 스데반을 치니 스데반이 부르짖어 이르되 주 예수여 내 영혼(영-프뉴마)을 받으시옵소서** 하고"

스데반은 내 영을 받아달라고 기도했습니다. 과연 이것이 혼은 빼고 영만 받아달라는 기도일까요? 스데반의 기도는 단지 영을 받아달라는 기도가 아닙니다. 자기의 영혼을 받아주십사고 기도한 것입니다. 또, 김명현 박사의 주장대로라면 신불신을 막론하고 모든 사람의 영을 하나님이 회수합니다. 그런데 그것을 위해 기도할 필요가 있나요? 없지요. 그러므로 이것은 단지 자신의 영을 받아 달라고 기도한 것이 아닙니다.

또, 그의 주장은 예수님이 거듭남에 대해 말씀한 요한복음 3장 6절과 정면충돌합니다.

"**육으로 난 것은 육이요 영으로 난 것은 영이니**"

거듭남이 곧 구원 아닙니까? 그런데 예수님은 영이 거듭난다고 했습니다. 영이 구원받는다고 말씀한 것입니다. 여러분, 과연 누구의 말이 옳겠습니까? 당연히 예수님이지요!

끝으로, 그의 주장이 틀렸다는 결정적인 증거가 있는데 바로 고린도전서 5장 5절입니다.

"이런 자를 사탄에게 내주었으니 이는 육신은 멸하고 **영은 주 예수의 날에 구원을 받게 하려 함**이라."

성경은 주 예수의 날 즉 주님이 다시 오실 때 신자의 영이 구원받는다고 문자적으로 분명히 말씀하고 있습니다. 더 이상 의문의 여지가 없지요! 이로 보건대 영이 구원받는 것이 아니라 혼만 구원받는다는 주장은 일고의 가치도 없는 것입니다. 그러므로 그런 이단적인 영상들은 관심도 갖지 말고 보지도 마시기를 바랍니다.

III

평생 궁금해했던 영과 혼!

저는 여러분처럼 영과 혼에 대해 평생 궁금해하며 살았습니다. 알고 싶었지만 오리무중이었습니다. 너무 어려워 감을 잡을 수조차 없었습니다. 그러다가 우연히 오래전에 제가 영과 혼에 대해 짧게 메모해둔 것을 발견했습니다. 그 메모에서 가능성을 느꼈습니다. 그게 계기가 되어 용기를 내서 영과 혼에 대한 연구를 시작했습니다.

그 후 저는 여러 가지 시행착오와 난관을 거쳤습니다. 그러다 하나님의 은혜로 전격적으로 영과 혼을 정확히 구별하고 이해할 수 있게 되었습니다. 그것을 여러분과 나누고자 합니다.

1. 최초의 힌트

제가 영과 혼에 대한 연구를 본격적으로 시작할 때, 실마리가 될 만한 기발한 생각이 떠올랐습니다.

‘하나님은 영을 가지고 있다. 동물은 혼만 가지고 있다. 사람은 영과 혼을 가지고 있다. 그러므로 ‘영혼’ 중 ‘영’이 무엇인지 알려면 사람이 아니라 하나님을 생각하고, ‘혼’이 무엇인지 알려면 동물을 생각해야 한다. 사람의 영혼 중 영이신 하나님과 일치하는 것은 영이고 동물의 혼과 일치하는 것은 혼이다!’

어떻습니까? 기발하고 깔끔하지요! 저는 즉각 영이신 하나님의 특성을 통해 사람의 영이 무엇인지 정리하고, 동물의 혼의 특성을 통해 사람의 혼이 무엇인지 정리하는 작업에 돌입했습니다. 문제는 지정의였습니다. 케네스 해긴 목사님처럼 대부분 지정의가 사람의 혼을 구성한다고 생각합니다. 그러나 하나님은 영이신데도 지정의가 있습니다. 천사도 마찬가지입니다. 그러므로 지정의가 영에 있다고 보아야 합니다. 반대로, 동물에게도 지정의가 있습니다. 그것을 생각하면 지정의가 혼에 있다고 보아야 합니다.

그래서 처음에 저는 영과 혼에 모두 지정의가 있다고 추론했습니다. 영에 있는 지정의는 신적인 것으로 인격을 형성하고, 혼에 있는 지정의는 동물적인 것으로 생존을 위한 것이며 인격적인 것이 아니라고 생각했습니다. 그것이 동물들의 행동은 죄가 되지 않고 심판을 받지 않는 이유라고 생각했습니다.

또, 사람이 영과 혼이 결합된 영혼으로 존재하듯, 사람 안에 신적인 지정의와 동물적인 지정의가 하나로 연합된 지정의가 존재한다고 추론했습니다. 존재할 때는 하나가 되어 존재하지만, 개념상으로는 신적인 지정의는 영의 요소로, 동물적인 지정의는 혼의 요소로 분류가 가능하다고 추론했습니다. 그렇기 때문에 영과 혼을 구분할 수 있고 삼분설이 옳다고 생각했습니다. 이런 가정하에 정리하면, 영과 혼이 무엇인지 분명한 답이 나온다고 생각했습니다. 나름 일리가 있고 기발하지요!

저의 이런 추론은 지정의가 혼에 속한 것이라는 설명을 들을 때 느끼게 되는 혼란, 즉 '하나님과 천사와 마귀도 영이지만 지정의를 가지고 있지 않나? 그런데 왜 지정의가 영이 아니라 혼의 요소라고 하나?'라는 해묵은 의문을 해결해줍니다. 그 점이 장점이고 매력입니다. 저는 한동안 이것이 옳다고 생각했습니다. 그리고 영과 혼에 대한 의문이 드디어 풀렸다고 기뻐했습니다.

2. 최대의 걸림돌

그러나 저의 기쁨은 오래가지 못했습니다. 곧 복병이 나타났는데, 다음 구절들이 그것입니다.

고린도전서 14:2 "**방언**을 말하는 자는 **사람**에게 하지 아니하고 하나님께 하나니 이는 알아듣는 자가 없고 **영으로 비밀을 말함이라.**"

고린도전서 14:14-15 "내가 **만일 방언으로 기도하면 나의 영이**

기도하거니와 나의 마음은 열매를 맺지 못하리라. 그러면 어떻게 할까 **내가 영으로 기도하고 또 마음으로 기도하며 내가 영으로 찬송하고 또 마음으로 찬송하리라."**

이 구절들이 떠오르자, 저는 숨이 막히는 느낌이 들었고 완전히 절망했습니다. 왜냐하면 "영으로 비밀을 말한다"는 부분을 그때까지 혼이 모르는 것을 영은 알고 있다는 뜻으로 이해하고 있었기 때문입니다. 때문에 '하나님 외에 고린도전서의 저자인 사도 바울이라면 모를까 누가 이 구절에 나오는 영이 구체적으로 무엇인지 알 수 있겠는가?'라는 생각이 들었습니다. 이 구절들은 영과 혼을 정확히 이해하는 것이 불가능하다고 느끼게 할 정도로 태산 같은 장애물입니다. 현기증이 날 정도로 큰 혼란을 일으키고 영이 무엇인지 오리무중이 되게 합니다.

(1) 이 구절들이 철벽처럼 느껴지는 이유!

고린도전서 14장 2절에 의하면, 방언은 영으로 비밀을 말하는 것입니다. 타인뿐 아니라 자신에게도 비밀입니다. 자기도 방언을 알아듣지 못합니다. 이 때문에 사람의 영은 '지정의'의 '지'를 초월한 초월적이고 신비한 것이라는 생각이 듭니다. 이런 생각을 하게 만듭니다.

'어? 영은 마음이 모르는 것을 알고 있나 봐! 영은 마음과 완전혀 다른 어떤 것인가 봐! 그렇다면 마음이 모르는 것을 알고 있는 영은 구체적으로 어떤 것일까? 도대체 영이 무엇이기에 혼이 모르는 것을 알고 기도할까? 더구나, 마음이 모르는 것을 영이 알고 있다면 영에 혼에 있는 것과 다른 또 다른 지정의가 있다는 말인가? 게다가 그 지정의는 우리 혼이 인식할 수도 없는 지정의고? 그렇다면 이렇게 신비하고 베일에 싸여 있는 영을 도대체 우리가 어찌 알 수 있을까?'

그리하여 영이 무엇인지 도무지 감을 잡을 수 없게 되고 영과 혼에 대한 연구는 미궁에 빠져버립니다.

하나님도 영이고, 천사도 영입니다. 그런데 하나님이 말씀하시는 것을 자신이 모르실까요? 그럴 리가 없지요. 그런데 왜 사람은 영으로 즉 방언으로 기도할 때 그 내용을 자신이 모를까요? 도무지 이해가 되지 않습니다. 그래서 영을 파악하는 것이 오리무중이 되어 버립니다.

무엇보다, 이 구절은 영에도 지정의가 있고 혼의 지정의와 결합되어 있다는 처음 해석과 충돌을 일으킵니다. 또, 어떤 주석도 이 구절에서 발생하는 이런 궁금증을 다루거나 속시원하게 답한 것이 없습니다. 그래서 저는 막다른 골목의 벽 앞에서 있는 느낌이었습니다.

그런데 이 성구들은 제게만 걸림돌이 아닙니다. 이분설을 주장하는 학자들에게도 걸림돌입니다. 이분설로는 이 구절을 도무지 소화할 수가 없습니다. 이분설에 의하면 영이 곧 혼이기 때문입니다. 그런데 이 구절들에 의하면 영이 기도하는 것을 혼이 모릅니다. 그러니 이분설일 리가 없지요! 그래서 이분설을 지지하는 대부분의 학자들이 고린도전서 14장 2절을 억지로 다른 뜻으로 해석합니다. 그중 몇 가지를 소개해드리겠습니다.

먼저, 찰스 하지는 이 구절에 대해 이렇게 썼습니다.

> "'그 영으로 비밀을 말함이니라.' **영(spirit)은 인간의 지력과 구별된 것으로서의 인간 자신의 영을 의미하지 않는다.** 성경은 혼과 영을 별개의 뚜렷한 기능들로 구별하지 않는다. **프뉴마는 인간의 본성의 아주 높은 영적인 능력이 아니라 성령이시다**(참조, 2:14)."[54]

고든 피도 "방언으로 말한 내용은 **'성령으로'** 말한 비밀이다."[55]라고 했습니다.

또, 크레이그 블롬버그도 이렇게 썼습니다.

> "'비밀'(2절)은 '누구도 이해할 수 없는 것'을 단순히 가리킨다. **문법적으로 NIV의 각주("성령으로")가 NIV 본문보다("그의 영으로") 더 그럴듯하다.** 헬라어에서 '그의'에 상응하는 단어가 없기

54 찰스 하지 『고린도전서』 김영배·손종국 옮김. 서울: 아가페, 1992. p. 391.

55 고든 피 『고린도전서』 최병필 옮김. 서울: 부흥과개혁사, 2019. p. 830.

때문이다."[56]

또한, 데이비드 갈런드도 이렇게 썼습니다.

"방언으로 말하는 사람은 영으로 비밀들을 말하는데, 이 '프뉴마티'는 '사람의 영으로'('정신으로'와 반대되는)나 '성령에 의해서'를 의미할 수 있다. **피는 후자를 주장하는데, 12장 7-11절에서 방언이 '하나님의 영의 나타나심' 중 하나이기 때문이다. 키스트메이커 또한 비밀들을 드러내는 분은 성령이라고 지적한다."**[57]

이처럼 이 구절의 "영"이 사람의 영이 아니라 성령이라고 주장합니다. 물론 '프뉴마'가 사람의 영뿐 아니라 성령을 뜻할 수도 있습니다. 그래서 이 구절만 떼어놓고 보면 이런 해석이 가능해 보입니다. 하지만 이 해석은 14절과 충돌을 일으킵니다.

"내가 만일 방언으로 기도하면 '나의 영'이 기도하거니와 나의 마음은 열매를 맺지 못하리라."

왜냐하면 방언할 때 영으로 기도하는 것이 하나님의 영이 아니라 나의 영이 기도하는 것이라고 명시되어 있기 때문입니

56 크레이그 블롬버그 『고린도전서』 채천석 옮김. 서울: 솔로몬, 2014. p. 308.
57 데이비드 갈런드 『고린도전서』 조호영 옮김. 서울: 부흥과개혁사, 2019. p. 824.

다. 찰스 하지도 이 점을 인식했고 시인했습니다.

"이 해석에 대한 큰 반대는 나의 영과 나의 마음(understanding)이 동일한 방식으로 설명되어야 한다는 것이다. 만일 후자가 내 자신의 이해(또는 마음)를 의미한다면 전자는 내 자신의 영을 의미해야 될 것이다. 성령은 나의 영이라고 결코 불리어지지 않고 불리어질 수 없다. 왜냐하면 성령은 인간의 영과 아주 다르기 때문이다."[58]

고든 피도 **"현재 맥락에서 '나의 영이 기도한다'라는 다소 어려운 표현은** '나의 영(성령)이 기도한다'는 것을 의미하는 것으로 보인다. 한편으로 **소유격 '나의'와 이에 대조를 이루는 '나의 마음'은 모두 바울이 여기서 기도하는 자신의 '영'을 가리킨다."**[59]라고 인정했습니다.

그러나 그러면서도 둘 다 "나의 영"을 다른 뜻으로 해석했습니다. 이에 대해 찰스 하지는 이렇게 주장했습니다.

"상기의 해석은 나의 영이 한 인격으로서의 성령을 의미한다고 가정하는 것이 아니라 하나의 나타나심으로서의 성령을 의미한다고 가정하고 있다. 바로 그러한 것이 성령이 내 속에 그

58 찰스 하지 『고린도전서』 김영배 · 손종국 옮김. 서울: 아가페, 1992. p. 402.

59 고든 피 『고린도전서』 최병필 옮김. 서울: 부흥과개혁사, 2019. p. 846.

자신을 나타내시는 방식이다. 다시 말해서 **나의 영은 나의 영적인 은사**이다."[60]

또한, 고든 피도 이렇게 주장했습니다.

"다른 한편으로 세 가지 다른 구절이 결합된 증거에 근거해 볼 때(12:7-11, 14:2와 16), **바울이 방언 말하는 것을 신자의 삶에서 일어나는 성령의 역사로 이해했음은 의문의 여지가 없다.** 이는 성령의 영감을 받은 표현으로 하나님을 향한 기도와 찬양이다."[61]

이처럼 둘 다 "나의 영"을 12절에 나오는 "신령한 것"을 의미한다고 보았습니다.

"그러므로 너희도 '영적인 것'(프뉴마)을 사모하는 자인즉 교회의 덕을 세우기 위하여 그것이 풍성하기를 구하라."

그들은 "나의 영으로"가 성령을 가리킬 수는 없으나 자기가 받은 은사 즉 방언의 은사를 가리킬 수는 있다고 보았습니다.

하지만, 이 해석은 억지로 끼워 맞춘 것에 불과합니다. 물론 일부 번역본들은 이들의 주장에 맞게 고린도전서 14장 2절을

60 찰스 하지 『고린도전서』 김영배·손종국 옮김. 서울: 아가페, 1992. p. 402.

61 고든 피 『고린도전서』 최병필 옮김. 서울: 부흥과개혁사, 2019. pp. 846-847.

이렇게 번역했습니다.

표준새번역 "방언으로 말하는 사람은 사람에게 말하는 것이 아니라, 하나님께 말하는 것입니다. 아무도 그것을 알아듣지 못합니다. 그는 **성령으로** 비밀을 말하는 것입니다."

공동번역 "이상한 언어를 말하는 사람은 **성령의 힘**으로 신비한 일을 말하는 것이므로 아무도 알아들을 수가 없습니다. 그러므로 그것은 사람들에게 말하는 것이 아니라 하나님께 말씀드리는 것입니다."

그러나 고린도전서 14장 14절까지 그렇게 번역한 번역본은 하나도 없습니다. 표준새번역과 공동번역도 예외가 아닙니다.

표준새번역 "내가 방언으로 기도하면 **내 영**은 기도하지만, 내 마음은 아무런 열매를 얻지 못합니다."

공동번역 "만일 내가 이상한 언어로 기도한다면, 기도하는 것은 **내 심령**뿐이고 내 이성은 작용을 하지 않습니다."

무엇보다, 이 구절에서 "나의 영"은 "나의 마음"과 대조됩니다. 그러므로 자연스러운 뜻은 성령의 나타남이 아니라 나(사람)의 영일 수밖에 없습니다. 게다가 성경 어디에도 성령의 은

사를 나의 영이라고 부른 곳이 없습니다. 그러므로 우리는 끼워 맞추기식의 이 엉터리 해석을 당연히 거부해야 합니다.

(2) 정말로 방언할 때 우리 영이 그 의미를 알고 있나?

우리는 영과 관련이 있는 방언에 대한 구절들을 학자들이 어떻게 곡해하고 있는지 알아보았습니다.

그럼 그 구절들이 그런 뜻이 아니라면 어떤 뜻일까요?

저도 그것이 알고 싶어서 주석들을 읽어보았습니다. 그러나 이에 대해 제대로 설명한 것이 없었습니다. 이 구절은 해석이 불가능해 보일 정도로 심히 어렵습니다. 그래서 저도 세 번이나 시행착오를 겪었고, 네 번째에 겨우 옳게 해석할 수 있었습니다. 이제, 그것을 여러분과 나누고자 합니다.

> 고린도전서 14:2 "방언을 말하는 자는 사람에게 하지 아니하고 하나님께 하나니 이는 알아듣는 자가 없고 **영으로 비밀을 말함이라.**"

> 고린도전서 14:14 "내가 만일 방언으로 기도하면 나의 영이 기도하거니와 **나의 마음은 열매를 맺지 못하리라.**"

방언은 하나님께 영으로 비밀을 말하는 것입니다. 그래서 우리의 마음은 열매를 맺지 못합니다. 이 때문에 영이 무엇인지 파악하는 것이 불가능할 정도로 어렵습니다.

중요한 것은, 방언할 때 우리 영이 알고 말하느냐? 모르고 말하느냐? 하는 것입니다. 지금까지 우리는 '영으로 비밀을 말한다'고 했기 때문에 영은 그 뜻을 안다고 생각했습니다. 마음은 몰라도 영은 안다고 믿었습니다. 저는 이와 다르게 생각하는 학자나 목사를 지금까지 단 한 명도 본 적이 없습니다.

그러나 제가 이 구절을 연구할 때, 처음으로 그렇지 않을 수도 있다는 생각이 들었습니다. 갑자기 우리 영이 뜻을 모르고 말하는 것일 수 있다는 생각이 들었습니다. 저는 이 생각이 옳다는 것을 증명하기 위해 이를 뒷받침해줄 수 있는 성경적인 증거들을 찾았습니다. 그 결과 힘은 들었지만, 기대 이상의 많은 증거들을 찾을 수 있었습니다.

1) 성경에 영은 방언의 뜻을 안다는 증거가 없다.

우리 모두 방언할 때 영은 그 뜻을 안다고 생각해왔습니다. 그러나 성경에 영은 안다는 명확한 증거가 없습니다.

고린도전서 14:2-3 "**방언**을 말하는 자는 사람에게 하지 아니하고 하나님께 하나니 이는 알아듣는 자가 없고 **영으로 비밀을 말함이라**. 그러나 예언하는 자는 사람에게 말하여 덕을 세우며 권면하며 위로하는 것이요."

우리는 2절의 "영으로 비밀을 말함이라"라는 표현 때문에 영은 방언의 내용을 안다고 착각했습니다. 그러나 영이 말한다고 했지 영이 안다고 하지는 않았습니다.

본래 방언은 알고 하는 기도가 아닙니다. 오순절 날 방언할 때 각 지역에서 온 사람들은 알아들었지만, 정작 방언하는 자들은 그 뜻을 몰랐다는 것이 그 증거입니다. 그런데 왜 우리 모두 이 부분을 영이 안다는 의미로 단정했을까요? 그것은 마음으로 기도할 때 기도해야 할 내용을 알고 기도하기 때문입니다. 그래서 영으로 기도할 때도 영이 기도하는 내용을 안다고 생각한 것 같습니다. 그러나 그것은 착각입니다. 왜냐하면 방언은 발성의 은사지 계시의 은사가 아니기 때문입니다. 방언할 때 영에 알려지는 것이 아무것도 없습니다.

그다음, 3절에 보면 "예언하는 자는 사람에게 말하여"라고 쓰여 있습니다. 방언과 예언 둘 다 성령에 의해 말하는 은사입니다. 그런데 방언은 하나님께 말하고, 예언은 사람에게 말하는 은사입니다. 예언은 사람에게 말하는 은사이므로 사람들이 알아들을 수 있는 말로 해야 합니다. 그래서 하나님께서 계시를 주셔서 말할 내용을 알려주십니다. 반대로, 방언은 하나님께 말하는 것이므로 하나님만 알아들으시면 됩니다. 그래서 우리 영에 그 내용을 알려줄 필요가 없고, 실제로 알려주시지 않습니다. 그러므로 방언할 때 영이 그 뜻을 알고 기도하는 것이 아닙니다.

이 외에도, 13-16절이 중요한 부분인데 거기에도 영이 안다는 증거가 없습니다. 방언은 알아듣는 자가 없고 영으로 비밀을 말하는 것입니다. 심지어, 자기도 못 알아듣습니다. 그래서 통역이 필요합니다.

> 고린도전서 14:13 **"그러므로 방언을 말하는 자는 통역하기를 기도할지니"**

여기서 "방언을 말하는 자"는 그 사람 전체를 통칭합니다. 그 사람의 영과 혼 모두를 뜻합니다. 그런데 "통역하기를 기도할지니"라고 했습니다. 왜냐하면 그의 혼은 물론 영도 모르기 때문입니다. 그러므로 방언할 때 영은 그 뜻을 알고 있는 것이 아닙니다.

> 고린도전서 14:14-15 "내가 **만일 방언으로 기도하면 나의 영이 기도하거니와 나의 마음은 열매를 맺지 못하리라.** 그러면 어떻게 할까? **내가 영으로 기도하고 또 마음으로 기도하며 내가 영으로 찬송하고 또 마음으로 찬송하리라.**"

이 안에도 영은 방언의 뜻을 안다는 것을 뒷받침해주는 단서나 증거가 전혀 없습니다. 14절에서 '마음'은 통상적으로 마음을 표현하는 '카르디아'가 아니라 이해력을 뜻하는 '누스'라는 단어입니다. 방언기도가 이해력과 상관이 없다는 뜻입니다.

그다음, 15절에 대해 케네스 해긴 목사님은 이렇게 썼습니다.

"개인적으로, 나는 **이 구절을 두 가지로 적용할 수 있다**고 생각합니다. 우선, 이는 말 그대로 이런 의미입니다. **'나는 두 가지 방법으로 기도한다. 마음으로도 기도하고 영으로도 기도한다.'** 그러나 나는 이 구절이 또한 더 깊은 적용이 있다고 믿습니다. 물론, 당신이 방언으로 기도하거나 찬양할 때 그 모든 내용을 알 필요는 없습니다. **그러나 필요하다면, 성령님께서는 당신이 방언으로 말한 것에 대한 통역을 주실 것입니다. 그러면 당신은 영과 마음 모두로 성령의 영감에 의해 기도할 수 있을 것입니다!"**[62]

그러나 저는 이 구절이 단지 방언통역에 대한 것이라고 생각합니다. 그 이유는 5절부터 13절까지 바울이 계속 방언통역의 필요성을 역설했습니다.

고린도전서 14:5-13 "나는 너희가 다 방언 말하기를 원하나 특별히 예언하기를 원하노라. **만일 방언을 말하는 자가 통역하여 교회의 덕을 세우지 아니하면** 예언하는 자만 못하니라. 그런즉 형제들아 내가 너희에게 나아가서 방언으로 말하고 계시나 지식이나 예언이나 가르치는 것으로 말하지 아니하면 너희에게 무엇이 유익하리요. 혹 피리나 거문고와 같이 생명 없는 것이 소리를 낼 때에 그 음의 분별을 나타내지 아니하면 피리 부는 것인지 거문고 타는 것인지 어찌 알게 되리요. 만일 나팔이 분명하지 못

62 케네스 E. 해긴 『방언: 오순절 다락방 경험을 넘어』 김진호 옮김. 용인: 믿음의 말씀사, 2010. p 316, 참조.
케네스 E. 해긴 『역사하는 기도』 김진호 옮김. 성남: 믿음의 말씀사. 2005. p. 81

한 소리를 내면 누가 전투를 준비하리요. 이와 같이 너희도 혀로 써 알아듣기 쉬운 말을 하지 아니하면 그 말하는 것을 어찌 알리요 이는 허공에다 말하는 것이라. 이같이 세상에 소리의 종류가 많으나 뜻 없는 소리는 없나니 그러므로 내가 그 소리의 뜻을 알지 못하면 내가 말하는 자에게 외국인이 되고 말하는 자도 내게 외국인이 되리니 그러므로 너희도 영적인 것을 사모하는 자인즉 교회의 덕을 세우기 위하여 그것이 풍성하기를 구하라. **그러므로 방언을 말하는 자는 통역하기를 기도할지니**"

14절은 통역이 없는 공적 방언은 소용이 없다는 뜻입니다.

"내가 만일 방언으로 기도하면 나의 영이 기도하거니와 **나의 마음은 열매를 맺지 못하리라.**"

바울은 방언통역의 은사가 있었습니다. 그래서 영으로 기도할 뿐 아니라 자주 마음이 그 뜻을 알고 있었습니다. 그런데 설명하지 않으면 그것이 소용없게 된다는 뜻입니다. "기도 응답을 받지 못하리라"가 아니라 "열매를 맺지 못하리라"는 표현도 이것을 뒷받침해줍니다. 여기서 "열매"는 사역적인 효과와 관계가 있기 때문입니다.

15절은 방언과 방언통역에 대해서 쓴 것입니다.

"그러면 어떻게 할까 **내가 영으로 기도하고 또 마음으로 기도**

하며 내가 영으로 찬송하고 또 마음으로 찬송하리라.”

찰스 하지[63]와 클린턴 아놀드[64]와 데이비드 갈런드[65]뿐 아니라 김세윤 교수님[66]도 이것이 방언통역을 뜻한다고 보았습니다.

그럼에도 불구하고, 어떤 분들은 이 구절이 마음으로 하는 기도도 포함할 수 있지 않느냐? 라고 묻고 싶을 것입니다. 그러나 16-17절을 보십시오!

“그렇지 아니하면 **네가 영으로 축복할 때에** 알지 못하는 처지에 있는 자가 네가 무슨 말을 하는지 알지 못하고 네 감사에 어찌 아멘 하리요. **너는 감사를 잘하였으나 그러나 다른 사람은 덕 세움을 받지 못하리라.”**

여기서 “영으로 축복할 때에”와 “너는 감사를 잘하였으나 그러나 다른 사람은 덕 세움을 받지 못하리라.”라는 표현은 둘 다 방언을 뜻합니다. 방언으로 말하고 통역하지 않으면 다른 사람에게 무슨 유익이 있겠느냐는 뜻입니다. 또, 12-13절에서 “교회의 덕을 세우기 위하여 … 풍성하기를 구하라.”고 하면서 “그러므로 … 통역하기를 기도할지니”라고 했습니다. 사실

63 찰스 하지 『고린도전서』 김영배·손종국 옮김. 서울: 아가페, 1992. p. 402.

64 클린턴 아놀드 『강해로 푸는 에베소서』 김귀탁 옮김. 서울: 디모데, 2019. p. 656.

65 데이비드 갈런드 『BECNT 고린도전서』 주호영 옮김. 서울: 부흥과개혁사, 2019. p. 833.

66 김세윤 『고린도전서 강해』 서울: 두란노서원, 2008. p. 343.

14장 전체가 은사의 공적 사용을 다룬 것입니다. 그러므로 개인이 아니라 교회의 덕을 세우는 것에 대해 다룬 것입니다. 또, 15절에서도 "내가 영으로 기도하고 '또' 마음으로 기도하며 내가 영으로 찬송하고 '또' 마음으로 찬송하리라."라고 했는데, 영으로 하기도 하고 마음으로 하기도 한다는 것이 아니라 영으로 기도나 찬송을 하고 '또'(카이, 그리고) 곧 마음으로도 기도나 찬송을 한다고 한 것입니다. 그러므로 두 종류의 기도가 아니라 통역입니다. 또한, 15절에서 영으로 기도나 찬송을 하는 것이 가정에서 개인적으로 방언하는 것을 뜻한다면 16-17절에서 이렇게 말할 이유가 없습니다.

> **"그렇지 아니하면** 네가 영으로 축복할 때에 알지 못하는 처지에 있는 자가 네가 무슨 말을 하는지 알지 못하고 **네 감사에 어찌 아멘 하리요. 너는 감사를 잘하였으나 그러나 다른 사람은 덕 세움을 받지 못하리라."**

그러므로 15절은 가정이 아니라 교회에서 하는 기도와 찬송임이 분명합니다. 그런데 통역을 하는 것이 아닌데 회중 앞에서 방언과 일반기도를 병행하겠다고 말하는 것은 이치에 맞지 않습니다. 회중 앞에서는 통역이 따르지 않는 방언을 할 필요가 없기 때문입니다. 그러므로 15절은 단지 방언통역을 뜻한다고 보아야 합니다.

그런데 15절에 나오는 "내가 영으로 기도하고", "내가 영으로 찬송하고"와 16절의 "네가 영으로 축복할 때"라는 표현들 역시 영이 그 내용을 안다는 뜻이 아닙니다. 왜냐하면 이 표현들은 2절에 나온 영으로 말한다는 것의 반복이기 때문입니다. 그러므로 '무엇으로 말하느냐?'를 말한 것일 뿐, 영이 그 뜻을 안다고 말한 것이 아닙니다.

또한, 방언통역이 어디에 임합니까? 당연히 영입니다. 영에 임한 것을 마음이 캐치해서 말하는 것입니다. 방언통역은 예언과 같습니다. 그리고 예언이 영에 임하는 것처럼 방언통역도 영에 임합니다. 이것 자체가 방언할 때 영이 그 뜻을 모른다는 증거입니다. 만약 영이 알고 있다면 영에 그 내용을 계시해줄 필요가 없기 때문입니다.

이상 설명해드린 것처럼, 방언에 대한 구절들 안에 방언할 때 영이 그 뜻을 안다는 증거가 전혀 없습니다. 그것은 단지 우리가 오래도록 그렇게 추측하고 단정해온 오해일 뿐입니다.

2) 우리가 오랫동안 단체로 오해한 방언의 은사!

방언은 하나님께 영으로 비밀을 말하는 것인데, 영이 그 비밀을 말만 하느냐? 알고 말하느냐? 가 우리가 다루고 있는 쟁점입니다. 저는 방언할 때 우리 영이 그 내용을 모른다고 주장했습니다. 그런데 놀랍게도 그것을 방언의 은사 자체가 보여줍니다.

방언이란 무엇일까요? 케네스 해긴 목사님은 『방언: 오순절 다락방 경험을 넘어』라는 책에서 방언에 대해 이렇게 설명했습니다.

"고린도전서 14:14의 확대번역본은 방언기도에서 성령님과 우리의 관계를 더 명확하게 보여줍니다. **'내가 만일 [모르는] 방언으로 기도하면 나의 영이 [내 안의 성령에 의해] 기도하거니와** …' 다시 말합니다. **당신이 방언으로 기도할 때, 당신 안의 성령에 의해 당신의 영이 기도하는 것입니다. 당신 안의 성령님은 당신에게 말을 주시고, 당신은 당신의 영에서부터 그것을 소리 내어 말하는 것입니다. 그분이 말을 주시면, 당신은 말합니다.**"[67]

옳습니다! 방언은 단지 성령이 말하게 하심을 따라 말하는 은사입니다. 그것이 방언입니다! 한마디로, 방언은 계시의 은사가 아니라 발성의 은사입니다.

사도행전 2:1-4 "오순절 날이 이미 이르매 그들이 다같이 한 곳에 모였더니 홀연히 하늘로부터 급하고 강한 바람 같은 소리가 있어 그들이 앉은 온 집에 가득하며 마치 불의 혀처럼 갈라지는 것들이 그들에게 보여 각 사람 위에 하나씩 임하여 있더니 **그들이 다 성령의 충만함을 받고 성령이 말하게 하심을 따라 다른 언어들로 말하기를 시작하니라.**"

이것은 방언에 대한 최초의 기록입니다. 그런데 4절을 주목하십시오.

67 케네스 E. 해긴 『방언: 오순절 다락방 경험을 넘어』 김진호 옮김. 용인: 믿음의 말씀사, 2010. p. 198.

"그들이 다 성령의 충만함을 받고 **성령이 말하게 하심을 따라** 다른 언어들로 **말하기를 시작하니라.**"

이 구절은 방언이 정확히 어떤 것인지를 우리에게 보여줍니다. 우리가 성령 충만을 받으면 성령님이 말하게 하십니다. 그때 그것을 따라 말하는 것이 방언입니다! 즉, 방언은 성령의 말하게 하심을 따라 말하는 은사입니다.

그럼 성령님이 어떻게 말하게 하실까요? 성령 충만을 받으면 성령님이 영에서 역사하기 시작합니다. 그러면서 한국어가 아니라 다른 말이 나오거나, 어떤 단어들이 떠오르거나, 입술이 떨리고 혀가 말린다거나, 평소와 달리 발음이 새면서 자꾸 다른 말이 나옵니다. 이것이 성령의 말하게 하심입니다. 이때 억지로 또박또박 한국어로 말하려고 하지 말고 성령님의 인도하심에 혀를 맡기고 그대로 따라가야 합니다. 그러면 모두 방언으로 기도할 수 있습니다.

중요한 점은, 이때 성령님이 말할 내용을 가르쳐주시는 것이 아니라 단지 다른 언어로 말하게 하신다는 것입니다. 이것이 성령께서 하시는 일의 전부이고 다른 것은 없습니다. 즉, 성령님이 방언의 내용을 알게 해주시는 것이 아닙니다. 그러므로 방언은 영이 알고 기도하는 것이 아닙니다. 영도 모르지만 성령이 말하게 하심을 따라 다른 말로 기도하는 것이 바로 방언입니다!

한편, 방언이 터질 때 성령님이 우리 영에서부터 역사해서 영이 말하게 하십니다. 그래서 방언이 영으로 하는 기도일 뿐(고전

14:2) 영이 그 뜻을 알고 하는 기도가 아닙니다. 만약 방언할 때 영이 그 뜻을 안다면 왜 꼭 영만 알아야 합니까? 혼도 알면 더 크게 유익합니다. 진짜 필요한 기도제목이 무엇인지 알 수 있고, 자신의 덕을 세우는 데도 유익할 것입니다. 그런데 왜 영만 알게 하고 혼에게 비밀로 하십니까? 그럴 이유가 없습니다. 그러므로 방언할 때 영은 그 뜻을 알고 있는 것이 아닙니다.

또, 방언은 영으로 기도하는 것인데, 만약 영이 그 뜻을 안다면 방언이 아니라 한국어로 기도해도 되지 않을까요? 한국어로 기도해도 영으로 하는 기도가 될 것입니다. 굳이 방언으로 기도해야 할 이유가 없습니다. 즉, 방언기도 자체가 필요 없어집니다. 생각해보십시오! 자신이 영으로 아는데 무엇 때문에 다른 말로 기도합니까? 영이 모르기 때문에 다른 말로 기도하는 것입니다. 저는 이것이 영도 그 내용을 모른다는 또 하나의 증거라고 생각합니다. 그러므로 영도 모르고 성령님만 아시는 것을 다른 언어 즉 방언을 통해서 표현하게 하시는 것이 방언기도입니다.

끝으로, 방언통역이 무엇입니까? 과연 그것이 나의 영이 알고 있는 것을 나의 혼에게 계시해주는 것일까요? 아닙니다. 방언통역은 영이 알고 있는 것이 아니라 성령님이 알고 계시는 것을 계시해주시는 것입니다. 성령님이 아시는 것을 우리에게 알려줄 때는 계시가 필요합니다. 그러나 내 영이 알고 있는 것을 나의 혼에게 가르쳐줄 때는 계시가 필요하지 않습니다. 만약 그때도 필요하다면 신자건 불신자건 매일 수많은 계시들을 받아야 할 것입니다. 왜냐하면 사람은 단지 영이나 혼이 아니라 영혼으로 존재하고 살아가기 때문입니다. 그러므로 방언할 때 영도 그 뜻을 모르고 있음이 확실합니다.

3) 방언할 때 우리 영도 모름을 보여주는 더 많은 증거들!

저는 이미 설명해드린 것으로도 증거가 충분하다고 생각합니다. 그런데 그것 외에도 더 많은 증거들이 있습니다.

① 사람의 영과 혼 사이에는 비밀이 없다!

한 사람의 영과 혼 사이에는 비밀이 없습니다. 왜 그런지 제가 그 이유를 설명해드리겠습니다.

먼저, 사람은 영과 혼이 하나로 합해져서 영혼으로 존재합니다. 영혼이 바로 '나'입니다. 그러므로 영과 혼 사이에는 비밀이 있을 수 없습니다. 내가 나에게 무슨 비밀이 있겠습니까?

또, 한 사람의 영혼에는 의식이 하나뿐입니다. 의식이 두 개면 한 사람이 아닙니다. 그래서 육이 느낀 감각도 하나의 의식이 자각을 하고, 혼이 배운 것도 하나의 의식이 자각을 하고, 영에 임한 계시도 하나의 의식이 자각을 합니다. 의식은 하나뿐이기 때문입니다. 그러므로 영이 아는 것을 혼이 자각하지 못할 수가 없습니다.

또한, 사람은 영 혼 육이 하나로 결합되어 한 사람으로 존재합니다. 이 중 영과 혼의 결합이 혼과 육의 결합보다 더 긴밀합니다. 때문에 사람을 셋으로 구분할 때 영 혼 육으로, 둘로 구분할 때는 영혼과 육체로 구분합니다. 심지어, 임종 때 영혼과 육체가 분리될 때도 영과 혼은 분리되지 않습니다. 이는 혼과 몸보다 영과 혼이 훨씬 밀접한 관계라는 것을 보여줍니다. 그러니 생각해보십시오. 육의 오감이 무엇을 감지할 때 혼이 즉시 인지합니다. 그런데 하물며 영이 무엇을 아는데 혼은 모를 리가 있겠습니까? 있을 수 없는 일입니다. 그러므로 방언기도 할 때 혼이 모르는 것을 영은 알고 있는 것이 아닙니다.

② 경험상 영이 깨닫는 것을 바로 혼이 인지한다.

우리가 성경 보고, 설교 듣고, 기도하거나, 찬양하면 마치 방언을 할 때처럼 영이 서서히 활성화됩니다. 그래서 지혜와 계시의 영이신 성령님으로부터 지혜나 계시가 우리 영에 임합니다.

이때 그것을 우리 영만 알고 혼은 모릅니까? 그렇지 않습니다. 혼이 동시에 그것을 인식합니다. 이것이 우리 모두의 경험입니다. 이런 우리의 경험은 영과 혼 사이에 비밀이 없다는 것을 분명히 보여줍니다.

한 걸음 더 나아가, 우리 영에 감동만 와도 바로 혼이 느낍니다. 그런데 어떻게 영이 알고 기도하는 것을 혼이 모를 수 있겠습니까? 이것은 간단하지만 결정적인 증거입니다. 그러므로 방언할 때 우리의 영이 그 뜻을 알고 있는 것이 아닙니다.

③ 예언을 위한 계시가 영에 임할 때 혼도 그것을 안다!

고린도전서 14장에서 바울은 주로 방언과 예언을 다뤘습니다. 이 중 방언은 하나님께 말하는 것입니다. 하나님이 알아들으면 됩니다. 그래서 뜻을 가르쳐주시지 않기 때문에 영이 알 수가 없습니다.

반면에, 예언은 사람에게 말하는 것입니다. 예언하는 사람의 영에 예언할 내용을 가르쳐주십니다. 그래서 예언이 가능한 것입니다. 그러므로 방언과 예언 모두 성령에 의해 말하는 것인데, 방언은 모르는 상태에서 말하는 은사고, 예언은 알고 말하는 은사다! 이렇게 정리할 수 있습니다.

또, 중요한 것은 이것입니다! 예언이 어디에 임합니까? 우리의 영입니다. 왜냐하면 사람은 영을 통해 하나님과 교통하기 때문입니다. 그런데 영에 임하는 예언적인 계시를 혼이 모릅니까? 당연히 알지요. 만일 혼이 모르면 어떻게 예언할 수 있겠습니까? 영에 알려진 것이 즉각 혼에 알려지기 때문에 예언사역이 가능합니다.

중요한 것은 영이 아는 것이 혼에게 알려진다는 것입니다. 이는 영이 방언의 의미를 안다면 자동적으로 혼에게도 알려짐을 뜻합니다. 그래서 방언통역이 필요 없겠지요! 그런데 과연 혼이 압니까? 모릅니다. 그러면 왜 모를까요? 그것은 영도 모르기 때문입니다. 그러므로 방언할 때 영이 그 내용을 알고 있는 것이 아닙니다.

④ 성령으로 기도할 때 영에 임한 기도제목이 혼에 동시에 알려진다!

우리는 기도할 때 성령으로 기도해야 합니다.

유다서 1:20 "사랑하는 자들아 너희는 너희의 지극히 거룩한 믿음 위에 자신을 세우며 **성령으로 기도하며**"

그럼 성령으로 기도한다는 것은 구체적으로 어떤 것일까요?

이것은 방언이다 아니다, 이렇게 말할 수 있는 것이 아닙니다. 성령으로 기도하는 것은 크게 두 가지입니다.

하나는, 기도해야 할 것이 성령에 의해 영에 깊이 깨달아져서 드리는 기도입니다. 즉 예언적인 기도입니다.

또 하나는, 방언으로 하는 기도입니다. 방언은 곧 성령이 말하게 하심을 따라 하는 기도이기 때문입니다.

그런데 첫째 유형의 성령으로 하는 기도를 할 때 기도해야 할 내용이 어디에 임합니까? 예언과 마찬가지로 영에 임합니다. 그것이 머리로 전달이 되어 기도하게 됩니다. 이것은 영이 아는 것은 혼에도 알려진다는 또 하나의 증거입니다. 그러므로 방언할 때 우리 영이 그 내용을 알고 있는 것이 아닙니다. 이제, 방언이 그동안 알고 있었던 것처럼 영이 알고 기도하는 것이 아니라 성령에 의해 단지 영으로 하는 기도라는 것을 확실히 아시겠지요!

그동안 방언에 대한 구절들이 영과 혼을 이해하는 데 큰 걸림돌이 된 것은 영은 안다고 착각했기 때문입니다. 그래서 '그러면 영은 도대체 뭐지?' 하고 모두 당황하게 된 것입니다. 그런데 우리는 방언할 때 영도 모른다는 것을 알았습니다. 그러므로 더 이상 걸림돌이 아닙니다. 영과 혼의 이해를 가로막고 있던 최대 장애물이 사라진 것입니다. 할렐루야!

하지만, 우리는 오래도록 "우리 혼이 모르는 것을 영은 알고 있다!"는 말을 들어왔습니다. 그래서 이런 반문이 있을 수 있습니다.

"그렇다면 영의 증거는 무엇입니까? 분명히 혼이 모르는 것을 영이 알고 있기 때문에 속에서 느끼는 것이 영의 증거 아닙니까?"

그렇지 않습니다! 영의 증거는 혼이 모르는 것을 영이 알고 있기 때문에 생기는 것이 아닙니다. 내 영혼이 모르는 것을 내 영 속에 계신 성령님이 알고 계시기 때문에 생기는 현상입니다. 모든 것을 아시는 성령님이 내 영 속에서 사인을 주시고, 그것을 우리가 느끼는 것이 영의 증거입니다. 여러분, 이해가 되시지요!

3. 결정적인 힌트

처음에 저는 고린도전서 14장 2절을 여러분에게 설명해드린 것처럼 이해하지 못했습니다. 그러나 고민 고민하면서 이 구절에 대한 과도기적인 해석을 하는 데 성공했고, 처음 힌트를 기반으로 한 해석이 유효하게 되었습니다. 저는 신이 났고 그것을 섬세하게 발전시켜서 영과 혼에 대한 해석을 완성했습니다. 자료들도 전부 뽑아서 분류를 마쳤고, 단지 원고로 작성해서 설교하는 일만 남아 있었습니다.

그 당시 저는 영과 혼에 대한 직접적인 구절들은 물론이고 관련 있는 수많은 구절들에 대한 주석을 다 읽고 섭렵한 상태였습니다. 그러나 영과 혼은 성경 전체에서 가장 어려운 주제이기 때문에 만전을 기해야겠다고 생각했습니다. 그래서 더 많은 자료를 찾기 위해 인터넷을 검색했습니다. "영과 혼의 차이" 또는 "영 혼 육"으로 검색해서 인터넷 상에 올라온 주요 자료들을 모두 읽었습니다. 그리고 충격을 받았습니다. 주석들에서 읽은 것보다 훨씬 더 많은 혼란스러운 주장들이 있었기 때문입니다. 상당수의 주장이 매우 혼탁하고 위험했고 이단성까지 있어 보였습니다. 그것들을 보고 갑자기 자신감이 떨어졌습니다. '내가 깨달은 것도 정확한 해석이 아니라 그저 설득력이 있는 주장 중 하나에 불과한 것은 아닐까?'라는 의구심이 생겼습니다. 영이 무엇이고 혼이 무엇인지 정확하게 규명하는 것이 불가능한 일처럼 느껴졌습니다. 모든 것이 다시 원점으로 돌아간 듯한 느낌이었습니다.

이런 불안감 때문에, 저는 그동안 완전히 제쳐두었던 자료를 재고하게 되었습니다. 그것은 수십 년 전에 읽은 내용으로, 영과 혼을 연구하기 위해 관련구절에 대한 독서자료화 파일의 모든 책들을 다시 읽을 때 읽은 간증입니다. 그 간증은 심히 기이했고 성경적인지 아닌지 분별하는 것 자체가 불가능했습니다. 그래서 처음부터 제외시켰던 간증입니다. 그러나 불안해진 저는 그 간증을 다시 꺼냈습니다. 그런데 그 간증에서 전혀 예상치 못한 결정적인 힌트를 얻었습니다. 그 후 영과 혼 연구에 박차를 가한 결과, 드디어 영과 혼이 무엇인지 정확히 이해할 수 있게 되었습니다. 할렐루야!

여러분도 아시겠지만, 저는 '교리는 체험 위에 세우면 안 된다'는 확고한 신념을 갖고 있습니다. 교리는 철두철미하게 성경말씀에 근거해야 합니다. 물론 제가 오래전에 쓴 『다림줄』에 보면 "특별한 노하우-인간으로서의 한계를 인정하십시오!"라는 제하에 이런 글이 나옵니다.

"소경과도 같은 저의 손을 잡고 하나님께서 성경을 바르게 이해하게 하기 위해 끝으로 하신 일은, 저를 포함한 모든 신학자들과 목회자들의 인간으로서의 한계를 인정하고 검증된 하나님의 사람들에게 성령님께서 이 부분 저 부분 내려주신 정확한 계시들(특별계시가 아닌 조명적인 계시들)에 주목하게 하신 것이었습니다. …

많은 사람들이 '성경을 이해하는 것과 계시는 아무런 상관도 없다'고 생각합니다. 그러나 계시는 성경을 가장 바르게 이해하는 방법 중 하나입니다. …

조금만 깊이 생각해보아도 '성령께로부터 오는 계시가 성경에 대한 가장 믿을 만한 빛을 던져줄 수 있다'는 것을 알 수 있습니다. … 우리는 모두 전지하지 않으며 부분적으로만 압니다. 아무리 지식이 많아도 성경을 잘못 해석할 수 있고 잘못된 견해를 가질 수 있습니다.

반면에, 성령님은 전지하십니다. 때문에 성령님이 주시는 환상이나 입신 경험에는 '그것이 정확히 성령께로부터 온 것인 경우', 그 안에 완전한 지식을 가지신 성령님의 관점이 담겨 있습니다. 성령님은 진리의 영이시며 성경의 진정한 저자이십니다. 따라서 그것은 성경에 대한 가장 순수하고 완전한 이해력과 분별력을 얻을 수 있는 영적인 보고(寶庫)가 될 수 있습니다. …

베드로가 고넬료의 집에 초청받아 가기 전에 본 환상처럼, 계시들은 때때로 사람들이 편견 때문에 오해하고 있는 교리나 진리를 바르게 규명하여주며 성경적인 진리를 드러내거나 확증해줍니다. 때문에 저는 믿을 수 있는 검증된 환상이나 입신 경험을 소중히 여깁니다. 저는 모든 환상이나 계시를 믿지는 않습니다. 그러나 철저한 분별을 통과하여 성경적으로 정확한 것으로 확인된 것인 경우에는 그것을 믿습니다."

이것은 원칙적으로 옳은 말입니다. 그러나 그후 경험해보니 현실과 거리가 멀었습니다. 성경은 정확하지만 체험이나 간증은 정확하지 않을 때가 많아도 너무 많았습니다. 그래서 점점 믿을 것은 성경밖에 없다는 생각이 굳어졌습니다. 우리는 성경 해석에 간증을 이용할 때 조심하고 또 조심해야 합니다. 무엇보다도, 그 간증이 정말로 성경적인가 꼼꼼하게 따져보아야 합니다. 간증에 비성경적인 요소가 전혀 없어야 합니다.

약 2년 전쯤의 일로 기억됩니다. 한 유명한 목사님이 어떤 사후체험 간증을 토대로 영과 혼에 대해 설명하는 것을 들었습니다. 그분은 사람이 죽으면 혼은 내버리고 천사가 영만 데리고 간다고 믿고 있었습니다. 그 혼을 귀신들이 가져가서 혼에 남아 있는 정보를 가족들에게 점을 칠 때 사용하기도 하고, 결국 떠돌다가 소멸되고 영만 천국에 간다고 주장했습니다. 그 말을 듣고 있을 때 제 영에 바로 빨간불이 켜졌습니다. 왜냐하면 비성경적인 내용이기 때문입니다.

베드로전서 1:9 "믿음의 결국 곧 **영혼**(프쉬케-혼)의 구원을 받음이라."

"결국"이라는 단어가 보여주듯, 이것은 궁극적인 구원에 관한 구절입니다. 베드로는 사람의 혼이, 정확하게는 혼을 포함한 영혼이 궁극적인 구원을 받는다고 말합니다. 그러므로 그런 주장은 비성경적인 것이고 잘못된 것입니다. 이 외에도, 요한계시록에 보면 이렇게 기록되어 있습니다.

요한계시록 6:9 "다섯째 인을 떼실 때에 내가 보니 하나님의 말씀과 그들이 가진 증거로 말미암아 **죽임을 당한 영혼들**(프쉬케-혼)이 제단 아래에 있어"

요한계시록 20:4 "또 내가 보좌들을 보니 거기에 앉은 자들이 있어 심판하는 권세를 받았더라. 또 내가 보니 **예수를 증언함과 하나님의 말씀 때문에 목 베임을 당한 자들의 영혼들**(프쉬케-혼)과 또 짐승과 그의 우상에게 경배하지 아니하고 그들의 이마와 손에 그의 표를 받지 아니한 자들이 살아서 **그리스도와**

더불어 천 년 동안 왕 노릇 하니"

이것은 둘 다 순교자에 대한 말씀이고 죽은 후의 상황입니다. 그런데 그들의 혼(영혼)이 버려져서 떠돌아다니고 있지 않습니다. 혼이 천국에 있습니다! 그러므로 그 목사님의 견해는 명백히 비성경적인 것이고 잘못된 것입니다.

이처럼 간증이 아무리 정확하고 신비하고 대단해 보여도 성경과 일치하지 않으면 즉각 버려야 합니다. 그런데 심히 드물지만 진짜 성경적인 영적 체험과 간증들도 있습니다(욜 2:28). 그것들은 진리를 이해하고 분별하는 데 결정적인 도움이 됩니다. 저는 제가 여러분에게 소개하고자 하는 간증이 바로 그런 것이라고 생각합니다. 어떤 간증인지 궁금하시지요! 바로 찰스 헌터의 간증입니다.

"1969년 나의 생애를 전적으로 하나님께 맡기고 나자 하나님께서는 육체로부터 내 영과 혼을 취하시고, 나를 우주공간으로 끌어올리어 그의 영광스러운 황금빛에 거하게 하신 다음, 나를 나의 육체에 돌려보내 주셨다. 이 이야기 전부는 우리가 쓴 책인 『아무튼 나를 따르며, 주님을 찬양하라!』와 『중생과 성령세례』에 들어 있다.

나의 혼이 영 안으로 들어가기 전에 나의 몸으로부터 나온 내 영을 바라보았을 때, 나의 영은 나와 동일하게 보였다. — 마치 얇은 구름이나 안개에서 베어낸 것처럼, 이 영체(Spirit

Body)를 통해 다른 사물을 볼 수 있다는 것을 제외하고는 크기와 모양과 심지어 얼굴까지도 동일했다."[68]

굉장히 간단하지요! 간단하지만 희한한 간증입니다. 제가 이 간증을 버리지 않은 이유는 이 간증이 비성경적이진 않았기 때문입니다. 또, 선반 위에 올려놓고 사용하지 않은 이유는 그렇다고 성경적이라고 할 수도 없었기 때문입니다. 간증이 성경적인지 아닌지 도무지 알 수가 없었습니다. 분별이 완전히 불가능했습니다.

그래서 이 간증을 완전히 배제하고 영과 혼 연구를 했습니다. 그러나 그 뒤 1차 영과 혼에 대한 연구를 마친 후 더 많은 자료를 찾기 위해 인터넷을 검색하다가 저는 불안해졌습니다. 또, 그때 저는 인터넷에 떠도는 모든 자료들을 읽느라 너무 지쳤고 몹시 피곤했습니다. 그래서 휴식을 취할 요량으로 간증이 들어 있는 책을 들고 '이 책에 이런 간증이 나오는데, 참으로 희한하지요!' 단지 이 말을 하러 비서실로 갔습니다.

제가 비서실로 간 이유가 또 하나 있습니다. 제게는 그 간증이 성경적이라는 증거가 전혀 없었습니다. 그러나 찰스 헌터는 하나님께 귀하게 쓰임받은 세계적으로 유명한 사역자입니다. 저는 그분이 쓴 『신유의 방법』이라는 책을 매우 감동적으로 읽었고, 조용기 목사님은 전성기 때 그 책을 여의도순복음교회의

68 찰스 & 프란시스 헌터 『신유핸드북』 강지용 · 최현배 옮김. 서울: 나단, 1991. p. 27.

모든 구역장과 조장들에게 선물해서 모두 읽게 하기까지 했습니다. 여러분이 잘 아는 롤랜드 벅 목사님의 『가브리엘 천사를 만나다』라는 책을 엮은 분도 바로 찰스 프란시스 헌터입니다. 그래서 무시할 수가 없었고 마음에 걸렸습니다.

물론 그렇다고 꼭 체험이 맞는 것은 아닙니다. 그러나 만일 맞을 경우, 제 해석이 틀린 것이 될 처지였습니다. 주석들뿐 아니라 인터넷에서 온갖 자료들을 찾아서 다 읽고, 고생고생하며 연구하고 책으로 내도 천국에 가면 비진리가 됩니다. 그것이 마음에 걸렸습니다. 그냥 무시하고 넘어가려니 뭔가 꺼림칙하고 불안했습니다. 이것이 제가 그 책을 가지고 비서실로 간 또 하나의 이유입니다.

저는 비서실로 가서 그 간증을 소리 내서 읽었습니다. 그리고 간증의 내용에 대해 말하는데, 갑자기 말씀의 은사(지혜의 말씀)가 작동하기 시작했습니다. 마치 성경이 계시적으로 깨달아지는 것처럼 그 간증에 대하여 계속 계시적으로 깨달아졌습니다. 그러면서 처음으로 그 간증이 성경적인 것일 수도 있겠다는 생각이 들었습니다.

다음 날, 저는 김옥경 목사님 및 비서 목사님과 점심 식사를 같이하면서 어제 깨달은 것에 대해 나눴습니다. 그때, 갑자기 모든 것이 명료해졌습니다. 순간적으로 어제 깨달은 것들을 훨씬 능가하는 선명한 깨달음들이 임했습니다. 그리고 영과 혼을 마치 눈으로 보는 것처럼 선명하게 이해할 수 있었습니다. 동시에 '바로 이거다!'라는 성령의 내적 증거가 강하게 임했습니다.

할렐루야! 하나님께 영광을 돌립니다!

4. 성령님이 주신 계시적인 해석!

제가 깨달은 영과 혼을 여러분이 쉽게 이해하실 수 있도록, 먼저 이틀에 걸쳐 갑자기 계시적으로 깨닫게 된 것을 소개하고, 그 후 더 자세한 설명을 하도록 하겠습니다.

지금은 그렇지 않지만, 저는 과거에 입신간증을 매우 좋아했습니다. 입신에 대한 책을 모두 읽고 간증들도 거의 모두 들었습니다. 그러나 이런 간증은 처음입니다. 입신할 때 보통은 영혼이 몸에서 빠져나갑니다. 그 후 자기 몸을 봅니다. 그러나 찰스 헌터의 경우 **특이하게도 영과 혼이 서로 분리되었습니다. 몸에서 영만 빠져나가고 혼은 남아서 몸에서 빠져나간 영을 보았습니다.** 듣도 보도 못한 굉장히 특이한 체험이지요!

성경은 영과 혼을 구분해서 "영'과'(카이) 혼"이라고 말합니다(살전 5:23, 히 4:12). 영과 혼은 서로 분리될 수 있습니다(히 4:12). 그러나 교계에서 대세인 이분설은 영과 혼을 똑같은 것으로 봅니다. 하나이기 때문에 분리될 수가 없습니다. 그런데 찰스 헌터는 자신의 영과 혼이 분리되는 것을 경험했습니다. 그러므로 그의 간증은 이분설이 아니라 삼분설이 옳다는 것을 실제로 보여주는 매우 진귀한 간증입니다.

또, 이 간증은 **영과 혼이 분리되었을 때 의식이 영이 아니라**

혼에 있었다는 것을 보여줍니다. 정말 이상하지요![69] 우리는 영

[69] 저는 이 시리즈 설교를 방금 끝냈습니다. 그리고 이 설교를 다 할 때까지 영과 혼이 분리될 수 있고, 또 서로 분리될 경우 혼에 생명과 의식이 있다는 것을 보여주는 간증은 이 간증이 유일무이하다고 생각했습니다. 그런데 우리나라의 유명한 박영문 장로님의 간증에도 이것을 뒷받침해주는 내용이 나온다는 것을 알게 되었습니다.

"똑같은 방에서 똑같이 쳐다봤지만 저는 볼 수 있었는데 어머니는 아무것도 보이지 않는다는 것이 너무 이상했습니다. 제가 다시 그 문을 쳐다보았을 때, 저와 똑같은 옷을 입은 사람이 황금빛 마차의 비어 있는 가운데 의자에 앉으면서 고개를 돌리는데 그게 바로 저였습니다. '어?' 하면서 제 몸을 만져보며 확인을 했는데, 분명히 저는 방에 앉아 있고 또 한 사람의 저는 황금빛 마차에 앉아 있는 것이었습니다. 마치 거울 앞에 비춰지는 모습같이 갑자기 나란 사람이 둘이 되었습니다. 방에도 있고 황금빛 찬란한 마차에도 있고 희한한 장면이었습니다."(박영문 『천국과 지옥의 증언』 2002, p. 25.)

이처럼 박영문 장로님은 천국과 지옥 체험을 하기 직전, 자기와 똑같은 사람이 황금마차에 타고 있는 모습을 보았습니다. 그것은 영체를 포함한 그의 영입니다. 그런데 그 영에 의식이 있었던 것이 아니라 몸 속에 남아 있던 혼(영이 떠난 몸 자체에 의식이 있을 수는 없으므로 이렇게 보고 느낀 것은 의심할 여지 없이 혼이다.)에 의식이 있어서 자신의 영이 가운데 의자에 앉는 것을 본 것입니다. 찰스 헌터의 간증에서처럼 영에 생명과 의식이 있는 것이 아니라

그것들이 혼에 있었습니다. 또, 그 후로는 간증에서 마차에 탄 영이 천국과 지옥의 모든 것을 의식한 것을 볼 때 찰스 헌터의 경우처럼 영과 혼이 결합되어 천국과 지옥을 방문했음이 분명합니다. 놀랍게도 이 간증도 사람의 영과 혼이 분리될 수 있고, 그 경우 혼에 생명과 의식이 있다는 것을 보여줍니다. 그러므로 이것은 찰스 헌터의 체험이 실제이고 신뢰할 수 있는 것임을 보여주는 매우 중요한 증거입니다.

한편, 영과 혼이 분리된 상태에서도 영이 마차의 가운데 의자에 앉고 고개를 돌린 것 때문에 혼란스러울 수 있습니다. '어? 영에 생명과 의식이 없다더니 어떻게 혼자 움직일 수가 있지?'라는 의문이 들기 때문입니다. 그러나 이것은 영에 생명과 의식이 있음을 뜻하지 않습니다. 찰스 헌터의 간증에서도 몸에서 영이 홀로 빠져나와 허공에 떠 있었습니다. 그렇지만 두 경우 다 영에 의식이 없었습니다. 더구나, 정황상 영 스스로 움직인 것이 아닙니다. 의식이 없는데 홀로 움직인 것이 아니라 하나님이 목적을 가지고 보여주시기 위해 그렇게 움직이게 하신 것입니다. 만약 그렇지 않고 영에 생명과 의식이 있어서 홀로 움직인 것이라면 계속 영으로 천국과 지옥을 방문했을 것입니다. 그러나 그 뒤로는 몸 안에서 의식하지 않고 영 안에서 의식한 것을 볼 때 찰스 헌터처럼 영과 혼이 결합되어 천국과 지옥을 방문했음이 틀림없습니다. 그러므로 이것은 영과 혼에 대한 저의 견해와 모순이 아닙니다(참고로, 고린도전서 5:3-5과 골로새서 2:5 때문에 의문이 생기는 분들은 278페이지의 "(4) 바울이 영으로 가서 먼 곳의 성도들을 판단한 것을 볼 때 영에 의식이 있는 것 아닌가?"를 읽어보시기 바랍니다. 그러면 답을 얻으실 수 있습니다.).

에 의식이 없다고 한 번도 생각해본 적이 없습니다. 우리 생각에는 오히려 영에 의식이 있을 것만 같습니다. 그래서 영은 먹통이고 혼에 자의식이 있었다는 것이 매우 이상할 수밖에 없습니다.

그러나 곰곰이 생각해보면 도리어 성경적입니다. 왜냐하면 동물은 혼과 육으로 구성되어 있습니다. 그런데 동물의 자의식이 어디에 있습니까? 혼에 있지요! 그런데 성경은 사람이 동물처럼 살아 있는 혼이 되었다고 말씀합니다(창 2:7). 그래서 동물처럼 사람의 자의식도 혼에 있다고 보아야 마땅합니다. 그러므로 이것은 이상한 것이 아니라 오히려 성경적인 것입니다.

그런데 혼에 자의식이 있으면 또 다른 자의식이 필요가 없습니다. 자의식은 하나로 족하기 때문입니다. 사람은 한 명인데 영과 혼에 모두 의식이 있다면 이상하지 않나요? 영과 혼에 각각 의식이 있어서 서로 다른 생각을 하고, 다른 말과 행동을 한다면 그것이 어떻게 한 인격입니까? 다중인격이지요! 그리고 어떻게 한 사람입니까? 두 사람이지요! 그러므로 영과 혼이 분리되었을 때 둘 중 하나에만 의식이 있어야 합니다. 따라서 혼에 의식이 있었다는 것은 이상한 것이 아니라 오히려 이 간증이 진짜라는 증거일 수도 있습니다.

특별히, 이 간증은 영 혼 육 중 가장 중요한 것은 영인데 왜 창세기 2장 7절에서 사람을 살아 있는 영이 아니라 살아 있는 혼이 되었다고 말했는지 그 이유를 드디어 납득할 수 있게 해줍니다.

창세기 2:7 "여호와 하나님이 땅의 흙으로 사람을 지으시고 생기

를 그 코에 불어넣으시니 사람이 **'생령'**(하이 네페쉬-살아 있는 혼)이 되니라."

이것은 그 전에 동물들에게 먼저 사용한 표현입니다.

창세기 1:20-21 "하나님이 이르시되 물들은 **'생물'**(하이 네페쉬-살아 있는 혼)을 번성하게 하라. 땅 위 하늘의 궁창에는 새가 날으라 하시고 하나님이 큰 바다 짐승들과 물에서 번성하여 움직이는 모든 **'생물'**(하이 네페쉬-살아 있는 혼)을 그 종류대로, 날개 있는 모든 새를 그 종류대로 창조하시니 하나님이 보시기에 좋았더라."

우리보다 동물이 먼저 살아 있는 혼을 가지고 있었습니다. 혼에 의식이 있어서 활동하며 살았습니다. 그 후 하나님은 사람을 지으시고 동물처럼 살아 있는 혼이 되게 하셨습니다. 그러니 사람의 의식이 어디에 있겠습니까? 당연히 혼이지요!

이처럼 사람의 혼에 자의식이 있다는 것은 우리의 경험과도 일치합니다. 육에는 오감이 있습니다. 그런데 뭔가를 느낄 때 몸만 느끼는 것이 아니라 그것을 혼이 캐치합니다. 몸이 무엇을 인식하면 혼이 바로 그것을 인식합니다. 영이 작동할 때도 마찬가지입니다. 영이 무엇을 느끼면 혼이 바로 캐치합니다.

우리 몸과 마찬가지로 영에도 고유의 기능들이 있습니다. 그리고 혼이 영 속에 들어가면 영이 작동합니다. 그때 육이 느끼는 것을 혼이 인식하듯이 영이 느끼는 것을 혼이 동시에 인식합니다. 이처럼 몸이나 영이 느낀 것을 혼이 동시에 접수하고 종합해서 그것에 반응합니다. 이런 방식으로, 우리는 정신세계는 물론, 물질세계나 영적세계에 반응하며 살아갑니다. 이런 우리의 경험을 볼 때, 사람은 영과 혼과 몸 모두를 통해 정보를 얻을 수 있으나 이것들을 전부 인식하고 반응하게 하는 의식은 하나뿐임을 알 수 있습니다. 그리고 그것이 혼에 있음을 알 수가 있습니다.

사람에게 자의식은 하나뿐입니다. 육과 혼과 영에 각각 있는 것이 아니라 혼에만 의식이 있습니다. 혼에 있는 자의식이 몸이 느낄 때도 감지하고 영이 느낄 때도 감지합니다. 물론 혼 자체가 무엇을 생각하거나 느낄 때도 당연히 이를 감지합니다. 그리고 혼의 또 다른 기능인 지정의를 사용해서 판단해서, 결정을 내리고, 반응하며 살아갑니다. 그래서 성경이 사람이 생령 즉 살아 있는 혼이 되었다고 말씀한 것입니다(창 2:7). 그러므로 창세기 2장 7절은 아담에게 영이 없었다거나 혼이 영보다 중요하다고 말하고 있는 것이 아닙니다. 동물처럼 사람도 혼에 의식이 있고 그 의식이 주체가 되어 살아가는 그런 존재가 되었음을 뜻합니다.

또한, 이 간증에는 **영과 혼이 분리되었을 때, 영은 무의식 상태가 되고 혼이 그 안에 들어가야 다시 작동한다**는 것이 나타나 있습니다. 생전 처음 듣는 특이하고 굉장히 이상한 말이지요! 그래서 이런 생각이 들 수 있습니다.

“왜 하나님은(그리고 천사나 마귀도) 영에 의식이 있는데 하나님의 모양대로 지음받은 사람은 영이 아니라 혼에 의식이 있는가? 왜 사람의 영 속에 혼이 들어가지 않으면 작동하지 않는가? 처음 듣는 말이고 너무 이상하지 않은가?”

그러나 오래도록 우리가 무지했을 뿐 결코 이상한 것이 아닙니다.

잘 들어보십시오. 하나님과 천사와 마귀의 영은 완전체입니다. 하나님은 영 하나로 완전한 존재입니다. 영 하나로 완벽하게 활동합니다. 이처럼 완전체이기 때문에 영에 의식이 있을 수밖에 없습니다.

그러나 사람의 영은 완전체가 아닙니다. 사람은 단지 영이 아니라 영 혼 육으로 구성된 존재입니다. 영과 혼과 육이 합해져야 완전체가 됩니다. 즉, 온전히 작동하게 됩니다. 그래서 뭔가와 결합이 되어야 작동하게 되는 시스템입니다. 무엇인가가 다른 것을 작동하게 만들어야 합니다. 그런데 그것이 바로 혼인 것입니다!

그 증거로, 동물들을 생각해보십시오. 동물에게는 혼과 몸이 있습니다. 그런데 무엇이 동물의 몸을 작동하게 합니까? 혼입니다. 혼이 들어가야 몸이 작동합니다. 몸에는 오감이 있지만 혼이 그 속에 없으면 그 기능들이 작동하지 않습니다. 마치 이와 같이 사람의 영과 몸을 작동하게 만드는 것도 혼입니다. 육에 오감이 있고, 영에는 양심과 직관과 영교를 가능케 하는 기능들이 있습니다. 그런데 육과 영 모두 혼이 그 속에 들어가야 작동합니다. 왜냐하면 혼에 생명과 자의식과 지정의가 있기 때문입니다. 동물이나 사람이나 그 원리가 같지요! 그러므로 영과 혼이 분리되었을 때 영은 무의식 상태가 되고 혼과 결합해야 작동한다는 것은 이상한 것이 아닙니다.

이제, 지금까지 설명해드린 것을 근거로, 영과 혼이 무엇인지 간략하게 정리해보겠습니다. 처음에 저는 하나님은 영을, 동물은 혼을, 사람은 영과 혼을 갖고 있기 때문에 하나님과 겹쳐지는 것은 영, 동물과 겹쳐지는 것은 혼이라고 생각했습니다. 발상은 좋습니다. 그러나 온전한 공식이 아닙니다. 왜냐하면 하나님의 영은 완전체지만 인간의 영은 불완전체이기 때문입니다.

사람은 하나님처럼 스스로 있는 자가 아닙니다. 또, 천사처럼 독립적으로 하나님과 같은 영으로 지음받은 존재도 아닙니다. 사람은 천지창조의 한 부분과 절정으로 지음을 받았습니다. 그런데 몸만 있는 식물보다 업그레이드된 것이 동물입니다. 또 몸과 혼이 있는 동물보다 업그레이드된 것, 즉 하나님이나 천사처럼 영적 존재로 지음받은 것이 사람입니다. 그런데 이미 혼에 의식과 지정의가 있습니다. 즉, 동물을 창조할 때 의식과 지정의가 있는 혼의 설계가 끝났습니다. 그것을 다시 설계하거나 만들 필요가 없습니다. 그래서 그것을 제외하고 설계해서 만든 것이 사람의 영입니다. 이것이 하나님이나 천사의 영과 사람의 영이 온전히 일치하지 않는 이유입니다. 그러므로 사람의 영은 홀로 작동하는 완전체가 아니라 혼과 합해져야 작동한다는 말은 조금도 이상한 것이 아닙니다.

한편, 동물과 사람의 혼은 수준 차이는 있지만 대부분 서로 겹쳐집니다. 그래서 영보다 혼의 구성요소가 무엇인지 더 쉽게 알 수 있습니다. 동물의 혼의 구성요소를 생각해보면 그 답이 나오기 때문입니다.

그럼 동물의 혼에는 무엇이 있을까요?

먼저, 동물도 자의식을 갖고 있습니다. 그러므로 자의식 그것이 바로 혼의 요소 중 하나입니다.

또한, 차원은 다르지만 동물에게도 지정의가 있습니다. 우리가 영과 혼을 연구할 때 항상 혼란스러웠던 것이 바로 이 부분이지요. 어떤 이는 지정의를 영의 요소, 어떤 이들은 혼의 요소라고 생각합니다. 그러나 어디다 넣어도 혼란스럽습니다. 동물도 지정의를 가지고 있으므로 혼에 넣어야 맞는 것 같고, 하나님도 지정의를 가지고 계시므로 영에 넣어야 맞는 것 같기 때문입니다. 그래서 혼란스럽고 영과 혼을 구별하는 것이 오리무중이 되고 맙니다.

그러나 비로소 우리는 분명히 알 수 있습니다. 지정의는 혼의 구성요소입니다! 여러분, 그 이유가 무엇인지 아십니까? 하나님의 영은 완전체입니다. 그래서 지정의가 영의 요소일 수밖에 없습니다. 그러나 사람의 영은 완전체가 아닙니다. 물론 사람의 혼은 동물과 같은 면에서는 동물의 혼처럼 완전체입니다. 그러나 하나님처럼 영으로 작동해야 하는 영혼이라는 측면에서는 불완전체입니다. 영과 혼이 서로 결합해야 하나님이나 천사의 영처럼 완전체가 됩니다. 바꾸어 말해서, 완전히 작동합니다. 그러므로 영을 작동하게 하는 의식뿐 아니라 지정의를 혼의 요소로 볼 수밖에 없습니다.

이 두 가지를 비롯해서 동물의 혼과 겹쳐지는 요소들 즉 공통점을 다 모으면 그것이 바로 사람의 혼입니다. 그리고 영이신 하나님이나 천사와 일치하는 그 외의 인간 내면의 다른 모든 요소들을 모으면 그것이 바로 영입니다. 그러므로 영과 혼은 서로 구별 가능한 것이고, 참으로 삼분설이 옳은 것입니다.

그러면 사람의 영의 구성요소는 무엇일까요? 많은 것들이 있는데 양심, 직관, 영교가 그 대표적인 것들입니다. 이것들이 영의 구성요소입니다. 즉, 사람의 영입니다! 여러분, 이제 사람의 영과 혼이 무엇인지 확실하게 감이 잡히시지요!

Ⅳ
영과 혼에 대한 더 구체적인 설명!

앞에서 저는 세계적인 치유사역자 찰스 헌터의 짧은 간증을 소개하고, 그것이 실마리가 되어 영과 혼에 대해 깨달은 것을 간단히 설명해드렸습니다. 그것을 깨달은 후, 저는 다른 책에 더 자세히 소개되어 있다는 그 간증의 내용이 몹시 궁금해졌습니다. 그러나 검색해보아도 번역된 책이 없었습니다. 그래서 뉴욕 사랑하는교회의 허대니 목사님에게 연락해서 영문 책을 구입해서 그 간증을 번역하여 보내달라고 했습니다.

얼마 후 연락이 왔는데, 책들이 모두 절판되고 품절되었다는 소식이었습니다. 그러나 다행히 인터넷에 한 책의 원고가 올라와 있는 것을 발견했고, 그 책에 나오는 간증을 제게 메일로 보내왔습니다.

제가 더 자세한 간증을 읽기 원한 이유가 있습니다. '내가 간증을 읽으면서 이해한 것이 맞나? 혹시 그 간증의 내용을 오해하거나 착각한 것은 없나?' 확인하고 싶었기 때문입니다. 또한, 더 많은 중요한 단서들이 있을 수도 있다는 기대감 때문이었습니다. 그런데 제 생각이 적중했습니다.

저는 메일로 받은 더 자세한 간증을 읽고 대만족했습니다. 간증이 제가 이해한 그대로였고, 그 이상의 정보들이 담겨 있었기 때문입니다. 먼저, 그 간증을 여러분에게 소개해드리겠습니다. 그 후 여러분이 영과 혼을 확실히 이해하고 소화하실 수 있도록 영과 혼에 대해 더 자세히 설명해드리겠습니다.

"저는 여러분들과 한 개인적인 경험을 나누기 원합니다. 우리가 능력을 받을 때 어떤 일이 일어나는지 잘 보여주는 간증입니다. 우리의 영이 성령님으로 거듭나는 과정을 이해하려면 예수님이라는 씨앗에서 비롯된 생명이 우리 안에 심겨진다는 것을 이해해야 하는 것처럼, 하나님께서 우리 안에 이 능력을 어떻게 심으시는지 보는 것도 중요합니다.

여러분의 영은 여러분의 몸과 같은 크기입니다!

1969년에 예수님께서 특별한 방식으로 저에게 찾아오셨습니다. 저는 1,000시간도 넘게 성경을 묵상하며 하나님과 예수 그리스도를 어떻게 제 삶으로 더 기쁘게 해드릴 수 있는지 구하고 있었습니다. 어느 저녁 시간, 예수님께서 저에게 들리는 목소리로 말씀하셨습니다. 저는 그 순간 제 생애 중 경험한 가장 활기 넘치고 심오한 기쁨으로 가득 채워졌습니다. 그다음 날 새벽 이른 시간에 일어나 제게 친히 말씀해주실 정도로 저를 사랑해주신 예수님을 찬양했습니다. 300만 명이 넘는 도시에서 저같이 평범한 한 사람에게 예수님이 이렇게 말씀하시는 것이 얼마나 경이로운 일인지 모른다고 생각하고 있었습니다.

그런데 제가 이렇게 찬양을 드리던 중, 또 하나의 위대한 기적이 일어났습니다. 저는 그때 양팔을 내린 상태로 누워 있었습니다. 누워서 제 마음으로 세게 말씀해주신 하나님께 감사드리고 있었습니다.

그때 **갑자기 또 다른 몸이 보였습니다. 제 몸과 같은 크기와 같은 모양인 또 다른 몸이 제가 누워 있던 똑같은 자세로 누워 있었습니다. 하지만 제 몸보다 약 45cm 더 높은 공중에 둥둥 떠 있었습니다. 저는 그것을 보면서 얼굴이 제 얼굴과 같음을 볼 수 있었습니다. '이것이 무슨 일인가!' 깜짝 놀랐지만, 하나님께서 제 영을 두 눈으로 직접 볼 수 있게끔 제 몸 밖으로 꺼내셨다는 것을 곧바로 알았습니다. 투명했다는 것만 제외하곤 다른 사람의 몸을 바라보듯이 제 두 눈으로 직접 볼 수 있는 영체였습니다. 마치 옅은 구름 혹은 안개와 같았지만, 모양은 제 몸과 다름이 없었습니다.**

이 구름과 같은 영체는 하늘에 있는 구름과 다름없이 아무런 생명체가 느껴지지 않았습니다. 하지만 갑자기 제 '의식'이 육체에서 영체로 옮겨졌습니다. 저의 모든 사고력과 감정이 육체에서 영체로 옮겨졌다는 것이 인식이 되면서 육에 있던 감각이 전부 사라졌습니다. 지금은 압니다. 그 당시에 제 혼이 일시적으로 영과 분리되어 있다가 육체에서 영체(영)로 옮겨진 것이었습니다.

그날 밤 저를 위해 중보하고 계신 한 여성분께서 기도 중 저를 하나님의 빛 가운데로 올려 바치겠다고 말했습니다. 저는 성령님 안에서 그분이 보였습니다. 그분의 손이 제 등 밑에서 제 영체를 위로 미는 중이었습니다. 동시에 파도 같은 기운이 제 발부터 시작해서 머리까지 떠밀려오는 것을 느꼈습니다. 바다의 파도처럼 반복적으로 제 몸 안에서 움직였습니다. 빈도와 속도가 점점 거세지며, 제 영체가 그분의 손을 벗어나면서 엄청난 속도로 올라가 우주를 가르기 시작했습니다. 아무것도 보이지 않다가 몇 초 동안 잠시 우주 한가운데 멈춘 것 같았습니다. 주변을 둘러봤는데, 제가 본 것을 인간의 말로 설명할 수가 없습니다. 온 '하늘'을 덮는 빛이 있었는데, 밝으면서도 부드러운 빛이었습니다.

저는 위대하신 하나님의 빛 가운데 있다는 것을 직감했습니다. 그 당시 저는 육체에 있었던 것처럼 똑같이 생각을 할 수 있었고, 그 기운과 움직임을 육체로 느끼는 것처럼 느낄 수 있었습니다.

저는 그곳에서 영원히 거하고 싶었지만, 단시간에 동일한 성령님의 격동적인 에너지가 저를 다시 아래로 보내기 시작했습니다. 몇 초 후, 저는 제 영이 다시 제 육체에 들어가는 것을 느꼈습니다. 평소와 다름없이 일어섰지만, **제 경험과 믿음과 하나님의 말씀에 근거하여 제 영과 혼이 몸을 잠시 벗어나 천국에 다녀왔다는 것을 저는 확실히 압니다.**

이 경험을 통해 저는 한 성경말씀이 이해되기 시작했습니다. '하나님의 말씀은 살아 있고 활력이 있어 좌우에 날선 어떤 검보다도 예리하여 **혼과 영과** 및 관절과 골수를 찔러 **쪼개기까지 하며** 또 마음의 생각과 뜻을 판단하나니.'(히 4:12)

저는 우리의 뇌가 육체를 지배하듯이 우리의 혼이 영체의 기

능을 지배한다고 믿습니다."[70]

이 간증이 성경적인가 아닌가를 분별하는 것은 본래 불가능합니다. 왜냐하면 이를 분별할 수 있는 유사한 경험을 다룬 성경구절이 전무하기 때문입니다. 그런데 이 간증을 읽고 묵상하면서 성경을 하나하나 찾아보고 계속 연구할 때 영과 혼에 대한 성경의 수많은 난제들이 거짓말처럼 술술 풀렸습니다. 전에는 깔끔하게 이해되지 않았던 구절들이 100%라고 느껴질 정도로 선명하고 깔끔하게 이해가 되었습니다. 그래서 비록 성경에 이와 유사한 경험이 기록되어 있지는 않지만, 이 간증이 지극히 성경적이라는 강한 확신이 생겼습니다. 그리하여 영과 혼에 대한 연구를 시작하면서 아예 배제시켰던 이 간증을 받아들일 수밖에 없었습니다.

지금부터, 이 간증이 실마리가 되어 깨닫게 된 사람의 영과 혼에 대해 자세히 설명해드리겠습니다.

1. 왜 창세기는 사람이 살아 있는 혼이 되었다고 말씀하나?

사람의 구성요소인 영 혼 육 중 가장 중요한 것은 영입니다.

---

70 Charles Hunter, *Born Again! What Do You Mean?* (Kingwood, TX: Hunter Books, 1982) 20-23.

그런데 왜 창세기 2장 7절은 사람이 살아 있는 영이 되었다고 하지 않고 살아 있는 혼이 되었다고 할까요? 찰스 헌터의 간증은, 그 이유를 비로소 충분히 납득할 수 있게 해줍니다.

> 창세기 2:7 "여호와 하나님이 땅의 흙으로 사람을 지으시고 생기를 그 코에 불어넣으시니 사람이 **'생령'(하이 네페쉬-살아 있는 혼)**이 되니라."

이처럼 "생령"은 영이 아니라 살아 있는 혼이 되었다는 뜻입니다. 그렇다고 하나님이 이때 혼만 지은 것은 아닙니다.

> 이사야 57:16 "내가 영원히 다투지 아니하며 내가 끊임없이 노하지 아니할 것은 **내가 지은 그의 영과 혼**이 내 앞에서 피곤할까 함이라."

> 스가랴 12:1 "이스라엘에 관한 여호와의 경고의 말씀이라. **여호와 곧 하늘을 펴시며 땅의 터를 세우시며 사람 안에 '심령'(루아흐-영)을 지으신 이**가 이르시되"

이 구절들이 보여주듯이 혼과 영을 지으셨습니다. 그리고 이 중 영이 혼보다 중요하다는 것은 상식입니다. 그런데 왜 '살아 있는 영'이 아니라 '살아 있는 혼'이 되었다고 했을까요?

그 이유는 "생령"의 원어 "하이 네페쉬"에 잘 나타나 있습니다. "하이"는 "살아 있는"이라는 뜻이고, "네페쉬"는 "숨 쉬는 존재, 영혼, 생명"이라는 뜻입니다. 사람과 동물을 살아 있는 존재로 만드는 것이 바로 네페쉬입니다. 그래서 이미 창세기 1장에서 이 단어를 동물들에게도 사용했습니다.

창세기 1:20-21 "하나님이 이르시되 물들은 **'생물'**(하이 네페쉬-살아 있는 혼)을 번성하게 하라. 땅 위 하늘의 궁창에는 새가 날으라 하시고 하나님이 큰 바다 짐승들과 물에서 번성하여 움직이는 모든 **'생물'**(하이 네페쉬-살아 있는 혼)을 그 종류대로, 날개 있는 모든 새를 그 종류대로 창조하시니 하나님이 보시기에 좋았더라."

이와 같이 사람보다 동물들이 먼저 살아 있는 혼이 되었습니다. 그리고 그때부터 혼에 의식이 있어서 활동하며 살았습니다. 그후 하나님은 사람을 지으셨고, 사람을 동물처럼 살아 있는 혼이 되게 하셨습니다. 이것은 먼저 영이 생겨났을 때까지 사람이 살아 움직이지 않았음을 암시합니다. 거의 동시였겠지만 논리적인 순서로 혼이 지어졌을 때 비로소 동물처럼 살아 움직이는 존재가 되었음을 뜻합니다.

저는 하나님께서 다음 구절에 나타나 있는 순서대로 사람의 영과 혼을 지었다고 생각합니다.

이사야 57:16 "내가 영원히 다투지 아니하며 내가 끊임없이 노하지 아니할 것은 **내가 지은 그의 영과 혼**이 내 앞에서 피곤할까 함이라."

물론 단순히 영과 혼을 지었다는 뜻이지, 순서를 말한 것이 아닐 수도 있지 않느냐? 라는 반론이 있을 수 있습니다. 하지만 사람의 내면을 구성하는 종류뿐 아니라 순서에 대해 말한 것이 맞습니다. 그것을 창세기 2장 7절을 통해서 확인할 수 있습니다.

창세기 2장 7절에 보면, 영 혼 육 중 육과 혼만 나와 있습니다. 영은 안 나옵니다. 그러나 '혼이 됐다'는 것은 사람의 창조의 과정이 아니라, 완성단계입니다. 사람 창조의 시작은 흙으로 몸을 만든 것이고, 중간과정은 그 구절에는 생략되어 있으나 이사야서에 나와 있는 것처럼 영을 만든 것입니다. 그리고 마지막 단계는 혼을 만든 것입니다. 그런데 사람 창조의 완성단계를 말하면서 '살아 있는 혼이 됐다'고 했습니다. 그러므로 마지막에 혼이 만들어진 것이 분명합니다. 그러므로 이사야 57장 16절은 단순히 하나님이 영과 혼을 만들었다는 것이 아니라 그 순서대로 기록한 것입니다.

또한, 생혼은 동물처럼 의식을 갖고 활동하는 생명체가 되었다는 뜻입니다. 때문에 먼저 몸을 만들었어도 사람에게 의식이 없었던 것처럼, 영을 만든 후에도 사람에게 아직 의식이 없었고 활동하지 않았다는 것을 뜻합니다. 즉, 혼이 만들어졌을 때 비로소 의식을 갖고 살아서 활동하는 존재가 되었음을 뜻합니다. 그러므로 참으로 사람이 살아 있는 혼이 되었다는 것은 동물처럼 사람의 의식이 혼에 있고 혼을 통해 살아간다는 것을 뜻합니다.

이것은 우리의 경험과도 일치합니다. 우리 몸에는 오감이 있습니다. 그래서 몸이 느끼지만 동시에 혼이 그것을 캐치합니다. 몸이 뭔가를 느끼면 혼이 바로 그것을 인식합니다. 영이 작동할 때도 마찬가지입니다. 어느 때는 혼이 느끼고 어느 때는 영이 느끼는 것이 아니라 영이 뭔가를 느끼는 동시에 혼이 캐치합니다.

몸과 마찬가지로 영에도 고유의 기능들이 있습니다. 또한, 혼이 영 속에 들어가야 영이 작동합니다. 그러면 육이 느끼는 것을 혼이 동시에 인식하듯이, 영이 느끼는 것 역시 혼이 인식합니다. 이처럼 몸이나 영이 느낀 것을 혼이 동시적으로 느끼고 이를 종합해서 판단과 결정을 내리고 살아갑니다. 이런 방식으로, 사람은 물질세계는 물론이고 정신세계나 영적세계에 반응하며 살아갑니다. 사실이지요!

이 사실을 통해 우리는, 사람은 영 혼 육 세 가지를 통해 정보를 얻지만, 이 모든 것을 종합하고 반응하게 하는 의식은 하나뿐이고 그것이 혼에 있다는 것을 알 수가 있습니다. 사람에게 자의식은 하나뿐이고, 그것은 혼에 있고 혼을 통해서 살아갑니다. 이것이 성경이 사람이 생령 즉 살아 있는 혼이 되었다고 기록하고 있는 이유입니다(창 2:7).

한편, 우리는 혼보다 영이 중요하기 때문에 성경에 '영'이라는 단어가 더 많이 나올 것이라고 생각합니다. 또, 사람은 '영' 이라고 생각하기 때문에 당연히 '영'이 더 많이 나올 것이라고 생각합니다. 그러나 실제로는 혼이라는 단어가 훨씬 더 많이 나옵니다. 예를 들어, 죽고 사는 것에 대해 '혼이 떠났다', '혼이 돌아왔다'라는 표현이 훨씬 많습니다. '영이 떠났다', '영이 돌아왔다'라는 표현은 그보다 적습니다. 구원에 대해서도 혼이 구원받았다는 표현이 영이 구원받았다는 표현보다 훨씬 더 많습니다.

그렇다면 그 이유가 뭘까요? 그것은 바로 하나님이 사람을 살아 있는 혼으로 만드셨기 때문입니다. 즉, 사람은 동물처럼 혼에 의식이 있고 혼을 통해서 살아가는 존재이기 때문입니다.

많은 이들이, 사람은 영인데 혼을 가지고 몸 안에 살고 있는 존재라고 생각합니다. 그래서 영이 주도적인 역할을 한다고 생각합니다. 그러나 그렇지 않습니다. 영이 아니라 혼이 주도적인 역할을 합니다. 물론 사람은 단순히 혼이 아니라 영혼입니다. 그러나 영혼이 작동할 때 주도적인 역할을 하는 것은 혼입니다. 그것을 여러 가지를 통해 확인할 수 있습니다.

예를 들어, 방언으로 기도할 때 우리는 영으로 기도합니다(고전 14:2). 그러나 일반적으로 기도할 때는 주로 혼으로 기도합니다.

또, 방언을 오래 하면 영이 활성화된다고 합니다. 이는 평소에는 영이 그 정도로 활동적이지 않다는 것을 뜻합니다.

또, 예수님은 신령과 진정으로 예배하라고 하셨습니다(요

4:24). "신령으로"는 영으로 예배하라는 뜻입니다. 그런데 영으로 예배하라는 말은 우리가 보통은 영으로 행하고 있지 않다는 것을 뜻합니다. 그러므로 평소 주로 혼이 주도적인 역할을 한다는 반증입니다.

이것은 이상한 것이 아닙니다. 왜냐하면 혼은 동물들처럼 우리가 이 세상에서 살아가는 역할을 하지만, 영은 하나님과 교통하고, 예배하고, 기도하고, 계시를 받는 역할을 하기 때문입니다. 그리고 그것은 우리가 항상 하는 일이 아니기 때문입니다. 여러분, 이제 왜 하나님께서 사람을 창조하신 후에 살아 있는 혼이 되었다고 하셨는지 확실히 이해가 되시지요!

2. 정말 사람은 영인데 혼을 가지고 몸 안에 사는 존재인가?

케네스 해긴 목사님은 『인간의 세 가지 본성』이라는 책에서 이렇게 말했습니다.

> **"당신 자신을, 혼(a soul)을 가지고 있고 육체(a body) 안에 사는 영(a spirit)으로 생각하십시오. … 사람은 혼을 가지고 있고 육체 안에 사는 영적인 존재입니다."[71]**

71 케네스 E. 해긴 『인간의 세 가지 본성』 김진호 옮김. 성남: 믿음의 말씀사, 2000. pp. 10-11.

이 말은 널리 퍼져나가 삼분설을 믿는 자들 안에서 진리처럼 통용되고 있습니다. 저도 오랫동안 이 말에 동의했고 사람에 대한 멋진 정의라고 생각했습니다. 여러분도 그러셨을 것입니다. 그래서 제 말을 듣고 "그러면 '사람은 영인데 혼을 가지고 몸 안에 산다.'는 해긴 목사님의 말이 틀렸다는 말입니까?" 라고 묻고 싶은 분들이 많으실 것입니다.

저도 해긴 목사님을 존경하지만, 안타깝게도 이것은 정확한 정의가 아닙니다. 사람은 혼인데 영을 가지고 몸 안에 산다고 말해야 옳습니다. 그 증거로, 창세기 2장 7절을 보십시오.

> "여호와 하나님이 땅의 흙으로 사람을 지으시고 생기를 그 코에 불어넣으시니 **사람이 생령(생혼)이 되니라.**"

사람이 무엇이 되었다고 했습니까? 생혼이 되었다고 했습니다. 영이 되었다고 하지 않고 혼이 되었다고 했습니다. 이것이 사람입니다! 그러므로 사람은 혼입니다.

또한, 영 혼 육 중 가장 중요한 것은 당연히 영입니다. 그래서 제일 먼저 육을 만들고, 그다음 혼을 만들고, 마지막으로 영을 만들 것 같지만, 성경에 보면 그렇지 않습니다. 처음에 육을 만들고, 그다음 이사야 57장 16절에 의하면 영을 만들고, 마지막으로 혼을 만들었습니다. 그리하여 사람은 살아 있는 혼이 되었습니다(창 2:7). 그러므로 사람은 혼입니다.

무엇보다, 사람의 자의식과 지정의가 어디에 있습니까? 영이 아니라 혼에 있지요! 그런데 자의식이 뭡니까? 우리가 '나'라고 말할 때 '나'로 느끼는 부분입니다. 우리는 사람인데 사람이 나라고 느끼는 자의식이 어디에 있다고요? 혼에 있습니다. 그러므로 진실로 사람은 혼입니다.

한편, 우리는 균형을 잘 잡아야 합니다. 사람은 혼이지만 단지 혼이 아닙니다. 사람은 영혼입니다!

어떤 이들은 영과 육이 만날 때 혼이 생겨났다고 주장합니다. 예를 들어, 워치만 니는 "인간의 영으로 변한 생기가 인간의 몸과 접했을 때 혼이 생겨났다"[72]고 말했습니다. 그러나 그렇지 않습니다. 하나님이 영과 혼을 모두 만드셨습니다(사 57:16). 그리고 영과 혼이 결합된 영혼으로 살아가게 하셨습니다. 그러므로 사람은 단지 혼이 아니라 영혼입니다. 즉, '나'는 단지 혼이 아니라 영혼이고 몸 안에 살고 있는 존재입니다. 이것이 사람에 대한 더 올바른 정의입니다.

물론 우리가 '나'라고 할 때 '나'라고 가장 먼저 느끼는 것은 혼입니다. 간증에도 나오듯이, 영과 혼이 분리되었을 때는 영이 아니라 혼만 나라고 느낍니다. 그러므로 혼이 '나'입니다. 즉, 혼이 '자아'입니다. 그런데 사람은 동물처럼 혼으로 존재하는 것이 아니라, 영과 혼이 하나로 결합해서 영혼으로 존재합니다. 동물과 사람은 혼이 빠져나가면 몸이 작동하지 않습니다. 몸에 오감이 있어도 아무것도 못 느낍니다. 혼이 들어가야 오

---

72 워치만 니『영에 속한 사람 ①』정동섭 옮김. 서울: 생명의 말씀사, 2003. p. 32.

감이 작동합니다. 또, 혼이 영 속에 들어가야 영의 기능들이 작동합니다. 그리고 영혼이 결합되어 있을 때 단순히 혼만 나라고 느끼는 것이 아니라 영혼이 함께 '나'라고 느낍니다. 그러므로 '나'는 단순히 혼이 아닙니다. 혼이 자의식을 갖고 있더라도 혼과 영이 그것을 공유하기 때문에 영혼이 바로 나입니다. 그러므로 '나'는 누구냐? 바로 영혼입니다.

생각해보십시오. 만일 사람이 영이라면 입신을 하거나 죽어서 영계에 가면 혼이 아닌 영을 '나'라고 느껴야 합니다. 영계이기 때문에 혼을 통해서 영혼이 나라고 느끼지 않고 영만 나라고 느껴야 합니다. 그러나 입신간증과 사후체험간증들에 의하면 그렇지 않습니다. 제가 김옥경 목사님에게도 물어보았는데, 영계에서 영만 '나'라고 느끼지 않습니다. 살아 있을 때와 똑같이 영혼이 나라고 느낍니다. 왜냐하면 사람은 영혼이기 때문입니다. 그러므로 "사람은 영인데 혼을 가지고 몸 안에 산다."는 것은 옳은 정의가 아닙니다. '나'라고 의식하는 것은 혼이지만 사람은 영혼입니다. 즉, 혼을 통해 우리가 자의식을 갖고 살지만, 영과 혼이 결합되어 존재하기 때문에 사람은 영혼이라고 정의해야 합니다.

한 걸음 더 나가볼까요? '나'는 누구일까요? 즉, 사람은 무엇일까요? 사람은 생혼이 되었고 '나'라고 의식하는 것은 혼입니다. 그러므로 사람은 혼입니다. 또, 영과 혼이 결합되어 영혼으로 존재하므로 사람은 단순히 혼이 아니라 영혼입니다. 그런데 우리는 더 나아가야 합니다. 사람은 단지 혼이나 영혼이 아닙니다. 영 혼 육입니다! 실제로 우리가 나라고 할 때 영과 혼뿐 아니라 몸까지 포함해서 나라고 느끼지 않습니까? 그러므로 나 즉 사람은 영 혼 육입니다.

하나님은 천지를 만드실 때 세 종류의 생명체를 창조하셨습니다.

첫째, 식물을 만드셨는데 식물은 몸뿐입니다. 의식이 없습니다. 그래서 톱으로 잘라도 되고 불에 태워도 됩니다. 그렇다고 잔인한 것이 아닙니다.

둘째, 동물을 만드셨는데 동물은 혼과 몸으로 구성되어 있습니다. 이 중 어느 부분이 동물입니까? 혼만 동물입니까? 아니지요! 혼과 몸이 동물입니다. 동물은 그렇게 지음받은 존재이기 때문입니다.

물론 혼이 몸보다 중요합니다. 그렇다고 '동물은 혼이다.' 그렇게 말할 수는 없습니다. 단순히 혼이 아니라 혼과 몸입니다. 식물은 전체가 식물이고 동물은 혼과 몸 전체가 동물입니다. 그리고 사람도 마찬가지입니다. 사람은 단지 혼 혹은 영혼이 아닙니다. 영 혼 육입니다. 왜냐하면 하나님께서 사람을 그런 존재로 만드셨기 때문입니다.

하나님은 사람을 동물과 다르게 만드셨습니다. 그리고 천사와도 다르게 만드셨습니다. 사람은 동물처럼 몸과 혼만 있는 존재가 아니고, 천사처럼 영만 있는 존재도 아닙니다. 영 혼 몸으로 구성된 존재입니다. 그러므로 영 혼 육이 다 사람입니다. 때문에 사도 바울은 영 혼 육을 다 귀히 여겼습니다.

데살로니가전서 5:23 "평강의 하나님이 친히 너희를 온전히 거룩하게 하시고 또 너희의 온 **영과 혼과 몸이** 우리 주 예수 그리스도께서 강림하실 때에 **흠 없게 보전되기를 원하노라."**

저는 영 혼 육 전체의 중요성을 여러분이 깨달으시길 바랍니다. 우리는 이 세상을 살 때 영 혼 육이 하나가 되어 존재합니다. 그러나 죽을 때 영혼과 육체가 분리됩니다. 영혼은 하나님께로 올라가고 몸은 썩어서 흙으로 돌아갑니다.

그런데 그것이 끝이 아닙니다. 예수님이 다시 오실 때 죽은 몸이 다시 살아납니다. 초대 교회 때 구원받은 성도들의 경우, 놀랍게도 천국에 가서 영혼으로 산 지 2천 년이 넘었는데도 그들의 몸을 부활시킵니다.

놀라운 것은, 영에도 영체가 있다는 사실입니다. 하나님과 천사뿐 아니라 사람의 영에도 영체가 있습니다. 그런데도 몸을 부활시킵니다. 왜냐하면 하나님이 보실 때 사람은 영과 혼뿐 아니라 육도 절대적으로 필요하고 중요하기 때문입니다.

심지어, 천국까지 몸을 가진 사람에게 맞는 "새 하늘과 새 땅"으로 새로 만듭니다. 그곳에서 영원히 영혼이 아니라 영 혼 육으로 살아가게 하십니다.

더 놀라운 것은, 지옥에 가는 사람들까지 몸을 부활시켜서 불 못에 던져 넣는다는 것입니다. 왜냐하면 지옥에 가더라도 사람은 단지 영이나 영혼이 아니라 영 혼 육이기 때문입니다. 사람은 영 혼 육으로 구성된 존재입니다. 이에 대해 H. A. 아이언사이드 박사는 이렇게 말했습니다.

"사람은 곧 영과 혼과 몸으로 구성된 존재입니다. 몸만으론 사람이 아닙니다. 혼만으로도 사람이 아닙니다. 영만으로도 사람이 아닙니다. 오직 영과 혼과 몸이 함께 사람을 이루고 있습니다."[73]

그러므로 우리는 지나치게 영에만 초점을 맞추지 말아야 합니다. 혼을 터부시하거나 육을 멸시하지 않도록 조심해야 합니다. 초대 교회의 가장 대표적인 이단이 어디서 나왔습니까? 영을 높이고 육을 멸시하는 헬라사상에서 이단인 초기 영지주의가 나왔습니다. 그러므로 영과 혼과 몸에 대해 균형 잡힌 시각을 가지십시오, 셋 다 귀히 여기십시오. 그래야 영 혼 육에 대한 성경의 진리들을 왜곡하지 않고 바르게 이해할 수가 있습니다.

3. 왜 하나님과 달리 사람은 혼에 의식과 지정의가 있나?

처음에 저는 하나님은 영, 동물은 혼, 사람은 영과 혼을 갖고

73 https://nncnet.tistory.com/2803 [푸른초장]

있으므로 사람의 영혼 중 하나님과 겹쳐지는 것은 영, 동물과 겹쳐지는 것은 혼이라고 생각했습니다. 그러나 하나님과 사람의 영은 완벽하게 같지 않습니다. 이것은 누구도 전혀 생각해보지 못한 것입니다. 그런데 찰스 헌터의 간증이 처음으로 그것을 우리에게 보여주었습니다.

그 간증에 보면, 영과 혼이 분리되었을 때 영에 생명이 없었고 혼에 의식과 지정의가 있었습니다. 전혀 생각해보지 못한 것이지요! 영혼이 몸에서 빠져나가면, 몸이 생명이 없고 무의식 상태가 된다는 것은 누구나 압니다. 죽음을 통해 자주 보았기 때문입니다. 그러나 영은 사람이 죽은 후 오히려 더 또렷한 의식을 가지고 살아 있습니다. 영은 영원히 죽지 않습니다. 그래서 영에 생명이 없고 무의식 상태가 될 수 있다는 것은 누구도 상상도 못해본 일이고, 너무 생소해서 이상할 수밖에 없습니다.

그러나, 이상하게만 생각할 문제가 아닙니다. 왜냐하면 이것은 삼분설에서 혼을 정의한 것과 너무 잘 조화가 되기 때문입니다. 삼분설을 지지하는 학자나 목회자들은 오래도록 '혼'의 구성요소가 자의식과 지정의라고 주장해왔습니다. 예를 들어, 케네스 해긴 목사님은 혼을 이렇게 정의했습니다.

> "혼 — 정신영역을 다루는 인간의 차원. **지성(intellect), 감성(sensibilities)과 의지(will)**, 논증하고(reason) 생각(think)하는 부분."[74]

74 케네스 E. 해긴 『인간의 세 가지 본성』 김진호 옮김. 성남: 믿음의 말씀사, 2000. p. 10.

또, 혼에 대해 이렇게 말했습니다.

"우리의 이해, **자연적인 인간 정신**은 우리의 혼의 일부입니다."[75]

또한, 워치만 니도 혼을 이렇게 정의했습니다.

"**혼은 무엇인가?**

우리로 하여금 자아와 관계를 갖게 하며 **자의식**을 주는 것이다."[76]

그런데 정말로 자의식과 지정의가 혼에 있다면, 영과 혼이 분리되었을 때 영에는 생명이 없고 혼에 의식과 지정의가 있었다는 찰스 헌터의 간증이 조금도 이상한 것이 아닙니다. 당연한 것이지요!

그러나 그렇긴 해도, 여전히 생소해도 너무 생소합니다. 그래서 이런 의문이 들 수 있습니다.

"영이신 하나님은 (그리고 영인 천사나 마귀도) 의식과 지정의가 영에 있다. 그리고 사람은 하나님의 모양대로 지음을 받

---

75 케네스 E. 해긴 『어떻게 하나님의 영으로 인도받을 수 있는가?』 김진호 옮김. 성남: 믿음의 말씀사, 2005. p. 21.

76 워치만 니 『혼의 잠재력』 강귀봉 옮김. 서울: 생명의말씀사, 2008. p. 15.

았다. 그런데 왜 영이 아니라 혼에 있는가? 왜 하나님의 영과 사람의 영이 다른가?"

궁금하시죠! 제가 그 이유를 여러분에게 설명해드리겠습니다.

(1) 사람은 동물처럼 생혼으로 지음을 받았다!

케네스 해긴 목사님은 『믿음의 기초』라는 책에서 이렇게 말했습니다.

> "하나님은 땅의 흙으로 인간의 육체를 지으시고 그 코에 생기를 불어넣어 주셨습니다. '생기'라는 말은 히브리어로 루아흐(ruach)라고 하는데 호흡이나 영(spirit)을 의미합니다. 그런데 이 단어를 구약에서 찾아보면 여러 번 '성령'이라고 번역돼 나온 것을 볼 수 있습니다. 하나님은 영이십니다. 그래서 하나님께서는 당신께 있던 어떤 것, 즉 **영**을 취해서 사람에게 불어넣으셨습니다. 그리고 … **하나님이 영을 불어넣어 주시자 인간은 비로소 자신을 자각할 수 있게 되었습니다. 영**이 없는 육체는 죽은 것이었기 때문입니다."[77]

그러나 영이 생기자마자 사람이 자기를 자각하게 된 것이 아

77 케네스 E. 해긴 『믿음의 기초』 정승혜 옮김. 서울: 베다니, 2012. pp. 82-83.

닙니다. 하나님께서 사람의 코에 생기를 불어넣으실 때, 영 혹은 혼이 아니라 영과 혼이 만들어졌습니다. 코에 생기를 불어넣으신 것이 사람의 내면에 대한 창조행위의 전부라는 것이 그 증거입니다. 실제로 성경은 이때 하나님이 영과 혼을 만들었다고 말씀합니다.

이사야 57:16 "내가 영원히 다투지 아니하며 내가 끊임없이 노하지 아니할 것은 **내가 지은 그의 영과 혼**이 내 앞에서 피곤할까 함이라."

이처럼 코에 생기를 불어넣으심으로 하나님은 영과 혼을 만드셨습니다.

또, 하나님은 영을 먼저 만드시고 그 후에 혼을 만드셨는데, 방금 인용한 이사야 57장 16절이 그 증거입니다. 왜냐하면 하나님께서 자신이 지은 영과 혼에 대해 말씀하면서 영을 먼저 언급하셨기 때문입니다.

하나님은 사람을 만들 때 영과 혼을 만드셨습니다(사 57:16). 그런데 창세기 2장 7절에는 이렇게 기록되어 있습니다.

"여호와 하나님이 땅의 흙으로 사람을 지으시고 생기를 그 코에 불어넣으시니 사람이 생령(살아 있는 혼)이 되니라."

이것은 사람 창조의 완성단계입니다. 사람은 결국 살아 있는 혼이 되었습니다. 그러므로 이 구절 역시 그 전에 영이 만들어졌다는 증거입니다.

중요한 것은, 혼까지 창조되었을 때 비로소 사람이 동물처럼 의식을 갖고 살아 움직이는 생혼 즉 하이 네페쉬가 되었다는 점입니다. 이것은 영이 만들어졌을 때는 생명과 의식이 없었음을 의미합니다. "생혼"(생령)은 사람 창조가 완성된 상태입니다. 그런데 동물들도 생혼을 갖고 있었습니다. 그들은 혼에 의식이 있어서 살아갔습니다. 그러므로 사람도 혼에 의식이 있고, 의식이 혼이 생길 때 생겨났다고 보아야 합니다.

(2) 하나님은 천지창조 때 단계별로 창조하셨다!

처음에 저는 하나님은 영, 동물은 혼, 사람은 영과 혼을 갖고 있기 때문에 하나님과 겹치는 것은 영, 동물과 겹치는 것은 혼이라고 생각했습니다. 발상은 참 좋습니다! 그러나 완벽한 공식은 아닙니다. 왜냐하면 하나님의 영은 완전체지만 사람의 영은 완전체가 아니기 때문입니다.

식물은 몸이 완전체고, 동물은 혼이 완전체고, 하나님은 영이 완전체입니다. 그리고 사람은 동물처럼 혼이 완전체이긴 하나 영적 생활을 하려면 영과 혼이 합해져야 완전체가 됩니다.

하나님과 천사의 영은 그 자체로 완전합니다. 몸이나 혼을 필요로 하지 않습니다. 영 하나만으로도 완벽하게 작동합니다. 그러므로 하나님과 천사의 영은 완전체입니다.

또, 동물의 혼도 마찬가지입니다. 동물의 혼은 열등하기는 하나 완전체입니다. 동물의 혼이 영을 필요로 하지 않기 때문입니다. 동물의 혼은 그 자체로 온전히 작동합니다.

어떤 분은 그러나 동물의 혼은 몸을 필요로 하지 않습니까? 그런데 어떻게 완전체라고 말할 수 있습니까? 라고 물을 것입니다. 사람의 혼도 몸을 필요로 합니다. 그러나 몸에서 빠져 나간다고 활동이 정지되는 것이 아닙니다. 심지어, 영과 혼이 분리돼도 혼은 여전히 작동합니다. 물론 동물은 사람처럼 영원한 존재로 지음을 받지 않았기 때문에 몸이 죽으면 혼도 사라집니다. 그러나 사람의 혼처럼 동물의 혼 역시 분명히 완전체입니다.

동물과 달리 사람은 영과 혼으로 구성되어 있습니다. 방금 말한 것처럼, 이 중 혼이 동물과 같은 차원의 완전체입니다. 왜냐하면 동물도 생물 즉 생혼이고 사람도 생혼이기 때문입니다. 그런데, 약간의 보충설명이 필요합니다. 사람에게는 하나님 같은 면과 동물 같은 면이 있습니다. 그래서 동물과 같은 육이 있고, 하나님과 같은 영이 있습니다. 그러므로 사람의 혼이 완전체라고 할 때, 그 뜻은 동물과 같이 이 세상을 살아가기에 충분하다는 것입니다. 그러나 하나님과 같은 영적인 삶을 살려면 영이 반드시 필요합니다. 그런 면에서는 완전체가 아닙니다. 영과 결합해야 하나님이나 천사의 영처럼 완전체가 됩니다.

다음으로, 영과 혼에 이어 몸을 살펴보면 몸은 사람과 동물 모두 완전체가 아닙니다. 혼이 있어야 작동하기 때문입니다. 그리고 사람의 영도 마찬가지입니다. 혼과 결합돼야 하나님이나 천사의 영처럼 작동이 되기 때문입니다. 그러므로 사람의 영은 혼과 결합해야 비로소 완전체가 됩니다.

우리가 이것을 깨달으면, 찰스 헌터의 간증이 확실히 이해가 됩니다. 왜 그 간증에서 영이 아니라 혼에 의식이 있었는지 온전히 이해할 수 있습니다. 혼은 완전체이기 때문에 영과 분리돼도 작동하고 몸에서 빠져나가도 작동합니다. 그러나 영과 몸은 완전체가 아니기 때문에 혼과 분리되면 작동을 멈춥니다. 그러므로 혼과 영이 분리된 상태에서 혼에만 생명과 의식이 있었다는 것은 지극히 당연한 것입니다.

이제, 여러분에게 하나님께서 사람을 왜 이렇게 만드셨는지 그 이유를 설명해드리도록 하겠습니다. 사람은 하나님처럼 스스로 있는 자가 아닙니다. 또, 천사처럼 독립적으로 하나님 같은 영으로 지음받은 존재가 아닙니다. 천지창조의 일부 그리고 절정으로 지음받은 존재입니다. 그런데 천지창조 때 하나님께서 가장 먼저 만든 것이 무엇입니까? 빛과 궁창과 땅과 바다와 해달별입니다. 이것들은 생명이 없는 것들입니다.

그다음, 생명을 가진 것을 만드셨는데 식물입니다. 식물은 앞의 것들에 의존해서 살아갑니다. 그리고 생명이 있다는 점에서 그것들보다 우월합니다.

다음으로, 식물 위에 동물이 있습니다. 동물 중 초식동물은 식물을 먹고 삽니다. 그리고 원래는 다 초식동물이었습니다. 사람이 타락해서 육식을 하게 된 것입니다. 그런데 동물은 식물에게 없는 혼이 있습니다. 그러므로 동물은 식물보다 우월합니다.

마지막으로, 하나님은 사람을 만드셨습니다. 사람은 동물에게 없는 영을 가지고 있고 모든 피조물을 다스리는 존재입니다. 그러므로 동물보다 훨씬 우월합니다.

이처럼 천지창조를 살펴보면, 점점 업그레이드가 되었음을 알 수 있습니다. 무생물에서 식물, 식물에서 동물, 동물에서 사람으로 업그레이드가 되었습니다. 그런데, 잘 들으십시오. 사람을 짓기 전 동물의 혼에 이미 의식과 지정의가 존재했습니다. 즉, 사람을 만들기 전에 육과 혼은 이미 설계가 마무리된 상태였습니다. 그것을 어느 정도 업그레이드하는 것은 몰라도 완전히 다시 설계할 필요가 없었습니다. 하나님께서 동물을 만드신 후 사람을 만들려고 하실 때 보시니, 동물의 혼과 하나님과 천사의 영 사이에 일치되는 것이 있었습니다. 즉, 겹쳐지는 부분이 있었습니다. 그래서 그 부분을 제외하고 만든 것이 바로 사람의 영입니다. 이것이 하나님과 사람의 영이 완전히 일치하지는 않는 이유입니다. 즉, 이것이 곧 하나님과 천사와 마귀는 영에 의식과 지정의가 있는데 사람은 영이 아니라 혼에 의식과 지정의가 있는 이유입니다.

(3) 하나님과 사람의 영은 100% 같은 것이 아니다!

하나님께도 사람처럼 생명과 자의식과 지정의가 있습니다. 그런데 하나님은 영이십니다. 그러므로 이것들이 모두 영에 있습니다. 그래서 사람도 이것들이 영에 있다고 착각하기 쉽습니다. 그러나 사람은 영이 아니라 혼에 있습니다. 그러므로 하나님의 영과 사람의 영은 100% 똑같은 것이 아닙니다. 난생처음 듣는 말이지요!

그럼 이것이 사실이라는 것을 어떻게 증명할 수 있을까요?

성경에 이것을 입증할 만한 근거나 증거가 전혀 없을 것 같지요! 그러나 있습니다! 저는 이미 그중 일부를 말씀드렸습니다. 지금부터는 제가 아는 증거들을 모두 말씀드리겠습니다.

첫째로, 창세기 2장 7절에 이렇게 기록되어 있습니다.

"여호와 하나님이 땅의 흙으로 사람을 지으시고 **생기를 그 코에 불어넣으시니 사람이 생령**(살아 있는 혼)**이 되니라.**"

우리는 이 구절을 동영상이 아니라 사진으로 끊어서 볼 필요가 있습니다. 하나님은 사람을 만들 때 영과 혼을 만드셨습니다(사 57:16). 그러므로 우리는 이 구절에서 세 장의 사진을 건질 수 있습니다. 1. 생기, 2. 영, 3. 혼(생령)이 그것입니다.

하나님이 코에 생기를 불어넣으시자 먼저 영이 생겨났습니다. 그런데 이때 사람의 영 안에 생명과 의식과 지정의가 있었을까요? 없었습니다. 왜냐하면 이때는 사람이 생령 즉 살아 있는 혼이 되기 전이기 때문입니다. 생각해보십시오. 살아 있지 않은 것에 어떻게 생명과 의식과 지정의가 있을 수 있겠습니까? 그러므로 영에 아직 그것들이 없었습니다.

둘째로, 창세기 2장 7절을 더 자세히 보면, 단지 '혼이 됐다'

고 말하지 않고 "살아 있는 혼이 됐다"고 했습니다. "살아 있는"이라는 단어에 주목하십시오. 이것은 생명과 의식과 지정의가 어디에 있는지를 보여줍니다. 왜냐하면 의식이나 지정의가 없으면 살아 있다고 할 수가 없기 때문입니다. 그러므로 이것은 의식과 지정의가 영이 아니라 혼에 있었다는 분명한 증거입니다.

셋째로, 사람을 만들고 "생령(생혼)이 됐다"고 했고 동물들에게도 이 표현을 사용했습니다. 동물은 몸과 혼뿐입니다. 그러므로 혼에 생명과 자의식이 있는 것이 당연하고, 생혼이라는 표현을 쓴 것도 당연합니다. 그러나 하나님은 사람을 창조할 때 영과 혼을 만드셨고(사 57:16), 영이 더 중요합니다. 그러므로 영 다음에 혼을 만들었어도 "살아 있는 영이 되었다"고 말할 것 같은데, 그러지 않고 '살아 있는 혼이 됐다'고 했습니다. 이것은 동물에게도 이 표현을 사용한 것을 볼 때, 사람도 일종의 동물이라는 것을 보여주는 것입니다.

물론 사람은 동물과 달리 하나님의 모양과 형상대로 지음을 받았습니다. 동물보다 훨씬 우월합니다. 그런데, 이 점을 생각해보신 적이 있으십니까? 사람은 영 혼 육으로 구성되어 있는데, 그중의 삼분의 이가 동물과 일치합니다. 나머지 삼분의 일만 하나님과 일치합니다. 그러므로 사람은 일차적으로는 동물입니다.

또, 하나님은 스스로 있는 분이고, 천사는 하나님께서 독립적으로 지으셨지만, 사람은 천지창조의 정점으로 만들었습니다. 동물을 만든 연계선상에서 만드셨습니다. 그러므로 사람은 일차적으로는 동물입니다. 그런데 동물은 혼에 의식과 지정의가 있어서 활동하고 살아갑니다. 그러므로 사람도 영이 아니라 혼에 의식과 지정의가 있다고 보아야 합니다.

넷째로, 불신자들은 영이 죽은 상태라서, 영이 제대로 작동하지 않습니다. 그래도 살아가는 데 불편을 못 느낍니다. 마치 동물이 자연세계에서 살아가는 데 불편을 못 느끼는 것처럼, 불신자들도 이 세상을 살아가는 데 불편을 못 느낍니다.

그런데 만약 영에 생명과 의식과 지정의가 있다면 이것이 가능할까요?

불가능할 것입니다. 왜냐하면 불신자들의 영은 죽어 있고, 따라서 그것들에 문제가 생길 수밖에 없기 때문입니다. 그런데, 불신자들의 의식과 지정의에 아무 문제가 없습니다. 그들 중에도 머리가 똑똑하고, 공부 잘하고, 성공하는 사람들이 많습니다. 그러니 의식과 지정의가 어디에 있겠습니까? 영이 아니라 혼에 있음이 분명하지요!

마지막으로, 결정적인 증거를 제시하고자 합니다. 만약 사람의 의식과 지정의가 영에 있다면, 영이신 하나님과 천사들과 마찬가지로 사람에게 혼이 필요하지 않았을 것입니다. 하나님이나 천사의 영처럼 사람의 영도 완전체가 되었을 것이기 때문입니다.

좀 더 자세히 설명하면, 하나님은 영이시고 천사도 영입니다. 그런데 영에 혼의 구성요소인 생명과 의식과 지정의가 있습니다. 때문에 전혀 혼이 필요하지 않습니다. 그래서 혼이 없는 것입니다. 그런데, 만약 사람의 영에 생명과 의식과 지정의가 있다면 사람에게도 혼이 필요 없습니다. 그러므로 혼을 만들지 않았을 것입니다. 그러나 성경은 하나님이 영뿐 아니라 혼을 만들었다고 말씀합니다(창 2:7, 사 57:16). 이것은 참으로 사람의 생명과 의식과 지정의가 영이 아니라 혼에 있다는 결정적인 증거입니다. 또한, 영과 혼을 이해하는 데 결정적인 실마리가 된 찰스 헌터의 간증이 놀랄 만큼 성경적이라는 결정적인 증거입니다. 할렐루야!

4. 왜 동물에게도 영이라는 단어를 사용했는가?

동물은 혼은 있으나 영이 없습니다. 개역성경 욥기 12장 10절은 그 점을 잘 보여줍니다.

"생물들의 혼(네페쉬)과 인생들의 영(루아흐)이 다 그의 손에 있느니라."

이 사실은 다음 구절에 더 분명하게 나타나 있습니다.

이사야 31:3 **"애굽은 사람이요 신이 아니며 그들의 말들은 육체요 영이 아니라."**

그런데, 놀랍게도 전도서 3장 21절에 이렇게 기록되어 있습니다.

"인생들의 혼(루아흐-영)은 위로 올라가고 짐승의 혼(루아흐-영)은 아래 곧 땅으로 내려가는 줄을 누가 알랴?"

개역개정성경은 혼이라고 번역했지만 원어는 '루아흐' 즉 영입니다. 이처럼 동물에게 영이라는 단어를 사용했습니다.

그래서 어떤 목사들은 동물에게도 영이 있다고 주장합니다. 그들은 성경에 단 한 번만 나왔어도 진리이고 성경 그대로 믿어야 한다고 강변합니다. 그러나 대부분의 학자들은 그렇게 보지 않습니다. 일례로, 대니얼 프레더릭스는 이 구절에 대해 이렇게 썼습니다.

"'루아흐'가 '영'을 의미할 수 있지만, 짐승과 관련해서 이 의미로 사용되지는 않았을 것이다."[78]

이처럼 학자들은 동물은 영이 없으므로 호흡이나 생명으로 이해해야 한다고 주장합니다. 그들의 주장에도 일리가 있습니다. 이 구절이 죽음에 대해 말하고 있기 때문에 "동물의 호흡은 땅으로 내려가고, 사람의 호흡은 위로 올라가는 줄을 누가

78 대니얼 프레더릭스 『전도서, 아가』 권대영 옮김. 서울: 부흥과개혁사, 2018. p. 142.

알랴?" 이렇게 이해하는 것이 자연스러워 보이기까지 합니다.

그러나 이런 해석은 불가합니다. 왜냐하면 전도서 12장 7절 때문입니다.

"흙은 여전히 땅으로 돌아가고 영(루아흐)은 그것을 주신 하나님께로 돌아가기 전에 기억하라."

여기서 솔로몬은 3장 21절에서와 같이 '영'이라는 단어를 사용했습니다. 그러나 호흡이나 생명을 뜻하지 않고 '영'이 하나님께로 돌아간다는 뜻입니다. 3장 21절에서도 사람의 영이 위로 올라간다고 했습니다. 같은 것을 말하고 있고 같은 뜻입니다. 그러므로 실제로 영을 뜻한다고 보아야 합니다.

어떤 학자들은 전도서 12장 7절도 3장 21절과 같은 의미이고, 생명을 뜻한다고 주장합니다. 그들은 3장 21절에 사용된 '루아흐'가 영이 아니었으므로 12장 7절에서도 영을 뜻하는 것이 아니라고 주장합니다. 그러면서 회의론적으로 이해합니다. 즉, 3장 21절에서 솔로몬은 "누가 알랴?"라고 알 수 없다는 식으로 말했다고 봅니다. 그러므로 솔로몬이 안다고 말한 것이 아니라고 주장합니다. 공동번역도 이 구절을 그런 의미로 번역했습니다.

"사람의 숨은 위로 올라가고 짐승의 숨은 땅 속으로 내려간다고 누가 장담하랴!"

이처럼 많은 학자들이 알 수 없다는 뜻으로 해석합니다.[79] 그러나 이 구절을 그렇게 이해하면 안 됩니다. 보통 사람들은 모르지만 솔로몬은 하나님이 주신 지혜로 알고 있었고 그것을 썼다고 이해해야 합니다. 때문에 한 성경사전은 이 단어를 이렇게 설명했습니다.

"일부 학자들이 전도서 3:21을 회의적으로 해석하지만 매우 분명하고 명확한 어투로 '인생의 혼은 위로 올라가고 짐승의 혼은 아래 곧 땅으로 내려간다'고 말한다. 이 사실을 누가 알겠는가? 오직 하나님만이 아신다. 그리고 하나님으로부터 계시를 받은 자는 이 사실을 안다. 그러면 솔로몬도 알고 있었다.(G. Harder)"[80]

물론 이것은 결정적인 증거가 아닙니다. 그러므로 결정적인 증거를 제시해드리겠습니다.

많은 학자들이 3장 21절을 회의적으로 해석한 후 12장 7절도 똑같은 회의적인 발언이고 단지 생명이나 호흡을 뜻한다고 주장합니다. 그런데 그 앞에 이런 말씀이 있습니다.

전도서 12:1-2 "**너는 청년의 때에 너의 창조주를 기억하라. 곧**

79 윌리엄 브라운 『전도서』 채은하 옮김. 서울: 한국장로교출판사, 2012. p. 99.

80 바이블렉스 9-성경본문 원어사전

곤고한 날이 이르기 전에, 나는 아무 낙이 없다고 할 해들이 가깝기 전에 해와 빛과 달과 별들이 어둡기 전에, 비 뒤에 구름이 다시 일어나기 전에 그리하라."

솔로몬은 늙기 전 창조주를 기억하라고 말했습니다. 왜 그랬을까요? 늙으면 죽게 되고 내세와 심판이 있기 때문입니다. 또, 5절에도 이렇게 기록되어 있습니다.

"… 이는 사람이 자기의 영원한 집으로 돌아가고 조문객들이 거리로 왕래하게 됨이니라."

그 후 7절이 나옵니다.

"흙은 여전히 땅으로 돌아가고 영은 그것을 주신 하나님께로 돌아가기 전에 기억하라."

"기억하라!"는 말이 앞뒤로 반복되고 있지요. 그런데도 과연 단지 죽는 것을 뜻한다고 말할 수 있을까요? 그럴 수 없습니다. 심판을 받기 위해 하나님께로 영이 돌아가는 것을 뜻한다고 보아야 합니다.

어떤 분들은 이 설명들로는 부족하다고 느끼실 것입니다. 저도 인정합니다. 그런데, 그 앞 장을 보면 이렇게 기록되어 있습니다.

전도서 11:9 "청년이여 네 어린 때를 즐거워하며 네 청년의 날들을 마음에 기뻐하여 마음에 원하는 길들과 네 눈이 보는 대로 행하라. **그러나 하나님이 이 모든 일로 말미암아 너를 심판하실 줄 알라.**"

또한, 12장 7절 이후에 보면 전도서의 결론으로 이렇게 기록되어 있습니다.

전도서 12:13-14 "**일의 결국을 다 들었으니 하나님을 경외하고 그의 명령들을 지킬지어다. 이것이 모든 사람의 본분이니라. 하나님은 모든 행위와 모든 은밀한 일을 선악 간에 심판하시리라.**"

그러니 12장 7절이 죽은 후에 영이 심판을 받기 위해 하나님께로 가는 것을 뜻함이 분명하지요! 그러므로 3장 21절의 '루아흐' 역시 단지 호흡이나 생명이 아니라 영을 뜻한다고 보아야 합니다.

다시 본론으로 돌아가서, 그렇다면 왜 영이 없는 동물을 상대로 영이라는 단어를 사용했을까요?

저는 전도서 3장 21절을 동물에게도 영이 있다 혹은 단지 호흡이라는 뜻으로 쓰였다는 해석에 동의하지 않습니다. 그럼에도 불구하고 동물을 상대로 영이라는 단어를 사용한 것이 정당하다고 생각합니다. 왜냐하면 동물의 혼에 하나님의 영과 겹쳐지는 특성들이 존재하기 때문입니다.

하나님은 사람을 만들기 전 먼저 동물을 만드셨습니다. 그리고 동물이 하나님의 모양과 형상대로 지음받은 것은 아니지만, 혼에 하나님의 영과 일치하는 특성들을 주셨습니다. 그것이 바로 생명과 의식과 지정의고, 혼을 구성하는 요소들입니다.

이 말을 듣고 많은 이들이 팔딱팔딱 뛸 것입니다. 그리고 이렇게 반문할 것입니다.

"하나님은 영이시고 사람에게도 영이 있다. 그래서 사람에게 하나님과 겹쳐지는 부분이 있다면 이해가 된다. 그러나 어떻게 사람의 혼도 아니고 동물의 혼에 영이신 하나님과 겹쳐지는 부분이 있다고 말하나? 그것이 말이 되는 소리인가?"

예! 말이 됩니다. 단도직입적으로 묻겠습니다. 혼의 특성인 생명, 의식, 지정의! 이것이 영이신 하나님에게 있습니까? 없습니까? 하나님에게 생명이 없습니까? 하나님에게 의식이 없습니까? 또 하나님에게 지정의가 없습니까? 당연히 모두 있지요! 그런데 그것들이 동물의 혼에도 있고 그래서 서로 겹쳐진다고 하는데 뭐가 이상합니까? 당연한 말 아닌가요?

또, 동물의 혼에 영이신 하나님과 겹쳐지는 부분이 있다는 것이 그렇게 뛸 일입니까? 동물은 하나님의 창조물 중에서 빛과 궁창과 땅과 바다와 해달별 즉 무생물보다 훨씬 고등한 존재고, 식물보다도 고등한 존재입니다. 성경이 뭐라고 말씀합니까?

시편 19:1 "**하늘이 하나님의 영광을 선포하고 궁창이 그의 손으로 하신 일을 나타내는도다.**"

로마서 1:20 "창세로부터 그의 보이지 아니하는 것들 곧 **그의 영원하신 능력과 신성이 그가 만드신 만물에 분명히 보여 알려졌나니** 그러므로 그들이 핑계하지 못할지니라."

하늘과 궁창 그리고 만물에 하나님의 능력과 신성이 나타나 있습니다. 꽃들도 하나님의 영광을 보여줍니다. 그런데 피조물 중 사람 다음으로 고등동물인 동물에게 그것도 동물의 두 가지 구성요소인 혼과 육 중 더 고차원적인 혼에 하나님의 영과 겹쳐지는 특성이 있다는 것이 뭐가 이상합니까? 왜 그것을 못 믿을 것으로 여기십니까?

또한, 생각해보십시오. 하나님께서 동물을 만드실 때 식물도 가지고 있는 생명이 아니라 더 고등 생명, 즉 '나'라고 느끼는 자의식과 지정의를 가지고 있었던 것이 무엇이 있습니까? 오직 영밖에 없습니다. 하나님, 천사, 마귀 모두가 영들입니다. 영에만 그것들이 있었습니다. 그러니 이것이 어디서 나왔을까요? 영에서 나온 거지요. 즉, 영이신 하나님에게서 따온 것입니다. 그런데 동물의 혼에 하나님의 영과 겹쳐지는 요소들이 있다는 것이 왜 이상합니까?

뿐만 아니라, 이미 소개한 대로 성경이 동물의 혼을 상대로 영이라는 단어를 사용했습니다(전 3:21). 그러므로 결코 이상한 말이 아닙니다.

물론 약간의 부연 설명이 필요합니다. 혼의 구성요소인 자의식과 지정의는 하나님과 천사 모두에게 있지만, 하나님이 가진 것과 천사가 가진 것은 그 수준과 차원이 다릅니다. 동물이 가지고 있는 자의식과 지정의는 더욱 그렇습니다. 왜냐하면 하나님께서 동물에게 그 지은 목적에 맞게 이 땅에서 살아가기에 적합한 수준의 자의식과 지정의를 주셨기 때문입니다. 마찬가지로 사람에게는 사람을 지으신 목적에 맞는 훨씬 우월한 자의식과 지정의를 주셨습니다. 그러므로 수준에 있어서는 차이가 있습니다.

한편, 동물에게 "영"이라는 단어를 사용한 것과 반대로 놀랍게도 하나님에 대해 "혼"이라는 단어를 사용한 성경의 사례들이 있습니다. "죽음 그 후에는"이라는 글에서 H. A. 아이언사이드는 이런 충격적인 주장을 했습니다.

> "다음의 말씀은 **하나님도 혼을 가지고 있다**고 말합니다. '오직 나의 의인은 믿음으로 말미암아 살리라. 또한 뒤로 물러가면 내 마음이(my soul) 저를 기뻐하지 아니하리라 하셨느니라.'(히 10:38)
>
> 그다음 구절에는 '우리는 뒤로 물러가 침륜에 빠질 자가 아니요 우리 영혼을 구원함(saving of the soul)에 이르는 믿음을

가진 자니라.'(히 10:39)라고 되어 있습니다.

하나님의 혼은 우리 혼의 구원을 바라고 계십니다. 즉 무한한 사랑이신 하나님은 우리의 감정적인 본성이 그분 자신의 속성과 완전한 조화를 이루기를 바라고 계십니다."[81]

실제로, 히브리서 10장 38절의 "마음"은 프쉬케로 "혼"입니다. 제가 성경을 찾아본 결과, 놀랍게도 이처럼 하나님께 대해 "혼"이라는 단어를 사용한 구절들이 굉장히 많습니다.

레위기 26:11 "내가 내 성막을 너희 중에 세우리니 **내 마음**(네페쉬)이 너희를 싫어하지 아니할 것이며"

레위기 26:30 "내가 너희의 산당들을 헐며 너희의 분향단들을 부수고 너희의 시체들을 부숴진 우상들 위에 던지고 **내 마음**(네페쉬)이 너희를 싫어할 것이며"

사사기 10:16 "자기 가운데에서 이방 신들을 제하여 버리고 여호와를 섬기매 여호와께서 이스라엘의 곤고로 말미암아 **마음**(네페쉬)에 근심하시니라."

욥기 23:13 "그는 뜻이 일정하시니 누가 능히 돌이키랴? **그의 마**

81 https://nncnet.tistory.com/2803 [푸른초장]

음(네페쉬)에 하고자 하시는 것이면 그것을 행하시나니"

시편 11:5 "여호와는 의인을 감찰하시고 악인과 폭력을 좋아하는 자를 **마음**(네페쉬)에 미워하시도다."

잠언 6:16 "여호와께서 미워하시는 것 곧 **그의 마음**(네페쉬)에 싫어하시는 것이 예닐곱 가지이니"

이사야 1:14 "**내 마음**(네페쉬)이 너희의 월삭과 정한 절기를 싫어하나니 그것이 내게 무거운 짐이라. 내가 지기에 곤비하였느니라."

이사야 42:1 "내가 붙드는 나의 종, **내 마음**(네페쉬)에 기뻐하는 자 곧 내가 택한 사람을 보라 내가 나의 영을 그에게 주었은즉 그가 이방에 정의를 베풀리라."

예레미야 5:9 "여호와의 말씀이니라. 내가 어찌 이 일들에 대하여 벌하지 아니하겠으며 **내 마음**(네페쉬)이 이런 나라에 보복하지 않겠느냐?"

예레미야 5:29 "내가 이 일들에 대하여 벌하지 아니하겠으며 **내 마음**(네페쉬)이 이같은 나라에 보복하지 아니하겠느냐? 여호와의 말씀이니라."

예레미야 6:8 "예루살렘아 너는 훈계를 받으라. 그리하지 아니하면 **내 마음**(네페쉬)이 너를 싫어하고 너를 황폐하게 하여 주민이 없는 땅으로 만들리라."

예레미야 9:9 "내가 이 일들로 말미암아 그들에게 벌하지 아니하겠으며 **내 마음**(네페쉬)이 이런 나라에 보복하지 않겠느냐? 여호와의 말씀이니라."

예레미야 12:7 "내가 내 집을 버리며 내 소유를 내던져 **내 마음**(네페쉬)으로 사랑하는 것을 그 원수의 손에 넘겼나니"

예레미야 15:1 "여호와께서 내게 이르시되 모세와 사무엘이 내 앞에 섰다 할지라도 **내 마음**(네페쉬)은 이 백성을 향할 수 없나니 그들을 내 앞에서 쫓아 내보내라."

에스겔 23:18 "그가 이같이 그의 음행을 나타내며 그가 하체를 드러내므로 **내 마음**(네페쉬)이 그의 형을 싫어한 것 같이 그를 싫어하였으나"

스가랴 11:8 "한 달 동안에 내가 그 세 목자를 제거하였으니 이는 **내 마음**(네페쉬)에 그들을 싫어하였고 그들의 마음에도 나를 미워하였음이라."

마태복음 12:18 "보라 내가 택한 종 곧 **내 마음**(프쉬케)에 기뻐하는 바 내가 사랑하는 자로다. 내가 내 영을 그에게 줄 터이니 그가 심판을 이방에 알게 하리라."

이처럼 전도서 3장 21절에서 동물에게 "영"이라는 단어를 사용한 것과 반대로, 놀랍게도 하나님에 대해 "혼"이라는 단어를 사용한 구절들이 의외로 굉장히 많습니다.

이게 대체 어찌 된 일일까요? 아이언사이드 박사는 이것을 근거로 하나님께도 혼이 있다고 주장합니다. 그러나 저는 그렇지 않다고 생각합니다. 하나님은 영이십니다! 사람처럼 영과 혼을 가지고 있지 않습니다. 그러므로 그 말은 옳지 않습니다.

그러나 적어도 이것은 우리가 혼이라고 부르는 것과 일치하는 특성과 요소들이 하나님께도 있다는 것을 의미합니다. 그것은 부인할 수 없는 사실입니다.

한 걸음 더 나아가, 이것은 혼이 영의 한 부분이라는 반증입니다. 왜냐하면 하나님은 영이시기 때문입니다. 그러므로 동물의 혼에 하나님의 영과 겹쳐지는 것들이 있고, 혼이 결국 하나님의 영의 일부요 한 조각이라는 저의 주장이 옳다는 것을 보여주는 것입니다. 여러분, 이제 동물의 혼이 진짜 영의 한 조각이라는 것을 아시겠지요!

또한, 이것은 참으로 놀라운 사실을 확증해줍니다. 앞에서 저는 하나님께서 사람을 지으실 때, 이미 만든 동물에게 혼이 있으므로 하나님의 영에서 혼에 해당되는 부분은 제외하고 사람의 영을 만들었다고 주장했습니다. 때문에 영과 혼이 결합해야 하나님 혹은 천사의 영과 같은 완전체가 된다고 했습니다. 어떤 이들은 "성경에 그런 말이 어디 있느냐?"라고 하겠지만, 이것을 통해 놀랍게도 그것이 사실임이 절묘하게 증명이 되는 것입니다.

방금 전 저의 말이 처음에는 굉장히 이상하게 들릴 수 있습니다. 그러나 이상한 것이 아닙니다. 왜냐하면 동물의 혼이 영의 한 부분이고 조각이기 때문입니다. 같은 부분을 왜 또 만들겠습니까? 그러므로 영을 만들 때 그 부분을 빼고 만드는 것이 지극히 당연한 것입니다.

다시 한번 말하지만, 사람은 천사처럼 독립적으로 지음받지 않았습니다. 천지창조의 한 부분 그리고 절정으로 지음을 받았습니다. 몸만 있는 식물보다 업그레이드된 것이 동물입니다. 또, 몸과 혼이 있는 동물보다 업그레이드된 것이 사람입니다. 그런데 사람을 만들기 전 육과 혼은 이미 설계가 끝난 상태입니다. 동물의 혼에 이미 의식과 지정의가 있기 때문입니다. 그러므로 그것을 포함한 영을 만들 필요가 없었고, 그래서 그것을 제외하고 사람의 영을 만든 것입니다. 만약 그렇지 않다면 혼을 만들 이유가 없습니다. 그러므로 혼을 만들지 않았을 것입니다. 여러분, 이것이 하나님과 사람의 영이 완전히 일치하지 않는 이유입니다. 즉 하나님, 천사, 마귀는 영에 의식과 지정의가 있지만 사람은 영이 아니라 혼에 의식과 지정의가 있는 이유입니다. 이제 그것이 확증이 되고 확실히 이해가 되지요!

끝으로, 동물의 혼이 영의 한 조각이라는 것은 왜 성경에서 혼과 영을 자주 교호적으로 사용하는지 그 이유를 알려줍니다. 바로 사람의 영뿐 아니라 혼도 하나님의 영과 일치하는 속성들을 갖고 있기 때문입니다. 그래서 성경이 동물에게 영이라는 단어를 사용했고 심지어 하나님께도 혼이라는 단어를 사용한 것입니다. 이 중, 동물에게 영이라는 단어를 사용한 것은 혼이 영의 한 부분이고 조각이기 때문입니다. 반면에, 하나님께 혼이라는 단어를 사용한 것은 영의 부분이 아니라 영이신 하나님 전체를 그렇게 표현한 것입니다. 왜냐하면 하나님은 사람처럼 영과 혼이 분리되지 않으며 영으로 존재하고 활동하시기 때문입니다. 그렇다면 사람의 영혼도 하나님처럼 혼이라고 표현할 수 있지 않을까요? 또한, 사람의 영과 혼을 합하면 하나님의 영과 같아집니다. 그렇다면 사람의 영혼을 영이라고 부르는 것은 더욱 가능하지 않겠습니까? 그러므로 성경이 자주 영과 혼이라는 단어를 단지 영이나 혼이 아니라 영혼이라는 뜻으로 호환해서 사용하는 것은 불가능한 것이 아니라 가능한 것입니다.

또, 방금 말한 것처럼 사람의 영과 혼을 합하면 하나님의 영과 같아집니다. 하나님의 영과 일치하는 혼의 요소들을 빼고 만든 것이 사람의 영이기 때문입니다. 그런데 성경에 보면, 사람을 '영혼'과 '육체'로 나누기도 하고, '영 혼 육'으로 나누기도 합니다.

고린도후서 7:1 "그런즉 사랑하는 자들아 이 약속을 가진 우리는 하나님을 두려워하는 가운데서 거룩함을 온전히 이루어 **육과 영**의 온갖 더러운 것에서 자신을 깨끗하게 하자."

데살로니가전서 5:23 "평강의 하나님이 친히 너희를 온전히 거룩하게 하시고 또 너희의 온 **영과 혼과 몸**이 우리 주 예수 그리스도께서 강림하실 때에 흠 없게 보전되기를 원하노라."

왜 이렇게 서로 다를까요? 그것은 바로 사람은 영 혼 육으로 구성된 존재지만, '영'과 '혼'을 합하면 하나님과 같은 '영'이기 때문입니다. 그러므로 '영'과 '육'이라고 해도 맞는 말이고, 영 혼 육이라고 해도 맞는 말입니다. 이를 통해 우리는, 성경이 언뜻 보기에는 서로 다른 말을 하고 모순 같지만 깨닫고 나면 전혀 모순이 없고 신기할 정도로 정확한 표현이라는 것을 알 수가 있습니다. 그러므로 참으로 성경은 완전무오한 하나님의 말씀인 것입니다. 할렐루야!

5. 영과 혼은 구체적으로 무엇인가?

사람은 영 혼 육으로 구성되어 있습니다. 그중에 육은 설명을 안 해도 다 압니다. 문제는, 영과 혼입니다. 영과 혼을 구분하고 그 차이를 설명하는 것은 오래도록 불가능했습니다. 저도 예외가 아니었습니다.

그런데, 하나님의 은혜로 영과 혼이 무엇이고 어떻게 다른지 확실히 알 수 있게 되었습니다. 그것을 여러분과 나누고자 합니다.

(1) 혼은 구체적으로 무엇인가?

처음에 저는 하나님은 영, 동물은 혼, 사람은 영과 혼을 갖고 있으므로 하나님과 겹치는 것은 영, 동물과 겹치는 것은 혼이라고 생각했습니다. 참 좋은 발상입니다. 그러나 완벽한 이론이 아닙니다. 왜냐하면 하나님의 영은 완전체지만 사람의 영은 완전체가 아니기 때문입니다.

그런데 동물과 사람의 혼은 수준 차이는 있지만 거의 겹쳐집니다. 상대적으로 쉽게 혼의 구성요소를 파악할 수 있습니다. 그래서 혼의 구성요소부터 알아보겠습니다.

과연 혼은 무엇으로 구성이 되어 있을까요?

1) 생명

혼은 히브리어로 "네페쉬"인데 "숨 쉬는 존재, 영혼, 생명"이라는 뜻입니다. 헬라어로는 "프쉬케"인데 "영혼, 목숨, 생명"이라는 뜻입니다. 둘 다 "생명"이라는 뜻이 있습니다.

또, 성경은 죽는 것을 가리켜 혼이 떠났다고 말합니다. 혼에 생명이 있기 때문입니다. 물론 영이 떠나는 것도 죽음을 뜻하지만 단지 영이 아니라 영혼을 뜻하므로 다르지 않습니다. 그러므로 혼의 첫 번째 구성요소는 생명입니다.

이것은 창세기 2장 7절의 "생"령 즉 "살아 있는" 혼이라는 표현을 통해서도 확인이 됩니다.

2) 자의식

혼의 두 번째 구성요소는 "외계나 타인과 구별되는 자아로서 자기에 대한 의식"을 뜻하는 자의식(自意識)입니다. 즉, "깨어 있는 상태에서 자기 자신이나 사물에 대하여 인식하는 작용"을 하는 "의식"(意識)입니다. 이것을 우리는 사람이 마지막에 동물처럼 생혼이 되었다는 것을 통해 확인할 수 있습니다(창 2:7).

3) 지정의

혼의 세 번째 구성요소는 "인간의 세 가지 심적 요소 지성(知性), 감정(感情), 의지(意志)"를 뜻하는 "지정의"(知情意)입니다. 이것도 역시 사람이 마지막으로 동물처럼 생혼이 되었다는 것을 통해 확인할 수 있습니다(창 2:7).

정리하면, 혼의 구성요소는 생명과 자의식과 지정의입니다.

그런데, 혼에 대한 설명들을 보면, 대개는 지정의를 혼의 요소로 보지만 일부는 생각이 다릅니다. 예컨대, 그리스 계통의 교부들(Irenaeus, Chrysostom)은 영은 하나님과 교통하는 인간의 이성적 부분, 즉 양심이나 의지와 관련되어 있는 것으로 보고, 혼은 동물에게도 공통적으로 발견될 수 있는 생명이나 감정, 감각과 관계가 있다고 보았습니다. 즉, 의지를 영의 구성요소로 보았습니다.

H. A. 아이언사이드 박사 역시 혼에 대해 이렇게 썼습니다.

"우리가 살펴보게 될 혼은 하등동물과 인간 모두에게 공통적으로 존재하는 부분입니다. **혼**은 **욕구, 감정**, 그리고 본능의 능력을 가진 **자연 생명**입니다. 동물의 혼은 몸이 죽을 때 같이 죽게 됩니다."[82]

그런데 상당히 그럴듯합니다. 왜냐하면 수준 차이는 나지만 동물에게 사람처럼 지식과 감정이 있다는 것은 금방 이해가 갑니다. 그러나 의지는 다릅니다. 왜냐하면 사람에게는 자유의지라는 것이 있기 때문입니다. 그래서 '과연 동물에게 이런 의지가 있을까? 동물은 그저 본능에 따라 사는 것이 아닐까?'라는 의문이 들 수밖에 없습니다. 이 때문에 지식과 감정만 혼의 요소로 보는 것과 지정의 모두 혼의 요소로 보는 것 두 가지로 견해가 갈라집니다.

그래서 저는 어느 것이 옳은지 궁금해졌고 연구를 해보았습니다. 그 결과 후자가 옳다는 결론에 도달했습니다. 그 이유는 다음과 같습니다.

먼저, 성경이 지정의가 혼의 요소라는 것을 보여줍니다.

82 https://nncnet.tistory.com/2803 [푸른초장]

성경에 보면 혼 속에 지성의 기능이 있음을 보여주는 구절들이 많습니다.

시편 139:14 "내가 주께 감사하옴은 나를 지으심이 심히 기묘하심이라. 주께서 하시는 일이 기이함을 **내 '영혼'**(네페쉬)**이 잘 '아나이다.'"**

이 외에도, 혼을 뜻하는 '네페쉬'는 성경에서 지식과 이해(잠 2:10, 24:14), 생각(삼상 20:4), 기억(애 3:20)과 관계가 있습니다. 그러므로 지식은 혼의 구성요소입니다.

또, 성경에 보면 혼 속에 감정의 기능이 있음을 보여주는 구절들이 많습니다.

구약성경에서 히브리어 '네페쉬'(혼)는 여러 가지 감정을 표현하는 데 쓰였습니다. 울고(시 119:28), 눈물을 흘리며(욥 30:16), 갈망(시 63:1), 기쁨(시 86:4), 음식에 대한 욕망(신 12:20, 21), 육체의 욕망(렘 2:24), 살인과 복수에 대한 갈망(시 27:12) 등과 관련이 있습니다.

또한, 신약성경에서 헬라어 '프쉬케'(혼)도 사치스런 생활의 '욕구'(눅 12:19; 계 18:14)와 그 외의 감정과 정서(마 26:38; 막 14:44; 요 12:27; 눅 1:46; 눅 2:35; 요 10:24; 행 14:2; 행 14:22; 롬 2:9; 살전 2:8; 히 12:3; 벧후 2:8)와 깊은 관계가 있습니다. 그러므로 감정도 혼의 구성요소임이 분명합니다.

또한, 성경에 보면 혼 속에 의지의 기능이 있음을 보여주는 구절들이 많습니다.

구약성경에서 혼을 뜻하는 '네페쉬'는 의지와 깊은 관계가 있습니다.

민수기 30:2 "사람이 여호와께 서원하였거나 결**'심'**(네페쉬)하고 서약하였으면 깨뜨리지 말고 그가 입으로 말한 대로 다 이행할 것이니라."

신명기 21:14 "그 후에 네가 그를 기뻐하지 아니하거든 그의 **'마음대로'**(네페쉬) 가게 하고 결코 돈을 받고 팔지 말지라"

역대상 22:19 "이제 너희는 마음과 **'뜻'**(네페쉬)을 바쳐서 너희 하나님 여호와를 구하라. 그리고 일어나서 여호와 하나님의 성전을 건축하고 …"

욥기 6:7 "내 **'마음'**(네페쉬)이 이런 것을 만지기도 싫어하나니 꺼리는 음식물 같이 여김이니라."

시편 41:2 "여호와께서 그를 지키사 살게 하시리니 그가 이 세상에서 복을 받을 것이라. 주여 그를 그 원수들의 **'뜻'**(네페쉬)에 맡기지 마소서."

에스겔 16:27 "그러므로 내가 내 손을 네 위에 펴서 네 일용할 양식을 감하고 너를 미워하는 블레셋 여자 곧 네 더러운 행실을 부끄러워하는 자에게 너를 넘겨 **'임의로'**(네페쉬) 하게 하였거늘"

또, 신약성경에서 혼을 뜻하는 헬라어 '프쉬케'도 의지와 관계가 있습니다.

누가복음 1:46 "마리아가 이르되 내 **'영혼'**(프쉬케)이 주를 찬양하며"

베드로전서 2:11 "사랑하는 자들아 거류민과 나그네 같은 너희를 권하노니 **'영혼'**(프쉬케)**을 거슬러 싸우는** 육체의 정욕을 제어하라."

혼을 거스른다는 것은 혼에 의지가 있음을 함축합니다.

사도행전 4:32 "믿는 무리가 한마음과 한 **'뜻'**(프쉬케)**이 되어** 모든 물건을 서로 통용하고 자기 재물을 조금이라도 자기 것이라 하는 이가 하나도 없더라."

사도행전 14:22 "제자들의 **'마음'**(프쉬케)**을 굳게 하여** 이 믿음에 머물러 있으라 권하고 …"

"마음을 굳게 하라"는 것도 의지와 관계가 있는 표현입니다.

그러므로 지식과 감정뿐 아니라 의지도 혼의 구성요소임이 분명합니다.

이 외에도, 찰스 헌터의 간증이 보여주듯 영과 혼은 분리될 수 있습니다. 그때 영은 작동을 멈추고 혼만 작동합니다. 그런데 그때 혼이 지식과 감정만 갖고 있는 것이 아니라 지정의를 모두 가지고 활동합니다. 만약 의지가 없다면 활동이 불가능할 것입니다. 그러므로 지정의 모두 혼의 구성요소임이 확실하지요!

4) 이성

이상 설명해드린 것처럼, 동물과 사람의 혼은 수준은 달라도 거의 일치합니다. 그러나 완전히 일치하지는 않습니다. 한 가지 중요한 차이가 있습니다.

동물과 달리 사람의 혼은 하나님이 코에 생기를 불어넣어서 만드셨습니다. 물론 하나님께서 생기를 불어넣은 가장 중요한 목적은 사람의 영을 만드는 것이었습니다. 그러나 사람의 혼도 코에 생기를 불어넣은 결과로 생겨났습니다. 그러므로 사람의 혼과 동물의 혼에 공통점뿐 아니라 차이점이 있을 수밖에 없습니다.

그럼 사람의 혼과 동물의 혼의 차이는 구체적으로 무엇일까요?

전에 저는 둘 다 똑같이 생명과 자의식과 지정의를 갖고 있지만, 하나님의 영과 천사의 영처럼 그 수준이나 차원이 다를 것이라고 생각했습니다. 그러나 더 본질적인 차이가 있습니다. 바로 "이성"입니다!

베드로후서 2:12 "그러나 이 사람들은 본래 잡혀 죽기 위하여 난 **이성 없는 짐승** 같아서 그 알지 못하는 것을 비방하고 그들의 멸망 가운데서 멸망을 당하며"

유다서 1:10 "이 사람들은 무엇이든지 그 알지 못하는 것을 비방하는도다. 또 그들은 **이성 없는 짐승**같이 **본능**으로 아는 그것으로 멸망하느니라."

본능과 이성은 서로 대립 관계입니다. 동물에게는 본능만 있고 이성이 없습니다. 그리고 본능이 동물을 지배합니다. 즉, 동물들은 자의식과 지정의가 있어도 본능을 따라 살아갑니다.

그러나 사람에게는 이성이 있습니다. 이성으로 본능을 통제하며 살아갑니다. 그래서 사회생활이 가능하고, 과학을 발전시키고, 문명을 일으킬 수 있습니다. 한마디로, 동물은 몸의 본능이 혼을 지배하지만 사람은 혼의 이성이 도리어 몸을 지배합니다. 이것이 동물과 사람의 중요한 차이 중의 하나입니다.

그렇다면 이성은 영의 요소일까요 혼의 요소일까요?

저는 한동안 이 문제로 고심했습니다. '성경에 나오는 '이성 없는 짐승'이라는 말이 보여주듯이, 동물이 아니라 사람에게만 이성이 있다. 그런데 동물은 혼만 있고 사람은 영이 있는 존재다. 그러므로 이성은 양심처럼 영의 요소다!' 이렇게 생각할 수도 있습니다. 반대로, '동물과 달리 사람의 혼은 하나님께서 그 코에 생기를 불어넣어서 만들었다. 사람의 혼은 동물의 혼과 다른 것이 있고, 그것이 바로 이성이다. 그러므로 이성은 혼의 요소다!' 이렇게 생각할 수도 있습니다.

둘 중 어느 것이 옳을까요? 저는 이성과 양심의 차이를 생각하면 그 답이 나온다고 생각합니다. 이성과 양심은 서로 비슷해 보이지만 차이가 있습니다. 이성은 지각과 관계가 있습니다. 실제로 표준새번역은 이성을 지각으로 번역했습니다.

> 베드로후서 2:12 **"그러나 그들은 본래 잡혀서 죽을 목적으로 태어난 지각없는 짐승들**과 같아서, 알지도 못하는 일들을 비방합니다. 그러다가 그들은 짐승들이 멸망하는 것 같이 멸망을 당할 것입니다."

반면에, 양심은 선과 악 즉 도덕과 관계가 있습니다. 동물에게는 전혀 없는 것이지요!

또, 지정의는 혼의 요소입니다. 그런데 이성은 지식(지각)과 깊은 관계가 있습니다. 그러므로 이성을 혼의 요소로 보아야 합니다. 반면에, 동물은 영이신 하나님과 천사와 달리 도덕과 전혀 관계가 없습니다. 그러므로 도덕과 관계가 있는 양심은 영의 요소로 보아야 합니다.

또한, 표준국어대사전은 "이성"(理性)을 이렇게 정의했습니다.

"**개념적으로 사유하는 능력을 감각적 능력에 상대하여 이르는 말**. 인간을 다른 동물과 구별시켜주는 인간의 본질적 특성이다."

그런데 찰스 헌터의 간증에 보면 이런 내용이 나옵니다.

"'이것이 무슨 일인가!' 깜짝 놀랐지만, 하나님께서 제 영을 두 눈으로 직접 볼 수 있게끔 제 몸 밖으로 꺼내셨다는 것을 곧 바로 인식했습니다. 투명했다는 것만 제외하곤 다른 사람의 몸을 바라보듯이 제 두 눈으로 직접 볼 수 있는 영체였습니다. 마치 얕은 구름 혹은 안개와 같았지만, 모양은 제 몸과 다름이 없었습니다.

이 구름과 같은 영체는 하늘에 있는 구름과 다름없이 아무런 생명체가 느껴지지 않았습니다. 하지만 갑자기 제 '의식'이 육체에서 영체로 옮겨졌습니다. 저의 **모든 사고력**과 감정이 육체에서 영체로 옮겨졌다는 것이 인식이 되면서 육에 있던 감각이 전부 사라졌습니다. 지금은 압니다. 그 당시에 제 혼이 일시적으로 영과 분리되어 육체에서 영체(영)로 옮겨진 것이었습니다."[83]

이처럼 모든 사고력이 혼에 있었다고 했습니다. 그러므로 사유할 수 있는 능력 즉 이성이 혼의 요소임이 분명합니다.

---

83 Charles Hunter, *Born Again! What Do You Mean?* (Kingwood, TX: Hunter Books, 1982) 21-22.

(2) 영은 구체적으로 무엇인가?

영의 구성요소를 소개하기 전, 영이 얼마나 중요한가부터 설명해드리길 원합니다.

스가랴 12:1 "이스라엘에 관한 여호와의 경고의 말씀이라. **여호와 곧 '하늘'을 펴시며 '땅'의 터를 세우시며 사람 안에 '심령'**(루아흐)**을 지으신** 이가 이르시되"

이처럼 하나님은 천지창조 중 특별히 1. 하늘, 2. 땅, 3. 사람의 영 세 가지를 언급했습니다. 이 사실에 근거해서 H. A. 아이언사이드 박사는 이렇게 말했습니다.

"이 구절에서는 하늘을 펴시고 땅의 터가 놓여진 위대한 창조역사뿐 아니라 인간의 영이 지어진 일이 나타나 있음을 주목하시기 바랍니다. **이 말씀은 우리에게 하나님의 마음 가운데 그 일의 중요성에 대해 말하고 있지 않습니까?**"[84]

그렇습니다. 하늘과 땅 그리고 그 안에 존재하는 수많은 생물들 중 오직 심령만 언급했다는 것은 사람의 영이 얼마나 특별하고 중요한 것인지를 보여주는 것입니다.

---

84 https://nncnet.tistory.com/2803 [푸른초장]

또, 이 구절은 다음 성구를 연상케 합니다.

이사야 66:1-2 "여호와께서 이와 같이 말씀하시되 하늘은 **나의 보좌요 땅은 나의 발판이니** 너희가 나를 위하여 무슨 집을 지으랴? 내가 안식할 처소가 어디랴? 나 여호와가 말하노라. 내 손이 이 모든 것을 지었으므로 그들이 생겼느니라. **무릇 마음이 가난하고 심령에 통회하며 내 말을 듣고 떠는 자** 그 사람은 내가 돌보려니와"

하늘은 하나님의 보좌요 땅은 하나님의 발판입니다. 예수님도 똑같이 말씀하셨습니다.

마태복음 5:34-35 "**나는 너희에게 이르노니 도무지 맹세하지 말지니 하늘로도** 하지 말라. 이는 **하나님의 보좌**임이요. **땅으로도** 하지 말라. 이는 **하나님의 발등상**임이요."

그런데 하나님의 보좌와 발등상이 또 있습니다. 바로 사람의 영입니다. "무릇 마음이 가난하고 심령에 통회하며 내 말을 듣고 떠는 자" 즉, 참 회개한 그리스도인들인 팔복의 사람들입니다. 바꾸어 말해서 사람의 영이 곧 하나님의 성전입니다.

물론 사람의 영만 성전인 것은 아닙니다. 영과 혼과 몸이 다 성전입니다.

고린도전서 6:18-20 "음행을 피하라! 사람이 범하는 죄마다 몸 밖에 있거니와 음행하는 자는 자기 몸에 죄를 범하느니라. **너희 몸은 너희가 하나님께로부터 받은 바 너희 가운데 계신 성령의 전인 줄을 알지 못하느냐?** 너희는 너희 자신의 것이 아니라 값으로 산 것이 되었으니 그런즉 너희 몸으로 하나님께 영광을 돌리라."

그러나 이처럼 사람의 전 존재가 성전이 될 수 있는 이유는 사람에게 영이 있기 때문입니다. 그러므로 사람을 동물과 다르게 만들고 특별하게 만드는 가장 중요한 부분이 바로 영입니다.

그럼 이토록 중요한 영은 구체적으로 어떤 것일까요?

전에 저는 케네스 해긴 목사님의 책에서 양심이 영이라고 말씀한 것을 읽어본 일이 있습니다. 이것은 부분을 전체화한 오류입니다. 왜냐하면 영에 양심의 기능이 있으나 양심이 곧 영은 아니기 때문입니다.

예를 들어, 하나님은 영이십니다. 그렇다고 하나님이 단지 양심입니까? 또, 천사도 영입니다. 그렇다고 천사가 단지 양심입니까? 아니지요! 그러므로 영은 단지 양심이 아닙니다.

그럼 영은 구체적으로 무엇일까요?

그것을 알 수 있는 방법이 있는데, 바로 영이신 하나님과 천사의 구성요소에서 여러분에게 설명해드린 혼의 구성요소를 빼는 것입니다. 그러면 그 나머지가 영이 됩니다. 이런 작업을 통해 우리는 영의 구성요소를 세 가지로 정리할 수 있습니다. 그것은 바로 양심과 직관과 영교입니다. 그러므로 이 셋을 합한 것이 바로 사람의 영입니다.

1) 양심

양심은 영의 구성요소요 한 가지 기능입니다. 우리는 동물에게는 양심이 없다는 것과 동물들이 도덕과 무관하다는 것을 통해 그것을 알 수 있습니다.

또, 양심이 영의 구성요소라는 것은 다음 성구에 잘 나타나 있습니다.

시편 34:18 "여호와는 마음이 상한 자를 가까이하시고 **충심**(루아흐)**으로 통회하는 자**를 구원하시는도다."

왜냐하면 양심에 찔림을 받아야 통회하는 것이 가능하기 때문입니다. 다음 성구도 그것을 뒷받침해줍니다.

로마서 2:9 "악을 행하는 각 사람의 **영에는** 환난과 **곤고가 있으리니** 먼저는 유대인에게요 그리고 헬라인에게며"

여기서 "곤고"는 10절에 나오는 "영광과 존귀와 평강"의 반대입니다. 의심할 여지 없이 이것은 양심의 반응과 관련이 있습니다. 그런데 "영에는"이라고 했습니다. 그러므로 양심은 영에 속한 것입니다.

또, 다음 성구도 그것을 어느 정도 뒷받침해줍니다.

로마서 8:16 "성령이 친히 **우리의 영**(루아흐)**과 더불어 우리가 하나님의 자녀인 것을 증언하시나니**"

왜냐하면 문맥에 의하면 이것은 성령을 따라 행할 때 일어나기 때문입니다. 즉, 양심이 크게 책망할 일이 없을 때 영이 성령과 더불어 우리가 하나님의 자녀라고 증언합니다. 이를 통해 우리는 양심이 영과 불가분의 관계이고 영에 속한 것임을 알 수가 있습니다.

2) 직관

직관도 영에 속한 것이고, 영의 기능 중 하나입니다. '직관'은 영의 인식기관입니다. 또, 직관은 외부의 영향과 무관하게 직감합니다. 지식을 습득하는 과정이 없이 순간적으로 영이 캐치하는 것이 직관입니다. 또한, 직관은 혼의 육감과도 구별됩니다. 육신의 감각이나 혼의 감각과 다릅니다. 그래서 직관이라고 불리는 것입니다.

하나님의 계시와 성령의 움직임은 직관을 통해서 우리에게 알려집니다. 즉, 사람은 직관을 통해 계시를 받습니다. 그런데, 성경에서 바울은 이렇게 말했습니다.

고린도전서 14:29-31 "**예언**하는 자는 둘이나 셋이나 말하고 다른 이들은 분별할 것이요. 만일 곁에 앉아 있는 다른 이에게 **계시**가 있으면 먼저 하던 자는 잠잠할지니라. 너희는 다 모든 사람으로 배우게 하고 모든 사람으로 권면을 받게 하기 위하여 하나씩 하나씩 **예언**할 수 있느니라."

여기서 "계시"는 예언을 뜻합니다. 그런데 예언을 위한 계시가 어디에 임할까요? 다음 구절에 그 답이 있습니다.

고린도전서 14:32 "**예언하는 자들의 영**은 예언하는 자들에게 제재를 받나니"

이를 통해 우리는 예언을 위한 계시가 영에 임함을 알 수가 있고, 동시에 계시를 받는 통로인 직관이 영의 요소라는 것을 알 수가 있습니다. 또한, 다음 성구도 직관이 영의 요소요 기능이라는 것을 보여줍니다.

마가복음 2:8 "그들이 속으로 이렇게 생각하는 줄을 **예수께서 곧 중심**(프뉴마)**에 아시고** 이르시되 어찌하여 이것을 마음에 생각하느냐?"

그러므로 직관은 계시의 통로로서 영의 구성요소와 기능 중의 하나입니다.

3) 영교

영의 구성요소와 기능 중 대표적인 것이고 가장 중요한 것은 영교입니다. 영교가 영의 구성요소라는 것은 다음 성구들에 분명히 나타나 있습니다.

누가복음 1:47 "**내 마음(프뉴마)이 하나님 내 구주를 기뻐하였음은**"

요한복음 4:23 "**아버지께 참되게 예배하는 자들은 영(프뉴마)과 진리로 예배할 때가 오나니** 곧 이때라. 아버지께서는 자기에게 이렇게 예배하는 자들을 찾으시느니라."

로마서 1:9 "내가 그의 아들의 복음 안에서 **내 심령(프뉴마)으로 섬기는 하나님이 나의 증인이 되시거니와…**"

로마서 8:16 "**성령이 친히 우리의 영과 더불어 우리가 하나님의 자녀인 것을 증언하시나니**"

영교는 하나님을 알고, 예배하고, 교제하는 기능입니다. 이것은 모두 영과 불가분의 관계입니다. 그러므로 영교도 영의 구성요소와 기능 중의 하나입니다.

이상 여러분에게 영의 세 가지 구성요소와 기능을 소개해드렸습니다. 물론 이것이 영의 전부가 아닐 수도 있습니다. 제가 모르는 것이 더 있을 수도 있습니다. 그러나 세부적으로 다 말하는 것은 가능하지 않을 뿐만 아니라 불필요한 일입니다. 영혼 육에 대해서 설명할 때 육에는 오감이 있고, 혼에는 생명과 의식과 지정의가 있고, 영에는 양심과 직관과 영교의 기능이 있다고 설명하는 것으로 충분합니다. 왜냐하면 이것으로 우리가 충분히 영과 혼과 육이 무엇인지 파악하고 인식할 수 있기 때문입니다.

(3) 하나님은 왜 사람을 영과 혼과 육으로 만드셨나?

저는 '영'과 '혼'이 무엇인지를 규명하기 전에, 찰스 헌터의 간증을 성경으로 분석해서 얻은 세 가지 사실을 그 근거로 제시했습니다.

첫째, 영이 더 중요한데 왜 창세기 2장 7절은 완성된 사람을 살아 있는 혼이 되었다고 했을까요? 그것은 동물처럼 영에 이어 창조된 혼에 생명과 의식과 지정의가 있다는 것을 보여주는 결정적인 증거라고 말씀드렸습니다.

둘째, 하나님과 천사의 영은 완전체지만 사람의 영은 혼과 결합해야만 하는 불완전체입니다. 이런 차이가 생기는 이유는 사람은 천사처럼 독립적으로 창조된 것이 아니라 천지창조의 하이라이트로 창조되었고 동물보다 업그레이드된 존재이기 때문이라고 말씀드렸습니다.

셋째, 전도서 3장 21절이 동물에게도 "영"이라는 단어를 사용한 것과 성경 여러 곳에서 하나님께 대해 "혼"이라는 단어를 사용한 것은 동물의 혼이 영의 한 조각이라는 것을 보여줍니다. 그러므로 이 부분을 뺀 사람의 영이 혼과 하나가 되어야 영이신 하나님과 천사처럼 의식과 지정의를 갖고 활동하게 되는 것이 당연한 것이라고 말씀드렸습니다.

이를 통해 우리는 찰스 헌터의 간증이 매우 성경적이라는 것을 깨달을 수 있습니다. 또, 영과 혼에 대해 설명해드린 것이 정확함을 알 수가 있습니다. 또한, 사람의 '혼'과 '영'을 합한 것이 하나님이나 천사와 같은 '영'이라는 결론에 도달하게 됩니다. 그래서 "그럼 왜 천사처럼 바로 영으로 만들어 몸 속에 거하게 하지 않고, 영과 혼을 분리해서 만드시고 그 둘이 결합하여 몸 속에 거하게 하셨나?"라는 의문이 생길 수밖에 없습니다. 저는 이 의문에 대한 답이 영과 혼에 대한 설명을 완성하는 마지막 퍼즐이라고 생각합니다.

하나님은 왜 사람을 천사처럼 단지 영으로 만들지 않고 영과 혼으로 만드셨을까요? 이미 언급한 천지창조의 단계별 창조가 그 답입니다. 또, 그것은 하나님께서 사람을 만든 목적과 깊은 관계가 있습니다.

천사는 천지창조 전 영의 세계에서 만들었습니다. 영적세계인 천국에서 영이신 하나님을 섬기는 존재로 만들었습니다. 그래서 몸이나 혼이 필요하지 않습니다. 이것이 천사를 단지 영으로 만든 이유입니다.

반면에, 사람은 천사와 달리 천지창조의 한 부분이자 하이라이트입니다. 영의 세계가 아니라 천지에 필요한 존재입니다. 천사는 영의 세계에서 하나님을 섬기고, 사람은 이 세상에서 하나님을 섬기도록 만들었습니다. 그래서 사람에게는 몸이 있는 것입니다.

또, 사람의 혼을 영과 분리하여 따로 만든 것도 하나님이 사람을 만드신 목적과 깊은 관계가 있습니다.

하나님은 사람을 하나님의 모양과 형상대로 만드셨습니다. 많은 이들이 그 이유가 영이신 하나님과 교제하게 하기 위한 것이라고 생각합니다. 그러나 그것을 포함할 수는 있지만 그것이 다가 아닙니다. 하나님의 모양과 형상대로 사람을 만든 이유는 우리를 하나님의 대리자로 삼기 위한 것입니다.

만약 사람을 단지 하나님과 교제하게 하기 위해 만들었다면, 천사처럼 영으로 만들고 지구가 아니라 천국에서 살게 하셨을 것입니다. 그런데 그렇게 하지 않으셨습니다. 천지와 만물을 만든 후에 하나님의 모양과 형상대로 만들어 이 땅에서 살게 하셨습니다. 왜냐하면 사람을 하나님을 대신하는 대리자로 만들어 땅의 모든 것을 다스리게 하기 원하셨기 때문입니다. 이것이 사람을 하나님의 모양과 형상대로 만든 진짜 이유입니다. 성경에 이것이 분명히 기록되어 있습니다.

창세기 1:26-28 "하나님이 이르시되 **우리의 형상을 따라 우리의 모양대로 우리가 사람을 만들고 그들로 바다의 물고기와 하늘의 새와 가축과 온 땅과 땅에 기는 모든 것을 다스리게 하자** 하시고 **하나님이 자기 형상 곧 하나님의 형상대로 사람을 창조하시되 남자와 여자를 창조하시고 하나님이 그들에게**

복을 주시며 하나님이 그들에게 이르시되 생육하고 번성하여 땅에 충만하라, 땅을 정복하라, 바다의 물고기와 하늘의 새와 땅에 움직이는 모든 생물을 다스리라 하시니라."

시편 8:3-8 "주의 손가락으로 만드신 주의 하늘과 주께서 베풀어 두신 달과 별들을 내가 보오니 사람이 무엇이기에 주께서 그를 생각하시며 인자가 무엇이기에 주께서 그를 돌보시나이까? 그를 하나님보다 조금 못하게 하시고 영화와 존귀로 관을 씌우셨나이다. **주의 손으로 만드신 것을 다스리게 하시고 만물을 그의 발아래 두셨으니 곧 모든 소와 양과 들짐승이며 공중의 새와 바다의 물고기와 바닷길에 다니는 것이니이다.**"

또한, 시편에는 그 사실이 이렇게 기록되어 있습니다.

시편 115:16 "**하늘은 여호와의 하늘이라도 땅은 사람에게 주셨도다.**"

너무 분명해서 의문의 여지가 없지요! 그러므로 하나님께서 사람을 자기 모양과 형상대로 만든 이유는, 하나님의 대리자로 삼아 이 땅을 다스리게 하기 위한 것이라는 것을 믿으십시오. 즉, 동물들로 하여금 사람을 하나님의 대리자로 인식하고 순복하게 하기 위해 하나님의 모양과 형상대로 만드셨다는 것을 믿으시기 바랍니다.

동물은 사람처럼 영이 없습니다. 아담처럼 하나님을 볼 수가 없습니다. 그래서 동물들이 하나님을 대신하는 대리자로 인식할 수 있도록 사람의 몸을 만드셨습니다. 혼을 만드신 이유도 이와 비슷합니다. 사람의 영을 하나님과 교제하고 섬기게 하기 위해 만드신 것처럼, 사람의 혼은 동물과 소통하고 다스릴 수 있게 하기 위해 만드신 것입니다.

사람의 '영'은 하나님과 유사하고 '혼'은 동물들과 유사합니다. 그래서 영으로는 하나님과 교통하고 혼으로는 동물들과도 교감할 수 있게, 또 동물들의 눈에도 보이게 사람을 몸을 가진 존재로 만드셨습니다. 이것이 사람을 만들 때, 천사처럼 완전체인 영으로 만들 수도 있지만 그들과 달리 영과 혼과 육을 가진 존재로 만든 이유입니다.

이미 말씀드린 것처럼, 사람의 '영'과 '혼'을 합하면 하나님이나 천사와 같은 '영'이 됩니다. 그러므로 몸이 필요 없을 수도 있습니다. 그런데도 몸을 만드신 것 자체가 천사창조와 목적이 다르기 때문입니다. 하나님 대신 물질세계를 다스리게 하기 위해 사람을 만들었다는 것을 보여주는 것입니다. 여러분, 이제 왜 사람을 천사와 달리 영 혼 육을 가진 존재로 만드셨는지 이해가 되시지요!

한편, 저는 '영'과 '혼'을 연구할 때 줄곧 '사람이 하늘과 땅을 잇는 존재'라는 느낌이 들었습니다. 그러나 '이런 표현을 써도 되나?'라는 생각 때문에 망설였습니다.

물론 이것은 중보적 개념이 아닙니다. 하늘과 땅을 잇는 중보자는 예수님 한 분뿐입니다. 그러므로 그런 뜻은 아니지만, 사람은 위로는 하나님과 교통하고 섬기고 아래로는 동물들을 돌보고 다스린다는 면에서 하늘과 통하고 땅과도 통합니다. 그런 의미에서 사람은 하늘과 땅을 잇는 존재입니다.

저는 그것을 영 혼 육이라는 사람의 구조뿐 아니라, 사람의 모습이 보여준다고 생각합니다. 사람은 완전히 직립입니다. 침팬지나 고릴라도 비슷하지만 똑바로 서 있는 것이 아닙니다. 구부정하지요. 그러나 사람은 완전 직립이고, 땅을 밟고 하늘을 이고 서 있습니다.

그렇다면 왜 사람을 이렇게 만드셨을까요? 저는 이 안에 하나님의 뜻이 표현되어 있다고 생각합니다. 하늘과 땅을 잇는 존재가 되라는 것입니다. 즉, 위로는 하나님을 섬기고 아래로는 하나님의 대리자가 되어 만물을 다스리라는 것입니다. 그런데 동물들을 다스리려면, 일체성과 동질감이 필요합니다. 그래서 하나님께서 사람을 천사처럼 단지 영이 아니라 동물처럼 혼과 육이 있는 존재로 만드신 것입니다.

또한, 중복되는 질문이긴 한데, 하나님은 왜 사람을 천사처럼 영으로 만들지 않고 영과 혼이 분리되고 몸까지 가진 존재로 만드셨을까요? 저는 그 이유를 이미 설명해드렸습니다. 그런데 또 하나의 이유가 있습니다. 그것은 바로 천사도 탁월하지만 피조물의 대표요 최고의 걸작이 사람이기 때문입니다.

언뜻 보면 천사가 더 우월해 보입니다. 그러나 천사가 아니라 사람이 피조물의 대표입니다. 왜냐하면 사람은 하나님의 모양과 형상대로 지음을 받았고 성경에 이렇게 기록되어 있기 때문입니다.

> 시편 8:5 "**그(사람)를 하나님보다 조금 못하게 하시고** 영화와 존귀로 관을 씌우셨나이다."

또한, 사람을 제일 마지막에 만드셨기 때문입니다. 하나님이 가장 먼저 만든 것은 '영'들인 천사들입니다. 다음으로 천지창조 때, '몸'만 있는 풀과 나무 등 식물을 만들고, 그다음 '혼'을 가진 동물들을 만들고, 마지막으로 사람을 창조하셨습니다. 천지창조를 살펴보면 뒤로 갈수록 더 놀라운 것을 창조합니다. 때문에 저는 천사창조와 천지창조가 분리되어 있음에도 불구하고 천지창조가 후고 그 정점이 사람이므로 사람을 천사보다 더 특별한 존재로 만들었다고 생각합니다. 이것은 성경에 나오는 몇 가지를 통해 증명이 가능합니다.

첫째, 하나님은 천사가 아니라 사람을 당신의 자녀로 삼으셨고, 예수님의 신부로 삼으셨고, 하나님이 거하시는 성전으로 삼으셨습니다.

둘째, 천국은 천사에게 맞는 영의 세계지만, 하나님은 궁극적인 천국을 천사들에게 맞는 세계로 만들지 않습니다. 영과 혼과 몸을 가진 사람이 살기 적합한 새 하늘과 새 땅을 궁극적인 천국으로 만드십니다.

셋째, 놀랍게도 하나님은 한 번도 범죄한 적이 없는 천사들이 아니라 타락하고 죄를 지었음에도 불구하고 구원받은 성도들과 함께 천년왕국과 새 하늘과 새 땅에서 왕 노릇 하십니다.

넷째, 더 놀라운 것은 하나님은 삼위일체이시고 한 분입니다. 그런데 영이신 하나님이 사람을 위해 성육신하시고, 구속을 다 이룬 후 다시 영으로 회귀하지 않으시고 예수님께서 영 혼 육을 가진 사람으로 영원히 존재하신다는 것입니다. 한마디로, 사람을 하나님의 모양과 형상대로 만드셨을 뿐 아니라 하나님이 사람들과 같이 되셨습니다. 그러므로 영 혼 육을 갖고 있다고 열등한 것이 아닙니다. 오히려 특별한 것입니다. 그렇기 때문에 저는 천사가 아닌 사람이 하나님의 최고의 걸작이라고 생각합니다.

또한, 하나님은 사람의 구조 안에 모든 피조물을 압축해서 표현하셨습니다. 하나님이 창조하신 것 중 빛과 궁창과 땅과 바다와 해달별을 빼고 생명을 가진 피조물들은 영과 혼과 육이 그 특징입니다. 천사는 영입니다. 동물은 혼을 갖고 있습니다. 그리고 식물들은 소위 육에 해당되는 것만 가지고 있습니다. 그런데 사람에게는 모든 것 즉 영 혼 육이 다 있습니다. 사람 안에다 천사와 모든 피조물을 압축해서 표현하신 것입니다.

한 걸음 더 나아가, 사람은 천사와 모든 피조물의 요약일 뿐 아니라 새 하늘과 새 땅을 미리 보여주는 설계도입니다. 사람은 천사창조와 천지창조의 요약이고, 새 하늘과 새 땅의 청사진입니다. 하나님의 궁극적인 계획의 설계도 같은 존재입니다.

하나님은 만세 전에 피조세계에 대한 영광스러운 계획을 갖고 계셨습니다. 그리고 사람을 만들 때, 왜 천지를 창조했는지, 궁극적으로 무엇을 위해서 천지를 창조하고 사람을 만들고 계신지 사람의 구조 안에 설계도나 투시도와 같이 반영시켜 놓으셨습니다.

그렇다면 과연 창조주 하나님의 궁극적인 목적과 계획은 무엇일까요?

에베소서 1:8-10 "이는 그가 모든 지혜와 총명을 우리에게 넘치게 하사 그 뜻의 비밀을 우리에게 알리신 것이요. 그의 기뻐하심을 따라 그리스도 안에서 때가 찬 경륜을 위하여 예정하신 것이니 **하늘에 있는 것이나 땅에 있는 것이 다 그리스도 안에서 통일되게 하려 하심이라.**"

바로 이것입니다! 바울이 "하늘에 있는 것이나 땅에 있는 것이 다 그리스도 안에서 통일되게 하려 하심이라."라고 했는데, "하늘에 있는 것이나 땅에 있는 것 … 다"는 다른 말로 만유입니다. '만유' 안에 하늘과 땅에 사는 모든 생명체가 포함되어 있습니다. 그런데 그 생명체는 세 가지입니다. 천사처럼 영만 있는 것과 식물처럼 몸만 갖고 있는 것, 그리고 동물처럼 혼을 갖고 있는 것이 그것입니다. 한마디로 영 혼 육입니다. 그런데 하나님은 사람에게 세 가지를 모두 주셨습니다. 즉, 영 혼 육이 하나가 되고 완전한 조화를 이루며 살아가게 하셨습니다. 저는 이것이 하나님의 궁극적인 계획을 보여주는 것이라고 생각합니다.

하나님의 궁극적인 목적은 영과 혼과 육의 완전한 조화입니다. 하나님은 사람의 영 혼 육이 하나 되어 한 사람으로 존재하듯, 모든 피조물들이 그리스도 안에서 하나가 되고 완전한 조화와 질서 가운데 존재하길 원하십니다. 실제로, 타락 전의 에덴동산이 그런 곳이었습니다. 그런데 타락으로 인해 파괴되었습니다. 그러나 새 하늘과 새 땅에서 다시 완벽하게 회복될 것입니다. 새 하늘과 새 땅은 그리스도 안에서 영과 혼과 육 즉, 모든 영적 존재, 혼적 존재, 육적 존재가 완벽하게 조화를 이루고, 평화롭고, 사랑하며 살아가는 완벽하고 영광스러운 세계가 될 것입니다.

먼저, 하나님은 사람들이 궁극적인 구원을 받아 타락하기 전처럼 영 혼 육이 완전히 조화를 이루게 하실 것입니다. 사람을 하나님의 모양과 형상대로 지음받은 존재로 온전히 회복시키실 것입니다.

다음으로, 천지만물을 온전케 하실 것입니다. 하나님은 처음 하늘과 처음 땅을 만드셨을 뿐 아니라 새 하늘과 새 땅을 만드실 것입니다. 그런데 태초에 하나님이 천지를 창조하실 때 하늘과 땅만 만드셨나요? 아니지요! 천지뿐 아니라 만물을 만드셨습니다. 마찬가지로 하나님은 새 하늘과 새 땅을 만드실 때 모든 만물을 다시 만드실 것입니다.

바울의 표현을 빌리면, 하나님은 모든 피조물이 영광의 자유에 이르게 하실 것입니다. 로마서 8장에서 바울은 자연만물이 썩어짐의 종노릇 한 데서 해방된다고 했습니다. 그러나 전도서에 보면 동물은 죽으면 사라집니다. 그러므로 이것은 그들 자신이 아니라 새 하늘과 새 땅을 위해 다시 만들 피조물들에 대한 것입니다.

어떤 분들은 "그러나 계시록 21장 5절에는 '보좌에 앉으신 이가 이르시되 보라 내가 만물을 새롭게 하노라'라고 기록되어 있지 않습니까? 그러므로 다시 창조하는 것이 아니라 사람의 몸이 영화되듯 만물도 영화롭게 되지 않을까요?"라고 질문할 수도 있습니다.

그러나 그 구절의 "하노라"의 원어가 무엇인지 아십니까? "포이에오"라는 단어입니다. 그리고 그 뜻은 "만들다, 창조하다, 행하다."입니다. 때문에 공동번역은 이 구절을 이렇게 번역했습니다.

"그때 옥좌에 앉으신 분이 '**보아라, 내가 모든 것을 새롭게 만든다**' 하고 말씀하신 뒤 다시금 '기록하여라, 이 말은 확실하고 참된 말이다' 하고 말씀하셨습니다."

또, 헬라어직역성경도 이 구절을 이렇게 번역했습니다.

"**보좌**에 앉으신 분이 말씀하셨다. '**보라. 내가 모든 것을 새롭게 만든다.**' 그리고 그가 말씀하셨다. '기록하라. 이 말들은 신실하고 진리이다.'"

그러므로 단지 만물을 새롭게 하는 것이 아니라 새로 만드실 것입니다.

그럼 지금 있는 동식물과 새 하늘과 새 땅을 위해 새로 만드실 동식물의 차이는 무엇일까요?

간단합니다! 사람의 자연적인 몸과 영화롭게 된 몸의 차이와 같습니다. 사람의 몸은 처음 하늘과 처음 땅에 적합하고, 영화된 몸은 새 하늘과 새 땅에 적합합니다. 그런데 새 하늘과 새 땅이 무엇입니까? 몸이 영화가 되는 것처럼 하늘과 땅이 영화가 된 것입니다. 새 하늘과 새 땅에서 살 동식물도 마찬가지입니다. 영화가 된 것과 같은 동식물로 새로 지음받은 것들입니다. 때문에 부활한 몸처럼 썩어짐에 종노릇 하지 않고 완전한 자유를 누리게 된 만물입니다.

하나님은 영이시지만, 창조주로서 영 혼 육이 완전히 하나 된 이런 세계를 원하십니다. 그래서 새 하늘과 새 땅을 '영'이신 하나님과 천사, '혼'을 가진 동물들, '몸'에 해당되는 것만 있는 식물들, 그리고 '영 혼 육'을 다 가진 사람이 그리스도 안에서 온전히 하나(통일)가 되는 즉 완전한 조화와 평화를 이루는 세계로 만드실 것입니다. 영 혼 육으로 구성된 모든 피조물의 하나 됨과 온전한 조화! 신학적인 용어로 완전한 샬롬을 누리면서 영원히 공존하게 하실 것입니다. 그것이 바로 궁극적인 구원이고 영생입니다. 그것이 곧 창조주 하나님의 궁극적인 목적이고 계획입니다.

하나님은 천지를 창조하시기 전, 이런 놀라운 계획을 갖고 계셨습니다. 그리고 사람을 창조하시면서 사람의 구조에 그것을 표현하셨습니다. 즉, 하나님의 영광스러운 계획이 무엇인지 계시하셨습니다. 천지창조를 통해 창조하는 피조세계에 대한 궁극적인 목적이 무엇인지, 하나님이 창조를 통해서 결국 무엇을 이루려고 하시는지, 결국 어떻게 모든 것을 완성하실 것인지를 미리 보여주신 것입니다.

많은 사람들이 사람을 '소우주'라고 합니다. 옳은 말입니다. 그런데 '소우주' 속에서 이루어지는 영과 혼과 육의 조화, 그것이 나중에 '대우주' 즉 새로 창조되는 새 하늘과 새 땅에서 모든 피조물들로 확대가 되고 재현될 것입니다. 천국은 영의 세계입니다. 그러나 새 하늘과 새 땅은 영 혼 육의 세계입니다. 자세히 말하면, 영화된 영 혼 육의 세계입니다. 먼저 사람이 영혼의 구원뿐 아니라 몸의 구속을 받아 영 혼 육 모두 영화롭게 됩니다. 그 후, 영 혼 육을 특징으로 하는 모든 자연만물이 영광의 자유에 이르러 영화롭게 될 것입니다. 천국은 이렇게 영화롭게 된 영이나 혼이나 육을 가진 피조물들이 완전한 조화를 이루며 사는 곳입니다. 완전한 조화와 평화 그리고 영광스러운 자유와 기쁨이 넘치는 곳입니다. 이렇게 영광스럽고 완벽한 세계를 위해 하나님이 천지와 만물을 창조하신 것입니다. 그리고 그 영광스러운 계획을 마지막 피조물인 사람의 구조를 통해 미리 보여주신 것입니다. 할렐루야!

여러분 이제, 천국이 어떤 곳인지 아시겠지요! 천국은 그리스도 안에서 모든 영적, 혼적, 육적 존재가 완전한 조화와 평화를 이루는 곳입니다. 그렇다면 우리가 그곳에 들어가려면 어떻게 해야 할까요?

데살로니가전서 5:23 "**평강의 하나님이 친히 너희를 온전히 거룩하게 하시고 또 너희의 온 영과 혼과 몸이 우리 주 예수 그리스도께서 강림하실 때에 흠 없게 보전되기를 원하노라.**"

다시 말하지만, 천국은 영적, 혼적, 육적 존재가 완전한 조화와 평화를 이루는 나라입니다. 때문에 하나님은 절대 이런 조화와 평화를 깨트리는 사람을 새 하늘과 새 땅에 허용하지 않으실 것입니다. 그러므로 영과 혼과 몸의 모든 더러운 것에서 자기를 거룩하게 해야 합니다. 영 혼 육으로 짓는 모든 죄를 회개하고, 완전해야 되는 것은 아니지만 적어도 습관적인 죄가 없는 사람이 되어야 합니다. 오직 그런 사람만 새 하늘과 새 땅에 어울리는 사람이고, 그곳에 들어가게 될 것입니다. 그러므로 이 시간 여러분 모두 영 혼 육으로 짓는 모든 죄를 회개하시기 바랍니다.

6. 예상반론들과 그에 대한 답변!

저는 영과 혼 시리즈 설교를 통해, 사람들을 놀라게 하거나 설복시키기 원하는 것이 아닙니다. 단지 영과 혼에 대해 바르게 알기 원합니다. 그것을 위해 꼭 필요한 것이 예상반론들을 정직하게 다루는 것입니다. 그래서 여러분에게 설명해드린 영과 혼에 대한 제 견해에 대한 다섯 가지 반론을 생각해보았습니다.

(1) 생기를 불어넣어 생긴 영에 생명이 없을 수 있는가?

찰스 헌터는 자기 영이 몸 위에 떠 있는 것을 그의 혼으로 보았습니다. 그런데 영에 아무런 생명체가 느껴지지 않았습니다. 즉, 생명과 의식과 지정의가 영이 아니라 혼에 있었습니다.

그런데 하나님이 코에 생기를 불어넣으신 결과로 생긴 것이 영과 혼입니다. 그래서 생기를 불어넣어 생긴 영에 생명이 없을 수 있는가? 라는 의문이 생길 수 있습니다.

처음에 저는 이 구절 자체를 연구하지는 않고, 생기를 사람의 영과 동일시하는 학자들의 주장을 검토하다가 생기가 사람의 영이 아니라 성령을 뜻한다고 생각했습니다. 그리고 그 증거가 창세기 2장 7절과 유사한 에스겔 37장의 환상에서 "생기"가 성령을 뜻하고, 요한복음 20장 22절에서 예수님이 제자들을 향해 숨을 내쉬며 "성령을 받으라!"고 말씀한 것이라고 생각했습니다. 다음 구절도 그것을 뒷받침해주는 증거라고 생각했습니다.

욥기 33:4 "**하나님의 영이 나를 지으셨고** 전능자의 기운이 나를 살리시느니라."

그러므로 "살아 있는"이라는 뜻의 "하이"("생")에 초점을 맞추지 말고 성령님께 초점을 맞추면 간단히 해결된다고 보았습니다. 그러면 성령님께서 영과 혼을 만드신 것이 되고, 영 속에 생명이 없었다는 것이 조금도 이상하지 않기 때문입니다.

그러나 문제는 코에 생기를 불어넣은 것을 하나님의 창조행위로 보아야지 성령께 바통을 넘긴 것으로 보는 것이 부자연스럽습니다. 또 "생기를 그 코에 불어넣으시니"도 완전히 불어넣어주신 것으로 보아야지 단지 성령의 일시적인 창조행위로 보는 것도 부자연스럽습니다. 또, 창세기 2장 7절에 나오는 "생'기'"(니쉬마-숨, 호흡)와 "생'령'"(네페쉬-숨쉬는 존재) 두 표현을 볼 때, 이 구절이 하나님께서 성령이 아니라 살아 있는 숨을 불어넣으셔서 사람이 호흡하며 살아 움직이는 생혼이 된 것을 뜻한다고 보는 것이 더 자연스럽습니다. 무엇보다, 욥기에 보면 이렇게 기록되어 있습니다.

욥기 27:3 "(나의 호흡이 아직 내 속에 완전히 있고 **하나님의 숨결이 아직도 내 코에 있느니라**)."

이 구절에서 욥은 "나의 호흡이 아직 내 속에 완전히 있고 하나님의 숨결이 아직도 내 코에 있다"고 했습니다. 그러므로 창세기 2장 7절에서 하나님이 생기를 코에 불어넣으신 것이 성령이 아니라 문자 그대로 생기이고, 그것이 계속 남아 있어서 욥이 살아 있다는 뜻입니다. 즉, 생기가 영과 혼을 창조한 성령님이 아니라 숨 쉬고 살 수 있도록 사람 안에 불어넣어준 것이며 계속 우리 안에 머무르고 있다는 것입니다. 그러므로 생기를 문자 그대로 생기로 이해해야 합니다.

한편, 하나님께서 생기를 불어넣어서 단지 생혼을 만든 것이 아닙니다. 그 구절(창 2:7)은 사람 창조의 최종 결과를 보여준 것입니다. 그 증거는 크게 두 가지입니다.

먼저, 창세기 2장 7절에 "여호와 하나님이 땅의 흙으로 사람을 지으시고 생기를 그 코에 불어넣으시니 사람이 생령이 되니라."라고 기록되어 있고, 이것이 사람 창조의 전부입니다. 그런데 이사야 57장 16절에 분명히 하나님께서 사람의 영과 혼을 만드셨다고 기록되어 있습니다. 그러므로 이때 단지 혼만 아니라 영도 만드신 것으로 보아야 합니다.

다음으로, 창세기 2장 7절에 나오는 생령(생혼-네페쉬 하야)은 1장에서 동물에게 사용되었습니다. 생령이 되었다는 것은 동물처럼 단지 네페쉬 하야가 되었다는 뜻입니다. 그런데 "생기"는 사람에게만 불어넣었고 동물들은 그런 과정이 없이 '네페쉬 하야'가 되었습니다. 그러므로 "생기"가 단지 '네페쉬 하야' 즉 동물처럼 살아 숨 쉬는 존재로 만들기 위한 것이라고 볼 수 없습니다. 영을 만들기 위한 것입니다. 그러므로 이때 하나님께서 생기를 통해 혼뿐 아니라 영도 만드셨음이 분명합니다.

이처럼 하나님이 코에 생기를 불어넣으신 결과로 생긴 것이 영과 혼입니다. 때문에 생기를 불어넣어 생긴 영에 생명이 없을 수 있는가? 라는 의문은 여전히 미제로 남아 있습니다.

그럼 과연 이 질문에 어떻게 답해야 할까요? 우리는 삼분설을 믿기 때문에 영과 혼을 별개라고만 생각하기 쉽습니다. 그러나 하나님은 영과 혼이 하나가 되어 영혼으로 존재하게 하셨습니다. 또, 한 사람에게 두 개의 생명이 필요하지 않습니다. 그러므로 생기를 불어넣어서 먼저 영을 만들고 그다음 혼을 만들어 혼의 생명을 공유하게 하셨다 할지라도 조금도 이상하지 않습니다.

더 자세히 설명해드리면, 하나님께서 코에 생기를 불어넣었다는 것 자체가 사람을 동물과 다른 존재로 창조하기 원하셨다는 뜻입니다. 그런데 사람을 창조할 때, 동물과 다르고 더 차원 높은 존재는 하나님과 천사들뿐입니다. 하나님과 천사는 모두 영입니다. 그 영은 사람의 영과 혼을 합한 것과 같은 것입니다. 더구나, 천사의 생명도 하나입니다. 때문에 사람의 영과 혼에 각각 생명이 있어야 할 이유가 없습니다.

그러므로 잘 들으십시오. 만약 하나님께서 사람을 단지 천사처럼 영으로 만들었다면 영에 생명이 있어야 합니다. 그러나 당신의 대리자로 삼아 땅을 다스리게 하시려고 영 혼 육을 가진 독특한 존재로 만드셨습니다. 그러므로 영적 기능을 가진 영이 있으면서, 그 영과 결합되는 혼에 생명이 있다는 것이 이상한 것이 아닙니다. 즉, 생기를 통해 영이 만들어졌어도 그 속에 생명이 없다는 것이 전혀 이상한 것이 아닙니다. 이것이 이 질문에 대한 저의 답입니다!

(2) 코에 불어넣으신 생기가 곧 영이라는 주장에 대해!

창세기 2:7 "여호와 하나님이 땅의 흙으로 사람을 지으시고 생**기를 그 코에 불어넣으시니** 사람이 생령이 되니라."

케네스 매튜스는 "생기를 그 코에 불어넣으시고"에 대해 이렇게 썼습니다.

> "'숨을 불어넣는다'('나파흐')는 묘사는 에스겔이 마른 뼈를 본 환상(37:9-10)에 아주 밀접한 평행을 두고 있는데, 거기서 다시 조립된 죽은 사람의 뼈는 '영'(개역개정은 "생기")이 숨을 불어넣음으로써 다시 생명을 갖게 된다. 거기서 에스겔은 '생명의 호흡'('니슈마트 하임') 대신에 '영'('루아흐')을 사용하지만 이 둘은 여기서도 그 외에 다른 곳에서도 흔히 같은 것으로 다루어진다."[85]

이처럼 "생기"와 "영"을 같은 것으로 보았습니다. 또, 그는 이 글의 각주에 "사 57:16; 욥 32:8; 33:4; 34:14, 특히 창 7:22을 보라."라고 썼습니다. 그런데 대부분 성령이 아니라 사람의 영에 대한 구절들입니다. 때문에 저는 코에 불어넣은 생기가 사람의 영이라고 주장하고 있다고 이해했습니다. 혹 그렇지 않더라도, 데이빗 클린스가 생기를 사람의 영이라고 주장했습니다.

---

85 케네스 매튜스 『창세기 1』 권대영 옮김. 서울: 부흥과개혁사, 2018. p. 238.

> **“엘리후는 지금 사람에게 총명을 주어 ‘이해할’ 수 있도록 하는 것은 사람 속에 있는 생명의 ‘영’**(루아흐)**, 즉 창조 시에 사람 속에 불어넣어진 ‘전능자의 생기’**(니슈마트 샤다이)**라고 명백히 주장하고 있다**(참조. 창 2:7)**.”**[86]

트렘퍼 롱맨 3세도 같은 주장을 했습니다.

> “엘리후는 지혜에 대한 또 다른 원천, 곧 **‘사람의 속에 있는 영’**을 제시한다. **이 영은 ‘전능자의 숨결’로 더 구체적으로 규정된다**(“좋은 A, 더 좋은 B”의 평행법으로).”[87]

그래서 저는 크게 당황했습니다. 왜냐하면, 창세기 2장 7절의 “생기”와 “영”이 같은 것이라면 혼에 생명과 의식과 지정의가 있다는 저의 주장이 무너지기 때문입니다. 만약 생기가 영이라면 당연히 생명이 영에 있다고 보아야 합니다. 반면에, 생기가 곧 영이 아니고 생기를 불어넣음으로써 영과 혼이 만들어진 것이라면 저의 주장은 무너지지 않습니다. 그래서 반드시 이 문제를 해결해야 했습니다.

문제는 “생기가 곧 영이다.”라는 주장입니다. 그래서 저는 케네스 매튜스가 제시한 구절들을 모두 찾아보고 연구했습니니

86 데이빗 클린스 『욥기(중)』 한영성 옮김. 서울: 솔로몬, 2013. p. 399.

87 트렘퍼 롱맨 3세 『욥기 주석』 임요한 옮김. 서울: CLC, 2017. p. 630.

다. 그리고 생기가 영을 뜻하는 것이 아니라는 결론에 도달했습니다.

1) 에스겔의 환상

창세기 2장 7절에 보면, 하나님이 코에 생기를 불어넣자 사람이 생령이 되었습니다. 그런데 에스겔서에 유사한 내용이 나옵니다.

에스겔 37:1-10 "여호와께서 권능으로 내게 임재하시고 그의 영으로 나를 데리고 가서 골짜기 가운데 두셨는데 거기 뼈가 가득하더라. 나를 그 뼈 사방으로 지나가게 하시기로 본즉 그 골짜기 지면에 뼈가 심히 많고 아주 말랐더라. 그가 내게 이르시되 인자야 이 뼈들이 능히 살 수 있겠느냐? 하시기로 내가 대답하되 주 여호와여 주께서 아시나이다. 또 내게 이르시되 너는 이 모든 뼈에게 대언하여 이르기를 너희 마른 뼈들아 여호와의 말씀을 들을지어다. 주 여호와께서 이 뼈들에게 이같이 말씀하시기를 내가 **생기를 너희에게 들어가게 하리니 너희가 살아나리라**. 너희 위에 힘줄을 두고 살을 입히고 가죽으로 덮고 **너희 속에 생기를 넣으리니 너희가 살아나리라**. 또 내가 여호와인 줄 너희가 알리라 하셨다 하라. 이에 내가 명령을 따라 대언하니 대언할 때에 소리가 나고 움직이며 이 뼈, 저 뼈가 들어맞아 뼈들이 서로 연결되더라. 내가 또 보니 그 뼈에 힘줄이 생기고 살이 오르며 그 위에 가죽이 덮이나 **그 속에 생기는 없더라**. 또 내게 이르시되 인자야 너는 생기를 향하여 대언하라. 생기에게 대언하여 이르기를 주 여호와께서 이같이 말씀하시기를 생기야 사방에서부터 와서 이 죽음을 당한 자에게 불어서 살아나게 하라 하셨다 하라. 이에 내가 그 명령대로 대언하였더니 생기가 그들에게 들어가매 그들이 곧 살아나서 일어나 서는데 극히 큰 군대더라."

창세기에서처럼 생기가 들어가자 죽은 몸이 살아났지요! 물론 원어는 서로 다릅니다. 창세기에 나오는 생기는 "하이 니쉬마"(살아 있는 호흡)고 에스겔서에 나오는 생기는 "루아흐"(숨, 바람, 영)입니다. 그런데도 일부 학자들은 둘이 평행을 이루고 있으므로 생기가 곧 영이라고 이해합니다.

그러나 그렇지 않습니다. 왜냐하면 그 뒤 이렇게 기록되어 있기 때문입니다.

에스겔 37:11-14 "또 내게 이르시되 인자야 이 뼈들은 이스라엘 온 족속이라. 그들이 이르기를 우리의 뼈들이 말랐고 우리의 소망이 없어졌으니 우리는 다 멸절되었다 하느니라. 그러므로 너는 대언하여 그들에게 이르기를 주 여호와께서 이같이 말씀하시기를 내 백성들아 내가 너희 무덤을 열고 너희로 거기에서 나오게 하고 이스라엘 땅으로 들어가게 하리라. 내 백성들아 내가 너희 무덤을 열고 너희로 거기에서 나오게 한즉 너희는 내가 여호와인 줄을 알리라. 내가 또 내 영을 너희 속에 두어 너희가

살아나게 하고 내가 또 너희를 너희 고국 땅에 두리니 나 여호와가 이 일을 말하고 이룬 줄을 너희가 알리라. 여호와의 말씀이니라."

그러므로 "생기"는 사람의 영이 아닙니다. 에스겔 37장에서의 생기는 성령이고 창세기 2장 7절에서의 생기는 문자 그대로 생기입니다. 그런데 끝까지 읽어보지도 않고 성급하게 결론을 내린 것입니다.

2) 이사야 57:16

"내가 영원히 다투지 아니하며 내가 끊임없이 노하지 아니할 것은 **내가 지은 그의 영과 혼**이 내 앞에서 피곤할까 함이라."

생기가 사람의 영이 아니라는 것은, 이 구절을 통해 다시 한 번 드러납니다. 이 구절에 의하면, 하나님은 사람을 만드실 때 영뿐 아니라 혼을 만드셨습니다. 그런데 만일 생기가 영이라면 생기만 불어넣었는데 혼이 어떻게 생겨납니까? 그러므로 생기는 영이 아닙니다.

저는 코에 생기를 불어넣은 것이 창조행위를 가리킨다고 생각합니다. 그리고 그 결과 지음받은 것이 이 구절에도 나오는 것처럼 영과 혼이라고 생각합니다.

생기를 영으로 볼 수 없는 이유가 또 있습니다. 영을 불어넣었으면 영이 되어야 합니다. 그런데 영을 불어넣었는데 왜 혼(창 2:7 "생혼")이 됩니까? 영을 불어넣으면 혼으로 변합니까? 또는 영이 혼을 만들어냅니까? 그런 생각은 이 구절(사 57:16)과 충돌됩니다. 하나님이 영과 혼을 모두 만들었다고 말씀하고 있기 때문입니다. 그러므로 '생기'를 영으로 보면 안 됩니다.

3) 욥기 32:8

"그러나 사람의 속에는 영이 있고 전능자의 숨결이 사람에게 깨달음을 주시나니"

얼핏 보면, 이 구절에서 "영"과 "전능자의 숨결"이 같은 것을 뜻하는 것처럼 보입니다. 실제로 데이빗 클린스는 영과 전능자의 숨결이 같은 것을 의미한다고 보았습니다.[88]

그러나 그렇지 않습니다. "사람의 속에는 영이 있고"는 연소함에도 불구하고 연장자들을 가르칠 수 있는 정당성에 대해 말한 것입니다. 즉, 하나님으로부터 임한 깨달음에 대해 말한 것입니다. 특히 '영'(루아흐)은 이 구절에서 그런 깨달음을 받을 수 있는 능력을 가진 존재라는 것을 강조한 것입니다.

또, "전능자의 숨결이 사람에게 깨달음을 주시나니"는 영 속에 하나님이 주시는 깨달음이 인생 연륜에서 얻은 지혜보다 우

88 데이빗 클린스 『욥기(중)』 한영성 옮김. 서울: 솔로몬, 2013. p. 399.

월함을 강조함과 동시에 자신의 말에 영감 된 신적 권위가 있다고 주장한 것입니다. 그러므로 사람의 영과 전능자의 숨결은 서로 같은 것이 아닙니다.

데이빗 클린스는 자신이 동의하는 것은 아니지만 이 구절에 대해 이렇게 썼습니다.

> "일부는 **지혜를 주는 신의 영을 엘리후가 가졌다고 주장하는 특별 은사로 간주하는 것이 더 좋다**고 생각한다."[89]

트렘퍼 롱맨 3세는 실제로 이와 같은 견해를 취했습니다.

> **"엘리후는 지혜에 대한 또 다른 원천, 곧 '사람의 속에 있는 영'을 제시한다. … 본질적으로 엘리후는 자신의 지혜가 하나님에게 영감을 받았다고 주장한다. 이런 지혜는 경험과 관찰에 의존하지 않으므로 젊은 사람도 지혜로울 수 있다."**[90]

이렇게 이해해야 옳습니다. 왜냐하면 다음 구절에서 엘리후가 단순히 영으로 깨닫는 것이 아니라 영감받은 듯한 지혜를 주장했기 때문입니다.

---

89 데이빗 클린스 『욥기(중)』 한영성 옮김. 서울: 솔로몬, 2013. p. 399.

90 트렘퍼 롱맨 3세 『욥기 주석』 임요한 옮김. 서울: CLC, 2017. pp. 630-631.

욥기 32:9-10, 18-20 "어른이라고 지혜롭거나 노인이라고 정의를 깨닫는 것이 아니니라. 그러므로 내가 말하노니 내 말을 들으라. 나도 내 의견을 말하리라. … **내 속에는 말이 가득하니 내 영이 나를 압박함이니라. 보라 내 배는 봉한 포도주통 같고 터지게 된 새 가죽 부대 같구나. 내가 말을 하여야 시원할 것이라.** 내 입을 열어 대답하리라."

저도 이 구절을 읽으면서 그런 생각을 했는데, 제럴드 젠슨도 "32:19-20의 신적 영감에 대한 생생한 이미지는 예레미야 20:9의 이미지를 상기시킨다"고 했습니다.[91]

예레미야 20:9 "**내가 다시는 여호와를 선포하지 아니하며 그의 이름으로 말하지 아니하리라 하면 나의 마음이 불붙는 것 같아서 골수에 사무치니 답답하여 견딜 수 없나이다.**"

그러므로 정말로 영감받았음을 주장하고 있는 것이 맞습니다.

또, 저는 이런 이해를 뒷받침해주는 것이 이 구절의 "전능자의 숨결"이라고 생각합니다. "숨결"은 히브리어로 "네샤마"이며 "숨, 호흡, 호흡하는 것"이라는 뜻입니다. 그런데 욥기 26장 4절에 이렇게 기록되어 있습니다.

91 제럴드 젠슨 『욥기』 한진희 옮김. 서울: 한국 장로교출판사, 2011. p. 288.

"네가 누구를 향하여 말하느냐? **누구의 정신이 네게서 나왔느냐?**"

여기서 "정신"도 "네샤마"입니다. 욥기 32장 8절에 나오는 "숨결"과 같은 단어입니다. 그런데 일부 번역본이 이 부분을 어떻게 번역했는지 아십니까?

바른성경 "네가 누구를 향해 말하며 **누구의 영감이 네게서 나오느냐?**"

표준새번역 "그런데 누가 네가 한 그런 말을 들을 것이라고 생각하느냐? **너는 누구에게 영감을 받아서 그런 말을 하는 거냐?**"

이처럼 욥기 자체 안에 "숨결"이 영감을 뜻한다는 것이 나타나 있습니다. 뿐만 아니라, 디모데후서 3장 16절에 보면 이렇게 기록되어 있습니다.

"모든 성경은 **하나님의 감동으로 된 것**으로 교훈과 책망과 바르게 함과 의로 교육하기에 유익하니"

여기서 "하나님의 감동으로 된 것"의 헬라어는 "데오프뉴스토스"라는 형용사입니다. "데오스"(신, 하나님)와 "프네오"(불다, 숨쉬다)에서 유래했으며, 문자적으로는 '하나님의 호흡을 받는'이란 뜻입니다. 그래서 저는 전능자의 숨결 즉 호흡이 영감받은 것을 뜻한다고 생각합니다.

또한, 우리가 살펴본 "그러나 사람의 속에는 영이 있고 전능자의 숨결이 사람에게 깨달음을 주시나니"라는 말씀은 사람 속에는 영이 있고 그 영이 깨달음을 준다는 말이 아닙니다. 자세히 읽어보시면 전능자의 숨결이 사람의 영에 깨달음을 준다는 말입니다. 당연히 영감이지요. 그러므로 '전능자의 숨결'은 사람의 영이 아니라 영감을 뜻하는 것입니다.

4) 욥기 33:4

"하나님의 영이 나를 지으셨고 **전능자의 기운이 나를 살리시느니라.**"

일부 학자들은 이 구절에 나오는 "전능자의 기운"도 사람의 영을 뜻한다고 생각합니다. 그러나 그렇지 않습니다.

"전능자의 기운이 나를 살리시느니라." 이것은 매우 난해한 부분이고 해석이 크게 둘로 나누어집니다. 로이 죽과 이상근 박사는 이것을 창세기 2장 7절에 나오는 창조와 연결시켰습니다. 그래서 코에 불어넣은 생기를 통해 사람이 생령이 된 것을 뜻한다고 보았습니다.

반면에 데이빗 클린스, 제럴드 젠슨, 박윤선 박사는 자신의 말이 영감 된 것을 주장하는 것이라고 보았습니다.

또한, 트렘퍼 롱맨 3세와 호크마 주석은 둘 다를 의미한다고 보았습니다. 그렇게 보아도 큰 문제는 없습니다. 그러나 저는 두 번째 해석이 옳다고 생각합니다.

첫 번째 해석의 경우, 다른 번역본들이 어느 정도 뒷받침해 줍니다.

> 표준새번역 욥기 33:4 "하나님의 영이 나를 만드시고, **전능하신 분의 입김이 내게 생명을 주셨습니다.**"

> 공동번역 욥기 33:4 "**나도 하나님의 콧김으로 생겨난 몸, 전능하신 분의 입김을 받아 숨 쉬게 된 몸이오.**"

또, 이 구절의 바로 뒤에 나오는 내용에 의해 힘을 얻습니다.

> 욥기 33:5-7 "그대가 할 수 있거든 일어서서 내게 대답하고 내 앞에 진술하라. **나와 그대가 하나님 앞에서 동일하니 나도 흙으로 지으심을 입었은즉 내 위엄으로는 그대를 두렵게 하지 못하고 내 손으로는 그대를 누르지 못하느니라.**"

이처럼 6-7절에서 엘리후는 자신이 욥과 다르지 않다고 주장합니다. 그래서 욥을 두려워할 필요가 없으며 자기가 할 말을 하겠다고 합니다. 그러므로 4절이 단순히 자신이 욥과 같은 피조물이라고 말하고 있는 것이 됩니다.

하지만, 이 구절에 나오는 "나를 살리시느니라"의 히브리어 "하야"는 "살다, 살아 있다, 생명을 유지시키다"라는 뜻입니다. "피엘 미완 3인 여성 단수-1인 공성 단수"입니다. 완료형이 아니라 미완료입니다. 그러므로 생명을 주셨다는 과거적인 뜻이 아닙니다. 개역개정이 "살리시느니라"라고 번역한 것이 옳습니다. 영어성경들도 대부분 그렇게 번역했습니다. 그러므로 과거에 이루어진 창조를 뜻하는 것이 아닙니다. 또한, 이 구절은 욥기 32장 8절과 서로 뜻이 통합니다.

"그러나 사람의 속에는 영이 있고 전능자의 숨결이 사람에게 깨달음을 주시나니"

왜냐하면 원어로 "전능자의 기운"과 "전능자의 숨결"이 같은 단어이기 때문입니다. 그런데 32장 8절에서 그것이 영감을 뜻했습니다. 그러므로 이 구절에서도 그런 뜻이라고 보아야 합니다.

뿐만 아니라, 이 구절 전에 보면 이렇게 기록되어 있습니다.

욥기 33:1-3 "그런즉 욥이여 내 말을 들으며 내 모든 말에 귀를 기울이기를 원하노라. 내가 입을 여니 내 혀가 입에서 말하는구나. 내 마음의 정직함이 곧 내 말이며 내 입술이 아는 바가 진실을 말하느니라."

그 후 4절을 말했습니다. 그러므로 이곳에서도 "전능자의 숨결"이라는 표현을 자신의 말이 영감 된 것이라는 것을 표현하기 위해 사용했을 가능성이 높습니다. 때문에 제럴드 젠슨은 "엘리후는 신의 영감에 호소하면서 그의 말을 시작"[92]했다고 했습니다.

다시 말하지만, 욥기 32장 8절에서 엘리후는 전능자의 숨결이 사람에게 깨달음을 주신다고 했습니다. 그리고 33장 1-3절에서 "지혜"를 말하고 4절에서 전능자의 숨결이 자기를 살리시느니라고 말했습니다. 이는 단순히 살아났다는 것이 아니라 영감을 받으며 살고 있다는 말로 보입니다. 그러므로 영감과 관련 있는 것으로 이해하는 것이 최선입니다.

실제로, 많은 학자들이 이 구절을 그런 의미로 봅니다. 그것을 데이빗 클린스가 이렇게 소개했습니다.

"엘리후는 하나님의 영과 전능자의 호흡을 언급함으로써 자신을 현자들 가운데 한 사람으로 여기고 있다고 대체적으로 말해진다. 스트라한이 그렇게 말한다. '엘리후의 장황하고 다소 과장된 서문은 결국 영감의 주장이 된다. 전능자의 호흡을 받았다는 그의 느낌이 그로 하여금 침묵을 깨도록 강요하고, 나이와 경험의 권위에 대한 그의 겸손한 존경심을 인간의 의견에 대한 무관심으로 바꾸며, 그를 적극적이고 모든 편

92 제럴드 젠슨 『욥기』 한진희 옮김. 서울: 한국 장로교출판사, 2011. p. 288.

을 바로잡을 준비가 될 만큼 교리적이고, 강렬하고, 자신감에 가득하고, 능변되게 만든 장본인이다.' 그리고 데이비슨은 이렇게 말한다. '엘리후는 하나님의 영이 자신 안에 충만히 있어 그것이 그에게 보통 사람들보다 더 높은 지혜를 준다고 느낀다'(Rowley, Pope도 비슷하다)."[93]

또, 그는 이렇게 덧붙였습니다.

"그러나 다음의 견해는 옳은 것 같지 않다: 창세기 2:7에 대한 직접적인 언급이 있든 없든, 엘리후의 말들은 신의 생명력이 차별 없이 모든 인간에게 부여되었던 창조의 순간을 가리킴이 분명하다."[94]

그러므로 전능자의 기운 즉 호흡은 사람의 영을 뜻하는 것이 아닙니다.

5) 욥기 34:14

"그가 만일 뜻을 정하시고 그의 영과 목숨을 거두실진대"

93 데이빗 클린스 『욥기(중)』 한영성 옮김. 서울: 솔로몬, 2013. p. 411.

94 데이빗 클린스 『욥기(중)』 한영성 옮김. 서울: 솔로몬, 2013. p. 411.

자세히 보면 사람의 영과 목숨이 아니라 “그의 영과 목숨” 즉 하나님의 영과 목숨입니다. 그렇다고 이 구절이 김명현 박사의 잘못된 주장을 지지하고 있는 것은 아닙니다. 왜냐하면 영뿐 아니라 목숨도 하나님의 것이라고 말하고 있기 때문입니다. 즉, 하나님께서 창조를 통해 사람에게 생명을 주셨을 뿐 당신의 목숨을 빌려주신 것이 아니기 때문입니다.

또, “그의 영”이라고 했지만, 그렇다고 성령님을 뜻하는 것이 아닙니다. 왜냐하면 성령을 거둬간다고 사람이 죽지는 않기 때문입니다. 그러므로 “그의 영”은 사람의 영입니다.

문제는, 일부 학자가 이 구절에 나오는 “영”과 “목숨”을 같은 것으로 본다는 것입니다. 그러나 그렇게 보면 안 됩니다. 여기서 “목숨”은 히브리어 “네샤마”로 “숨, 호흡, 호흡하는 것”이라는 뜻입니다. 그러므로 하나님께서 사람의 영을 거두실 때 실제로 숨이 멈추는 것을 뜻한다고 보아야 합니다.

더구나, 이 구절에서 엘리후는 영과 호흡(목숨)을 분리해서 말했습니다. 실제로, 영이 곧 목숨은 아니지 않나요? 그러므로 이 구절은 생기(호흡)가 곧 사람의 영이라는 주장의 근거가 될 수 없습니다.

한편, 창세기 2장 7절을 다룰 때 설명한 것처럼, 하나님은 사람을 창조할 때 먼저 영을 그 후에 혼을 창조하셨습니다. 그래서 살아 있는 혼이 되게 하셨습니다. 그 순간부터 사람은 생명과 의식을 갖게 되었습니다. 그러므로 생명이 혼에 있는 것이 맞습니다.

그런데, 영이 떠나는 것이 죽음입니다. 영이 떠나면 생명이 끊어집니다. 그래서 혼이 아니라 영에 생명이 있는 것 아닌가?' 이런 의문이 생길 수 있습니다. 그러나 그것은 영에 생명이 있어서 일어나는 일이 아닙니다. 영과 혼이 영혼으로 결합되어 존재하기 때문에 일어나는 일입니다. 영이 떠나는 것은 단순히 영이 아니라 영혼이 떠나는 것입니다. 그래서 영이 떠날 때 호흡이 멈추고 죽는 것입니다. 한마디로, 이것은 창조시가 아니라 창조 후 영과 혼이 결합되어 영혼으로 존재하는 사람에 대해 말한 것입니다. 그러므로 영이 떠날 때 호흡이 멈추고 죽는다고 하여 영에 생명이 있는 것이 아닙니다.

6) 창세기 7:22

"육지에 있어 그 코에 생명의 기운의 숨이 있는 것은 다 죽었더라."

케네스 매튜스는 특히 창세기 7장 22절을 보라고 했습니다. 그래서 보았는데 복잡합니다. "생명의 기운의 숨" 정말 복잡하지요!

여기서 "생명"은 "하이"로 "살아 있는"이라는 뜻입니다. "기운"은 "루아흐"로 "영"이라는 뜻입니다. 그리고 "숨"은 "네샤마"로 "숨, 호흡, 호흡하는 것"이라는 뜻입니다. 그래서 이것을 근거로 생기가 곧 영이라고 생각한 것 같습니다.

그러나 루아흐가 항상 영을 뜻하는 것은 아닙니다.

욥기 27:3 "(나의 호흡이 아직 내 속에 완전히 있고 하나님의 **숨결이 아직도 내 코에 있느니라**)."

여기서도 "숨결"이 루아흐입니다. 그러나 바로 뒤에 "아직도 내 코에 있느니라"라는 부분을 볼 때 숨결이라고 번역한 것이 타당합니다. 마찬가지로 이 구절에서도 "기운"이 원어로는 루아흐지만 기운으로 번역한 것에 큰 문제가 없어 보입니다. 왜냐하면 그 전 절에 보면 이때 죽은 것이 단지 영을 가진 사람이 아니라 모든 동물과 사람이기 때문입니다. 그러므로 이 구절도 생기와 영이 같은 것이라는 것을 보여주는 것이 아닙니다.

이상 여러분에게 설명해드린 바와 같이, 하나님께서 사람을 창조할 때 코에 불어넣은 생기는 사람의 영이 아닙니다. 그러므로 영과 혼이 분리되었을 때, 영이 아니라 혼에 생명과 자의식과 지정의가 있었다는 찰스 헌터의 간증은 잘못된 것이 아닙니다. 그리고 그 간증에서 힌트를 얻어 영과 혼에 대해 설명한 저의 해석 역시 그릇된 것이 아닙니다.

(3) 영이 살아 있다면 영에도 생명이 있는 것 아닌가?

불신자의 영은 죽어 있고 신자의 영은 살아 있습니다. 많은 이들이 다음 구절이 그것을 뜻한다고 생각합니다.

로마서 8:10 "또 그리스도께서 너희 안에 계시면 몸은 죄로 말미암아 죽은 것이나 **영은 의로 말미암아 살아 있는** 것이니라."

그래서 '그러니 영에도 생명이 있는 것 아니냐?'라는 반론이 생겨납니다.

그러나 많은 학자들이 이 구절에 나오는 "영"을 성령으로 이해합니다. 일례로, 이한수 교수님은 이렇게 썼습니다.

> "학자들은 '영'이 자연 인간의 영을 가리키는지(NIV, Hodge, Hunter)아니면 하나님의 영을 가리키는지에(Calvin, Murray, Barrett) 대하여 의견이 갈려 있다. 몸과 영이 평행을 이룬다는 점을 고려할 때, 몸이 인간의 몸을 가리키는 것처럼 영도 인간의 영을 가리킨다고 보는 것이 자연스러울 수 있다. 하지만 근접문맥에서 '영'은 항상 성령을 가리키는 말로 사용되어 왔고 (8:2, 4-6, 9), 한글 성경에서 '살아 있는'으로 번역된 헬라어도 사실은 형용사가 아니라 '생명'이란 명사 형태로 되어 있다. 바울이 인간의 영을 가리켜 '생명'이라고 말했을 리는 없고 그것을 성령에 대해 묘사하는 말로 사용했을 가능성이 더 높다."[95]

하지만 아무리 다수의 학자들이 지지하더라도 이것은 매우 의심스럽습니다. 무엇보다, 몸과 영이 대조를 이루고 있는데 영

---

95 이한수 『복음은 구원을 주시는 하나님의 능력』 서울: 이레서원, 2010. p. 777.

을 사람의 영이 아닌 성령으로 해석한다는 것을 이해할 수가 없습니다. 이에 대해 이한수 교수님은 "근접문맥에서 '영'은 항상 성령을 가리키는 말로 사용"되었다고 답했습니다. 그러나 같은 장 16절에서 "영"은 분명히 사람의 영입니다.

> "성령이 친히 우리의 **영**과 더불어 우리가 하나님의 자녀인 것을 증언하시나니"

또, "살아 있는"으로 번역된 헬라어가 형용사가 아니라 '생명'이란 명사 형태이고, 바울이 사람의 영을 가리켜 '생명'이라고 말했을 리가 없다고 했습니다. 그러나 그렇다고 생명으로 번역하는 것이 불가능하진 않습니다. 일례로, 표준새번역은 이렇게 번역했습니다.

> "또한 그리스도께서 여러분 안에 살아 계시면, 여러분의 몸은 죄 때문에 죽은 것이지만, 영은 의 때문에 **생명**을 얻습니다."

또한, 헬라어직역성경도 이렇게 번역했습니다.

> "그러나 마쉬아흐께서 여러분 안에 계시면 여러분의 몸은 죄를 통하여 죽었지만, 영은 의를 통하여 **생명**을 얻습니다."

실제로, 문법적으로 이렇게 번역하는 것이 가능합니다. 그러므로 둘 다 설득력이 없습니다. 또한, 9-11절을 잘 보시기 바랍니다.

> “**만일 너희 속에 하나님의 영이 거하시면** 너희가 육신에 있지 아니하고 영에 있나니 누구든지 그리스도의 영이 없으면 그리스도의 사람이 아니라. **또 그리스도께서 너희 안에 계시면** 몸은 죄로 말미암아 죽은 것이나 영은 의로 말미암아 살아 있는 것이니라. **예수를 죽은 자 가운데서 살리신 이의 영이 너희 안에 거하시면** 그리스도 예수를 죽은 자 가운데서 살리신 이가 너희 안에 거하시는 그의 영으로 말미암아 너희 죽을 몸도 살리시리라.”

저는 “또 그리스도께서 너희 안에 계시면”(10절)이 중요한 단서라고 생각합니다. 9절은 “만일 너희 속에 하나님의 영이 거하시면”, 10절은 “또 그리스도께서 너희 안에 계시면”, 11절은 “예수를 죽은 자 가운데서 살리신 이의 영이 너희 안에 거하시면”으로 시작하고 모두 같은 뜻입니다. 또, 세 구절의 후반부는 성령 혹은 예수님이 안에 거하실 때 신자에게 일어나는 일들을 설명한 것입니다. 즉, 성령이 아니라 신자들에 대한 설명입니다. 그러므로 10절의 “영”을 성령님이 아니라 신자의 영을 뜻한다고 보아야 합니다.

저는 10절 후반절이 실제로 신자의 영이 생명을 얻은 것을 뜻한다고 믿습니다. 그런데 그렇게 이해하면, “영에 생명이 없다더니 있잖아?”라는 반론이 생길 수 있습니다.

과연 이 반론에 어떻게 답해야 할까요? 일부 학자들은 이 구절을 이렇게 이해합니다.

> "(그리스도와의 너희 교제로 말미암아) 너희는 이미 죄에 대해 죽었으므로, 즉 죄에 대한 심판이 이미 집행되었으므로(너희가 그리스도와 함께 죽는 가운데) 너희 몸은 죽었으나 너희 영은 너희가 (이런 이유에서) 의롭다고 선언받았기 때문에 산 것이다(참조: 롬 6:7)."(참조: J. Behm; Walter Bauer; J. H. Thayer).

그러나 로마서 6장에 의하면 그리스도와 함께 죽은 것이 단지 우리의 몸이 아닙니다. "우리"입니다(롬 6:2-4). 또, 이것은 로마서 6장 7절을 잘못 해석한 것에 근거하여 이 구절을 오해한 것입니다. 그것은 나중에 칭의에 대해 설교할 때 자세히 설명해드릴 것입니다. 그러므로 옳은 해석이 아닙니다.

또, 『당신의 복음은 바울의 복음인가?』[96]라는 책에서 저는 이 구절을 이렇게 해석했습니다.

> "'**몸은 죄로 말미암아 죽은 것이나**'라는 표현이 특이하지요! 이것은 일락을 좋아하는 이는 살았으나 죽은 것처럼, 죄를 짓게 역사하는 몸도 하나님이 보실 때는 죽은 것이라는 뜻입니다. 여전히 죄의 법이 그 안에서 역사하는 즉 몸의 구속이 아직

96 참고로, 수정증보판에서는 이 부분을 수정하였다.

이루어지지 않은 상태를 '몸은 죄로 말미암아 죽은 것이나'라고 표현한 것입니다.

쉽게 설명하면, 사람의 영은 구원받기 전에는 죽어 있습니다. 마찬가지로 몸도 몸의 구속을 통해 몸의 구원이 이루어지기 전에는 하나님이 보실 때는 죽어 있는 것입니다. 그것을 '몸은 죄로 말미암아 죽은 것이나'라고 표현한 것입니다. 이에 대해 토마스 슈라이너는 이렇게 말했습니다.

'신자들이 성령을 소유한 것은 분명하지만(8:8-9), 몸은 죄로 말미암아 구속받지 못하고 죽어 있다. 여기에 들어 있는 사상은 신자들이 아직 죄의 현존으로부터 완전히 해방되지 못했다는 것을 말하는 듯하나.'[97]

반면에, 영은 성령이 주시는 생명을 통해 살아났고 죄가 아니라 의를 행하고 있기 때문에 하나님이 보시기에도 살아 있다는 것입니다."

그러나 저는 최근 이 구절과 씨름하면서 이 해석이 틀렸다는 것을 알았습니다.

변명을 좀 하면, 그때는 제 관심이 "몸은 죄로 인하여 죽은 것이나"에 있었습니다. 그것에 초점을 맞추고 연구했습니다. 또, 그 해석으로 몸의 죽음에 대한 과거적인 표현이 깔끔하게 해결되어 매력을 느꼈고, 그것을 토마스 슈라이너의 글이 뒷받

97 토마스 슈라이너 『로마서』 배용덕 옮김. 서울: 부흥과개혁사, 2013. p. 466.

침해주어서 옳다고 생각했습니다. 그러나 후반절은 평범한 내용이었고 제 관심사가 아니었습니다. 깊이 살펴볼 필요가 없었고, 보아야 할 것이 너무 많았습니다. 그래서 피곤해서 그 부분에 대한 주석들을 읽지 않았습니다.

게다가, 잘못된 번역도 한 몫 했습니다. 성경번역을 바르게 했으면 눈치 챌 수 있었는데, '살아 있는'으로 번역했습니다. 원어는 '살아 있는'이 아니라 '생명'입니다. 영이 살아 있다는 뜻이 아니라 의 때문에 생명을 얻었다는 뜻입니다. "의를 행하고 있으므로 살아 있는 것이다"와 다른 개념입니다.

또, "죄로 말미암아"와 "의로 말미암아"라는 표현을 놓쳤습니다. 이 표현들 때문에 "죄성이 있으니 죽었다" 또는 "하나님 말씀대로 살고 있으므로 살아 있다" 이런 뜻이 아니라 죄의 결과와 의의 결과를 보여준 것으로 보아야 합니다.

또한, 10절 후반절에 대한 그 해석은 앞에 나오는 구절들과 그 자체만 보면 옳아 보이지만, 후반절과 조화가 되지 않습니다. 그 구절에서 전반절과 후반절은 대조를 이룹니다. 때문에 만약 전반절이 그런 의미라면 후반절에 영은 성령을 통해 새 생명을 얻어서 말씀대로 살 수 있게 되었다는 내용이 나와야 합니다. 그런데 그렇지가 않습니다.

이 구절의 "의"는 말씀대로 행하는 것을 뜻하지 않습니다. 새 생명 때문에 말씀대로 살게 되지 말씀대로 살기 때문에 새 생명을 얻는 것이 아니기 때문입니다. 그러므로 믿는 자에게 주어지는 칭의(법정적인 의)를 뜻할 수밖에 없습니다. 무도 이 구절의 "의"가 생명에 이르게 하는 "전가된 의"라고 했습니다.[98] 이처럼 칭의를 통해 생명을 얻는 것이므로, 생명을 새 생명이 아니라 "의인은 믿음으로 말미암아 살리라"와 같은 의미인 멸망하지 않고 영생을 얻는다는 개념으로 보아야 합니다.

한마디로, 이것은 로마서 5장 18절과 21절의 반복입니다.

로마서 5:18 "그런즉 한 범죄로 많은 사람이 정죄에 이른 것 같이 한 의로운 행위로 말미암아 많은 사람이 **의롭다 하심을 받아 생명에 이르렀느니라."**

로마서 5:21 "이는 죄가 사망 안에서 왕 노릇 한 것 같이 은혜도 **또한 의로 말미암아 왕 노릇 하여 우리 주 예수 그리스도로 말미암아 영생에 이르게 하려 함이라."**

그러므로 후반절은 의를 행하고 살아 있다는 것이 아니라 의를 통해 생명에 이르렀다는 뜻입니다.

그럼 전반절은 어떤 뜻일까요? 이 부분은 굉장히 해석하기 힘든 난해구입니다. 이것이 어려운 이유는 "몸은 죄로 말미암아 죽은 것이나"라고 죽은 것으로 번역했기 때문입니다. 즉, 몸이 살아 있는데 죽었다고 했기 때문입니다. 그러나 사람들이 모두 죽은 것이 아닌데도 죽었다고 표현한 곳은 이곳뿐이 아닙니다.

---

98 더글라스 무 『NICNT 로마서』 손주철 옮김. 서울: 솔로몬, 2011. p. 674.

고린도전서 15:20-22 "그러나 이제 그리스도께서 죽은 자 가운데서 다시 살아나사 잠자는 자들의 첫 열매가 되셨도다. 사망이 한 사람으로 말미암았으니 죽은 자의 부활도 한 사람으로 말미암는도다. **아담 안에서 모든 사람이 죽은 것 같이** 그리스도 안에서 모든 사람이 삶을 얻으리라."

여기서 "죽음"은 문맥이 보여주듯이 육체의 죽음을 뜻합니다. 이것을 염두에 두고 22절을 보시기 바랍니다.

"**아담 안에서 모든 사람이 죽은 것 같이** 그리스도 안에서 모든 사람이 삶을 얻으리라."

이와 같이 바울은 자신은 물론 당시 많은 사람들이 살아 있었지만 "아담 안에서 모든 사람이 죽었다"고 했습니다. 왜냐하면 그만큼 죽음이 확실하고 피해 갈 수 없는 것이기 때문입니다. 저는 10절 전반절도 죄의 결과를 보여주는 것이고 같은 뜻이라고 생각합니다. 그러므로 이것은 복음을 믿고 그리스도께서 우리 안에 거해도 죽음을 피할 수는 없다는 뜻입니다. 필연적으로 다 죽는다는 뜻입니다(히 9:27). 무도 이 부분이 그런 뜻이라는 데 동의합니다.[99]

그리고 존 스토트는 10절 전체에 대한 견해가 저와 같습니니

---

99 더글라스 무 『NICNT 로마서』 손주철 옮김. 서울: 솔로몬, 2011. p. 673.

다. 그는 이렇게 썼습니다.

> "이러한 이중적 상황, 즉 죽어가는 몸과 살아 있는 영의 원인은 무엇인가? 그 대답은 **'인하여'**라는 반복되는 말에 있다. **이 말은 죽음을 죄의 탓으로 그리고 생명을 의의 덕분으로 돌린다. 바울은 이미 5장에서 아담과 그리스도를 대비시키면서 이같이 원인을 밝힌 바 있으므로, 분명 그는 우리의 몸이 아담의 죄로 인해서 죽을 운명이 되었으며**("너는 … 흙으로 돌아갈 것이니라.") **반면 우리의 영은 그리스도의 의 때문에**(5:15-18, 21) **즉 그분이 우리를 위해 확보해주신 의로운 지위 때문에 살아 있다고 말하고 있음이 분명하다.**"[100]

그리고 11절도 이 해석을 뒷받침해줍니다.

> "예수를 죽은 자 가운데서 살리신 이의 영이 너희 안에 거하시면 그리스도 예수를 죽은 자 가운데서 살리신 이가 너희 안에 거하시는 그의 영으로 말미암아 **너희 죽을 몸도** 살리시리라."

바울은 10절에서 "몸"을 언급했고 11절에서 다시 "몸"을 언급했습니다. 다른 것을 말한다고 보기보다 같은 것을 말하고 있다고 보아야 합니다. 그런데 11절에서 몸을 "죽을 몸"이라고

---

100 존 스토트 『로마서 강해』 정옥배 옮김. 서울: 한국기독학생회출판부, 1996. p. 295.

했습니다. 그러므로 권연경 교수님이 10절에 대해 “대단히 축약된 표현이라서 해석하기 쉽지 않지만, 다행히 뒤따르는 구절(11절)이 그 의미를 선명하게 풀이해준다”[101]고 말한 것처럼 “몸은 죄로 말미암아 죽은 것이나”를 더 선명하게 보여준 것이라고 보아야 합니다. 그러므로 11절은 10절 전반절에 대한 저의 이해가 옳음을 뒷받침해주는 것입니다.

이상 설명해드린 것처럼, 10절은 신자의 몸은 죄 때문에 결국 죽지만, 신자의 영은 주님이 주시는 의 때문에 생명에 이르렀다는 뜻입니다(롬 5:18). 이처럼 후반절은 자연적인 생명이 아니라 멸망하느냐 영생을 얻느냐에 대한 것입니다. 무가 “신자가 누리는 정죄로부터의 해방이라는 의미에서 말하는 그 ‘생명’”[102]이라고 말한 그대로입니다. 이처럼 이것은 사법적인 개념이고, 결코 사람의 영에 자연적인 생명이 있다는 뜻이 아닙니다. 그러므로 영과 혼에 대한 제 견해와 모순이 아닙니다.

(4) 바울이 영으로 가서 먼 곳의 성도들을 판단한 것을 볼 때 영에 의식이 있는 것 아닌가?

바울은 그의 편지에서 매우 신비한 경험에 대해 말했습니다.

---

101 권연경 『로마서 산책』 서울: 복 있는 사람, 2013. pp. 235-236.

102 더글라스 무 『NICNT 로마서』 손주철 옮김. 서울: 솔로몬, 2011. p. 674.

고린도전서 5:3-5 "내가 실로 몸으로는 떠나 있으나 **영으로는 함께 있어서 거기 있는 것 같이 이런 일 행한 자를 이미 판단하였노라.** 주 예수의 이름으로 **너희가 내 영과 함께 모여서 우리 주 예수의 능력으로 이런 자를 사탄에게 내주었으니** 이는 육신은 멸하고 영은 주 예수의 날에 구원을 받게 하려 함이라."

골로새서 2:5 "이는 내가 육신으로는 떠나 있으나 **심령**(프뉴마) **으로는 너희와 함께 있어 너희가 질서 있게 행함과 그리스도를 믿는 너희 믿음이 굳건한 것을 기쁘게 봄이라.**"

이처럼 몸이 아니라 영으로 멀리 떨어져 있는 성도들과 함께 있었다고 말했습니다. 그런데, 그때 영에 의식이 없었던 것이 아니라 있었습니다. 때문에 영이 아니라 혼에 의식과 지정의가 있다는 저의 견해가 틀린 것 아니냐? 라는 반론이 생길 수 있습니다. 그래서 이에 대해 답변해드리고자 합니다.

많은 학자들이 방금 소개한 두 구절이 다음 구절과 같은 의미라고 생각합니다.

데살로니가전서 2:17 "형제들아 **우리가 잠시 너희를 떠난 것은 얼굴이요 마음은 아니니** 너희 얼굴 보기를 열정으로 더욱 힘썼노라."

이처럼 몸은 아니지만 마음으로는 함께 있었다는 의미로 봅니다. 그러나 이 구절의 "마음"은 프뉴마가 아니라 카르디아입니다. 또, 두 구절을 그 이상의 의미라고 보는 학자들이 훨씬 더 많습니다. 예를 들어, 고든 피는 고린도전서 5장 3-4절에 대해 이렇게 썼습니다.

> **"이것은 오늘날 우리가 사용하는 관용적 표현인 '너는 내 생각에 있다'와 유사하다고 할 수 있다. 하지만 여기서 바울은 그 이상의 것을 의도한다.** 전반적으로 우리에게는 불분명하게 생각될지라도 바울은 모인 공동체 안에 '영/성령으로' 그가 함께 있음을 인지했다. … 다시 말해 **바울은 자신이 몸으로 그곳에 없기 때문에 마치 있는 것처럼 행동해야 했다는 것을 말하려는 것이 아니다. 오히려 그는** 사실 성령을 통해 **그곳에 있고, 그렇기 때문에 그런 행동을 할 수 있었다는 사실을 강조하고 있다."**[103]

또한, 피터 오브라이언은 골로새서 2장 5절에 대해 이렇게 썼습니다.

> **"그는 영으로 그들과 함께 있다. 멀리 있으면서도 자신의 동료 신자들과 함께 있다는 바울의 영적 현존의식은 아주 강력하고도 생생하다. …**
>
> **그러나 바울이 어떻게 자기의 영이 골로새 교인들 혹은 고린**

103 고든 피 『NICNT 고린도전서』 최병필 옮김. 서울: 부흥과개혁사, 2019. p. 281.

도 교인들과 함께 있는 것으로 상상할 수 있었을까? 고린도교회의 상황을 고려해 보면(고전 5:3-5) '영으로'란 표현은 그것이 사실이었든 어떻든 간에 자기의 생각과 기도 가운데 그들이 그와 함께 있었다는 사실 이상의 어떤 것을 암시한다. 바울은 그들이 자기와 함께 있는 것이 아니라 자기가 그들과 함께 있다고 말하고 있다. 고린도전서 5:4에서 분명히 그것은 단순히 그가 그들의 판결에 동의한다는 것이 아닌 실질적인 현존인데, 그 이유는 그가 '너희가 내 영과 함께 모여서'라고 기록하고 있기 때문이다. 그는 분명히 자기 육신이 서 있는 곳으로부터 멀리 떨어져 있는 장소에 자기 영의 현존을 생각했다."[104]

두 구절 중 의미가 더 확실한 것은 고린도전서에 나오는 구절입니다. 그리고 어떻게 멀리 떨어진 성도들과 영으로 함께 있었느냐가 수수께끼입니다. 그런데 찰스 하지는 그것이 이런 뜻일 것이라고 생각합니다.

"'몸으로는 떠나 있으나 영으로는 함께 있어서.' 바울의 판단하는 능력 또는 권위, 또는 그 판단을 실행하는 그의 권세는 그의 몸이 어디에 있든지 관계가 없었다. 그는 영으로 함께 있었다. 이것은 단순히 그가 마음으로 함께 있어 그들을 생각하고 그들의 번영에 관심을 갖고 있었음을 의미하지 않는다. 오히려 **그것**

104 피터 오브라이언 『골로새서, 빌레몬서』 정일오 옮김. 서울: 솔로몬, 2008. pp. 213-214.

은 지식과 권위, 능력이 그들과 함께 있었음을 의미한다."[105]

상당히 그럴듯하지요! 앤서니 티슬턴도 이에 동의합니다.

"**편지를 통한 사도적 의사소통은 그 자체로 사도적 임재에 해당한다.**"[106]

또, 데이비드 갈런드도 이에 동의했습니다.

"이 문제를 다루고자 바울은 급히 고린도에 돌아올 수 없지만, **바울은 자신이 영적으로 그의 서신을 통해 고린도교회와 그곳에 함께 있다고 간주한다. 사실상, 바울은 함께 한 모임 속에서 읽히게 되는 자신의 서신이 성령의 능력을 전해준다고 믿는다.** 고린도에 있는 그의 비판자들조차 그의 서신들을 힘이 있다고 여겼다(고후 10:10)."[107]

하지만, 그러면서도 그는 다음 견해를 더 선호했습니다.

"**바울은 6장 17절에서 그리스도와 연합한 이들은 그리스도와 한 영이 된다고 설명한다. 이런 근본적인 사상이 바울의 영**

---

105 찰스 하지 『고린도전서 성경주해』 김영배·손종국 옮김. 서울: 아가페, 1992. p. 134.
106 앤서니 티슬턴 『고린도전서』 권연경 옮김. 서울: SFC, 2019. p. 161.
107 데이비드 갈런드 『BECNT 고린도전서』 주호영 옮김. 서울: 부흥과개혁사, 2019. p. 235.

이(참고. 롬 1:9; 8:16; 고전 14:14-15; 고후 2:13) 고린도 교인들과 함께 있을 수 있는 방법의 기초일지도 모른다. 영(spirit) 안에서 그리스도와 연합함으로써, 바울은 그리스도의 임재를 통해 고린도 교인들과 있을 수 있다."[108]

현재 가장 많은 학자들이 지지하고 있는 견해가 이것입니다. 가장 인기 있는 견해입니다. 그러나 너무 인간적이고 인위적인 견해 같아 보이지 않나요? 어쨌든 이 중 어느 견해가 옳은가는 지금 중요하지 않습니다. 왜냐하면 어떤 것이 옳든 영과 혼에 대한 제 견해와 충돌을 일으키지 않기 때문입니다.

다음으로, 썬다 싱의 생애를 다룬 책에 보면 이런 내용이 나옵니다.

"썬다는 전에 만났던 똑같은 동굴을 찾아 마하리시를 만났다. 그는 거기에 그대로 있었다. 사년 전 그가 예기치 않게 이 성사를 만나고 사람들에게 그 조우사건을 말했을 때, 그들은 그것을 믿으려 들지 않았다. 이에 썬다는 사람들에게 실제로 성사를 대면시켜주고자 자기와 함께 히말라야를 등정하자고 제의하였는데, 그때 윌리암스(Padre Williams)라고 하는 사람만이 나선 적이 있다. 그러나 그도 출발을 얼마 앞두고 무슨 일이 생겨서 따라오지 못하게 되었다. 썬다는 그 사실을 7월 14일의

108 데이비드 갈런드 『BECNT 고린도전서』 주호영 옮김. 서울: 부흥과개혁사, 2019. p. 235.

'통신문'에다 밝히고는 다음과 같이 기사를 계속했다.

'나는 마하리시가 같은 동굴에 있음을 알았다. 놀랍게도 그는 내가 그동안 무엇을 하고 있었는지를 다 알고 있었다. 인사를 드리고 나서, 나는 내가 잘 아는 한 선교사의 부탁을 그에게 전했다. 선교사는 그를 위해 마하리시가 특별히 기도를 좀 해주기를 부탁했던 것이다.

'그 사람은 지금 죄를 많이 짓고 있소. 가서 먼저 회개하라고 이르시오. 만약 그가 회개한다면 그때 기도를 하여 드리리다. 사람이 죄를 지을 때는 그 스스로는 자기의 범죄를 아무도 못 볼 것이라고 생각하지만 하나님께서는 다 보고 듣고 하셔서 알고 계시지요.'

나는 성사가 깊은 산속에서 거하고 있으면서 어떻게 나의 족적과 그 선교사의 비행을 훤히 알고 있느냐고 물어보았다. 그는 자기가 세상을 위해 기도하는 사명을 하나님의 은총으로 받았기 때문에 영력을 갖고 있다고 말한 다음, 다음과 같은 성경 구절들을 알려주었다.

열왕기하 5장 26절, 고린도전서 5장 3절, 고린도후서 12장 2절, 골로새서 2장 5절.

하나님께서 능력만 주시면 비록 지리적으로는 멀리 떨어져 있다 하더라도 사람의 영은 멀리 있는 사람들의 마음과 행동까지도 능히 알 수 있게 된다는 말인 것 같았다.'"[109]

---

109 이기반 『히말라야의 눈꽃』 서울: 홍성사, 1991. pp. 108-109.

앞의 견해들처럼 이 구절들이 진짜 이런 뜻이라고 해도 전혀 문제가 되지 않습니다. 왜냐하면 영이 몸을 떠나지 않고 몸 안에서 영과 혼이 결합된 상태에서 즉 혼의 생명과 의식과 지정의를 공유하고 있는 상태에서 멀리 있는 사람들의 마음과 행동을 능히 알 수 있다고 말한 것이 되기 때문입니다. 다음 구절도 같은 이유로 전혀 문제가 되지 않습니다.

> 고린도전서 2:11 "사람의 일을 **사람의 속에 있는 영** 외에 누가 알리요! 이와 같이 하나님의 일도 하나님의 영 외에는 아무도 알지 못하느니라."

우리에게 문제가 되는 것은, 우리가 다루는 두 구절을 입신할 때처럼 바울의 몸에서 영이 빠져나와 실제로 그 도시들을 방문한 것으로 보는 견해입니다. 그런데 피터 오브라이언은 그 가능성을 인정했습니다.

> "오토(Otto)가 다음과 같이 말한 것은 옳을 수도 있다. '실제로 주저함이 없이 그는 자신이 영적으로 먼 곳까지 활동하는 능력을 가지고 있었다고 믿었다.'"[110]

또, 놀랍게도 가장 그럴 것 같지 않은 현대성서주석이 이 견

110 피터 오브라이언 『골로새서, 빌레몬서』 정일오 옮김. 서울: 솔로몬, 2008. p. 214.

해를 지지했습니다.

"바울은 자신의 영이 그들과 함께 모일 것이라고 말하고 있다. 이것을 가볍게 읽어 단지 심리적 의미에서 이런 말을 하는 것으로 보아서는 안 된다. 바울은 자신의 영이 일종의 신비한 방식으로 그들의 행동에 실질적으로 동참하면서, 실제로 그곳에서 공동체와 함께 있을 것이라고 믿었다. 바울이 비록 발설하여 말하는 것을 꺼리기는 했지만, 강력한 신비체험과 확신을 갖고 있었다는 것을 결코 잊어서는 안 된다. 그가 '셋째 하늘에 이끌려' 갈 수 있다면(고후 12:2), 자신이 '영으로' 에베소에서(고전 16:8) 고린도로 옮겨져 신비하지만 실질적인 방식으로 교회의 결정적인 징계 행위에 동참할 수 있다고 생각하는 것은 어렵지 않은 일이다. …

혹시 이 모든 것이 20세기 말에 위치한 그리스도인들에게 다소 기괴하게 들린다면, 그것은 이 편지가 계몽주의 이후의 이성주의자들에게 전달된 것이 아니라는 점을 새삼 상기시켜 주는 일이 될 것이다. 이 편지는 성령의 능력이 일상적으로 경험되는 실재였던 세계 속에서 살며, 움직이는 것으로 이해하고 있던 공동체에게 전달된 것이다."[111]

저는 이렇게 이해하는 것이 옳다고 생각합니다. 그런데 이

111 리처드 헤이스 『현대성서주석 고린도전서』 유승원 옮김. 서울: 한국장로교출판사, 2014. pp. 157-158.

것이 옳을 경우, "몸에서 영이 빠져나가 다른 도시를 방문했는데 의식이 없는 것이 아니라 있었다. 그러니 생명과 의식이 영이 아니라 혼에 있다는 영과 혼에 대한 견해가 잘못된 것 아니냐?"라는 반론이 가능해집니다. 이것은 영과 혼에 대한 저의 견해를 완전히 뒤집을 수 있는 강력한 반론입니다.

때문에 저는 비상이 걸렸습니다. 그리고 급히 이 구절을 연구해보았습니다. 먼저, 저는 이 구절에 나오는 "영으로는"이라는 단어를 검색해보았습니다.

> 로마서 1:3-4 "그의 아들에 관하여 말하면 **육신**으로는 다윗의 혈통에서 나셨고 성결의 **영으로는** 죽은 자들 가운데서 부활하사 능력으로 하나님의 아들로 선포되셨으니 곧 우리 주 예수 그리스도시니라."

> 고린도전서 5:3 "내가 실로 **몸**으로는 떠나 있으나 **영으로는** 함께 있어서 거기 있는 것 같이 이런 일 행한 자를 이미 판단하였노라."

> 베드로전서 3:18 "그리스도께서도 단번에 죄를 위하여 죽으사 의인으로서 불의한 자를 대신하셨으니 이는 우리를 하나님 앞으로 인도하려 하심이라, **육체**로는 죽임을 당하시고 **영으로는** 살리심을 받으셨으니"

베드로전서 4:6 "이를 위하여 죽은 자들에게도 복음이 전파되었으니 이는 **육체로는** 사람으로 심판을 받으나 **영으로는** 하나님을 따라 살게 하려 함이라."

그런데 모두 "영"이 혼이 아니라 육과 대비되고 있음을 발견했습니다. 특히, 고린도전서에 나오는 구절에는 "영"이라는 단어가 세 번 연속 나타납니다.

고린도전서 5:3-5 "내가 실로 **몸으로는** 떠나 있으나 **영으로는** 함께 있어서 거기 있는 것 같이 이런 일 행한 자를 이미 판단하였노라. 주 예수의 이름으로 너희가 내 **영**과 함께 모여서 우리 주 예수의 능력으로 이런 자를 사탄에게 내주었으니 이는 육신은 멸하고 **영**은 주 예수의 날에 구원을 받게 하려 함이라."

그런데 "영"이 모두 육과 대비되는 개념으로 사용되었습니다. 골로새서 2장 5절도 마찬가지입니다.

"이는 내가 **육신으로는** 떠나 있으나 **심령**(프뉴마)으로는 너희와 함께 있어 너희가 질서 있게 행함과 그리스도를 믿는 너희 믿음이 굳건한 것을 기쁘게 봄이라."

이처럼 영이 혼이 아니라 육신과 대비를 이루고 있습니다. 그러므로 영과 혼의 용례에 대해 설명할 때 말한 것처럼, 여기서 "영"은 단지 영이 아닌 영혼을 뜻한다고 보아야 합니다.

뿐만 아니라, 베드로전서 3장 18-19절에는 이런 말씀이 나옵니다.

"그리스도께서도 단번에 죄를 위하여 죽으사 의인으로서 불의한 자를 대신하셨으니 이는 우리를 하나님 앞으로 인도하려 하심이라. 육체로는 죽임을 당하시고 **영으로는** 살리심을 받으셨으니 그가 또한 **영으로** 가서 옥에 있는 영들에게 선포하시니라."

이 중 18절의 "영으로는"과 19절의 "영으로"가 같은 뜻이라는 것에 주목하십시오. 이것은 "영으로는"의 의미를 보여줍니다. 또, "영으로는"이 18절에서 "육체"와 대조를 이루고 있고, 죽은 후의 일을 설명한 19절에 "영으로"라는 표현이 나옵니다. 그런데 사람이 죽으면 영뿐 아니라 영과 혼이 몸을 떠납니다. 예수님도 예외가 아닙니다. 그러므로 19절의 "영으로"는 단지 영이 아니라 영과 혼을 뜻하는 것입니다. 영과 혼이 함께 간 것을 영으로 갔다고 표현했습니다. 바울이 사용한 "영으로는"도 이와 똑같은 표현입니다. 절대로 영만 함께 있었다는 뜻이 아닙니다. 그러므로 저의 견해와 모순이 아닙니다.

한편, 잔 레이크의 책에 보면 마지막 견해와 일치하는 매우 신기하고 놀라운 이런 간증이 나옵니다.

"1912년에 나는 남아프리카공화국의 요하네스버그에 있는 사도교회(Apostolic Tabernacle)를 담임하고 있었습니다.

우리 조직의 중요한 가르침 중 하나는 … 믿음을 통한 치유 사역이었습니다. 그 땅 곳곳에서 아픈 사람들이 모여들었고, 믿음의 기도와 믿는 자들이 손을 얹음으로써 수천 명이 치유를 받았습니다. 그때 우리 교회는 굉장한 영적인 축복을 받으며 능력의 시기를 지나고 있었습니다. 다양하고도 놀라운 성령의 나타나심과 같은 현상들이 빈번하게 일어났습니다.

주일 아침 예배에서 회중 기도를 드리기 전이었습니다. 회중 가운데에서 한 사람이 일어나더니 성도들에게 웨일즈(Wales, 요하네스버그에서 바다 건너 7,000마일 떨어진 곳)에 사는 사촌의 치유를 위해 자신이 대신 기도를 받기를 원한다고 말했습니다. 그는 그 여성이 심한 정신질환으로 웨일즈의 한 정신병원에 수용되어 있다고 말했습니다.

나는 기도하기 위해 강단에 무릎을 꿇었습니다. 평소와는 다른 강도의 기도의 영이 내 영혼에 임하여 뜨겁고도 강력한 기도를 하게 했습니다. 기도의 영은 동시에 회중에게도 임했습니다.

평소에 사람들은 기도를 할 때 의자에 앉아서 머리를 숙였는데, 이번에는 예배당 건물 안 여러 다른 곳에서 백여 명 이상이 나와 함께 기도하기 위해 무릎을 꿇었습니다. 나는 통성으로 기도했고, 그들은 조용히 기도했습니다.

강력한 하나님의 임재가 나를 사로잡았습니다. 내 영은 성령님의 강력한 능력을 분명하게 느꼈고, 순간 내가 귀신들을 쫓도록 성령님이 기름 부어 주셨음을 느꼈습니다.

나의 영의 눈이 열렸습니다. 내가 영으로 보니 회중 가운데 기도하는 많은 사람으로부터 역사하는 능력을 가진 한 줄기의 빛이 반짝이며 뻗어 나왔습니다.

기도가 계속되면서, 기도하는 사람들에게서 나오는 이 줄기들의 수가 점점 늘어났습니다. 그 빛들 하나하나가 영혼에 닿자 나의 강력한 영적 능력이 점점 증가해가더니 나는 거의 그 힘에 압도당하게 되었습니다.

이런 일이 일어나는 동안, 나는 영적인 능력을 의식하고 있었고 엄청난 힘을 발휘하며 기도문을 선포했습니다.

갑자기 내가 몸 밖으로 빠져나가는 것 같더니, 놀랍게도 요하네스버그에서 300마일 떨어진 킴벌리(Kimberley) 시를 빠르게 지나가고 있었습니다. 다음에 보게 된 것은 1,000마일이나 떨어진 해안선에 있는 케이프타운(Cape Town)시내였습니다. 그다음은 나폴레옹(Napoleon)이 추방당했던 세인트헬레나(St. Helena) 섬이었고, 스페인 연안에 있는 카보베르데(Cape Verde) 등대가 그 뒤를 이었습니다.

마치 내가 번개와 같은 속도로 모든 것을 보면서 대기를 가로질러 가고 있는 것만 같았습니다.

나는 비스케(Biscay) 만을 가로질러 프랑스 해안을 따라 웨일즈의 언덕으로 간 여정을 분명히 기억합니다. 한 번도 웨일즈에 가 본 적이 없었기 때문에 그곳은 나에게 무척 낯선 나라였습니다. 그곳의 언덕들을 빠르게 넘어갈 때 나는 '노스다코타(North Dakota) 경계를 따라 있는 와이오밍(Wyoming)주의 언덕들 같군!' 하고 혼잣말을 했습니다.

그때 한 마을이 나타났습니다. 그 마을은 언덕들 사이의 깊은 골짜기에 자리 잡고 있었습니다. 마을 안에 내가 직감적으로 정신병원이라고 알게 된 한 공공건물이 보였습니다. …

나는 문이 열리기를 기다리지 않고 건물 안으로 들어가서 한 여성이 누워 있는 침대 옆에 섰습니다. 그녀의 손목과 발목은 침대 양쪽에 묶여 있었습니다. 다른 한 줄이 그녀의 무릎 위쪽 다리를 가로질러 그녀를 묶고 있었고, 또 다른 한 줄은 흉부 위쪽을 지나 그녀의 몸통을 묶고 있었습니다. 이 줄들은 발버둥치는 그녀를 꼼짝 못하도록 잡아매기 위한 것이었습니다.

여인은 머리를 흔들며 횡설수설하고 있었습니다.

나는 그녀의 머리에 손을 얹고 전심으로, 그녀를 사로잡고 있는 악한 영이 떠나가고 하나님의 능력으로 나음을 받을 것을 하나님의 아들, 예수 그리스도의 이름으로 명령했습니다.

잠시 후, 그녀의 얼굴이 변하기 시작했습니다. 표정이 부드러워지고 총기가 돌았습니다. 그러더니 그녀가 눈을 떴고, 나를 보고 미소를 지었습니다. 나는 그녀가 치유받았다는 것을 알았습니다.

내가 남아프리카공화국으로 어떻게 돌아왔는지는 전혀 기억이 나지 않습니다. 순간적으로, 내가 여전히 무릎 꿇고 기도하고 있었다는 것을 알게 되었고, 교회 예배의 전체 상황을 지각할 수 있었습니다.

3주가 지났습니다. 사촌을 위해 기도를 요청했던 그 친구가

웨일즈의 한 친척이 보낸 편지를 들고 찾아와서 기이한 일이 일어났다고 말했습니다. 웨일즈의 정신병원에 7년 동안이나 갇혀 있던 사촌이 갑자기 온전해졌다는 것이었습니다. 그들은 이 일을 어떻게 설명해야 할지 몰랐습니다. 의사들은 가끔씩 일어나는 불가사의한 일 중 하나라고 결론지었습니다. 그녀는 완전히 나았고 친구들 곁으로 돌아갔습니다."[112]

케네스 해긴 목사님의 책에도 이와 유사한 간증이 나옵니다.

"내가 아직 결혼하기 전의 일로, 한 순복음교회에서 시무할 때였습니다. 교회에는 나에게 상당한 호감을 표현하는 아름다운 자매 한 사람이 있었고, 나도 그녀에게 약간의 관심을 가지고 있었습니다.

그 당시에 우리는 토요일 저녁과 주일 오전, 주일 저녁에 예배를 드렸습니다. 우리 교회 성도 중에서는 그녀가 노래를 가장 잘 불렀기 때문에 특송은 대부분 그녀의 몫이었습니다. 그런데 어느 토요일 저녁 예배시간이 되었는데도 특송을 하기로 한 그녀의 모습이 보이지 않았습니다. 그러다 다음 날 주일 아침이 되었고, 나는 오전예배를 위해 강단에 올라 이미 설교를 하고 있던 중이었습니다. 그런데 **갑자기 환상 중에 나는 창밖으로 눈길을 돌리게 되었고, 차 한 대가 서는 모습이 눈에 들어**

---

112 잔 레이크 『하나님의 장군의 일기』 김도현 옮김. 서울: 순전한 나드, 2011. pp. 36-40.

왔습니다. 그 자매가 차에서 내려 교회 복도를 따라 걸어 들어오는 모습이 보였습니다. 운전을 했던 남자는 차를 몰고 빠르게 사라지고 있었습니다.

어느새 나도 모르게 나는 예배 가운데 있지 않게 되었습니다. 내 목소리가 계속해서 말씀을 전하는 소리가 들렸지만, 실제로는 내가 무슨 말을 하는 것인지 알 수 없었습니다. 나의 영은 다른 곳에 있었습니다. '내 마음이 함께 가지 아니하였느냐?'라고 했던 엘리사 선지자의 말이 어떤 의미인지 절감할 수 있던 순간이었습니다.

갑자기 나는 그 주일 아침 내가 설교하던 곳에서 24킬로미터쯤 떨어져 있는 읍내의 한 도로변에 서 있게 되었습니다. 그리고 시간은 그 전날인 토요일 밤이었습니다. 그때는 1930년대였고, 거리는 사람들로 붐볐습니다. 그 당시에는 모든 시골 사람들이 토요일 밤이면 읍내로 나왔습니다.

나는 중심가의 한 가게 앞에 서 있었습니다. 그 자매가 길을 따라 걸어오는 모습이 보였습니다. 아까 보았던 차가 그녀 옆에 서더니 경적을 울렸고, 그녀는 그 사람을 따라 차에 올랐습니다.

가게 앞에 서 있던 나는 다시 영으로 그녀가 탔던 차의 뒷좌석에 앉아 있게 되었습니다. 남자는 시골길로 운전해 들어갔고, 거기서 두 사람은 간음을 저질렀습니다. 하나님이 이것을 보여주신 것은 나를 보호하시기 위함이었습니다."[113]

---

113 케네스 E. 해긴 『교회를 잘 섬기는 직분과 사역 은사』 정승혜 옮김. 서울: 베다니, 2012. pp. 125-126.

그런데 잔 레이크는 또 다른 유사한 간증에서 "영"이라는 단어를 썼고, 케네스 해긴 목사님도 "영"이라는 단어를 썼습니다. 그래서 영과 혼에 대한 저의 견해와 다른 것처럼 보일 수 있습니다.

그러나 정말로 이때 몸에 혼을 남겨두고 영만 빠져나간 것일까요?

제가 알기로는, 두 분 다 영과 혼을 구분할 수 있다고 믿지만 실제 경험에서 영과 혼이 분리된다고 생각하시진 않았습니다. 그러므로 그런 뜻으로 말한 것이 아닙니다. 더구나, 잔 레이크는 이렇게 말했습니다.

> "내가 남아프리카공화국으로 어떻게 돌아왔는지는 전혀 기억이 나지 않습니다. **순간적으로, 내가 여전히 무릎 꿇고 기도하고 있었다는 것을 알게 되었고, 교회 예배의 전체 상황을 지각할 수 있었습니다.**"

또, 케네스 해긴 목사님도 이렇게 말했습니다.

> **"어느새 나도 모르게 나는 예배 가운데 있지 않게 되었습니다. 내 목소리가 계속해서 말씀을 전하는 소리가 들렸지만, 실제로는 내가 무슨 말을 하는 것인지 알 수 없었습니다."**

이것은 둘 다 혼이 몸에 남아 있지 않았고 영과 함께했다는 것을 암시합니다.

또한, 이런 체험을 할 때 실제로 영만 이동한 것이 아니라는 것을 보여주는 성경말씀이 있습니다.

열왕기하 5:26 "엘리사가 이르되 **한 사람이 수레에서 내려 너를 맞이할 때에 내 마음이 함께 가지 아니하였느냐?** 지금이 어찌 은을 받으며 옷을 받으며 감람원이나 포도원이나 양이나 소나 남종이나 여종을 받을 때이냐?"

여기서 "마음"은 영을 뜻하는 '루아흐'가 아니라 '레브'라는 단어입니다. 이것은 "내부 인간, 마음, 정신, 의지"라는 뜻이며, 이 중 "내부 인간"은 속사람 즉 영혼입니다. 나중에 자세히 설명하겠지만, "마음"은 영과 혼의 동의어입니다. 그러므로 이런 경험은 단지 영이 아니라 영과 혼 즉 영혼이 함께 하는 것입니다. 우리는 그것을 이와 같은 체험을 한 당사자인 바울의 글을 통해 어느 정도 확인할 수 있습니다.

고린도후서 12:1-4 "무익하나마 내가 부득불 자랑하노니 주의 환상과 계시를 말하리라. 내가 그리스도 안에 있는 **한 사람**을 아노니 **그는** 십사 년 전에 셋째 하늘에 이끌려 간 자라 (**그가** 몸 안에 있었는지 몸 밖에 있었는지 나는 모르거니와 하나님은 아시느니라). 내가 이런 사람을 아노니 (**그가** 몸 안에 있었는지 몸 밖에 있었는지 나는 모르거니와 하나님은 아시느니라) **그가** 낙원으로 이끌려가서 말로 표현할 수 없는 말을 들었으니 사람이

가히 이르지 못할 말이로다."

자세히 보십시오. 입신이나 이런 영적 체험을 할 때, 영 혹은 혼이 아니라 "그"라는 인칭대명사가 보여주듯이, 그 사람의 내부인간 즉 영혼이 이동을 하는 것입니다. 예를 들어, 찰스 헌터의 간증에서도 혼이 몸에서 나와 영 속으로 들어가 단지 영이 아니라 영혼이 천국을 경험했습니다. 여러분도 잘 아시겠지만 김옥경 목사님도 이런 체험들을 자주 합니다. 그리고 그것이 실재이고 참된 경험이라는 것을 하나님께서 슈프레자 싯홀 목사님의 예언을 통해 극적으로 확증해주셨습니다. 당시 김옥경 목사님은 예언기도를 받다가 자신만 아는 은밀한 비밀이 드러나자 큰 충격을 받아 통곡하며 쓰러지기까지 했습니다. 그것을 제가 오래전 카페에 이렇게 올렸습니다.

"할렐루야! 정말 써프라이즈(Surprise)한 간증을 소개합니다.

이번에 슈프레자 싯홀(Surprise Sithole) 목사님의 집회는 한마디로 써프라이즈 했습니다. 특히 그분의 예언사역이 그랬습니다. 저는 국제적으로 저명한 거의 모든 선지자들로부터 예언을 받았습니다. 그러나 슈프레자 싯홀 목사님만큼 예언이 깊이가 있고 정확한 분을 보지 못했습니다. 정말 그 정확성과 깊이에 있어서 최고입니다.

집회기간 중 가장 써프라이즈 했던 예언을 한 가지 소개하도록 하겠습니다. 그것은 우리 교회의 중보기도 팀장이며 중보기도학교 교장인 김옥경 전도사님에 관한 예언입니다. 김옥경 전도사님은 집사 시절부터 비서실장으로 저를 섬겨왔고, 그때부터 저의 가장 친한 친구로 지내왔습니다. 『주여~』라는 책에 소개한 대로 마치 예레미야와 같은 눈물의 중보기도자입니다.

오래전부터 저는 김옥경 전도사님으로부터 눈물로 기도하던 중 자주 천국의 하나님의 보좌에 이끌려 올라간다는 것과 마치 성경의 에스겔이 그랬던 것처럼 기도 중에 영으로 매우 빈번하게 이스라엘, 아프리카, 중국, 미국, 북한 등 세계 각지에 가서 실제로 보고 기도하게 된다는 말을 들었습니다.

저는 체험을 쉽게 믿는 사람이 아닙니다. 또, 간증이 너무 굉장해서 긍정도 부정도 아니하고 약 2년간 선반 위에 올려놓았습니다. 그런데 이번에 슈프레자 싯홀 목사님의 집회를 통해 그것이 모두 실재임이 드러났습니다. **저는 김옥경 전도사님의 체험들에 대해 강사목사님께 일언반구도 하지 않았습니다. 그런데 그분은 김옥경 전도사님을 보고 아래와 같이 예언했습니다.**

'제가 그전에도 여러 곳에서 전도사님을 만났던 것을 느끼고 있습니다. 하나님께서 이미 많은 곳을 여행하시듯이 전도사님의 영을 많은 곳으로 데리고 다니셨습니다. 많은 곳입니다. 많은 곳입니다.

제가 이스라엘에 있을 때 전도사님 얼굴을 보았고, 미국에 있을 때도 전도사님 얼굴을 보았습니다. 왜냐하면 하나님께서 전 세계적으로 전도사님의 사역을 펼치시고 있기 때문입니다. 이것은 전도사님의 기도로 말미암은 것입니다. 전도사님 기도가 항상 주님 앞에 상달되어 있습니다. 바로 주님 앞에 놓여 있는 대접 안에 전도사님의 기도가 담겨 있습니다. **제가 주님의 보좌 앞으로 갔을 때 전도사님 얼굴을 보았습니다. 제가 기도할 때 전도사님 얼굴을 보았습니다. 왜냐하면 주님 앞에 항상 서 있는 자이기 때문입니다.** 항상 주님께서 전도사님을 사랑하십니다. 주님 앞에 은총을 받은 자입니다. 주님께서 지명하셨습니다. 그래서 이제 우리가 몸을 입고 드디어 만나게 된 것입니다. 이제 우리가 몸을 입고 서로 보게 된 것입니다. **제가 그전에 여러 장소에서 만났지만 또한 보좌 앞에서도 만났지만 … 또 제가 믿기로 언젠가 보좌 앞에서 같이 만나게 될 것입니다. 그러면 '어, 한국에서 오셨네요. 반갑습니다.' 하고 서로 인사하게 될 것입니다. 그때 내가 전도사님에게 미소 지을 수 있고요. 전도사님도 저를 보고 웃어 줄 수 있을 것입니다. 그래서 저와 다시 이 땅으로 돌아왔을 때 사람들에게 그 보좌에 대해서 함께 나눌 수 있을 것입니다.** 왜냐하면 주님 앞에 큰 은총을 받은 자이기 때문입니다.'

그리고 출국하기 전 저와 식사하며 담소할 때도 이렇게 말했습니다.

'저는 김옥경 전도사님을 이스라엘에서도 보았고, 미국의 어느 첨탑에서 오랫동안 기도할 때도 보았고, 아프리카에서도 보았고, 매우 여러 곳에서 여러 번 보았습니다. 저는 김 전도사님을 본 나라와 장소들을 정확하게 기억하고 있습니다. 김 전도사님은 전 세계를 통틀어서 몇 안 되는 가장 강력한 중보기도자 중의 한 사람입니다.'"

그런데 여러분도 잘 아시겠지만, 김옥경 목사님의 『영광에서 영광으로』라는 책에 보면, 이 예언의 후속타라 할 수 있는 더 놀라운 간증이 나옵니다.

"2010년 3월, 남태평양의 섬나라 호주와 뉴질랜드, 바누아투를 방문하면서, 처음으로 오세아니아 대륙에 발을 딛게 되었습니다. 2008년 5월 미주로 첫 해외집회를 나가기 이전까지는 한 번도 외국에 나가 본 적이 없는 저로서는 이곳뿐만 아니라 집회를 가는 모든 나라와 도시가 다 처음입니다. 그런데 어느 나라, 도시이든지 도착해보면 그곳의 전경은 물론이고 만나는 사람들까지 다 낯익고 친밀합니다. 왜냐하면 그 모든 곳을 주님과 함께 미리 영으로 방문하여 거닐었기 때문입니다. …

중보기도학교가 시작되고 얼마 안 된 **2007년 늦은 가을, 저는 아주 특별한 영적 체험**을 했습니다. 깊은 단잠에 빠져 있던 이른 새벽에 누군가의 손길을 느끼며 잠에서 깨어났습니다. … 잠자리에서 일어나 곧바로 방언으로 나아갔고 강한 임재 가운데 다시 누웠습니다. **그때 우연히 시계를 보았는데 아침 6시였습니다. 그리고 곧바로 육안으로 현실을 보는 것처럼 영의 세계가 선명하게 펼쳐졌습니다.**

저는 침대에 누워 있었으며 두 여자가 양편에서 저를 붙잡고 있었습니다. 제 영이 밖으로 나오려고 요동치는데 두 여자는 사력을 다해 이 일을 방해하고 있었습니다. 두 여자를 물리치기 위해 안간힘을 다하며 한참을 겨룬 끝에 여자들은 창문

을 통해 도망치듯 사라졌습니다. 다시 눕는 순간 저는 아주 밝은 빛 가운데 서 있었습니다.

바울은 이렇게 말합니다.

'내가 그리스도 안에 있는 한 사람을 아노니 그는 십사 년 전에 셋째 하늘에 이끌려 간 자라. (그가 몸 안에 있었는지 몸 밖에 있었는지 나는 모르거니와 하나님은 아시느니라) 내가 이런 사람을 아노니 (그가 몸 안에 있었는지 몸 밖에 있었는지 나는 모르거니와 하나님은 아시느니라).'(고후 12:2-3)

저 역시 대부분의 영적 경험이 어떤 상황인지 정확하게 알지 못합니다. 단지 영적 체험을 몸 안에서뿐만 아니라 몸 밖에서도 할 수 있다면, 이 체험은 몸 밖의 경험이라고 생각합니다. 다른 때와는 분명한 차이가 있었기 때문입니다. 일반적으로 제가 영적인 체험을 할 때는 거의 대부분 현실을 의식합니다. 그러나 이때에는 전혀 의식할 수 없었고, 나중에 영적 세계에서 벗어난 후에야 비로소 의식할 수 있었습니다.

몸 밖으로 나온 저는 지구상에서 3미터쯤 위의 공간에 떠 있다고 느껴졌습니다. 마치 비행기의 조종석에서 보듯 아름다운 세상이 한눈에 들어왔습니다. 조금만 아래로 내려가면 모든 것이 발에 닿을 것만 같은 그 상태로 구름을 타고 떠다니듯 이동하고 있었습니다. 매우 환상적이었습니다. …

그때 주님께서는 앞도 아니고 옆도 아닌 제 안에서 하나가 되어 계셨고, 주님과 저는 생각으로 대화를 하고 있었습니다. 출발 직전에는 머뭇거리는 저를 기다리시느라 느리게 나아가

다가 조금씩 속도가 빨라졌습니다. 앞에 펼쳐진 곳은 분명히 지구였습니다. 그런데 영적인 영역에서 보는 지구는 평소에 육안으로 보는 것과는 완전히 다른 느낌이었습니다. 그것은 마치 고해상도의 입체영화를 보는 듯했습니다. 눈앞으로 다가오는 전경들의 아름다움에 탄성이 터져 나왔습니다. 짙은 물감으로 물들여 채 마르기 전의 상태처럼 선명하고 아름다운 경치와 모든 빛과 색이 생명을 분출하며 물결치고 있었습니다. 뚜렷하고 투명한 빛들은 부드럽고 따뜻했으며 그 감촉은 오직 평안함이었습니다. 한마디로 생명이 눈으로 보이고 귀로 들렸습니다. 생크림처럼 부드럽고 달콤하게 저를 감싸 안았습니다. 마치 따뜻하고 포근한 엄마 품의 갓난아이처럼, 절대적인 평강 가운데 있었습니다. '아! 이것이 하나님께서 천지를 창조하시고 보시기에 좋았던 바로 그 느낌이구나! 영이신 하나님께서 세상을 창조하시고, 완벽하게 창조된 모든 피조물을 보시며 오감으로 맛보신 그 느낌을 나도 경험하고 있구나.' 하나님처럼 저도 감탄하고 있었습니다. …

아름다운 세상을 바라보며 감탄하는 사이, 점점 속도가 빨라지더니 앞에서 보았던 아름다운 전경과는 정반대의, 황량하고 황폐한 불모지가 모습을 드러내었고 드넓은 대양을 지나 사람이 살지 않는 물 없는 건조한 땅이 지나갔습니다. 메마른 광야가 끝없이 이어지며, 다시 특이한 지형의 협곡과 가시떨기 사이로 모래사막이 연결되고 기암괴석과 태산준령으로 이어지는, 오대양과 육대주를 넘나드는 여정이었습니다. 지구의 북반구와 남반

구, 동서양을 망라한 이 세상 여러 나라의 도시와 시골, 내륙과 섬들, 사막과 초원, 산과 바다를 종횡무진하며 모든 곳으로 순식간에 이동하였습니다. 그 사이에 사계절이 반복되었고 계속해서 여러 족속과 백성과 방언 가운데로 나아갔습니다. 수많은 부류의 사람들을 여러 환경과 상황 가운데서 끊임없이 만나고 헤어지는 긴 여정이었습니다. 일어나고 있는 이 일이 어찌 된 영문인지 몰라 어리둥절한 채, 계속해서 지구를 돌고 돌았습니다. 나중에는 너무나 빨라서 모든 것이 붙잡혀지지 않았습니다. 마치 빛의 속도처럼 빠르게 이동하면서 한순간도 멈춤 없이, 보는 순간 멀어지고 다시 새로운 것이 나타나고, 생각하는 순간 또다시 새로운 생각이 밀려오면서 모든 것이 시간과 공간을 초월한 영원처럼 지나갔습니다. 아주 특이한 경험이었습니다.

어느 순간 갑자기 이 여행은 끝이 나고 몸으로 돌아와 다시 침대 위에 누워 있었습니다. 벌떡 일어나 시계를 보니 오전 8시였습니다. **약 두 시간가량 몸 밖에서 엄청난 장거리 여행을 한 것입니다. 영 안에서 경험한 일을 혼의 지각으로 재조명하기가 쉽지 않았지만, 천천히 더듬어 보았습니다. 첫출발이 어떻게 전개되었는지는 분명히 알 수 있었으나, 나중에 속도가 빨라진 이후로는 구체적으로 무엇을 경험했는지 기억해 낼 수 없었습니다. 단지 지구상의 여러 곳에서 여러 가지 일과 수많은 사람들을 보고 왔다는 것만 인식되었습니다.** 제가 경험한 이 일의 실체를 알고 싶어 주님께 여쭈었습니다. 주님은 앞으로 가게 될 모든 나라와 사람들을 미리 보고 온 것, 즉 미래를 보고 온 것이라고 말씀해주셨습니다. '저는 구체적으로 자세히 기억이 나질 않습니다. 어느 나라, 어느 지역, 어느 누구인지 기억해 낼 수 없는데요?' 반문했지만, 주님은 더 이상 말씀하지 않으셨습니다.

'감추어진 일은 우리 하나님 여호와께 속하였거니와 ….'(신 29:29)

이 말씀처럼 '지금은 네가 이해할 수 없기 때문에 말해 줄 수 없단다. 조금만 기다리렴.' 이렇게 말씀하시는 것 같았습니다. …[114]

그런데 이 일 후에 얼마 지나지 않아서 이 경험은 실재가 되어 저는 해외 여러 나라와 도시를 수없이 방문하게 되었습니다. 해외로 나갈 때마다 이 일의 비밀이 풀려지고 확증되어 놀라움을 금치 못합니다.

2008년 5월, 캐나다 밴쿠버와 미국 캘리포니아 샌디에이고에서 초청이 들어와 처음으로 해외에 나가게 되었습니다. 소심한 저는 막연한 두려움을 애써 물리치며 긴장한 상태로 9시간의 비행 끝에 캐나다 밴쿠버에 도착하였습니다. 분명히 생애 처음으로 발을 내딛는 다른 대륙, 다른 나라인데 밴쿠버국제공항에 도착했을 때 조금도 낯설지 않았습니다. 어리둥절하여 호텔로 가는 차 안에서 이곳이 캐나다이며 밴쿠버가 맞는지 계속 확인하였습니다. 그런데 갑자기 6개월 전의 그 특별한 영적 체험이 떠올라 저는 더 이상 어떤 말도 할 수 없었습니다. 전

114 김옥경 『영광에서 영광으로』 서울: 거룩한진주, 2012. pp. 164-170.

능하신 하나님의 기이한 능력으로 영에 저장된 그때의 실체가 압축된 파일이 풀리며 열리듯 이전의 경험이 현실에서 사실이 되었습니다. 집회 중에도 성도님들의 낯익은 얼굴을 보면서 한국에서 만난 적이 있었는지 몇 번이나 확인했지만, 거의가 첫 대면이었습니다.

집회를 마치고 빅토리아 섬의 '부차드 가든(The Butchart Gardens)'을 방문하게 되었습니다. 그곳에서는 더 놀라운 영적 세계의 실재를 확인하게 되었습니다. … 그곳을 둘러보는 내내 놀라움의 연속이었습니다. 저에게 너무나 친숙한 장소였습니다. '부차드 가든'에서도 가장 아름다운 썬큰 가든(Sunken Garden)은 아주 환상적입니다. 여러 종류의 꽃들이 자아내는 아름다움, 신선함, 생명력은 탁월했습니다. 전 세계에서 가장 아름다운 꽃들을 다 그곳에 모아놓은 것 같았습니다. 그곳에 들어서는 순간 지난날 주님과 둘이 거닐었던 길과, 함께했던 모든 것들이 기억나며 남다른 감회에 젖게 되었습니다. 자연을 좋아하고 특히 꽃을 사랑하는 저를 위한 주님의 배려로 기도 중 주님께 이끌려 자주 방문한 곳이 있었습니다. 그곳이 천국인 줄 알았는데 바로 썬큰 가든이었습니다. 영으로 가 보았던 그곳을 현실에서 육신으로 실제 방문하고 있다는 사실이 무한감동이었습니다.

밴쿠버 집회를 마치고 미국 캘리포니아 샌디에이고로 출발하였습니다. 그곳에서도 영적 체험의 실체가 풀려났습니다.

먼저 샌디에이고 중보 팀과의 만남을 나누고 싶습니다. 처음 샌디에이고 중보 팀이 무명의 저를 초청하는 메일을 보냈을 때 스스로의 부족을 알기에 그냥 지나치려 했습니다. 그런데 아주 특별한 주님의 음성을 듣게 되었습니다. '그들은 이문동 중보 팀과 같은 영성을 가지고 있다.'라는 내용이었습니다. 그래서 이들이 궁금하여 초청에 응하기로 결정하였습니다. 결국, 이분들이 제가 미국으로 나갈 수 있도록 문을 열어 준 것이었습니다. 팀의 리더로 있는 샌디에이고 사랑교회 박원옥 사모님을 처음 뵈었을 때 저는 혼란스러웠습니다. 분명히 처음 뵙는 분인데 너무나 친숙한 얼굴이기 때문이었습니다. 공항으로 마중 나온 멤버들 또한 마찬가지였습니다. 특히 미국인 대나 전도사님과 장재영 사모님을 처음 뵙고 저의 놀람은 더 컸습니다. 오랜 세월을 교제해온 것 같은 깊은 친밀감이 이분들에게서 느껴졌기 때문이었습니다. 무엇보다도 미국인인 대나 전도사님이 이토록 가까운 사이로 느껴지는 것이 도저히 이해가 되질 않았습니다. 그런데 그럴 수밖에 없는 이유가 있었습니다.

두 분과 함께 차를 타고 공항에서 집회 장소로 이동하는 중, 앞좌석에 앉으신 장 사모님의 옆모습과 목소리를 접하면서 '어! 이 모습과 목소리는 너무나 익숙한데….'라는 생각이 든 것과 동시에 2007년 가을, 그 특별한 체험의 닫힌 파일이 다시 풀려지며 갑자기 한 장면이 보였습니다. 장 사모님과 제가 대화중인 장면이었습니다. 주님과 교제하는 자신의 일상적인 삶에 대해 이야기하시는 사모님의 옆모습과 대화내용을 저는 모두 기억해냈습니다. 그로부터 며칠 후, 샌디에이고 첫 집회가 끝나고 L. A.로 이동하는 차 안에서 사모님께서 자신의 삶을 나누어주셨는데, 바로 며칠 전 환상으로 보았던 내용 그대로였습니다. 2007년 가을에 경험했고 며칠 전 다시 보았던 그 환상이 현실로 이뤄지고 있었습니다. 영적 세계의 신비였습니다. …[115]

샌디에이고의 첫 집회 장소는 사막 가운데 있는 기도원이었는데, 그곳에서 다시 한번 영적 세계의 신비를 실감했습니다. 이전 영적 체험 속에서 보았던 일반적인 것이 아닌 특이한 형상의 바위들과, 사막이나 광야에서만 자라는 나무와 꽃들이 그곳에 실제로 있었기 때문입니다. 그리고 이것은 시작에 불과했습니다. 그곳의 경치들 외에도 가장 충격적인 사실은 참석한 모든 사람들의 얼굴에서 제가 느낀 친숙함이었습니다. 분명히 생애 처음 마주하는 분들이지만 제 기억 속에는 그분들과의 수없는 만남이 입력되어 있었습니다. …[116]

그 체험 이후 지금까지 저는 전지하시고 예지하신 하나님의 속성을 깊이 맛보며 살고 있습니다. 다른 대륙, 다른 나라, 다른 도시에서도 언제나 마찬가지였습니다. 만나는 모든 사람들의 얼굴이 너무나 익숙하여 가끔은 당황하기도 하지만 그날의 영적 경험을 떠올리며 새로운, 그러나 친숙한 만남으로 늘 설렙니다. 영적 세계는 실재입니다."[117]

115 김옥경 『영광에서 영광으로』 서울: 거룩한진주, 2012. pp. 171-174.

116 김옥경 『영광에서 영광으로』 서울: 거룩한진주, 2012. p. 177.

117 김옥경 『영광에서 영광으로』 서울: 거룩한진주, 2012. p. 178.

그런데 이처럼 김옥경 목사님이 입신이나 신비한 영적인 체험을 할 때 영만 이동한 것이 아닙니다. 한 번도 영만 이동한 적이 없고 항상 영혼이 이동했고, 그럴 때 단지 영만 의식되지 않고 영혼을 의식했다고 저에게 말했습니다. 그러므로 바울이 말한 두 구절도 영과 혼이 분리되어 영만 이동했다는 의미가 아닙니다. 영혼이 이동한 것입니다. 따라서 그 구절들은 영과 혼에 대한 저의 깨달음과 조금도 모순이 아닙니다.

(5) "마음속에 숨은 사람"이라는 말씀과 혼이 영으로 들어간 간증은 서로 모순 아닌가?

많은 이들이 마음은 혼, 속사람은 영이라고 생각합니다. 고린도전서 14장 14-15절 때문에 더욱 그렇게 생각합니다.

"내가 만일 방언으로 기도하면 **나의 영**이 기도하거니와 **나의 마음**은 열매를 맺지 못하리라. 그러면 어떻게 할까? 내가 **영**으로 기도하고 또 **마음**으로 기도하며 내가 **영**으로 찬송하고 또 **마음**으로 찬송하리라."

그런데 베드로전서 3장 4절에 보면 이런 말씀이 있습니다.

"오직 **마음에 숨은 사람**을 온유하고 안정한 심령의 썩지 아니할 것으로 하라. 이는 하나님 앞에 값진 것이니라."

많은 이들이, 이 구절에 나오는 "마음에 숨은 사람"을 사람의 영을 뜻한다고 생각합니다. 즉, 마음은 혼, 마음에 숨은 사람은 영이라고 생각합니다.

만약 이것이 옳다면, 영이 혼을 뜻하는 마음에 숨어 있는 것이 됩니다. 찰스 헌터의 간증과 정반대지요! 그는 혼이 영 속으로 들어가는 경험을 했습니다. 그래서 영과 혼에 대한 저의 견해에 치명타가 됩니다.

그러나, 알고 보면 이 구절은 찰스 헌터의 간증과 모순이 아닙니다. 그런데 그것을 이해하려면, 이 구절에 나오는 "속사람"(숨어 있는 사람)과 "마음"이 무엇인지를 바르게 깨달아야 합니다. 그래서 이 두 가지를 자세히 설명해드리고자 합니다.

1) 속사람은 무엇인가?

베드로전서 3:4 "오직 마음에 숨은 사람(속사람)을 온유하고 안정한 심령의 썩지 아니할 것으로 하라. 이는 하나님 앞에 값진 것이니라."

워치만 니는 『자아의 파쇄와 영의 해방』이라는 책에서 "사람의 영이 바로 속사람"[118]이라고 했습니다. 케네스 해긴 목사님도 『믿음의 양식』이라는 책에서 이렇게 주장하셨습니다.

118 워치만 니 『자아의 파쇄와 영의 해방』 서울: 한국복음서원, 1990. p. 8.

"베드로전서 3장 4절에서 … 숨은 사람이라는 의미는 육체의 감각에 숨겨진 사람이라는 뜻입니다. 당신은 그 사람을 육체의 눈으로 볼 수 없고, 육체의 손으로 느낄 수 없습니다. 그는 육체적인 존재가 아니기 때문입니다. 그는 고린도후서 4장 16절에서 말하는 '속사람'입니다.

성경에서 말하는 '속사람(the inward man)'과 '마음에 숨은 사람(the hidden man of heart)'이라는 두 가지 표현은 **인간의 영에 대한 정의**를 잘 보여주고 있습니다."[119]

이처럼 "마음에 숨은 사람"을 속사람과 동일시했습니다. 그리고 속사람이 영을 뜻한다고 보고, 마음에 숨은 사람도 영으로 이해했습니다.

그러나, 속사람은 단지 영이 아닙니다.

로마서 7:22-24 "내 속사람으로는 하나님의 법을 즐거워하되 내 지체 속에서 한 다른 법이 내 마음의 법과 싸워 내 지체 속에 있는 죄의 법으로 나를 사로잡는 것을 보는도다. 오호라 나는 곤고한 사람이로다. 이 사망의 몸에서 누가 나를 건져내랴?"

여기서 속사람은 혼이 아니라 몸과 반대됩니다. 그러므로 속사람은 단지 영이 아니라 몸 속에 있는 영혼입니다. 이에 대해

119 케네스 E. 해긴 『믿음의 양식』 김진호 옮김. 용인: 믿음의 말씀사, 2007. p. 304.

무는 "이 단락 전체에 걸쳐 바울은 사람의 '겉' 즉, 육체적인 면과 사람의 '속' 즉 **정신적** 또는 **영적인 면**을 대조시키는 단어들을 썼다."[120]고 했습니다.

고린도후서 4:16 "그러므로 우리가 낙심하지 아니하노니 우리의 **겉사람**은 낡아지나 우리의 **속사람**은 날로 새로워지도다."

이 구절에서도 속사람은 겉사람 즉 몸과 대조를 이룹니다. 그런데 로마서 7장 22절과 달리 이것은 구원받지 못한 사람이 아니라 구원받은 사람에 대한 것입니다. 때문에 찰스 하지는 이 구절에 대해 이렇게 썼습니다.

"'속사람'이라는 말은 단순히 몸과 구분되는 것으로서의 **영혼**을 의미하지는 않는다. **오히려 보다 높은 본성, 즉 신적 생명의 주체로서의 영혼을 의미한다**(엡 3:16)."[121]

그렇더라도, 결국 속사람이 구원받은 신자의 영혼을 의미한다는 뜻이지요!

에베소서 3:16 "그의 영광의 풍성함을 따라 그의 성령으로 말미

---

120 더글라스 무 『로마서』 손주철 옮김. 서울: 솔로몬, 2012. p. 634.

121 찰스 하지 『핸드릭슨 패턴 주석 고린도후서』 박상훈 옮김. 서울: 아가페출판사, 1991. p. 132.

암아 너희 속사람을 능력으로 강건하게 하시오며"

이 구절도 마찬가지입니다. 여기서도 속사람은 단지 영이 아니라 몸과 대조되는 영과 혼을 뜻합니다. 이에 대해 클린턴 아놀드는 "바울은 전에는 육체적 몸과 대조하기 위해 '속'이라는 부사를 사용했다"[122]고 했고, 길성남 교수님은 "속사람은 그리스도인이 회심할 때 입는 '새사람'(엡 4:24, 골 3:10)과 구별되는 개념이다. '새사람'이 성령으로 새롭게 된 그리스도인의 전 존재를 가리킨다면, '속사람'은 눈으로 볼 수 없는 그리스도인의 **마음**이나 **심령**을 가리킨다."[123]고 했습니다. 그러므로 속사람은 단지 영이 아니라 영혼을 뜻합니다.

또한, 속사람과 동의어인 "마음에 숨은 사람"도 단지 영이 아니라 영과 혼을 뜻한다고 보아야 합니다. 왜냐하면 3절에 "너희의 단장은 머리를 꾸미고 금을 차고 아름다운 옷을 입는 외모로 하지 말고"가 몸에 대해 말하고 있기 때문입니다. 그 후 "오직 마음에 숨은 사람을 온유하고 안정한 심령의 썩지 아니할 것으로 하라"고 했습니다. 그러므로 "마음에 숨은 사람" 역시 단지 영이 아니라 외모와 반대되는 영혼을 뜻합니다.

사실은 "마음에 숨은 사람이 영이냐? 영혼이냐?" 이것은 매우 쉽고 간단한 문제입니다. 사람이 무엇인지 생각하면 바로

---

122 클린턴 아놀드 『강해로 푸는 에베소서』 정옥배 옮김. 서울: 디모데, 2017. p. 213.

123 길성남 『에베소서 어떻게 읽을 것인가?』 서울: 성서유니온, 2012. p. 258.

답이 나오기 때문입니다. "마음에 숨은 사람"인 속사람과 이와 반대되는 겉사람이 무엇을 뜻하나요? 하나는 눈에 보이는 사람, 하나는 눈에 보이지 않는 사람입니다. 그런데 눈에 보이는 겉사람은 "하나님께서 흙으로 사람을 지으시고" 이때 만든 몸을 가리킵니다. 이것도 사람으로 불립니다. 그런데 겉사람 즉 몸 속에 또 사람이 있습니다. 그것은 의심할 여지 없이 하나님이 코에 생기를 불어넣어 만든 눈에 보이지 않는 영혼입니다.

2) 마음은 무엇인가?

저는 영과 혼이 무엇인지 오래도록 궁금해했습니다. 그러나 마음이 무엇인지에 대해선 관심이 없었습니다. 그런데 하나님의 은혜로 영과 혼이 무엇인지 깨달았다고 글을 올리자, 한 성도님이 "마음에 대해서도 꼭 연구해서 가르쳐주세요!"라고 댓글을 다셨습니다. 그때부터 부담감이 생겨서 마음을 연구하게 되었습니다.

제가 마음에 대해 연구할 때, 처음에는 다음 구절 때문에 깔끔하게 정리가 안 되고 매우 혼란스러웠습니다.

다니엘 4:16 "또 그 마음은 변하여 사람의 마음 같지 아니하고 **짐승의 마음**을 받아 일곱 때를 지내리라."

짐승은 혼밖에 없습니다. 생명과 의식, 열등한 지정의를 가지고 본능을 따라 살아갑니다. 그러나 마음은 그보다 수준이

높고 인격적인 부분으로 생각하기 쉽습니다. 그런데도 짐승에게 '마음'이라는 단어를 썼습니다. 그래서 '그렇다면 마음이 혼에 있는 건가?'라는 생각이 들었습니다.

그러나 성경은 하나님에 대해서도 '마음'이라는 단어를 사용했습니다. 그런 곳들이 굉장히 많습니다. 하나님은 영이십니다. 그래서 '그러면 혼에는 단순히 생명과 의식과 지정의만 있고, 마음은 도덕적인 것이고 양심과 관계가 있으니 영에 속한 건가?' 이번에는 반대로 이런 생각이 들었습니다. 처음에 영과 혼을 연구할 때, 지정의에 대해 혼란이 일어난 것과 똑같지요! 이 때문에 '마음은 혼에 속한 거야 영에 속한 거야?' 너무 헷갈렸습니다. 그래서 진전이 없이 갈팡질팡했습니다.

그러나 저는 포기하지 않고 열심히 연구했습니다. 그 결과, 이렇게 정리할 수 있었습니다. 짐승은 혼밖에 없습니다. 그러므로 짐승에게 마음은 혼에 속한 것입니다. 하나님은 영밖에 없습니다. 그러므로 하나님에게 마음은 영에 속한 것입니다. 이것은 마음이 혼이나 영의 독점물이 아니고 영과 혼 어디에나 속한 것일 수 있다는 것을 보여줍니다. 그런데, 사람에게는 영과 혼이 있습니다. 그러므로 마음은 하나님께는 영에 속한 것이고, 짐승에게는 혼에 속한 것이고, 사람에게는 영과 혼에 속한 것이라고 이해가 되었습니다.

사람은 영과 혼이 결합이 되어 살아가는 존재입니다. 그러므로 마음은 영에 속한 것도 혼에 속한 것도 아닙니다. 영혼 모두에게 속한 것입니다. 성경에 의하면 마음에서 생각이 나오고,

말이 나오고, 행동이 나옵니다. 그런데 선이든 악이든 영이나 혼 하나가 아니라, 영혼이 결합되어 있어서 영혼으로 행하는 것입니다. 그러므로 사람에게 마음은 영과 혼과 모두와 관계가 있다고 보아야 옳습니다.

그럼 한 걸음 더 나아가 마음은 구체적으로 무엇일까요?

성경에서 마음은 영혼과 병행을 이루고 사실상 동의어입니다.

데살로니가전서 3:13 "**너희 마음을 굳건하게 하시고** 우리 주 예수께서 그의 모든 성도와 함께 강림하실 때에 하나님 우리 아버지 앞에서 **거룩함에 흠이 없게 하시기를 원하노라.**"

데살로니가전서 5:23 "평강의 하나님이 친히 너희를 온전히 거룩하게 하시고 **또 너희의 온 영과 혼과** 몸이 우리 주 예수 그리스도께서 강림하실 때에 **흠 없게 보전되기를 원하노라.**"

이처럼 마음은 영과 혼 즉 영혼과 병행되며 같은 뜻입니다.

또, 마음은 속사람과 병행되며 같은 것을 뜻합니다.

로마서 7:22-25 "**내 속사람으로는 하나님의 법을 즐거워하되** 내 지체 속에서 한 다른 법이 **내 마음의 법**과 싸워 내 지체 속에 있는 죄의 법으로 나를 사로잡는 것을 보는도다. 오호라 나는 곤고한 사람이로다! 이 사망의 몸에서 누가 나를 건져내랴? 우리

주 예수 그리스도로 말미암아 하나님께 감사하리로다. 그런즉 내 자신이 마음으로는 하나님의 법을 육신으로는 죄의 법을 섬기노라."

그런데 속사람은 우리의 영과 혼 즉 영혼입니다. 그러므로 마음은 다른 것이 아니라 바로 영혼입니다. 그것이 마음입니다.[124]

저는 그것을 '카르디아'가 충분히 뒷받침해준다고 생각합니다. '카르디아'는 성경에서 마음을 뜻하는 대표적인 헬라어입니다. 그래서 궁금해서 사전이 어떻게 설명하나 찾아보았습니다.

---

124 오늘 설교를 들은 한 성도님이 메일로 이런 질문을 보내왔습니다.
"안녕하세요 목사님, 저는 현재 부천 사랑하는교회 출석 성도입니다. 오늘 주일1부 예배 영과 혼 시리즈 13번째 설교를 듣다가 의문점이 생겨 질문 드립니다. 목사님께서 성경에 마음은 하나님께도 있고 짐승에게도 있기 때문에 … 그러나 인간은 영과 혼이 모두 있고 결합되어 존재하기에 인간의 마음은 영혼과 같다고 말씀해주셨습니다. 그런데 그렇게 보면 성경의 다음 구절과 모순이 되는 것 같은 의문이 생깁니다. 고전 14:14 '내가 만일 방언으로 기도하면 나의 영이 기도하거니와 나의 마음은 열매를 맺지 못하리라.' 마음이 영혼과 같다고 보면, 고전 14:14에서 나의 영(프뉴마)으로 기도하지만 나의 마음(영혼)은 열매를 맺지 못한다는 말씀이 모순이 되는 거 같고 해석이 불가해집니다."
그래서 제가 간단히 이렇게 답메일을 보냈습니다.
"ㅎㅎㅎ 그 구절의 마음은 '누스'로 다른 단어입니다."
그랬더니 곧 다시 메일로 이런 질문이 왔습니다.
"롬 7:23 '내 지체 속에서 한 다른 법이 내 마음의 법과 싸워 내 지체 속에 있는 죄의 법으로 나를 사로잡는 것을 보는도다.'의 마음 역시 누스가 사용되었는데 이 부분 설명하실 때 마음이 속사람(영혼)과 같다고 하신 것은 어떻게 봐야 하나요?"
그래서 제가 다시 이렇게 답메일을 보냈습니다.
"'누스: 마음, 이해(력), 이성, 사고' 누스의 뜻입니다. 누스는 이 중 하나의 의미로 쓰인 것이고, 그 구절에서 어떤 의미로 쓰였는지는 문맥에 의해 결정해야 합니다. 항상 같은 뜻으로 쓰이는 것이 아닙니다. 로마서 7장에서도 누스라는 단어가 쓰였으나 18-20절의 원한다는 단어가 반복되는 것에 비추어볼 때 마음이라는 뜻으로 사용되었음을 알 수 있습니다. 그러나 고전 14장에서는 똑같은 누스라는 단어지만 얼마나 마음으로 간절히 기도하냐가 아니라 그 의미를 알고 기도하느냐 모르고 기도하느냐에 초점이 맞춰져 있으므로 이해력이나 이성을 뜻하는 것으로 보았습니다. 그러므로 문자적으로는 모순 같아 보여도 실제로는 모순이 아닙니다."

고전 헬라어 용법에 보면 “이 단어는 … **인간 전체의 지적, 영적 중심부를 지칭하는 말**로도 사용되었다.”[125]고 쓰여 있습니다. 그러므로 마음이 영혼을 뜻하는 것이지요!

또, 70인역의 용법에서는 “카르디아는 **감정적인 생활, 지적인 생활, 의지적인 생활 및 종교적인 생활을 포괄한 인간 생활의 중심**이다.”[126]라고 쓰여 있습니다. 역시 영혼을 뜻합니다.

또한, 신약성경의 용법에서는 **“1. 카르디아는 느낌과 감정, 욕망과 정욕의 자리이다. 2. 카르디아는 이해와 사고와 반성의 자리이다. 3. 카르디아는 의지와 결정의 자리이다. 4. 카르디아는 하나님을 향하여 가는 종교적 중심지이며 종교적 생활의 뿌리이며 도딕직 행위가 결정되는 곳이다.”**[127]라고 쓰여 있습니다. 역시 마음이 영과 혼 즉 영혼을 뜻한다는 것을 밝히 보여줍니다. 그러므로 마음은 곧 영혼입니다.

한편, J. N. D. 켈리는 베드로전서 3장 4절에 대해 이렇게 썼습니다.

> “마음에 숨은 인격(한글성경-“사람”)이라는 말은 보이지 않는 인격(병행절로 롬 7:22, 고후 4:16의 ‘속사람’을 참조하라)을 의미하는데, 여기서 속격으로 쓰인 ‘마음의’는 소유를 나타내거나(‘마음에 거하

125 바이블렉스 9-성경본문 원어사전

126 바이블렉스 9-성경본문 원어사전

127 바이블렉스 9-성경본문 원어사전

는 내적 인격') 혹은 동격을 가리킨다('보이지 않는 인격 곧 마음')."[128]

이처럼 마음과 영혼을 동의어로 볼 수도 있고 마음에 영혼이 거하는 것으로 볼 수도 있습니다. 둘 다 문법적으로 가능하며 문맥을 통해 결정해야 합니다. 성경에는 실제로 마음과 영혼이 동의어로 쓰인 곳들이 많습니다. 그리고 몇몇 번역본들이 그렇게 번역했습니다.

표준새번역 "썩지 않는 온유하고 정숙한 **마음으로 속사람을** 단장하도록 하십시오. 그것이 하나님께서 보시기에 값진 것입니다."

공동번역 "썩지 않는 장식, 곧 온유하고 정숙한 정신으로 **속마음을** 치장하십시오. 이것이야말로 하느님께서 가장 귀하게 여기시는 것입니다."

이렇게 동격으로 보면 그것으로 끝납니다. 찰스 헌터의 간증과 전혀 모순이 되지 않기 때문입니다.

또, 외모와 달리 마음은 눈에 보이지 않기 때문에 단지 눈에 보이지 않는다(오감에 감추어져 있다)는 것을 표현하기 위해 마음에 숨은 사람이라고 표현했을 수도 있습니다. 이 경우, 마음이 곧 영혼을 뜻하기 때문에 어떻게 그렇게 표현할 수가 있

---

128 J.N.D. 켈리 『베드로전후서, 유다서』 전순영·김유배 옮김. 서울: 아가페, 2014. p. 181.

느냐? 라는 반문이 있을 수 있습니다.

그러나 바울서신에는 마음과 영혼이 같은 것이라는 것이 병행되는 표현들을 통해서 분명히 드러나지만, 베드로의 글에는 마음이 곧 영혼이라는 것이 나타나 있지 않습니다. 물론 베드로전서 2장 11절에서 "영혼을 거슬러 싸우는 육체의 정욕을 제어하라."라고 한 것에 겉사람과 속사람에 해당되는 개념이 나타납니다. 그러나 바울처럼 속사람인 영혼이 마음과 같은 개념이라는 것을 알고 있었는지는 미지수입니다. 만일 베드로가 바울처럼 그런 개념정리가 되어 있지 않았다면, 단순히 마음은 보이지 않기 때문에 속사람은 보이지 않는다는 것을 강조하기 위해서 '마음에 숨은 사람'이라고 표현했을 수도 있습니다. 그 가능성을 완전히 배제할 수는 없습니다. 그리고 이 경우 찰스 헌터의 간증과 모순이 되지 않습니다.

마지막으로, 성경에서는 같은 단어라도 그 의미가 다르게 사용되는 경우가 많습니다. 또, 영어 성경들은 대부분 이 문구를 동격이 아니라 소유격으로 번역했습니다. 그러므로 동격이 아니라 속격이라고 보아야 합니다. 왜냐하면 이 구절에서 마음이 영혼을 뜻한다면, 마음에 숨은 사람이 아니라 몸에 숨은 사람이라고 말해야 옳았기 때문입니다. 저는 그래서 베드로전서 3장 4절에 나오는 마음이 일반적인 마음과 그 의미가 약간 다르다고 생각합니다.

영혼 즉 영과 혼은 사람의 구성요소 자체입니다. 그러나 이 구절의 마음은 영혼이 작동할 때 그의 선택에 의한 의도, 선과 악, 그리고 그것을 통해 형성된 그의 고유의 인격을 뜻한다고 생각합니다. 참고로, 카르디아의 신약성경의 용법에 보면 "카르디아는 외부와 대조하여 인간 내부 전체를 대표한다."[129]고 쓰여 있습니다. 그런데 저는 마음이 영혼의 활동과 특성이고 영혼을 대표하는 얼굴과 같다고 생각합니다. 즉, 마음이 영과 혼을 대표하는 것으로서,

- 영혼의 활동 및 표현!

- 영혼의 속내를 보여주는 영혼의 얼굴!

- 영혼의 반복적인 활동과 선택에 의해 형성된 그 사람의 인격을 뜻한다고 생각합니다. 이것이 이 구절에서 베드로가 말한 마음의 뜻이라고 생각합니다.

우리가 주목해야 할 점은, 이 구절과 그 전절에서 "외모"와 "마음에 숨은 사람"이 서로 대조를 이루고 있다는 것입니다. 외모는 눈에 보이지만 마음에 숨은 사람은 보이지 않습니다. 마음이 영혼, 즉 사람의 내면 전체를 대표합니다. 왜냐하면 마음을 통해 말과 행동으로 표현되지 않으면 그 영혼이 어떤 영혼인지 알 수가 없기 때문입니다. 그러므로 참으로 마음은 영혼의 얼굴입니다. 저는 이것이 영혼을 마음에 숨은 사람이라고 표현한 이유라고 생각합니다.

그런데 우리는 지금 초유의 주제를 다루고 있고 너무 복잡하고 어렵습니다. 둘째와 셋째 견해 중 어느 것이 맞는지 단정

---

129 바이블렉스 9-성경본문 원어사전

하기가 매우 어렵습니다. 그러나 어느 것이 맞든, 그것이 찰스 헌터의 간증과 모순되지 않는다는 것은 충분히 증명이 되었습니다. 저는 그것으로 족하다고 생각합니다.

사랑하는 여러분, 이상 설명해드린 바와 같이 "마음에 숨은 사람"은 절대로 난지 영이 아닙니다. 그것은 영혼입니다! 또, 베드로가 말한 "마음"은 그것이 무엇인지 정확히 단정하기는 어렵지만 적어도 혼이 아니라는 것은 확실합니다. 그러므로 "마음에 숨은 사람"이란 표현은 혼 속에 영이 들어가 있다는 뜻이 아닙니다.

생각해보십시오! 혼은 동물의 구성요소요, 영은 하나님과 천사의 구성요소입니다. 둘 중 어느 것이 더 클까요? 당연히 영입니다. 혼은 영의 한 조각일 뿐이기 때문입니다. 그러므로 혼 속에 영이 들어갈 수는 없습니다. 영 안으로 혼이 들어가야 합니다. 때문에 베드로전서 3장 4절은 많은 이들이 착각하고 있는 것처럼 영이 혼에 숨어 있다는 뜻이 아닙니다. 그러므로 그 구절은 혼이 영 안으로 들어가는 것을 경험한 찰스 헌터의 간증과 모순이 아닙니다.

V

영과 혼에 대한 무지에서 비롯된 문제들!

사람의 구조에 대해 이분설과 삼분설이 있는데 삼분설이 옳습니다. 그런데 삼분설을 믿는 우리가 조심해야 할 것이 있습니다. 그것은 지나치게 영에 치중하는 것입니다. 이로 인해 발생하는 문제가 대략 세 가지인데, 마지막으로 그것을 하나하나 살펴보고자 합니다.

1. 워치만 니와 위트니스 리의 주장

삼분설을 믿는 사람들은 지나치게 영 중심입니다. 혼이나 몸을 낮게 보거나 너무 부정적으로 보고 혼을 영과 대치되는 것으로 봅니다. 삼분설을 믿었던 초대 교부들에 대해서는 자료가 없어서 잘 모르겠지만, 워치만 니와 지방교회 위트니스 리의 가르침의 경우 문제가 심각합니다.

워치만 니의 대표작은 『영에 속한 사람』①②③권입니다. 그는 그 책에서 영과 혼 사이에 대립각을 세우고 영이 혼을 다스리고 혼이 육을 다스려야 한다고 주장합니다. 또, 그가 쓴 『혼의 잠재력』이라는 책에 보면 "혼의 세력이 있는 곳에 또한 악령도 있다"[130]고 했고 "모든 성령의 역사는 인간의 영을 통하여 이루어지고 모든 원수의 역사는 인간의 혼을 통하여 이루어진다."[131]고 했습니다. 또한, 그 책의 마지막 부분에는 "혼을 처리해야 한다."[132]는 단락이 있습니다. 심지어, 그의 제자 위트니스리는 영이 혼에서 구원받아야 한다고 역설했습니다.

그러나 성경은 혼을 그처럼 부정적으로 보지 않습니다. 사도 바울은 우리 혼이 흠 없게 보전되기를 원했습니다.

> 데살로니가전서 5:23 "평강의 하나님이 친히 너희를 온전히 거룩하게 하시고 또 너희의 온 영과 혼과 **몸이 우리 주 예수 그리스도께서 강림하실 때에 흠 없게 보전되기를 원하노라.**"

또, 사도 요한은 혼이 잘되는 것이 중요하다고 보았습니다. 그것에 비례하여 범사가 잘되고 강건하게 된다고 말했습니다.

> 요한삼서 1:2 "사랑하는 자여 **네 영혼(프쉬케-혼)이 잘됨 같이 네가 범사에 잘되고 강건하기를 내가 간구하노라.**"

---

130 워치만 니 『혼의 잠재력』 강귀봉 옮김. 서울: 생명의 말씀사, 1997. p. 30.
131 워치만 니 『혼의 잠재력』 강귀봉 옮김. 서울: 생명의 말씀사, 1997. p. 34.
132 워치만 니 『혼의 잠재력』 강귀봉 옮김. 서울: 생명의 말씀사, 1997. p. 66.

무엇보다, 하나님의 말씀은 우리 영에 도달하기 전에 먼저 혼을 통과해야 합니다.

히브리서 4:12 "**하나님의 말씀**은 살아 있고 활력이 있어 좌우에 날선 어떤 검보다도 예리하여 **혼과 영과 및 관절과 골수를 찔러 쪼개기까지** 하며 또 마음의 생각과 뜻을 판단하나니"

이 구절은 영과 혼이 함께 쓰일 때 순서가 뒤바뀐 유일한 경우입니다. 그리고 이처럼 순서가 바뀐 이유는 말씀이 영이 아니라 혼에 먼저 역사하기 때문입니다.

물론 성령은 "지혜와 계시의 영"이시고 모든 그리스도인이 계시를 받을 수 있습니다. 그렇더라도 성경의 완성과 함께 특별계시가 끝났습니다. 때문에 우리에게 계시보다 더 필요한 것이 올바른 가르침입니다. 그런데 가르침을 먼저 혼으로 접수해야 합니다. 우리는 혼 그다음 영을 통해 말씀을 배우고, 하나님의 뜻과 일치하는 소원을 갖게 됩니다. 그러므로 혼은 영의 적이 아닙니다. 영과 혼은 동료이고 깐부(한편)입니다.

또, 흔히 알고 있는 것처럼 혼이 영에 복종해야 하는 것이 아닙니다. 우리의 영과 혼과 몸이 모두 성령님께 복종해야 합니다. 그런데 잘못 생각하면, 고린도전서 2장과 3장에 나오는 세 종류의 사람들이 워치만 니와 위트니스 리의 주장을 지지하고 있다고 착각하기 쉽습니다. 일례로, 웨인 그루뎀의 『조직신학(상)』권에 보면 이런 내용이 나옵니다.

"고린도전서 2:14-3:4

이 말씀은 **육에 속한 사람**(고전 3:1), **신령치 못한 사람**(문자적으로는 **혼에 속한 사람**, 고전 2:14), 그리고 **신령한 사람**(고전 2:15) 등 세 종류의 사람에 관해 말하고 있다. 이와 같은 구분은 **육신에 속한 불신자, 혼을 따라 사는 신령치 못한 사람들, 그리고 '영'의 소욕을 따르는 성숙한 신앙인 등 세 종류의 사람이 있다**는 의미가 아닌가?"[133]

이 글을 읽고 저는 잠시 '어! 정말 그렇다면 워치만 니의 주장이 옳은 것 아닌가?'라는 생각이 들었습니다. 왜냐하면 육에 속한 사람이 불신자, 혼에 속한 사람이 어린 신자, 영의 소욕을 따르는 사람이 성숙한 신자라면, 우리가 육에 속한 자나 혼에 속한 사람이 되지 말고 영이 혼과 몸을 다스리는 영에 속한 사람이 되어야 한다는 주장이 가능하기 때문입니다.

그러나 어이없게도 이것은 성경의 내용과 다르게 각색된 것입니다. 잠시 착각을 한 것 같습니다. 왜냐하면 고린도전서 2장 14절의 "육에 속한 사람"은 신자가 아니라 불신자이고, "육에 속한"의 원어가 '프쉬케코스' 즉 혼적인 사람이기 때문입니다. 그다음 절인 15절에 나오는 "신령한 자"는 '프뉴마티코스'입니다. '프뉴마'는 영입니다. 이처럼 불신자가 혼에 속한 사람이고 신자가 신령한 사람입니다. 그 후 3장으로 가면 "육신에 속

133 웨인 그루뎀 『조직신학(상)』 노진준 옮김. 서울: 은성, 2009. p. 722.

한 자"가 나오는데 원어로 "싸르키노스"입니다. 이것이 진짜 육신에 속한 자인데 불신자가 아니라 어린 신자입니다. 육에 속한 사람은 불신자, 혼에 속한 사람은 어린 신자, 신령한 사람은 성숙한 신자라야 워치만 니와 위트니스 리의 주장이 옳은 것이 됩니다. 그런데 실제로는 그렇지가 않습니다.

더 중요한 것은, 바울이 신자를 혼에 속한 사람과 신령한 사람으로 나누지 않았을 뿐 아니라, 그들이 영에 속한 자라고 착각하고 있는 "신령한 자"도 영에 속한 사람이 아닙니다. 성령의 통치 아래 있는 사람입니다. 그 증거로, 신령한 사람에 사용된 '프뉴마티코스'는 사람의 영이 아니라 성령과 관계가 있습니다. 문맥에 그 점이 분명히 나타나 있습니다. 바울이 줄곧 성령에 대해 말했고, 성령의 역사로 복음과 진리를 받아들이고 말씀대로 살려고 하는 자가 바로 신령한 자이기 때문입니다.

이 외에도, 고린도전서 14장 37절에 다시 한번 "신령한 자"라는 표현이 나옵니다.

> **"만일 누구든지 자기를 선지자나 혹은 신령한 자로 생각하거든 내가 너희에게 편지하는 이 글이 주의 명령인 줄 알라."**

그런데 이것도 영이 아니라 성령님과 관계가 있습니다. 성령의 은사들과 관계가 있는 구절이기 때문입니다. 그러므로 신령한 자는 영에 속한 사람을 뜻하는 것이 아닙니다. 따라서 영에 속한 사람, 혼에 속한 사람, 육에 속한 사람 이런 구분은 성경적으로 정확한 것이 아닙니다.

그러므로 우리는 혼이 영에 복종하는 영에 속한 사람이 되어야 하는 것이 아닙니다. 영과 혼과 몸이 하나님께 복종하는 신령한 사람이 되어야 합니다.

고린도전서 9:27 "**내가 내 몸을 쳐 복종하게 함은** 내가 남에게 전파한 후에 자신이 도리어 버림을 당할까 두려워함이로다."

여기서 바울이 몸을 쳐서 누구에게 복종하게 했습니까? 자신의 영이 아닙니다(참조, 벧전 2:11). 하나님입니다. 그는 하나님 말씀대로 살고 맡겨주신 사명을 감당함으로 하나님께 복종했습니다.

빌립보서 2:12 "그러므로 나의 사랑하는 자들아 너희가 나 있을 때뿐 아니라 더욱 지금 나 없을 때에도 **항상 복종하여 두렵고 떨림으로 너희 구원을 이루라.**"

이 구절 역시 말씀에 즉 하나님께 복종하라는 뜻입니다(마 7:21). 이와 같이 성경은 자기 영이 아니라 하나님께 복종하라고 말씀합니다. 그러므로 성화는 혼과 영의 투쟁이 아닙니다. 혼에 속하느냐 영에 속하느냐가 아니라 우리 영혼이 육신을 따를 것이냐 성령을 따를 것이냐의 문제입니다.

고린도전서 3:1-4 "형제들아 내가 **신령한(영-성령) 자들**을 대함과 같이 너희에게 말할 수 없어서 **육신에 속한 자** 곧 그리스도 안에서 어린 아이들을 대함과 같이 하노라. 내가 너희를 젖으로 먹이고 밥으로 아니하였노니 이는 너희가 감당하지 못하였음이거니와 지금도 못하리라. 너희는 아직도 **육신에 속한 자**로다. 너희 가운데 시기와 분쟁이 있으니 어찌 **육신에 속하여** 사람을 따라 행함이 아니리요. 어떤 이는 말하되 나는 바울에게라 하고 다른 이는 나는 아볼로에게라 하니 너희가 **육의 사람**이 아니리요."

보십시오. 실제로 서로 대치되는 것이 영과 혼이 아니라 성령과 육신이지요! 이 같은 사실은 성경 곳곳에 나타나 있습니다.

먼저, 우리가 싸워야 할 대상이 육이라는 것이 성경 곳곳에 분명히 나타나 있습니다.

로마서 6:12 "그러므로 너희는 죄가 너희 죽을 몸을 지배하지 못하게 하여 **몸의 사욕에 순종하지 말고**"

로마서 13:14 "오직 주 예수 그리스도로 옷 입고 **정욕을 위하여 육신의 일을 도모하지 말라.**"

고린도전서 9:27 "**내가 내 몸을 쳐 복종하게 함은** 내가 남에게 전파한 후에 자신이 도리어 버림을 당할까 두려워함이로다."

골로새서 2:23 "이런 것들은 자의적 숭배와 겸손과 몸을 괴롭게 하는 데는 지혜 있는 모양이나 **오직 육체 따르는 것을 금하는 데는** 조금도 유익이 없느니라."

베드로전서 2:11 "사랑하는 자들아 거류민과 나그네 같은 너희를 권하노니 **영혼**(프쉬케-혼)**을 거슬러 싸우는 육체의 정욕을 제어하라.**"

또한, 우리가 영이 아니라 성령을 따라야 한다는 것도 성경 곳곳에 분명히 나타나 있습니다.

로마서 8:3-6 "율법이 육신으로 말미암아 연약하여 할 수 없는 그것을 하나님은 하시나니 곧 죄로 말미암아 자기 아들을 죄 있는 육신의 모양으로 보내어 육신에 죄를 정하사 **육신을 따르지 않고 그 영을 따라 행하는 우리에게 율법의 요구가 이루어지게 하려 하심**이니라. **육신을 따르는 자**는 육신의 일을, **영**(성령)**을 따르는 자**는 영의 일을 생각하나니 육신의 생각은 사망이요 영의 생각은 생명과 평안이니라."

로마서 8:12-14 "그러므로 형제들아 우리가 빚진 자로되 **육신**에게 져서 **육신**대로 살 것이 아니니라. **너희가 육신대로 살면 반드시 죽을 것이로되 영으로써 몸의 행실을 죽이면 살리니** 무릇 **하나님의 영으로 인도함을 받는 사람**은 곧 하나님의 아들이라."

갈라디아서 5:16-23 "**내가 이르노니 너희는 성령을 따라 행하라. 그리하면 육체의 욕심을 이루지 아니하리라. 육체의 소욕은 성령을 거스르고 성령은 육체를 거스르나니** 이 둘이 서로 대적함으로 너희가 원하는 것을 하지 못하게 하려 함이니라. **너희가 만일 성령의 인도하시는 바가 되면** 율법 아래에 있지 아니하리라. **육체의 일**은 분명하니 곧 음행과 더러운 것과 호색과 우상숭배와 주술과 원수 맺는 것과 분쟁과 시기와 분냄과 당 짓는 것과 분열함과 이단과 투기와 술 취함과 방탕함과 또 그와 같은 것들이라. 전에 너희에게 경계한 것 같이 경계하노니 이런 일을 하는 자들은 하나님의 나라를 유업으로 받지 못할 것이요. 오직 **성령의 열매**는 사랑과 희락과 화평과 오래 참음과 자비와 양선과 충성과 온유와 절제니 이같은 것을 금지할 법이 없느니라."

갈라디아서 6:8 "자기의 **육체를 위하여 심는 자**는 육체로부터 썩어질 것을 거두고 **성령을 위하여 심는 자**는 성령으로부터 영생을 거두리라."

그러므로 혼을 영에 굴복시켜야 하는 것이 아닙니다. 우리 영혼이 육신에 굴복하지 않고 성령님께 굴복해야 하는 것입니다. 그것이 곧 성화입니다.

그런데, 우리가 무엇으로 육신을 따르지 않고 성령을 따릅니까? 단지 영이 아닙니다. 영혼입니다! 사람의 영과 혼은 분리되어 있지 않고 하나가 되어 영혼으로 존재하기 때문입니다. 때문에 요한복음 3장 6절과 베드로후서 1장 9절을 비교해보면 알 수 있듯, 구원은 단지 영이 아니라 영혼이 받는 것이고, 성장도 영혼이 하는 것입니다. 그러므로 영과 혼의 싸움이 아닙니다. 우리의 싸움은 '영을 따를까? 혼을 따를까?'가 아니라 '성령을 따를 것이냐? 육체를 따를 것이냐?' 하는 것입니다. 그러므로 영에 속한 사람이 아니라 육신이 아닌 성령님께 속한 사람이 되어야 합니다. 그것이 올바른 신앙생활이고 성화입니다!

한편, 저는 위트니스 리의 책은 물론이고 워치만 니의 책도 여러분에게 권하고 싶지 않습니다. 신학생 시절 저는 워치만 니의 『영에 속한 사람』①②③권에 대한 명성을 듣고 그 책을 사서 읽었습니다. 그런데 이상하게 믿음이 안 가고 거부감이 들어서 조금 읽다 그만두었습니다. 참 진리는 영적으로 공명이 되고 빨려 들어가게 되어 있습니다. 그러나 참 진리가 아닌 것은 아무리 지혜로워 보이고 논리적이고 그럴듯해도 영적으로 깊이 공명이 안 됩니다. 뭔가가 미심쩍고 꺼림칙합니다. 성령님은 그것을 사용해서 우리를 진리 가운데로 인도하십니다. 그런데 그 책이 정확히 그랬습니다. 그 뒤로도 워치만 니의 얇은 책을 몇 권 읽기는 했으나 관심이 없어서 더 이상 읽지 않았습니다.

그런데 한기총회장을 지낸 한 유명한 목사님이 신기한 간증을 들려주며 워치만 니의 『정상적인 그리스도인의 생활을 위하여』라는 책을 저에게 강력 추천했습니다. 얼마 후 하버드대학을 졸업한 KBS의 한 베테랑 PD가 저를 찾아와서 다시 그 책을 저에게 강력 추천했습니다. 그래서 '혹 내가 선입견을 가지고 워치만 니의 책을 잘못 판단했나?'라는 생각이 들어서 그 책을 사서 열린 마음으로 읽어보았습니다.

처음에는 감칠맛 나게 로마서에 대한 해석과 설명을 잘해서 '와~ 정말 대단하구나!' 하면서 기대감을 갖고 읽었습니다. 그러나 계속 읽어보니 심각한 결함과 문제들이 나타나기 시작했습니다.

첫 번째 오류는, 제시 펜 루이스의 『십자가의 도』라는 책에 나온 것과 동일한 오류입니다. 로마서 6장에서 바울이 설명한 "십자가의 도"를 베드로전서 2장 24절에 근거해서 신유에 요구되는 믿음처럼 믿어야 죄를 이길 수 있다는 주장입니다. 병이 치유되려면 예수님이 채찍에 맞았으므로 나는 나았다고 믿어야 합니다. 이와 같이 내가 예수님과 함께 십자가에 못 박힘으로 죄에 대해서 죽었고 하나님께 대해서 살아났다고 믿어야 한다는 것입니다. 그래야 죄를 이기고 거룩해질 수 있다는 것입니다. 우리나라에도 이렇게 설교하는 분들이 많습니다. 그런데 워치만 니도 이렇게 알고 잘못 가르치고 있었습니다. 또한, 실제로 효과가 있는 그런 믿음을 가지려면 계시가 반드시 필요하다고 주장했습니다.

> "그러면 **'여기는'** 비결은 무엇인가? **한마디로 말해서 그것은 계시이다. 우리는 하나님께로부터 친히 오는 계시가 필요하다 (마 16:17; 엡 1:17, 18)**. 우리는 그리스도와 함께 연합되었다는 사

실에 눈이 뜨여져야 한다. 그것은 하나의 교리로서 아는 것 이상이다. 그러한 계시는 모호하고 불명확한 것이 아니다. **우리 중 대부분은 그리스도께서 우리를 위하여 죽으셨다는 사실을 분명히 깨닫게 된 날을 기억할 수 있으며, 동시에 우리가 그리스도와 함께 죽었다는 사실을 깨달은 때에 관해서도 명확히 알고 있어야 한다.**"[134]

"이 단계들은 무엇인가? **첫째로 계시가 있다. 우리가 이미 논의한 대로 이것은 언제나 믿음과 경험을 앞선다.** 하나님께서는 그의 말씀을 통하여 우리의 눈을 열어주셔서 그의 아들에 관한 진리를 보여주신다. 오직 그럴 때에만 우리가 믿음으로 그 사실을 우리의 것으로 받아들이면, 그것이 우리의 생활 가운데 경험으로 실제화되는 것이다. **따라서 우리가 얻은 것은 다음과 같다.**

1. **계시**(객관적)
2. **경험**(주관적)"[135]

그런데, 문제는 이 주장에 따르면 구원이 두 단계가 된다는 것입니다. 십자가의 도를 들어서 알고 믿을 뿐 아니라 계시를 받아야만 가질 수 있는 특별한 믿음이 다시 요구되기 때문입니

---

134 워치만 니 『정상적인 그리스도인의 생활』 권혁봉 옮김. 서울: 생명의말씀사, 2017. p. 63.

135 워치만 니 『정상적인 그리스도인의 생활』 권혁봉 옮김. 서울: 생명의말씀사, 2017. p. 210.

다. 그래서 비결을 말해주는 듯 하지만 사실은 치유를 받는 것만큼이나 죄에서 자유케 되는 것이 불확실하고, 요원하고, 어려운 것이 되게 할 뿐입니다.

훗날 칭의를 집중적으로 다루는 설교를 할 때 설명해드릴 것이기 때문에 지금은 자세히 설명하지 않겠습니다만, 바울이 뭐라고 말했는지 자세히 보십시오! 바울은 로마서 6장에서 십자가의 도를 설명한 후 11절에서 이렇게 말했습니다.

"이와 같이 너희도 너희 자신을 죄에 대하여는 죽은 자요 그리스도 예수 안에서 하나님께 대하여는 살아 있는 자로 **여길지어다.**"

그런데 중요한 것은 이것입니다! 여기서 정말 바울이 이렇게 여기고 믿으면 죄를 능히 이길 수 있고 변화된다고 했습니까? 아닙니다. 그 직후 바울은 이렇게 말했습니다.

로마서 6:12-13 "**그러므로 너희는 죄가 너희 죽을 몸을 지배하지 못하게 하여 몸의 사욕에 순종하지 말고 또한 너희 지체를 불의의 무기로 죄에게 내주지 말고 오직 너희 자신을 죽은 자 가운데서 다시 살아난 자 같이 하나님께 드리며 너희 지체를 의의 무기로 하나님께 드리라.**"

이처럼 그렇게 여기면 죄를 이기게 된다고 하지 않고, 그렇게 여기고 우리의 몸을 불의의 병기로 죄에게 내주지 말고 의의 무기로 하나님께 드림으로 죄를 이기라고 했습니다. 그러므로 11절은 죄를 이기는 비결이 아니라 죄를 이겨야 할 당위성을 말하고 있는 구절입니다. 이것이 이 구절의 진짜 의미입니다. 그런데 워치만 니는 11절을 죄를 이길 수 있는 비결로 착각했습니다. 그리고 이에 대한 계시가 필요하다고 보았습니다. 이것이 첫 번째 오류입니다.

두 번째 오류는, 자기 역량 이상의 무거운 짐을 들려고 하는 사람과 물에 빠진 사람을 구출하려면 그의 힘이 다 빠질 때를 기다려야 한다는 것을 말하면서 죄를 버리고 하나님께 순종하기 위한 어떤 노력도 하지 말아야 한다는 주장을 펼친 것입니다.

> **"율법으로부터 구원받는다는 것은 일상생활에서 어떤 의미를 가지는가? 좀 과장된 말일지도 모르나, 그 말은 내가 이제부터는 하나님을 위하여 전혀 아무 일도 하지 않겠다는 뜻이며, 내가 다시는 하나님을 기쁘시게 하려고 노력하지 않겠다는 뜻이다.**
>
> 우리 안에서 행하시는 이는 하나님이시다. 율법으로부터의 구원은 우리가 하나님의 뜻을 행할 의무에서 해방된다는 뜻은 아니다. 그것은 물론 우리가 무법한 사람이 되는 것을 의미하지 않는다. 그와 정반대이다. 그 말은 우리가 그 뜻을 우리의 힘으로 행하는 것에서 해방된다는 뜻이다. **우리가 그 뜻을 행할 수**

없다는 사실을 충분히 확신할 때에 우리는 옛사람을 근거로 해서 하나님을 기쁘시게 하려고 노력하는 것을 그치게 된다. 마침내 우리가 완전한 절망의 지점에 도달할 때 노력하는 것까지도 중단하게 되고, 주님의 부활 생명이 우리 안에서 나타나도록 주님을 의지하게 된다."[136]

"우리도 노력하는 것을 빨리 포기하면 할수록 그만큼 더 유익하다. 왜냐하면 우리가 그 일을 독점하고 있다면 성령님이 역사하실 곳이 없기 때문이다. 그러나 만일 우리가 '나는 그 일을 하지 않겠습니다. 다만 주님께서 나를 위해 그 일을 해주실 것을 믿습니다'라고 말한다면, 우리는 우리 자신보다 더 강한 능력으로 그 일을 해내는 것을 발견할 것이다.

1923년에 나는 유명한 캐나다인 전도자 한 사람을 만난 일이 있다. 내가 위와 같은 내용의 설교를 하고 난 후에 그와 함께 그의 집으로 걸어 돌아가는 중이었는데, 그는 다음과 같이 말하였다. '로마서 7장에 관한 내용은 오늘날 좀처럼 듣기 힘든 말씀입니다. 그런데 그 말씀을 다시금 들어보니 기쁩니다. 내가 율법에서 구원받은 날은 땅 위에서의 천국과 같은 날이었습니다. 그리스도인이 된 지 여러 해가 지난 후에도 나는 여전히 하나님을 기쁘시게 하려고 최선을 다하고 있었습니다. 그러나 내가 노력하면 할수록 그만큼 많은 실패를 했습니다. 나는 하나

136 워치만 니 『정상적인 그리스도인의 생활』 권혁봉 옮김. 서울: 생명의말씀사, 2017. pp. 167-168.

님을 이 우주 가운데서 가장 큰 요구자로 생각했습니다. 그러나 나는 그의 요구들 중 가장 작은 것도 이룰 수 없는 무력한 존재라는 것을 깨달았습니다. 어느 날 갑자기 로마서 7장을 읽을 때 빛이 비춰 나는 내가 죄로부터 구원받았을 뿐만 아니라 율법으로부터도 구원받았음을 깨달았습니다. 나는 놀라서 벌떡 일어나 다음과 같이 말하였습니다. **'주님, 주님은 정말 나에게 아무 일도 요구하지 않으십니까? 그렇다면 나는 주님을 위해서 아무 일도 더 할 필요가 없습니다!'**

하나님의 요구는 변하지 않았다. 그러나 우리는 그 요구를 이룰 자들이 아니다. 하나님을 찬미하라! 하나님은 보좌 위에서 율법을 주시고 내 마음 가운데서 그 율법을 지키시는 분이다. 율법을 주신 그분 자신이 그것을 지키신다. 하나님은 요구를 하시지만 또한 그 요구를 이루신다.

그 친구는 자기가 아무 할 일이 없다는 것을 깨달았을 때 벌떡 일어나 소리칠 수 있었다. 그리고 그와 동일한 발견을 하는 자는 모두 그렇게 할 수가 있다. 우리가 무엇이든 해보려고 노력할 때에 하나님은 아무 일도 하실 수가 없다. 우리가 실패를 거듭하는 것은 우리가 노력하기 때문이다. 하나님은 우리가 아무것도 할 수 없다는 것을 보여주기 원하신다. 그리고 우리가 그것을 완전히 깨달을 때까지 실망과 환멸은 결코 사라지지 않을 것이다."[137]

---

137 워치만 니 『정상적인 그리스도인의 생활』 권혁봉 옮김. 서울: 생명의말씀사, 2017. pp. 169-170.

이것은 유명한 청교도 설교자 존 오웬을 비롯해서 여러 책과 설교에 자주 나오는 내용입니다. 이 중 우리 힘을 의지하지 않고 전적으로 성령님을 의지해야 한다는 것은 옳은 내용입니다. 그러나 죄를 이기고 하나님께 순종하기 위해 어떤 시도나 노력도 하지 말아야 한다는 것은 진리가 아닙니다. 왜냐하면 성령님은 보혜사로서 우리를 도와주시는 분이지 우리를 대신하는 분이 아닙니다. 그리고 은혜도 "돕는 은혜"(히 4:16)이기 때문입니다. 그러므로 우리는 자기를 의지하지 말고 오직 성령님을 의지하되 온 힘을 다해 죄와 싸워야 합니다(히 12:4).

김옥경 목사님은 이와 관련하여 죄와 싸우는 것은 총력전이라는 굉장히 중요한 말을 했습니다. 옳습니다! 성경은 단지 성령을 의지하라고만 말하지 않았습니다. 회개하라, 자기를 부인하라, 자기 몸을 쳐서 복종시켜라, 영혼을 거스리는 육체의 정욕을 제어하라, 범죄케 하는 눈을 뽑아 버리고 손과 발을 잘라 버리라, 땅에 있는 지체를 죽이라, 죄와 싸우되 피 흘리기까지 싸우라고 했습니다. 그 외에도 항상 기도하라, 근신하라, 깨어 있으라고 했습니다. 그러므로 워치만 니의 주장은 진리를 포함하고 있기는 하나 성경적으로 정확한 것이 아닙니다.

세 번째 오류는, 이 둘보다 훨씬 더 심각한 것으로 참 그리스도인의 삶을 정상적인 그리스도인의 삶으로 바꾸어버린 것입니다. 즉, 바울이 로마서 6-8장을 통해 설명한 참 그리스도인의 삶을 그것보다 한 단계 높은 정상적인 그리스도인의 삶으로 왜곡하여 그런 삶을 살지 못해도 정상적인 수준은 아니지만 그리스도인인 것처럼 속이고 있다는 점입니다. 이에 대해 워치만 니는 그 책에서 이렇게 썼습니다.

"로마서 4장 25절에 있는 주 예수의 부활은 우리의 의인(義認)과 관련해서 언급되었다. '예수는 우리 범죄함을 위하여 내어줌이 되고 또한 우리의 의롭다 하심을 위하여 살아나셨느니라.' **여기에서 논의되고 있는 문제는 하나님 앞에서 우리의 위치이다.** 그러나 로마서 6장 4절에서는 부활이 거룩한 생활을 위해 새 생명을 주는 것으로 언급되었다. '… 그리스도를 죽은 자 가운데서 살리심과 같이 우리로 또한 새 생명 가운데서 행하게 하려 함이니라.' **여기서 우리 앞에 놓인 문제는 행실이다.** …[138]

믿음으로 인한 칭의의 보배로운 진리를 알 때, 우리는 여전히 이야기의 절반밖에는 모르고 있는 것이다. 우리는 지금까지 겨우 하나님 앞에서의 우리의 위치의 문제만을 해결하였을 뿐이다. 계속해 나아가 보면, 하나님께서 더 많은 것을 우리에게 주시는데, 그것은 곧 우리의 행동의 문제를 해결해주시는 것이다. 그리고 이 장들 가운데 계속되는 사고의 진전은 이 사실을 강조하는 데 기여하고 있다. **각각의 경우에 후자는 전자를 뒤따르는 것이다. 그러므로 만일 우리가 전자만을 알고 있다면, 우리는 여전히 비정상적인 그리스도인의 생활을 하고 있는 것이다.**"[139]

138 워치만 니 『정상적인 그리스도인의 생활』 권혁봉 옮김. 서울: 생명의말씀사, 2017. p. 28.
139 워치만 니 『정상적인 그리스도인의 생활』 권혁봉 옮김. 서울: 생명의말씀사, 2017. p. 29.

"어쩌면 당신은 구원받기 전에 자신을 구원하려고 노력한 일이 있을 것이다. 당신은 성경을 읽고, 기도도 하고, 교회에 나가고, 구제도 했다. 그런데 **어느 날 당신의 눈이 뜨여지자 당신은 완전한 구원이 이미 십자가 위에서 이루어진 사실을 발견하였다.** 당신은 그저 그것을 받아들이고 하나님께 감사드렸다. 그리고 평강과 기쁨이 당신의 마음 가운데 흘러들어 왔다. **그런데 좋은 소식은, 성화도 구원과 동일한 기초 위에서 이루어질 수 있다는 것이다. 당신은 죄 사함을 받은 것과 동일하게 하나님의 은혜로 죄로부터 구원을 받는다.**"[140]

"거룩한 생활을 하는 문제를 포함한 우리의 모든 구원은 그리스도의 보혈의 가치를 인식하는 데 있다고 믿는 하나님의 자녀들이 있다. 그들이 알고 있는 특정한 죄들에 대해 하나님과 이야기하는 것의 중요성과 범죄를 처리하는 그리스도의 보혈의 계속적인 효능을 강조하는 것은 당연하다.

그러나 **그들은 그리스도의 보혈이 모든 것을 해결하여 주는 줄로 생각한다. 그들이 믿는 거룩은 사실상 과거에서 분리되는 것만을 의미하는 것이다. 즉 흘려진 그리스도의 보혈을 근거로 과거에 그가 범한 모든 죄를 지금 도말시킴으로써, 하나님은 그를 세상으로부터 성별하여 자기의 소유가 되게 하신다. 그들은 그것이 거룩이라고 생각하고 있다. 그래서 그들은 거기서**

140 워치만 니 『정상적인 그리스도인의 생활』 권혁봉 옮김. 서울: 생명의말씀사, 2017. p. 50.

멈춘다. 이와 같이 그들은 하나님의 기본적인 요구와 하나님께서 준비해 놓으신 완전한 것에 미치지 못한 상태에서 멈추어 버리는 것이다. 나는 우리들이 이것의 불충분함을 이제 분명히 깨달았으리라고 생각한다."[141]

"대체로 우리는 교회를 단순히 '구원받은 죄인들'의 회집이라고 생각하여 왔다. 그것은 그렇다. 그러나 우리는 '구원받은 죄인들'과 '교회'라는 말을 거의 동일한 뜻으로 생각하여, 마치 교회가 구원받은 죄인들만을 의미하는 것처럼 여겨왔다. 그러나 그것은 그렇지 않다."[142]

이처럼 워치만 니는 죄 사함과 죄에서 자유케 되는 것, 그리고 칭의와 성화를 분리시키고 있습니다. 그러나 둘 중 하나만 즉 앞의 것만 갖는 것은 불가능합니다. 그런데도 워치만 니는 그것이 가능하다고 생각하고 있고, 그것이 바로 불충분한 혹은 비정상적인 그리스도인의 생활이고 둘 다 가진 것은 정상적인 그리스도인의 생활이라고 주장합니다. 그러나 절대 그렇지 않습니다. 전자는 그리스도인이 아니고 후자만 참 그리스도인입니다!

이상 설명해드린 것을 통해 알 수 있듯이, 워치만 니는 로마

141 워치만 니 『정상적인 그리스도인의 생활』 권혁봉 옮김. 서울: 생명의말씀사, 2017. pp. 208-209.

142 워치만 니 『정상적인 그리스도인의 생활』 권혁봉 옮김. 서울: 생명의말씀사, 2017. p. 216.

서와 칭의의 기초인 행위심판에 대한 무지 때문에, 구원파와 흡사한 구원론을 주장했습니다. 이것은 사소한 오류가 아닙니다. 영혼들의 안전을 위협하는 심각한 오류입니다. 때문에 저는 실망이 너무 컸고 깊이 탄식했습니다. 그리고 워치만 니의 책에 문제가 있다는 것을 전보다 더 확실히 알게 되었고, 주의가 필요함을 알았습니다. 따라서 저는 여러분 모두에게 그의 책들을 읽지 말라고 강력하게 권하고 싶습니다.

2. 요한일서 3장 9절에 대한 수상한 견해

사도 요한은 거듭난 사람의 대표적인 특징에 대해 이렇게 썼습니다.

요한일서 3:9 "**하나님께로부터 난 자마다 죄를 짓지 아니하나니 이는 하나님의 씨가 그의 속에 거함이요 그도 범죄하지 못하는 것은 하나님께로부터 났음이라.**"

요한일서 5:18 "**하나님께로부터 난 자는 다 범죄하지 아니하는 줄을 우리가 아노라.** 하나님께로부터 나신 자가 그를 지키시매 악한 자가 그를 만지지도 못하느니라."

이것은 요한일서 1장 8절부터 2장 1절과 비추어 볼 때 거듭난 사람은 절대로 죄를 짓지 않는다는 말이 아닙니다. 그렇다면 과연 이 구절들은 어떤 뜻일까요?

이 구절에 대해 무디 스미스는 이런 특이한 주장을 했습니다.

"요한은 그의 반대자들에게서, 도덕적 해이함과 무도한 죄악성을 지니고 있으면서도 하나님으로부터 났으니까 죄를 짓지 않는다고 주장하는 뻔뻔함을 보고 있다. 그래서 요한은 그들의 정체가 무엇인가를 확인해 주고(8절), 그들 자신의 표어를 그들의 모습을 보여주기 위해 역으로 인용하여(9절) 그들이 주장하는 자칭 완전함뿐만 아니라 특히 하나님으로부터 났다는 말까지도 모두 허위임을 보일 수 있었다."[143]

한마디로 요한일서 3장 9절이 신자에 대한 것이 아니라 적그리스도의 가르침에 미혹된 자들에 대한 것이라는 것입니다. 하지만 요한일서 3장 9절에만 이런 말씀이 있는 것이 아닙니다. 5장 18절에도 이런 말씀이 있습니다.

"하나님께로부터 난 자는 다 범죄하지 아니하는 줄을 우리가 아노라. 하나님께로부터 나신 자가 그를 지키시매 악한 자가 그를 만지지도 못하느니라."

143 무디 스미스 『요한 1, 2, 3서』 유승원 옮김. 서울: 한국장로교출판사, 2001. p. 126.

특히 “우리”라는 단어에 주목하십시오. 그러므로 이 해석은 옳은 것이 아닙니다.

이 구절에 대해, 가장 널리 퍼져 있는 견해는 거듭난 자는 습관적인 죄를 짓지 않는다는 것입니다. 즉, 죄는 신자의 삶의 양식이 아니라는 것입니다. 로이드 존즈[144]와 존 스토트[145]를 비롯해서 F. F. 브루스[146]와 데이비드 잭맨[147]이 이 견해에 동의하고 저도 이 견해가 옳다고 생각합니다. 그런데 이 구절의 현재 시제에 근거한 이 견해에 이의를 제기하는 학자들이 많습니다. 일례로, 캐런 좁스는 그의 책에서 다음과 같은 크루즈의 말을 인용했습니다.

> **“여기서 사용된 현재 시제 용법은 범죄의 습관적이거나 비습관적인 성격에 대해 전혀 말하지 않는다. 그것은 다만 저자가 범죄를 완결된 행동이 아니라 진행하는 행동과정으로 묘사하기 위하여 택한 용법임을 보여줄 뿐이다.”[148]**

그러면서 그는 요한이 말한 죄가 ‘종말론적 심판으로 이끄는 죄’인 ‘배교’ 즉 ‘사망에 이르는 죄’를 뜻한다고 주장했습니

144 로이드 존즈 『요한일서 강해 3』 임성철 옮김. 서울: 생명의 말씀사, 1996. p. 117.
145 존 스토트 『요한서신서』 김경신 옮김. 서울: CLC, 1994. p. 168.
146 F. F. 브루스 『요한1,2,3서』 이상원 옮김. 서울: 아가페, 2015. p. 116.
147 데이비드 잭맨 『요한서신』 김일우 옮김. 서울: IVP. 2019. p. 143.
148 캐런 H. 좁스 『강해로 푸는 요한일·이·삼서(존더반 신약주석)』 김귀탁 옮김. 서울: 디모데, 2018. p. 165. 재인용.

다. 거듭난 자는 다른 죄들을 지을 수 있어도 사망에 이르는 죄는 지을 수 없다는 것입니다.[149] 그러나 이것은 한 번 구원은 영원한 구원이라는 비성경적인 교리에 근거를 둔 해석입니다. 그래서 결국 그의 해석이 붕괴됩니다. 그러므로 옳은 해석이 아닙니다.

한편, 제가 여러분과 함께 파헤치고자 하는 것은 이런 해석이 아니라 이 구절에 대한 다음과 같은 해석인데, 두란노 강해주석시리즈에서 제인 하지스는 이렇게 주장했습니다.

> "본 절에서의 논지는 하나님의 자녀는 그의 부친의 본성에 동참하게 된다는 것이다. … '새사람'(혹은 "새 자아", 엡 4:24, 골 3:10)은 절대적으로 완전한 새로운 피조물이다. … **죄는 결코 그리스도인이 그의 중생한 존재의 차원에서 갖게 되는 본성으로부터 생겨날 수 없다."**[150]

또, 워치만 니는 『정상적인 그리스도인의 생활』이라는 책에서 이렇게 주장했습니다.

> "요일 3:9 '하나님께로부터 난 자마다 죄를 짓지 아니하나니

---

149 캐런 H. 좁스 『강해로 푸는 요한일·이· 삼서(존더반 신약주석)』 김귀탁 옮김. 서울: 디모데, 2018. p. 166.

150 라저 레이머 외 3인 『베드로전후서, 요한일이삼서, 유다서』 양용의 옮김. 서울: 두란노, 1992. pp. 178-179.

이는 하나님의 씨가 그의 속에 거함이요 그도 범죄하지 못하는 것은 하나님께로부터 났음이라.'

그러나 이 구절을 잘못 이해하면 그릇된 생각에 빠지기 쉽다. 요한은 이것으로써 이제는 죄가 우리 역사에 더 이상 존재하지 않는다거나 우리가 다시 범죄하지 않을 것이라고 말하는 것이 아니다. **그는 죄가 하나님께로서 난 자의 속성에 속하지 않는다는 사실을 말하고 있는 것이다. 그리스도의 생명은 새로운 출생에 의하여 우리 안에 심겨졌다. 그리고 그 생명의 속성은 죄를 범하지 않는 것이다."**[151]

또, 제시 펜 루이스는 『영과 혼』이라는 책에서 이렇게 주장했습니다.

"우리는 설교에서 구원받은 죄인이라는 말을 많이 듣고 또한 자신을 그렇게 생각한다. 하나님은 죄인들과 연합하지 않으신다. 하나님은 죄를 대면하지 않으시기 때문에 아담과 하와가 죄를 지은 후에 에덴동산에서 추방하셨다. **구원을 받은 사람은 분명히 의인(롬 5:9)이라고 성경은 증거하고 있다. 그리스도인들이 믿음을 통하여 의롭게 된 것은 영이다. 혼은 의롭게 되지 않았다."**[152]

---

151 워치만 니 『정상적인 그리스도인의 생활』 권혁봉 옮김. 서울: 생명의 말씀사, 2017. pp. 70-71.

152 제시 펜 루이스 『영과 혼』 김순임 옮김. 서울: 기독교문서선교회, 2012. pp. 6-7.

또한, 데릭 프린스는 『속죄』라는 책에서 이런 말을 했습니다.

"요한일서 3장 9절은 이렇게 말씀한다. '하나님께로부터 난 자마다 죄를 짓지 아니하나니 이는 하나님의 씨가 그의 속에 거함이요 그도 범죄하지 못하는 것은 하나님께로부터 났음이라.'

나 데릭 프린스는 이 책을 쓰고 있는 지금으로부터 약 오십구 년 전에 하나님의 사람으로 거듭났다. 그렇다면 데릭 프린스는 구원받은 후로 현재까지 죄를 전혀 범하지 않았다는 말인가? 분명히 말하건대 그렇지 않다! 그렇지만 요한일서의 성경 구절은 범죄하지 못한다고 한다. 나의 결론은, 사도 요한이 말하는 바는 개인이 아니라 개인 안에 들어 있는 새사람이 범죄하지 못한다는 뜻이다. 새사람은 썩지 않을 씨로 태어났기에, 죄를 지을 수 없는 것이다."[153]

심지어, 존경하는 케네스 해긴 목사님도 『어떻게 하나님의 영으로 인도받을 수 있는가?』라는 책에서 이렇게 쓰셨습니다.

"요일 3:9 '하나님께로부터 난 자마다 죄를 짓지 아니하나니 이는 하나님의 씨가 그의 속에 거함이요 그도 범죄하지 못하는 것은 하나님께로부터 났음이라.'

이 본문은 속사람에 관하여 말하고 있습니다. 육체적으로

---

153 데릭 프린스 『속죄』 김유태 옮김. 서울: 순전한 나드, 2010. p. 182.

우리는 부모에게서 태어나 부모의 본성을 타고났습니다. 그러나 영적으로는 하나님으로부터 태어나 하나님의 본성을 타고났습니다. 하나님의 본성은 잘못을 행하는 본성이 아닙니다. 나는 그리스도인으로서 수많은 과실을 범했습니다. 그러나 나의 속사람은 죄를 짓지 않았습니다. 나의 속사람은 내가 죄를 지을 때 내게 동의한 적조차 없습니다. 나의 속사람은 내가 그렇게 하지 않도록 애를 썼으며, 내가 죄를 졌을 때 나의 심령(heart)은 울었습니다.

나는 내 육신이 나를 지배하도록 허락하고 과실도 범했습니다만 내 영은 내 육신에게 동의한 적이 없었습니다. 하나님의 씨앗은 내 영에 있는 것이지, 내 육신에 있지 않습니다. 만일 당신의 육신이 당신을 지배하도록 계속 허락한다면 당신은 계속 과실을 범할 것입니다. 자연 상태의 마음(natural mind)이 당신을 지배하도록 계속 허락하고 말씀으로 마음을 새롭게 하지 않는다면 당신은 계속해서 과실을 범할 것입니다."[154]

우리는 습관적인 죄를 짓지 않는 것이 거듭난 자의 특징이요 증거라고 오래도록 외쳐왔습니다. 그래서 이 구절이 정말로 이런 뜻인지 아닌지 알아야만 합니다. 그런데 로마서 7장 21-23절에 보면 이렇게 기록되어 있습니다.

154 케네스 E. 헤긴 『어떻게 하나님의 영으로 인도받을 수 있는가?』 김진호 옮김. 성남: 믿음의 말씀사, 2002. pp. 123-124.

"그러므로 내가 한 법을 깨달았노니 곧 **선을 행하기 원하는 나**에게 악이 함께 있는 것이로다. **내 속사람으로는 하나님의 법을 즐거워하되** 내 지체 속에서 한 다른 법이 내 마음의 법과 싸워 내 지체 속에 있는 죄의 법으로 나를 사로잡는 것을 보는도다."

더구나, 25절에는 이렇게 기록되어 있습니다.

"우리 주 예수 그리스도로 말미암아 하나님께 감사하리로다. **그런즉 내 자신이 마음으로는 하나님의 법을** 육신으로는 죄의 법을 **섬기노라**."

그래서 '진짜 영은 죄를 안 짓는가 보다'라고 착각할 수도 있습니다. 그러나 여기서 마음과 동일시된 속사람이 과연 영입니까? 아닙니다. 겉사람 즉 육신의 반대이므로 인간의 내면 즉 영과 혼입니다. 그러므로 영이 죄를 안 짓는다는 의미가 아닙니다.

또, 요한일서 3장 9절에 나오는 "하나님께로부터 난 자마다 죄를 짓지 아니하나니"라는 표현은 실제로 죄를 짓지 않는다는 말입니다. '영은 죄를 안 짓는다'는 것이 아닙니다. 즉, 거듭난 사람이 전과 달리 습관적인 죄를 짓지 않는다는 뜻이지, 혼과 육은 죄를 짓지만 영은 죄를 짓지 않는다는 주장을 하고 있는 것이 아닙니다. 로이드 존즈도 이렇게 말했습니다.

"(이 구절은) 우리 안에 있는 새로운 본성에 대하여서만 말하고 있지도 않습니다. … 다음과 같은 식으로 이 구절을 해석하려는 자들이 있습니다. 그들이 '하나님으로부터 난 자마다 죄를 짓지 않습니다'라고 말할 때 그 뜻이 무엇이냐고 물으면 '요한이 지금 새로운 본성에 대하여 언급하고 있는 것입니다'라고 대답할 것입니다. 저들은 요한이 그리스도인들 안에 있는 '새로운 사람'은 죄를 지을 수 없다고 말하고 있다고 합니다. **하지만 요한은 새로운 사람에 대해서만 말한 것이 아닙니다. 그는 저들의 과거 모습과 현재 모습으로서 그리스도인들에 대하여 말하고 있는 것입니다. 즉 현재의 우리의 모습, 그리고 우리의 인격 등에 대하여 말하고 있습니다.** 그는 그리스도인의 새로운 본성은 죄를 지을 수 없다는 것을 말하는 것이 아닙니다.

요한은 **'하나님께로서 난 자마다'** 죄를 지을 수 없다고 말합니다. **여기에서의 '자'는 믿는 자로서의 하나님으로부터 난 나, 중생한 나를 의미한다고 볼 수 있습니다. 나의 새로운 본성이 거듭난 것이 아닙니다.** 내가 거듭났기 때문에 새로운 본성을 부여받게 된 것입니다. 이 구절은 나에 대한 내용이지 나의 새로운 본성에 대한 내용이 아닙니다. 실제로 이와 같이 인격을 분리시켜 생각하는 것보다 더 위험한 것은 없다고 봅니다."[155]

그러므로 이것은 옳은 견해가 아닙니다.

155 로이드 존즈 『요한일서 강해 3』 임성철 옮김. 서울: 생명의 말씀사, 1996. p. 120.

또한, 성경에는 혼과 몸뿐 아니라 영이 죄를 지을 수 있다는 사실이 나타나 있습니다.

신명기 2:30 "헤스본 왕 시혼이 우리가 통과하기를 허락하지 아니하였으니 이는 네 하나님 여호와께서 그를 네 손에 넘기시려고 **그의 '성품'**(루아흐-영)**을 완강하게 하셨고** 그의 마음을 완고하게 하셨음이 오늘날과 같으니라."

다니엘 5:20 "그가 마음이 높아지며 **'뜻'**(루아흐-영)**이 완악하여 교만을 행하므로** 그의 왕위가 폐한 바 되며 그의 영광을 빼앗기고"

시편 78:8 "그들의 조상들 곧 완고하고 패역하여 그들의 마음이 정직하지 못하며 **그 '심령'**(루아흐-영)**이 하나님께 충성하지 아니하는 세대**와 같이 되지 아니하게 하려 하심이로다."

잠언 16:18 "교만은 패망의 선봉이요 **거만한 '마음'**(루아흐-영) **은 넘어짐의 앞잡이니라.**"

물론 이것은 거듭난 사람의 영에 대한 구절들이 아닙니다. 그러나 불신자의 영은 물론이고 거듭난 자의 영도 죄를 지을 수 있다는 것이 성경에 분명히 나타나 있습니다.

성경에 보면 "악한 영"(삼상 16:14, 18:10, 19:9)과 "더러운 영"

이 나옵니다(계 16:13, 18:2). 그런데 천사만 타락하여 악하거나 더러운 영이 될 수 있는 것이 아닙니다. 사람도 타락했고, 거듭난 자도 타락할 수 있습니다(히 6:4-6). 그러므로 사람의 영도 더러워질 수 있습니다. 즉 거듭난 사람의 영도 죄를 지을 수 있습니다. 그래서 바울이 이렇게 권면한 것입니다.

고린도전서 7:34 "시집가지 않은 자와 처녀는 주의 일을 염려하여 **몸과 영을 다 거룩하게 하려 하되** 시집간 자는 세상 일을 염려하여 어찌하여야 남편을 기쁘게 할까 하느니라."

고린도후서 7:1 "그런즉 사랑하는 자들아 이 약속을 가진 우리는 하나님을 두려워하는 가운데서 거룩함을 온전히 이루어 **육과 영의 온갖 더러운 것에서 자신을 깨끗하게 하자.**"

바울은 처녀는 몸과 영을 다 거룩하게 하려 한다고 했고, 육과 영의 온갖 더러운 것에서 자신을 깨끗하게 하자고 했습니다. 이는 영이 더럽혀지거나 거룩하지 않을 수 있다는 것을 전제한 말입니다. 그리고 둘 다 거듭난 신자들에게 한 말입니다.

또한, 바울은 데살로니가전서 5장 23절에서 이렇게 말했습니다.

"평강의 하나님이 친히 너희를 온전히 거룩하게 하시고 **또 너희의 온 영과 혼과 몸이 우리 주 예수 그리스도께서 강림하실**

때에 흠 없게 보전되기를 원하노라."

이 구절의 앞에서는 "거룩하게 하시고"라고 했고, 뒤에서는 "흠 없게 보전되기를 원한다."고 했습니다. 성경에서 "흠"은 죄를 뜻합니다(눅 1:6, 살전 3:13, 히 9:14). 그런데 온 혼과 몸뿐 아니라 영이 흠 없게 보전되기 원한다고 했습니다. 그러므로 영도 죄를 지을 수 있음이 분명합니다.

우리가 조금만 생각해보아도, 영이 죄를 짓지 못한다는 것은 이치적으로 말이 안 됩니다. 쉬운 예로, 개가 사람을 물었다고 합시다. 이때 개의 혼이 물어야겠다고 생각하고 육이 가서 문 것입니다. 물론 동물은 죄가 없지만, 만약에 죄라면 동물의 혼과 육이 함께 죄를 지은 것입니다. 사람도 원리가 같습니다. 영과 혼이 분리되어 있다면 "영은 죄를 안 짓는다."라는 말이 가능하겠지만, 사람은 영과 혼이 결합되어 영혼으로 존재합니다. 그래서 영과 혼이 함께 예배드리는 것처럼, 선을 행해도 영과 혼이 함께 행하고, 죄를 지어도 영과 혼이 함께 행합니다. 그러므로 "영은 죄를 지을 수 없다."는 것은 말이 안 되는 소리입니다.

뿐만 아니라, 예수님께서 직접 해긴 목사님에게 구원받은 사람도 버림받을 수 있다고 가르쳐주셨습니다. 그런데 거듭난 영은 범죄하지 않고 혼과 육만 범죄한다면 어떻게 그 사람의 영이 버림받을 수 있습니까? 공의로운 하나님이 어떻게 무죄한 영을 지옥에 보내실 수가 있습니까? 영만 천국에 가고 몸과 혼은 지옥에 가는 이런 분리구원이나 심판은 존재하지 않습니다. 그러므로 "영은 죄를 짓지 못한다"는 것은 바른 견해가 아닙니다.

끝으로, 쐐기를 박는 차원에서 세계적인 조직신학자 웨인 그루뎀의 『조직신학(상)』권에 나오는 내용을 소개해드리겠습니다.

> "혼이 죄를 지을 수 있거나, 영이 죄를 지을 수 있다.
>
> 삼분설을 주장하는 사람들은 혼에 지정의를 포함시키기 때문에 혼이 죄를 지을 수 있음에는 대체로 동의한다(우리의 혼이 죄를 지을 수 있음은 벧전 1:22; 계 18:14과 같은 구절에 암시되어 있다는 사실을 알 수 있다). 그러나 **삼분설 주장자들은 대체로 영은 혼보다 순결하다고 생각하고, 새로워진 후에는 죄로부터 자유하고 성령의 인도하심에 즉각적인 반응을 보인다고 생각한다.** (유명한 설교나 글에서 흔히 볼 수 있는) **이와 같은 이해는 성경이 실제로 증거하는 바가 아니다. 바울이 몸과 영의 모든 더러운 것에서 깨끗케 하라고 고린도 교인들에게 권했을 때, 그는 우리의 영에 더러움**(혹은 죄)**이 있음을 분명히 전제했다. 몸과 영이 거룩해야 할 결혼하지 않은 여인에 관한 바울의 권면도 같은 맥락에서 이해해야 한다**(고전 7:34). …
>
> **'사람의 행위가 자기 보기에는 모두 깨끗하여도 여호와는 심령을 감찰하신다'**(잠 16:2)**는 사실은 우리의 영이 하나님 보시기에 잘못될 수도 있음을 암시한다. 영이 범죄할 수 있는 가능**

성에 관해 논한 구절들도 있다(시 32:2; 51:10을 보라). 마지막으로 성경에서 영혼(루아흐-저자 주)을 다스리는 자가 있다고 인정한 사실은(잠 16:32) 우리의 영이 언제나 순수한 부분으로 남아 있는 것이 아니라 죄악된 소욕이나 방향을 취할 수도 있음을 의미한다."[156]

더 이상 의문의 여지가 없지요! 그러므로 거듭난 영은 죄를 지을 수 없다는 것은 바른 견해가 아닙니다.

그건 그렇고, 제가 이 견해를 이렇게 열심히 반박하는 이유가 있습니다. 그것은 거듭난 사람의 영은 죄를 짓지 않는다는 주장이 믿음에 따르는 행함의 절대적인 필요성을 약화시킬 수 있기 때문입니다. 조금 심하게 말하면, 영은 죄를 안 짓는다는 것은 영은 거룩하기 때문에 몸으로 무슨 짓을 해도 괜찮다는 영지주의나 니골라당의 주장과 유사한 면이 있습니다.

물론 케네스 해긴 목사님은 구원파적인 복음을 전하지 않으셨습니다. 거듭난 사람은 하나님 말씀대로 사는 사람이라는 것을 분명히 강조하셨습니다. 그러나 동시에 케네스 해긴 목사님의 책과 설교의 특징이 무엇입니까? 해긴 목사님은 믿지 않은 죄만 회개하면 된다고 가르치시고 그 외의 죄들에 대한 회개의 필요성을 성경대로 강조하지 않으셨습니다. 또, 제가 보기에 믿음에 따라야 할 행함도 충분히 강조하지 않으셨습니다. 또한,

156 웨인 그루뎀 『조직신학(상)』 노진준 옮김. 서울: 은성, 2009. pp. 718-719.

구원받은 사람이 버림받을 수 있다는 것을 알고 계셨지만 책과 설교를 통해 충분히 강조하지 않으셨습니다. 성경저자들은 모두 이 진리를 집요할 정도로 반복적으로 강조했습니다. 그러나 해긴 목사님 책은 그런 강조가 너무 약합니다. 구원받았지만 버림받은 사모님에 대한 유명한 간증 외에 그 진리에 대한 강조가 거의 없다시피 합니다.

어느 정도냐 하면, 제가 해긴 목사님을 무지 존경하기 때문에, 전에 오래도록 목사님이 회개나, 행함이나, 거룩이나, 버림받지 않기 위해 자기 몸을 쳐서 복종시켜야 한다는 것을 저처럼 강조하지 않는 것을 보고, '혹시 내가 잘못하고 있거나 균형을 잃고 너무 한쪽으로 치우친 것 아니야?'라는 고민과 갈등에 빠졌을 정도입니다. 그러다 요한계시록 해석이 부어질 때, 해긴 목사님이 훌륭하고 탁월한 선지자요 교사시지만 사도는 아니시므로 성경을 해석하는 부분에 있어서 사소한 오류들이 있을 수 있다는 것을 알게 되었습니다. 저는 그것을 『믿음의 말씀 바로 알기』라는 책에서 자세히 설명했습니다. 궁금한 분들은 그 책을 읽어보시기 바랍니다.

여러분, 오해하지 마십시오! 저는 여전히 케네스 해긴 목사님을 무지 좋아하고 무지 존경합니다. 그 정도로 인품이 훌륭하고, 그 정도로 영적으로 바르고 깊게 들어간 분은 교회사에서 거의 찾아볼 수가 없습니다. 그래서 수백 권에 달하는 그분의 책을 모두 읽었습니다.

그럼에도 불구하고 저는 매우 조심스럽게 이런 말을 안 할 수가 없습니다. 전에 제가 사모하는 마음으로 한국어로 더빙되거나 자막처리된 해긴 목사님의 설교영상들을 본 일이 있습니다. 그때 일종의 공허함 같은 것을 느꼈습니다. 그분이 전하는 믿음의 말씀이 틀려서가 아니라 이런 생각이 들었기 때문입니다.

'내가 성도의 입장이라면 이런 설교만 듣고 내 영이 만족할 수 있을까? 이런 설교만 듣고 어떻게 살지? 믿음의 말씀의 가르침을 따라 어떻게 믿고, 어떻게 기도하고, 어떻게 선포하고, 어떻게 병 고치고 … 이런 것들만 주로 듣고 어떻게 나의 영이 살 수 있나? 복음과 회개, 믿음, 거듭남, 순종, 거룩, 두렵고 떨림으로 구원을 이룸, 하나님 사랑과 이웃 사랑(물론 이 주제는 해긴 목사님도 충분히 강조하셨다), 이런 진리들을 반복해서 듣고 자신을 살펴야 영이 살 수가 있지!

만약 내가 평신도라면 나는 저 교회에 다닐까? 아마도 아닐 것 같다. 부흥회에 참석해서 자주 은혜받고 사모하는 마음으로 안수기도도 받겠지만 교회는 사랑하는교회에 다닐 것 같다.'

죄송하지만, 솔직히 이런 생각이 들었습니다. 저는 지금도 해긴 목사님을 직접 보지 못한 것이 너무 아쉽습니다. 만약 해긴 목사님이 살아 계시고 집회를 하신다면 필히 참석할 것입니다. 그리고 믿음의 말씀과 성령과 은사에 대한 그분의 설교를 들으면서 집회에 임한 임재나, 성령의 나타남이나 하나님의 영광으로 인해 경이를 느꼈을 것입니다. 그런데도 그런 제가 그분의 설교를 통해서 과연 내 영혼이 다 채워지고, 신앙생활에 필요한 모든 것을 충분히 공급받을 수 있을까? 라는 면에서는 솔직히 의문이 들었습니다.

그 뒤, 21년 4월 24일 "new creation"이라는 교회 인터넷 카페 회원이 "신앙상담"란에 "교회를 옮기는 문제에 대해서"라는 상담 글을 올렸습니다.

"안녕하세요.

저는 약 2년 동안 '믿음의 말씀'을 따르는 교회를 출석했습니다. 하지만 출석하는 내내 영적으로 공명되지 않는다는 걸 깨닫고 고민한 적이 많았습니다. 특히 말씀을 매우 강조하지만 한계가 너무 분명했습니다. 최근에 변 목사님 설교를 듣고 내적으로 크게 인정할 수밖에 없었습니다.

'말씀 말씀 하지만 정작 말씀이 말하려는 진짜 깊은 의미와 진리를 알려는 노력을 하지 않는구나.'

실제로 제가 다니는 교회의 담임목사님은 설교를 하실 때 거의 대부분

1. 자신이 따르는 믿음의 말씀 교회의 목사님 설교를 요약해서 설교의 내용으로 삼습니다.

2. 해당 본문이 무엇을 말하는지 그 의미를 드러내려고 하기보다는 주로 믿음의 말씀 서적의 내용을 요약해서 설교하십니다.

3. 대부분의 설교 내용이 믿음의 말씀에서 강조하는 내용(교리)의 범주를 벗어나지 않습니다. 즉, 치열하게 해당 본문의 의미를 드러내려는 노력은 없다는 것입니다.

정말 최근 들어 다시 되돌아보니 말씀의 깊은 의미는 도외시한 채 믿음의 말씀 교리만 설교해 오셨던 것 같습니다. 실제로 AFC 그리스도의 대사들 교회의 경우 학교를 만들었는데 그 학교에서 가르치는 내용의 범주에서 설교가 벗어나지 않습니다. … 이런 한계를 느끼는 게 괜히 느끼는 게 아니겠죠? 여러분은 어떻게 생각하시나요?"

물론 이 글이 다 해긴 목사님에게 해당되지는 않습니다. 그러나 일부는 해당이 됩니다. 그래서 저는 그 상담 글에 이렇게 댓글을 달았습니다.

"놀랍네요. 저는 금주 영과 혼에 대한 시리즈 설교준비를 하면서 바로 그 점을 자세히 다루었습니다. 이 게시물은 놀라운 성찰을 담고 있고 정확한 지적을 하고 있습니다. 성경에 계시되어 있는 복음과 진리는 믿음의 말씀 그 이상입니다. 장로교의 교리의 안경으로 성경 전체를 보면 안 되듯이, 믿음의 말씀의 안경으로만 성경의 복음과 모든 진리를 보아서도 안 됩니다. 케네스 해긴 목사님은 제가 심히 존경하는 하나님의 사람이지만, 이 점은 아쉽습니다."

옳습니다! 케네스 해긴 목사님은 정말 놀라운 하나님의 사람입니다. 저는 죽는 날까지 그분을 존경하고 흠모할 것입니다. 그러나 그분이 완벽한 롤모델은 아닙니다. 우리의 롤모델은 예수님과 바울과 베드로를 위시한 사도들입니다. 그런데 그분들은 믿음의 말씀과 성령과 은사에 대해서만 가르친 것이 아니라 죄를 끊어버리는 회개, 행함이 따르는 산 믿음, 새로운 삶을 살게 하는 거듭남, 천국에 들어가는 필수적인 조건인 순종과 거룩, 이미와 아직의 구원과 두렵고 떨림으로 구원을 이뤄야 할 필요성, 죄와 싸우면서 항상 깨어 있어야 할 것 등을 집요하게 끊임없이 강조하고 가르쳤습니다. 저는 우리 모두 그렇게 해야 한다고 믿습니다. 그리고 그렇게 하는 것이 영혼들에게 최고로 안전하고 최고로 유익이 된다고 확신합니다.

3. 거듭남과 성화에 대해 널리 퍼져 있는 오해!

케네스 해긴 목사님은 거듭난 것은 오직 영이라고 말씀하셨습니다(요 3:6). 또 그것에 근거해서 영만 거듭나고 혼은 거듭나지 않았으며 혼의 구원을 이루어야 한다고 강조하셨습니다. 몇몇 성구들 때문에 이것은 틀림없는 성경적인 진리로 보입니다. 그래서 저도 오래도록 그렇게 알고 살았습니다.

그러나 이것은 성경을 오해한 것입니다. 다행히, 결정적으로 해롭지는 않습니다. 그렇더라도 성경적으로 바르게 아는 것이 더 좋습니다. 그래서 이에 대해 자세히 규명하고 설명해드리고자 합니다.

(1) 중생과 성화에 대한 오해, 무엇이 문제인가?

이미 말한 대로, 케네스 해긴 목사님은 영만 거듭나고 혼은 거듭나지 않는다고 주장하셨습니다. 그러면서 요한복음 3장 6절을 근거로 제시하셨습니다.

"육으로 난 것은 육이요 영으로 난 것은 영이니"

또, 해긴 목사님은 영만 거듭나고 혼은 거듭나지 않았기 때문에 혼의 구원을 이루어가야 한다고 주장하셨습니다. 그리고 그 근거로 야고보서 1장 21절을 제시하셨습니다.

"그러므로 모든 더러운 것과 넘치는 악을 내버리고 **너희 영혼을 능히 구원할 바 마음에 심어진 말씀**을 온유함으로 받으라."

왜냐하면 이 구절은 구원에 대한 것이지만 이미 구원받은 자에게 하는 말이고, 여기서 "영혼"은 '프쉬케'로 '혼'이기 때문입니다. 이 구절과 함께 해긴 목사님은 로마서 12장 1-2절을 근거로 제시했습니다.

"그러므로 형제들아 내가 하나님의 모든 자비하심으로 너희를 권하노니 너희 몸을 하나님이 기뻐하시는 거룩한 산 제물로 드리라. 이는 너희가 드릴 영적 예배니라. **너희는 이 세대를 본받지 말고 오직 마음을 새롭게 함으로 변화를 받아** 하나님의 선하시고 기뻐하시고 온전하신 뜻이 무엇인지 분별하도록 하라."

해긴 목사님은 이 구절들이 우리 영은 거듭났지만, 혼과 육은 구원받지 못했기 때문에 혼과 몸을 어떻게 처리해야 하는지를 보여주고 있다고 보십니다. 우리가 우리 몸과 혼에 무엇인가를 행해야 한다는 것입니다. 이 중에 몸을 산 제물로 드려야 한다는 것은 다음 성구와 함께 읽으면 그 뜻이 매우 선명해집니다.

로마서 6:12-13 "그러므로 너희는 죄가 너희 죽을 몸을 지배하지 못하게 하여 몸의 사욕에 순종하지 말고 또한 **너희 지체를 불의의 무기로 죄에게 내주지 말고** 오직 너희 자신을 죽은 자 가운데서 다시 살아난 자 같이 **하나님께 드리며 너희 지체를 의의 무기로 하나님께 드리라.**"

이처럼 "너희 몸을 하나님이 기뻐하시는 거룩한 산 제물로 드리라"는 것은 몸으로 죄를 짓지 말고 하나님께 복종하라는 뜻입니다.

다음으로, 마음을 새롭게 함으로 변화를 받아야 합니다. 해긴 목사님은 이것이 '혼의 구원'이라고 생각하십니다. 이것은 성경을 오해한 것입니다. 그러나 크게 해롭지는 않습니다. 그렇다고 위험성이 전혀 없는 것은 아닙니다. 왜냐하면 잘못하면 구원파와 유사한 생각을 갖게 만들 수도 있기 때문입니다. 즉, 죄 가운데 살면서도 이런 착각을 하게 만들 수도 있습니다.

'나는 분명히 믿고 거듭난 사람이지만, 단지 혼이 변화가 안 되었을 뿐이야. 비록 혼의 구원은 아직 못 이루었지만 나는 구원받은 사람이고 반드시 천국에 가!'

저는 『승리하는 교회』에 나오는 케네스 해긴 목사님의 다음 글을 읽고 실제로 사람들이 그런 생각을 가질 수도 있다고 생각합니다.

> "**많은 그리스도인들이 구원을 받고 성령 충만을 받은 지 오래되었지만 그들의 혼은 아직 구원받지 못했습니다. 어떤 그리스도인들은 그들의 혼은 전혀 변화받지 못한 채 그것 때문에 마귀에게 시달림당하며 살다가 그런 상태로 죽은 사람들도 있습니다.** 이것은 절대적인 진리입니다! 그들의 혼은 하나님의 말씀으로 새롭게 되지 않았고, 회복되지 않았고, 온전해지지 않았기 때문에 그들은 마귀의 공격에 성공적으로 대적할 수 없었던 것입니다. 나를 오해하지 마십시오. **그리스도인들이 그들의 마음이 새로워지지 않았다고 그들이 죽을 때 천국을 가지 못**

한다는 것은 아닙니다. 그들의 영은 하나님으로부터 태어났기 때문에 물론 천국에 갈 것입니다. 그들은 하나님의 자녀들입니다. 그러나 마음을 새롭게 하지 못한 그리스도인들은 이 땅에 사는 동안 그리스도 안에서 그들에게 속한 모든 특권을 박탈당하게 됩니다. **그리고 그리스도 안에서 마귀에게 승리했지만 그들의 마음이 새로워지지 않았기 때문에 그들은 어떻게 승리를 누릴 수 있는지를 이해하지 못한 것입니다.**"[157]

생각해보십시오. 만일 사람들이 죄 가운데 살면서도 '나는 혼의 구원을 이루지 못해서 말씀대로 못 살 뿐 진짜 구원받은 사람이야'라고만 생각한다면, 회개하라는 말이 무슨 소용이 있습니까? 또, 예수님을 주님으로 모셔들이라는 말과 거듭나서 새로운 피조물이 되라는 말이 무슨 소용이 있습니까? 나는 구원받았고 천국에 간다고 생각하기 때문에 이 모두 물거품이 됩니다. 저는 이 견해가 이런 위험성을 내포하고 있다는 점이 우려가 됩니다.

또한, 이 견해에 의하면 "하나님께로서 난 자마다 죄를 짓지 아니하나니"라는 말씀도 그 의미가 퇴색됩니다. 요한일서에 나오는 거듭남의 증거들에 대한 말씀들이 무효화될 수 있습니다.

그런데, 사도 요한은 요한일서에서 거듭 그 열매들이 혼의 구원의 결과가 아니라 거듭난 자의 특징 즉 거듭남의 결과라

157 케네스 E. 해긴 『승리하는 교회』 김진호 옮김. 용인: 믿음의 말씀사, 2007. p. 50.

고 말했습니다. 그러므로 혼의 구원에 대한 해긴 목사님의 주장은 성경적으로 정확한 것이 아닙니다.

(2) 성경이 말하는 중생과 성화 그리고 성화의 비결!

저는 중생과 성화에 대한 해긴 목사님의 견해를 간단히 소개하고, 그것은 성경적으로 정확한 것이 아니라고 했습니다. 그렇다면 중생과 성화 그리고 성화의 비결에 대한 성경적인 온전한 진리는 무엇일까요? 그것을 세 가지로 정리해서 여러분에게 설명해드리겠습니다.

1) 정말 영만 거듭나는가?

케네스 해긴 목사님은 거듭날 때 영만 거듭난다고 믿으셨습니다.

요한복음 3:6 **"육으로 난 것은 육이요 영으로 난 것은 영이니"**

이 구절에 의하면 정말로 그런 것 같습니다. 그러나 존 스토트는 이렇게 말했습니다.

> **"분명 성령으로 거듭나는 것은 타락으로 인해 부패하고 왜곡되었던 인성의 모든 부분이 새롭게 되는 것을 포함하며, 여기**

에는 마음도 포함된다."[158]

이처럼 해긴 목사님이 혼의 구원으로 생각한 "마음을 새롭게 함으로 변화를 받아"(롬 12:2)에 나오는 "마음"도 거듭나는 것으로 보았습니다.

그렇다면 둘 중 누가 옳을까요? 존 스토트가 옳습니다. 지금부터 그 이유를 여러분에게 설명해드리겠습니다.

헬라어로 영은 '프뉴마'입니다. 이 단어는 성령이나 천사나 귀신에게 사용될 때는 문자 그대로 영을 뜻합니다. 그러나 사람을 상대로 쓰일 때는 영과 혼이 같이 나올 때만 주로 영의 의미로 사용되었습니다(살전 5:23, 히 4:12). 그 외에는, 대부분 영과 혼이 서로 교호적으로 사용되었고 영혼이라는 뜻으로 사용되었습니다. 예를 들어, 사도 바울은 이렇게 말했습니다.

> 고린도후서 7:1 **"그런즉 사랑하는 자들아 이 약속을 가진 우리는 하나님을 두려워하는 가운데서 거룩함을 온전히 이루어 육과 영의 온갖 더러운 것에서 자신을 깨끗하게 하자."**

이것이 혼의 더러운 것에 의해 더럽혀지는 것은 괜찮다는 뜻일까요? 당연히 아니지요! 바울은 데살로니가전서 5장 23절에서 "너희의 온 영과 혼과 몸이 우리 주 예수 그리스도께서 강

---

158 존 스토트 『로마서 강해』 정옥배 옮김. 서울: 한국기독학생회출판부, 1996. p. 432.

림하실 때에 흠 없게 보전되기를 원하노라"고 했습니다. 혼도 거룩하게 보존되어야 합니다. 그러므로 이 구절에서 "영"은 단지 영이 아니라 영혼(영과 혼)을 뜻하는 것입니다.

또, 성경에는 '혼이 떠났다. 영이 떠났다' 또는 '혼이 돌아왔다. 영이 돌아왔다'는 표현이 많습니다. 이것들도 문자 그대로 영 혹은 혼을 말한 것이 아닙니다. 임종 때 영 혹은 혼만 떠나는 일은 없기 때문에 둘 다 영혼(영과 혼)을 뜻하는 것입니다.

그런데 요한복음 3장 6절도 이와 같습니다. 그러므로 이 구절의 문자만 보면 영만 거듭나는 것으로 보이나, 용례에 따르면 단지 영이 아니라 영혼이 거듭난다는 뜻입니다. 그런데 케네스 해긴 목사님은 이 점을 캐치하지 못하셨습니다. 그래서 이 구절을 문자 그대로 영만 거듭난다는 뜻으로 오해하신 것입니다.

한편, 여러분 어떻습니까? 제 설명을 듣고 이해가 되면서도 '그래도 성경에 '영으로 난 것은 영이니' 이렇게 분명히 명시가 되어 있는데 정말 단지 영이 아니라 영혼이 거듭나는 것일까?' 이런 의문을 지워버리기가 힘드시지요! 저도 그랬습니다. 그래서 거듭날 때 단지 영이 아니라 영혼이 거듭난다는 것을 보여주는 더 많은 증거들을 여러분에게 보여드리겠습니다.

고린도후서 5:17 "그런즉 누구든지 그리스도 안에 있으면 **새로운 피조물**이라. 이전 것은 지나갔으니 보라 새 것이 되었도다."

이것은 거듭남에 대한 굉장히 유명한 말씀인데, 거듭난 자를 "새로운 피조물"이라고 칭했습니다. 그런데 이 표현이 중요합니다! "피조물"은 조물주가 만든 창조물입니다. 그런데 하나님께서 사람을 어떻게 만드셨습니까? 창세기 2장 7절에 의하면 생혼이 되게 하셨고, 영과 혼이 결합해서 영혼으로 존재하는 피조물로 만드셨습니다. 그러므로 거듭남이 새로운 피조물이 되는 것이라면 당연히 영만이 아니라 영혼이 거듭나야 합니다.

갈라디아서 6:15 "할례나 무할례가 아무것도 아니로되 오직 **새로 지으심을 받는 것**만이 중요하니라."

이 구절도 마찬가지입니다. 거듭남은 육을 제외한 내적 존재 전체가 다시 태어나는 것입니다. 영만 다시 태어나는 것이 아닙니다. 우리는 그것을 성경의 여러 구절을 통해 반복적으로 확인할 수 있습니다.

먼저, 요한복음 1장 12-13절에 보면 이렇게 기록되어 있습니다.

"영접하는 자 곧 그 이름을 믿는 자들에게는 하나님의 자녀가 되는 권세를 주셨으니 이는 혈통으로나 육정으로나 사람의 뜻으로 나지 아니하고 오직 **하나님께로부터 난 자들**이니라."

여기서 "하나님께로부터 난 자들"은 거듭난 자를 뜻합니다.

그런데 "하나님께로부터 난 영들"이라고 하지 않고 "하나님께로부터 난 자들"이라고 했습니다. 그러므로 단지 영이 아니라 그 사람 즉 영혼이 거듭난다고 보아야 합니다.

또, 요한복음 3장에서 예수님은 이렇게 말씀하셨습니다.

요한복음 3:3 "진실로 진실로 네게 이르노니 **사람**이 거듭나지 아니하면 하나님의 나라를 볼 수 없느니라."

요한복음 3:5 "예수께서 대답하시되 진실로 진실로 네게 이르노니 **사람**이 물과 성령으로 나지 아니하면 하나님의 나라에 들어갈 수 없느니라."

요한복음 3:8 "바람이 임의로 불매 네가 그 소리는 들어도 어디서 와서 어디로 가는지 알지 못하나니 성령으로 난 **사람**도 다 그러하니라."

계속 "사람"을 말씀하셨습니다. 특히, 8절에 보면 "성령으로 난 사람"이라고 했습니다. 사람과 영을 구별하지 않았습니다. "영이 거듭난 사람"이라고 하지 않고 "성령으로 난 사람"이라고 했습니다. 그러므로 단지 영이 아니라 그 사람 즉 영혼이 거듭났다는 뜻입니다.

또, 야고보는 야고보서 1장 18절에서 이렇게 썼습니다.

“그가 그 피조물 중에 우리로 한 첫 열매가 되게 하시려고 자기의 뜻을 따라 진리의 말씀으로 우리를 낳으셨느니라.”

또, 바울은 고린도전서 4장 15절에서 이렇게 말했습니다.

“그리스도 안에서 일만 스승이 있으되 아버지는 많지 아니하니 그리스도 예수 안에서 내가 복음으로써 너희를 낳았음이라.”

여기서 “낳았다”는 것은 거듭남을 뜻하는 표현입니다. 그런데 우리의 영이 아니라 “우리를” 혹은 “너희를” 낳았다고 했습니다. 역시 단지 영이 아니라 영혼이 거듭난다는 것을 보여줍니다.

또한, 요한일서에 보면 “하나님께로부터 난 자”라는 표현이 많이 나옵니다. 단 한 번도 ‘하나님께로부터 난 영’이라고 하지 않았습니다. 이것이 요한복음 3장 6절을 제외하고, 그 전과 후에 계속 나타나는 표현입니다. 그런데 “하나님께로부터 난 자”는 단지 영이 아니라 그 사람의 영혼을 뜻합니다. 그러므로 이 구절들도 거듭날 때 영만 거듭나는 것이 아니라 영혼이 거듭난다는 것을 보여주는 증거라고 할 수 있습니다.

이제, 좀 더 나아가볼까요? 만약 영만 거듭난다면 혼은 구원을 받지 못한 것이 됩니다. 그런데 과연 우리의 혼은 구원받지 못했을까요? 그렇지 않습니다. 성경은 사람이 믿을 때 영뿐 아니라 혼도 구원받는다고 말씀합니다.

히브리서 10:39 "우리는 뒤로 물러가 멸망할 자가 아니요 **오직 영혼을 구원함에 이르는** 믿음을 가진 자니라."

야고보서 5:20 "너희가 알 것은 죄인을 미혹된 길에서 돌아서게 하는 자가 **그의 영혼을 사망에서 구원할 것이며** 허다한 죄를 덮을 것임이라."

베드로전서 1:8-9 "예수를 너희가 보지 못하였으나 사랑하는도다. 이제도 보지 못하나 믿고 말할 수 없는 영광스러운 즐거움으로 기뻐하니 **믿음의 결국 곧 영혼의 구원을 받음이라.**"

이 구절들에 나오는 "영혼"은 "프쉬케"로 모두 혼입니다. 모두 우리가 믿을 때 영뿐 아니라 혼도 구원을 받는다는 것을 보여줍니다.

여기서, 우리가 생각해보아야 할 것이 있습니다. 여러분, 왜 영만 거듭날 수 없는지 아십니까? 사람의 혼에는 지정의가 있습니다. 그런데 지식, 감정, 의지의 변화 없이 거듭날 수 있을까요? 사람은 회개하고 예수님을 믿어야 거듭납니다. 그런데 회개와 믿음 모두 지식, 감정, 의지와 관계가 있습니다. 회개는 단순히 영의 일이 아닙니다. 지정의가 동원된 혼의 작업입니다. 우리가 회개하려면 자기 죄를 깨달아야 하고(지), 죄 때문에 애통해야 하고(정), 죄를 끊어버리기로 결단해야 합니다(의). 믿음도 마찬가지입니다. 복음진리를 듣고 이해하고(지), 복음에 나타난 그 사랑에 감동하여 주님을 사랑하고(정), 예수님을 임금과 구주로 모셔들여야 합니다(의). 둘 다 단지 영으로 하는 일이 아니라 혼의 지정의가 동원되는 일입니다. 혼의 변화가 있어야 가능한 일입니다. 그러므로 우리가 믿을 때 영만 거듭나고 혼은 구원받지 못하는 것이 아닙니다.

또한, 놀랍게도 영이 거듭날 때 혼이 구원받을 뿐 아니라 혼도 거듭납니다. 성경에 그것이 나타나 있습니다. 우선, 바울은 골로새서에서 이렇게 말했습니다.

> 골로새서 3:7-10 "**너희도 전에** 그 가운데 살 때에는 그 가운데서 행하였으나 **이제는** 너희가 이 모든 것을 벗어 버리라. 곧 분함과 노여움과 악의와 비방과 너희 입의 부끄러운 말이라. 너희가 서로 거짓말을 하지 말라. **옛 사람과 그 행위를 벗어 버리고 새 사람을 입었으니 이는 자기를 창조하신 이의 형상을 따라 지식에까지 새롭게 하심을 입은 자니라.**"

"새 사람"이라는 표현이 보여주듯이, 이것은 거듭남과 관계가 있는 구절입니다. 그런데 거듭난 자를 "지식에까지 새롭게 하심을 입은 자"라고 했습니다. "지식"은 지정의의 한 부분으로 혼의 요소입니다. 그러므로 이 구절에 거듭날 때 영뿐 아니라 혼도 거듭난다는 것이 암시되어 있다고 할 수 있습니다.

또, 사람이 거듭날 때 단지 영이 아니라 혼도 거듭난다는 것을 보여주는 더 결정적인 증거들이 있습니다. 구약성경과 신약성경에 각각 기록되어 있는데, 그것을 여러분에게 소개하고 설명해드리겠습니다.

거듭날 때 단지 영이 아니라 혼도 거듭난다는 것을 보여주는 구약성경에 나오는 결정적인 증거는 새 언약에 대한 예언들입니다.

> 예레미야 31:31-33 "**여호와의 말씀이니라. 보라 날이 이르리니 내가 이스라엘 집과 유다 집에 새 언약을 맺으리라.** 이 언약은 내가 그들의 조상들의 손을 잡고 애굽 땅에서 인도하여 내던 날에 맺은 것과 같지 아니할 것은 내가 그들의 남편이 되었어도 그들이 내 언약을 깨뜨렸음이라. 여호와의 말씀이니라. 그러나 그 날 후에 내가 이스라엘 집과 맺을 언약은 이러하니 곧 **내가 나의 법을 그들의 속에 두며 그들의 마음에 기록하여** 나는 그들의 하나님이 되고 그들은 내 백성이 될 것이라. 여호와의 말씀이니라."

이것은 새 언약에 대한 예언입니다. 그런데 33절의 "곧 내가 나의 법을 그들의 속에 두며 그들의 마음에 기록하여"에 대해 박윤선 박사님은 "이것은 하나님께서 친히 그 백성을 거듭나게 하시는 구원운동을 가리키는 말씀"[159]이라고 했습니다. 맞습니다. 이것은 "나는 그들의 하나님이 되고 그들은 내 백성이 될

159 박윤선 『성경주석 예레미야서』 서울: 성음사, 1993. p. 365.

것이라."라는 말씀이 보여주듯이 처음 믿고 구원받을 때 일어나는 일을 예언한 것으로 그때 일어나는 이런 변화는 거듭남 외에는 없습니다. 그러므로 거듭남에 관한 말씀입니다. 그런데 나의 법을 그들의 "마음에" 기록한다고 했습니다.

또한, 히브리서에서는 그들의 "생각과 마음에" 기록한다고 했습니다.

히브리서 8:10 "또 주께서 이르시되 그날 후에 내가 이스라엘 집과 맺을 언약은 이것이니 **내 법을 그들의 생각에 두고 그들의 마음에 이것을 기록하리라.** 나는 그들에게 하나님이 되고 그들은 내게 백성이 되리라."

히브리서 10:16 "주께서 이르시되 그날 후로는 그들과 맺을 언약이 이것이라 하시고 **내 법을 그들의 마음에 두고 그들의 생각에 기록하리라** 하신 후에"

그런데 제인 허지스는 8장 10절의 "내 법을 그들의 생각에 두고 그들의 마음에 이것을 기록하리라."에 대해 "이러한 은총이 십자가 사건 이후의 모든 중생한 교인들에게 해당되는 것은 분명한 사실이다"[160]라고 했고, 박윤선 박사님도 "이 말씀은 하나님께서 그들에게 성령을 주셔서 그들이 진리로 거듭날 것을

160 두안 리트핀 외 3인 『두란노 강해주석 시리즈 28. 디도서, 빌레몬서, 히브리서, 야고보서』 김운성 외 2인 옮김. 서울: 두란노, 1991. p. 123.

가리킨다."[161]고 했습니다. 실제로 하나님의 법을 마음과 생각에 기록한다는 것은 의롭다 함과 죄 사함이 아니라 분명히 거듭남을 뜻합니다.

그런데 잘 들으십시오. "생각"이나 "마음"은 혼을 뜻하거나 혼을 포함하는 단어입니다. 그 증거로, "마음"은 헬라어로 "카르디아"인데, 고전 헬라어 문헌의 용법에서 인간 전체의 지적, 영적 중심부를 지칭하는 말로 사용되었고, 도덕적 지적 생명의 자리, 감정과 열정의 자리(분노, 용기나 비겁, 기쁨이나 슬픔, 사랑과 미움 같은 것을 나타낸다), 생각이나 상상력의 자리, 의지와 결심의 자리를 의미합니다. 한마디로 말해서 지정의지요! 그러므로 혼을 포함합니다.

또, "생각"은 헬라어로 "디아노이아"라고 하며 "생각, 마음, 이해력"이라는 뜻입니다. 고전 헬라어 문헌의 용법에서는 '생각하는 능력, 이해력, 사유 의식'(Demor. Fr.), '정신, **영혼**'을 뜻하며, 70인역본의 용법에서도 주로 '마음, **영혼**, 의지'를 뜻하는 히브리어 레브와 레바브의 역어로 사용되었습니다(참조: Walter Bauer; J. H. Thayer; J. Behm). 그런데 하나님의 법을 마음과 생각에 기록한다고 했습니다. 그러므로 이것을 통해 우리는 단지 영만 거듭나는 것이 아니라 혼도 거듭난다는 것을 알 수가 있습니다.

---

161 박윤선 『성경주석 히브리서·공동서신』 서울: 영음사, 1991. p. 119.

에스겔 36:24-27 "내가 너희를 여러 나라 가운데에서 인도하여 내고 여러 민족 가운데에서 모아 데리고 고국 땅에 들어가서 맑은 물을 너희에게 뿌려서 너희로 정결하게 하되 곧 너희 모든 더러운 것에서와 모든 우상 숭배에서 너희를 정결하게 할 것이며 **또 새 영을 너희 속에 두고 새 마음을 너희에게 주되 너희 육신에서 굳은 마음을 제거하고 부드러운 마음을 줄 것이며 또 내 영을 너희 속에 두어 너희로 내 율례를 행하게 하리니** 너희가 내 규례를 지켜 행할지라."

이것도 새 언약에 대한 예언입니다. 그런데 26절에 보면 "새 영을 너희 속에 두고 새 마음을 너희에게 주되 너희 육신에서 굳은 마음을 제거하고 부드러운 마음을 줄 것"이라고 했습니다. 이 부분에 대해 박윤선 박사님은 이렇게 썼습니다.

"이 부분의 예언은 특별히 신약시대에 그리스도의 구원운동으로 이루어졌다. 그리스도의 속죄를 하나님의 백성에게 실시하시는 성령님께서, **먼저 그들을 거듭나게 하신다. 그것이 바로 이 구절들의 예언내용이다.**"[162]

그런데 "새 영"뿐 아니라 "새 마음"이 나옵니다. 여기서 영은 '루아흐'이고 마음은 "레브"라는 단어입니다. "레브"는 70인역

162 박윤선 『성경주석 에스겔서, 다니엘서』 서울: 영음사, 1991. pp. 262-263.

본의 용법에서 주로 '마음, **영혼**, 의지'를 뜻했습니다. 또, 혼을 뜻하는 "네페쉬"가 KJV에서 15회나 '마음'으로 번역되었습니다. 이를 통해 우리는 성령에 의해 거듭날 때 단지 영이 아니라 혼도 거듭난다는 것을 다시 한번 깨달을 수 있습니다.

다음으로, 거듭날 때 단지 영이 아니라 혼도 거듭난다는 것을 보여주는 신약성경의 결정적인 증거가 있는데, 바로 베드로전서 1장 22절입니다.

> **"너희가 진리를 순종함으로 너희 영혼을 깨끗하게 하여 거짓이 없이 형제를 사랑하기에 이르렀으니"**

이 중 "너희가 진리를 순종함으로 너희 영혼을 깨끗하게 하여"에 대한 해석이 양분됩니다. 이에 대해 웨인 그루뎀은 이렇게 썼습니다.

> "'너희가 진리를 순종함으로 너희 영혼을 깨끗하게 하여'는 **회심**('진리를 순종함으로'가 '복음을 믿는 것'을 의미한다면) **혹은 회심 후에 이어지는 도덕적 정결 차원의 성숙**('진리를 순종함으로'가 '매일의 삶 속에서 하나님의 계명에 대한 순종'을 의미할 수 있기에)을 가리키는 것으로 이해할 수 있다."[163]

---

163 웨인 그루뎀 『TNTC 베드로전서』 왕인선 옮김. 서울: 기독교문서선교회, 2014. p. 134.

그 후 그는 다섯 가지 이유를 들어 후자를 지지했습니다.

“보다 설득력 있는 견해는, 베드로가 염두에 두고 있는 것은 회심 후 도덕적 정결 차원의 성숙이라는 입장을 지지하는 주장들이다.

(1) 순종(휘파코에)은 신약성경에서 15회 등장하며, 명확하게 최초의 구원하는 믿음을 의미한 적이 없다.

(2) 베드로는 행위상의 순종에 대하여 2절과 14절에서 순종(휘파코에)을 사용한다.

(3) 깨끗하게 하다(하그니조)는 신약성경의 다른 곳에서 비유적으로 나타날 때, 회심 후에 이어지는 도덕적 정화와 관련하여 사용된다(약 4:8; 요일 3:3).

(4) 문맥은 베드로전서 1:15에서의 거룩함에 대한 사도의 명령으로, 이는 그가 마음에 두고 있는 깨끗하게 하는 순종이 그 명령에 대한 능동적 반응의 결과임을 시사한다.

(5) 이 ‘깨끗하게 함’은 독자들 스스로가 행한 어떤 것이지만(너희가 너희 영혼을 깨끗하게 하여), 신약성경은, 그리스도인들이 회심 시에 하나님이 최초로 그들의 영혼을 깨끗하게 하실 때 능동적인 행위자가 되었다고 결코 말하지 않는다. 그러나 성도들은 성화의 점진적 사역 가운데서는 능동적이다(참조, 고후 7:1; 약 4:8; 요일 3:3).”[164]

---

164 웨인 그루뎀 『TNTC 베드로전서』 왕인선 옮김. 서울: 기독교문서선교회, 2014. pp. 134-135.

어떻습니까? 상당히 그럴듯하지요! 그러나 "(1) 순종(휘파코에)은 신약성경에서 15회 등장하며, 명확하게 최초의 구원하는 믿음을 의미한 적이 없다."는 것은 사실과 다릅니다. 단적인 예로, 베드로는 순종을 단지 순종이 아니라 믿음을 뜻하는 단어로도 사용했습니다.

베드로전서 4:17 "하나님의 집에서 심판을 시작할 때가 되었나니 만일 우리에게 먼저 하면 하나님의 **복음을 순종하지 아니하는 자들**의 그 마지막은 어떠하며"

그리고 이곳에서도 같은 의미로 사용한 것입니다. 많은 학자들이 이에 동의합니다.

"베드로가 말하는 진리에 대한 순종은 **복음의 주장들에 대한 최초의 굴복**이다."(에드먼드 클라우니)[165]

"**우리는 복음의 말씀에 순종할 때, 정결하게 됩니다.** 우리는 하나님의 말씀을 통하여 깨끗하게 됩니다."(마이클 벤트리)[166]

"그리스도인이 서로 사랑해야 하는 것은 **진리에 순종함으로**

165 에드먼드 클라우니 『베드로전서 강해』 정옥배 옮김. 서울: IVP, 2011. p. 97.

166 마이클 벤트리 『베드로전후서』 이중수 옮김. 서울: 목회자료사, 1993. p. 66.

써 예수 그리스도를 믿는 믿음에 이르러 스스로 세상의 길이나 과거에 사람을 다루던 방식과 구별되었기 때문이다. **분사 '헤그니코테스'는 완료시제로 이들이 지금은 과거에 복음에 순종했기 때문에 구별된 지위 가운데 있음을 뜻한다.**"(캐런 H. 좁스)[167]

"**그리스도인에게 정결함은 회개하고 예수를 믿고 세례를 받아 그리스도인이 된 것을 포함한다**(cf. 고전 6:11). … **성도들이 순종한 '진리'는 기독교의 복음이다**(요 14:16; 갈 5:7; 엡1:13; 딤전 4:3). **그들은 이 복음에 순종함으로 정결의 영역에 들어왔다.**"(오광만)[168]

또 "(2) 베드로는 행위상의 순종에 대하여 2절과 14절에서 순종(휘파코에)을 사용한다."고 했는데, 이것은 이미 한 설명으로 충분히 답이 됩니다.

다음으로, "(3) 깨끗하게 하다(하그니조)는 신약성경의 다른 곳에서 비유적으로 나타날 때, 회심 후에 이어지는 도덕적 정화와 관련하여 사용된다(약 4:8; 요일 3:3)."고 했습니다. 이에 대한 것은 토마스 슈라이너의 말로 답을 대신하겠습니다.

"**세 번째 주장은 결정적이지 않다.** 왜냐하면 문제는 다른 저

---

167 캐런 H. 좁스 『베드로전서』 권대영 옮김. 서울: 부흥과개혁사, 2021. p. 158.

168 오광만 『베드로전서 어떻게 읽을 것인가?』 서울: 그리심, 2014. p. 92.

자들이 거룩함 가운데 살아가는 삶을 언급하기 위해서 다른 문맥에서 정결의 언어를 사용하는지 여부에 있지 않기 때문이다."[169]

다음으로, "(4) 문맥은 베드로전서 1:15에서의 거룩함에 대한 사도의 명령으로, 이는 그가 마음에 두고 있는 깨끗하게 하는 순종이 그 명령에 대한 능동적 반응의 결과임을 시사한다."고 했는데, 문맥이나 15절에서 거룩함을 강조하고 있는 것은 사실입니다. 그러나 그것이 "진리를 순종함"이 회심 후의 순종을 뜻한다는 증거가 될 수는 없습니다. 왜냐하면 22-23절은 형제를 사랑해야 할 근거와 이유로 성도들이 이미 경험한 과거의 일을 다루고 있기 때문입니다. 23절에 그 점이 뚜렷하게 나타나 있습니다. 또한, 22절에서 언급한 "진리"가 복음을 뜻한다는 것도 이것을 뒷받침해줍니다.

마지막으로, "(5) 이 '깨끗하게 함'은 독자들 스스로가 행한 어떤 것이지만("너희가 너희 영혼을 깨끗하게 하여"), 신약성경은, 그리스도인들이 회심 시에 하나님이 최초로 그들의 영혼을 깨끗하게 하실 때 능동적인 행위자가 되었다고 결코 말하지 않는다. 그러나 성도들은 성화의 점진적 사역 가운데서는 능동적이다(참조, 고후 7:1; 약 4:8; 요일 3:3)."라고 주장했습니다. 하지만 "너희가 진리를 순종함으로"만 신자가 능동적으로 한 일이고 "너희 영혼을 깨끗하게 하여"는

169 토마스 슈라이너 『베드로전후서, 유다서』 김명일 옮김. 부산: 깃드는 숲, 2022. p. 126.

그 결과로 보면 이 문제가 해결됩니다. 물론 "하여"라는 단어가 수동이면 더 좋은데 능동입니다. 그러나 단지 "깨끗하게"만 받는 것이 아니라 "너희가 진리를 순종함으로"를 함께 받으면서 능동으로 썼을 수도 있습니다. 실제로 공동번역은 "하여"라는 단어를 능동이 아니라 수동으로 번역했습니다.

"여러분은 진리에 복종함으로써 마음이 깨끗해져서 꾸밈없이 형제를 사랑할 수 있게 되었으니 충심으로 열렬히 서로 사랑하십시오."

영어번역본들도 수동으로 번역한 성경이 많습니다. 더구나, 23절은 22절을 조금 다른 표현으로 재설명한 것입니다. 그런데 이와 겹쳐지는 "너희가 거듭난 것은"이 능동이 아니라 수동입니다. 그러므로 이것 역시 결정적인 증거가 아닙니다. 때문에 토마스 슈라이너는 웨인 그루뎀의 주장이 "모두 설득력이 없다"[170]고 판단했고 이렇게 썼습니다.

"이 단락(1:22-25)의 주제는 사랑하라는 권면에서 찾을 수 있다. 사랑하라는 명령은 그 이유 또는 근거를 제공하는 두 개의 완료 분사와 묶여 있다. 첫 번째 분사는 제의와 정결의 언어를 사용하지만(22절), 두 번째 분사는 낳음과 아버지의 이미지를

170 토마스 슈라이너 『베드로전후서, 유다서』 김명일 옮김. 부산: 깃드는 숲, 2022. p. 126.

사용한다(23절). CSB성경은 첫 번째 절을 '진리를 순종함으로 스스로를 정결하게 하였기 때문에'라고 번역한다. NRSV성경은 '이제 너희는 진리를 순종함으로 너희 영혼을 정결하게 하였다'라고 번역한다. 이 두 번역은 완료 분사 '정결하게 한'(헤그니코테스)을 회심으로 이해한다(개역개정. "너희가 진리를 순종함으로 너희 영혼을 깨끗하게 하여"). 분사의 완료시제는 이 견해를 뒷받침하며, 행동의 결과가 진행하고 있는 과거를 나타낸다. 더욱이 '진리를 순종함으로'는 아마도 복음의 진리를 말하는 것 같다. 신약에서 종종 복음은 진리로 정의된다. 우리는 이 구절을 '참된 순종'(형용사적 속격)이 아니라 '진리에 대한 순종'(목적격적 속격)으로 이해해야 한다. '순종'은 다른 신약본문에서 회심을 묘사하며, 복음에 대한 복종을 의미한다(롬 1:5; 15:18; 16:19, 26). 이미 베드로가 1장 2절에서 순종을 말할 때 회심을 염두에 둔다(참조. 1:14). … 신자들은 회개하고 믿고 세례를 받도록 그리고 구원을 받기 위해 그리스도를 고백하도록 요청을 받는다(예. 행 2:38; 3:19; 13:39; 16:31; 롬 10:9). 그러므로 순종의 개념이 함께 사용되는 것은 놀랍지 않다."[171]

여러분, 동의가 되시지요! 그러므로 "너희가 진리를 순종함으로"는 거듭난 후의 순종을 뜻하는 것이 아닙니다. 복음진리를 믿고 받아들인 것을 뜻하는 것입니다. 또한, "너희 영혼을

171 토마스 슈라이너 『베드로전후서, 유다서』 김명일 옮김. 부산: 깃드는 숲, 2022. pp. 125-127.

깨끗하게 하여"는 회심 후의 도덕적인 정결이 아니라 회심을 뜻하는 것입니다.

이제, 중요한 것은 "너희 영혼을 깨끗하게 하여"라는 문구입니다. 그 의미를 더 파고들어가 정확하게 파악해야 할 필요가 있습니다. WBC주석에서 램지 마이클스는 이에 대해 이렇게 썼습니다.

> "정결과 순종을 연관시킨 것은 서두에 나온 베드로의 인사말을 상기시키는데, (특히 19절에 나오는 그리스도의 "보배로운 피"에 대한 성찰에 비추어 볼 때) 독자들의 영혼의 정결이 원칙적으로 '예수의 피 뿌림'(2절)에 의해서 이루어졌다는 것을 보여준다(참조. Barn. 5.1: 8.1)."[172]

참고로, 베드로전서 1장 2절에는 이렇게 기록되어 있습니다.

"곧 하나님 아버지의 미리 아심을 따라 **성령이 거룩하게 하심으로 순종함과 예수 그리스도의 피 뿌림을 얻기 위하여 택하심을 받은 자들**에게 편지하노니 은혜와 평강이 너희에게 더욱 많을지어다."

이 때문에 2절과 22절의 "순종"이 같은 것이라고 가정할 때,

172 램지 마이클스 『베드로전서』 박문재 옮김. 서울: 솔로몬, 2014. p. 221.

영락없이 "너희 영혼을 깨끗하게 하여"가 피 뿌림을 얻는 것 즉 19절에 나온 것처럼 예수님의 피로 죄 사함 받은 것을 뜻하는 것으로 보입니다. 참고로, 19절은 단지 죄 사함이 아니라 중생까지 포함하는 표현이므로 이런 주장은 설득력이 없습니다. 그러나 저도 WBC주석을 읽고 처음에는 그런 줄로만 알았습니다. 그리고 그 해석의 기초 위에서 연구하고 원고를 완성했습니다.

하지만, 이것은 2절과 22절의 "순종"이 같은 뜻일 때 성립이 되는 해석입니다. 그런데 제가 볼 때, 2절의 "성령이 거룩하게 하심으로 순종함"은 성령께서 우리를 거듭나게 하심으로 순종하는 삶을 살게 하시는 것을 뜻하고, 22절의 "진리를 순종함으로"는 믿음으로 복음을 받아들인 것을 뜻하는 것으로 보입니다. 서로 다른 내용입니다.

저도 많은 학자들이 2절의 "성령이 거룩하게 하심"을 성전이나 성전기명들처럼 거룩하게 사용하라고 구별된 성별로 이해한다는 것을 잘 압니다. 그들은 또 그런 의미에서 신자를 "성도"라고 부른다고 주장합니다. 그러나 저는 오래전부터 그런 해석이 의심스러웠고 회의적이었습니다. 왜냐하면 "성령이 거룩하게 하심"이라고 했습니다. 그런데 과연 믿는 자를 성도로 부르시고 구별하는 일이 성령님이 하시는 일일까요? 아닙니다. 그것은 성부 하나님의 일입니다. 성경에 보면 우리가 성도로 부르심을 받았다는 것이 나옵니다.

로마서 1:7 "로마에서 하나님의 사랑하심을 받고 **성도로 부르심을 받은** 모든 자에게 하나님 우리 아버지와 주 예수 그리스도로부터 은혜와 평강이 있기를 원하노라."

그런데 우리를 성도로 부르시는 분이 누구실까요? 바로 성부 하나님이십니다.

데살로니가전서 4:7 "**하나님이 우리를 부르심은 부정하게 하심이 아니요 거룩하게 하심이니**"

디모데후서 1:9 "**하나님이 우리를 구원하사 거룩하신 소명으로 부르심은** 우리의 행위대로 하심이 아니요 오직 자기의 뜻과 영원 전부터 그리스도 예수 안에서 우리에게 주신 은혜대로 하심이라."

그러므로 "성령이 거룩하게 하심"이 성별을 뜻할 수 없습니다. 또, 구별만 한다고 과연 순종하는 삶을 살 수 있겠습니까?(뒤의 순종을 실제 순종으로 이해하는 학자들도 있으므로) 또한, 성령이 단지 구별하시는 일을 하시는 분입니까? 아닙니다. 성령님은 성부 하나님께서 계획하시고 뜻하신 바를 따라 그것을 실행하시는 분입니다. 그러므로 에스겔의 예언(겔 36:27)과 로마서 8장(1-14절)에 나타나 있는 것처럼 실제로 거룩하게 하시는 분입니다.

게다가, 그 뒤에 나오는 "예수 그리스도의 피 뿌림을 얻기 위하여"에 비추어 볼 때 "성령이 거룩하게 하심"은 분명 회심 때 일어나는 일입니다. 이에 대해 스캇 맥나이트는 매우 중요한 이런 지적을 했습니다.

> "안타깝게도 대중적인 신학은 성화가 회심과 칭의 이후에 일어나는 것이라고 가르친다. 즉 첫 번째가 칭의이고 다음으로 삶 전체와 영광 안으로 그 또는 그녀가 성화된다. 이것은 성화의 성경적인 이해가 아니다. 이 용어는 그리스도인의 실존에 대한 세 가지 특징을 언급한다. 처음에 죄로부터 분리(1:2에서 분명하다. 참조. 행 20:32; 26:18; 고전 1:2, 30: 6:11; 살후 2:13), 삶 전반에 걸친 거룩함의 성장을 위한 고군분투(롬 8:13; 고후 3:18; 7:1; 살전 5:23; 히 12:10, 14), 그리고 하나님이 그의 거룩한 백성을 영원토록 완전히 거룩하게 만드실 때 최종적인 하나님의 행위이다(엡 5:25-27). 그렇다면, 베드로는 여기서 거의 오로지 우리의 성화의 첫 번째 영역에 대해서만 언급하고 있는 것인데, 이것은 죄인들을 그의 백성으로 변화시키는 하나님의 은혜의 행위이다."[173]

옳은 말입니다. 그런데 처음 믿을 때 죄인들을 하나님의 백성으로 변화시키는 하나님의 은혜의 행위가 무엇이겠습니까? 거듭남 아닙니까? 말을 바꾸어 베드로의 표현에 입각해서, 회

173 스캇 맥나이트 『베드로전서』 문종윤 · 권대용 옮김. 서울: 솔로몬, 2015. pp. 59-60.

심할 때 우리를 거룩하게 하여 순종하게 하는 것이 무엇이겠습니까? 거듭남 외에는 없습니다. 그래서 저는 오래전부터 "성령이 거룩하게 하심"이 단지 성별이 아니라 거듭남이거나 적어도 거듭남을 포함한다고 믿어왔습니다.

뿐만이 아닙니다. "거룩"을 성별로 이해하는 대부분의 학자들이 연이어 나오는 "순종"을 복음을 믿는 믿음으로 이해합니다. 그런데 구별된 후에 믿게 됩니까? 성도가 되었다는 말 자체가 구별되었다는 뜻이므로 믿고 난 후에 성도가 되고 구별되는 것 아닙니까? 저는 그래서 더욱 "성령이 거룩하게 하심"이 단지 성별이 아니라 거듭남을 포함한다고 생각합니다. 그러므로 2절에 근거해서 순종 다음에 피 뿌림이 나오니 22절의 "너희가 진리를 순종함으로 너희 영혼을 깨끗하게 하여"도 죄 사함 받은 것을 뜻한다고 해석하는 것은 옳은 해석이 아닙니다.

한편, 정확한 성경해석은 쉽고 간단한 것이 아닙니다. 아직 "너희 영혼을 깨끗하게 하여"에 대한 해석이 완성되지 않았습니다. 왜냐하면 예상반론이 존재하기 때문입니다.

> 데살로니가후서 2:13 "주께서 사랑하시는 형제들아 우리가 항상 너희에 관하여 마땅히 하나님께 감사할 것은 하나님이 처음부터 너희를 택하사 **성령의 거룩하게 하심**과 **진리를 믿음**으로 구원을 받게 하심이니"

여기에 베드로전서 1장 2절에 나온 "성령이 거룩하게 하심"

과 똑같은 표현이 나옵니다. 그 직후 "진리를 믿음으로 구원을 받게 하심이니"라는 표현이 나옵니다. 그래서 학자들이 베드로전서 1장 2절의 "성령이 거룩하게 하심"을 성령이 우리를 성별하신 것으로 이해하고 그 뒤에 나오는 "순종"을 복음을 믿는 것으로 이해한 것이 이 순서와 일치하므로 그 해석이 옳은 것 아니냐? 라고 생각할 수도 있습니다.

하지만 "성령이 거룩하게 하심"이 성별을 뜻할 수 없다는 것은 앞에서 한 설명을 통해 이미 증명된 사실입니다.

그러나 그렇다 해도 왜 믿음으로 거듭나는 건데 "성령의 거룩하게 하심"이 앞에 나오고 그 뒤 "진리를 믿음으로 구원을 받게 하신다"고 했는가? 라는 의문이 여전히 남습니다. 여러분, 믿어야 갈라디아서 3장 14절에 나온 것처럼 성령이 주어지고 그로 인해 거듭나는 것 아닙니까? 그런데도 "성령의 거룩하게 하심"을 "진리를 믿는 믿음" 앞에 두었습니다. 그래서 "성령의 거룩하게 하심"을 예정을 따라 우리를 성별한 것으로 보아야 되지 않느냐? 라는 반론이 나올 수가 있습니다. 이것이 우리가 이 구절을 다룰 수밖에 없는 이유입니다.

저는, 그 답을 그 앞에 나오는 9-12절에서 찾을 수 있다고 믿습니다.

> "악한 자의 나타남은 사탄의 활동을 따라 모든 능력과 표적과 거짓 기적과 불의의 모든 속임으로 멸망하는 자들에게 있으리니 이는 그들이 진리의 사랑을 받지 아니하여 구원함을 받지 못

함이라. 이러므로 하나님이 미혹의 역사를 그들에게 보내사 거짓 것을 믿게 하심은 **진리를 믿지 않고 불의를 좋아하는 모든 자들로** 하여금 심판을 받게 하려 하심이라."

예수님을 믿어야 되는데 마지막 때 많은 사람들이 예수님이 아니라 적그리스도를 믿고 따르게 될 것입니다. 그러면 왜 사람들이 적그리스도를 따르게 될까요? 그 이유가 11-12절에 이렇게 기록되어 있습니다.

"이러므로 하나님이 미혹의 역사를 그들에게 보내사 거짓 것을 믿게 하심은 진리를 믿지 않고 불의를 좋아하는 모든 자들로 하여금 심판을 받게 하려 하심이라."

우선, 거짓 것에 미혹되는 사람들이 누구인지부터 살펴봅시다. "하나님이 미혹을 그들에게 보내사"가 보여주듯이 그들은 하나님께서 유기한(버린) 자들입니다. 이와 정반대로 13절은 "하나님이 처음부터 너희를 택하사"라는 표현이 보여주듯이 유기된 자들과 반대되는 택한 자들에 대해서 쓴 것입니다.

실제로 개역개정에는 없지만 원어에는 13절이 "그러나"(데)로 시작합니다. 그러므로 실제로 12절에 나오는 미혹되는 자들의 특징과 반대되는 특징을 쓴 것입니다. 즉, 13절의 "성령의 거룩하게 하심"은 12절의 "불의를 좋아하는"과 반대되고, 13절의 "진리를 믿음으로"는 12절의 "진리를 믿지 않고"와 반대되는 개념입니다. 12절의 불의를 좋아하는 모든 자들은 거듭나지 않았기 때문에 그렇게 삽니다. 그러나 하나님이 택한 사람들은 이와 반대로 거듭남을 통해 거룩한 삶을 살아갑니다. 그래서 저는 "성령의 거룩하게 하심"을 어정쩡한 성별이 아니라 거듭남으로 이해해야 한다고 생각합니다.

아직 믿어야 성령이 임하고 거듭나는데, 왜 "성령의 거룩하게 하심"이 "진리를 믿는 믿음" 앞에 나오느냐? 라는 의문은 해결이 되지 않았습니다. 그래서 답해드리고자 합니다.

한마디로 말해서, 그것은 순서대로 기록한 것이 아닙니다. 일종의 강조입니다! 바울은 9-12절에 나오는 사람들이 '진리의 사랑을 받지 못했다'고 했습니다. 그런데 이들이 미혹되어 거짓 것을 믿다가 심판받고 멸망하게 되는 이유가 무엇입니까? 로마서 1장 18절에 "하나님의 진노가 불의로 진리를 막는 사람들의 모든 경건하지 않음과 불의에 대하여 하늘로부터 나타나나니"라고 기록되어 있는 대로 불의를 좋아하기 때문입니다. 그것이 12절에 기록되어 있습니다. 이것 때문에 미혹되어 거짓 것을 믿고 진리를 믿지 않는 것입니다. 그러므로 불의를 좋아하는 것이 핵심적인 문제와 이유이고 가장 강조되고 있는 점입니다.

그래서 바울이 13절에서 먼저 불의를 좋아하는 것과 반대되는 "성령의 거룩하게 하심" 즉 성령으로 거듭나서 거룩한 삶을 살게 되는 것을 강조하고, 그다음 12절에서 불의를 좋아하는 것보다 덜 강조된 "진리를 믿지 않고"와 반대되는 "진리를 믿음으로"를 쓴 것입니다. 이것은 일이 발생하는 순서대로 쓴 것이 아니라 핵심적인 이유를 강조한 것부터 쓴 것입니다. 그러므로 이 구절은 "성령이 거룩하게 하심"이 거듭남이 아니라 성별을 뜻한다는 근거가 될 수 없습니다. 그리고 2절에 "성령이 거룩하게 하심" 뒤에 "예수 그리스도의 피 뿌림을 얻기 위하여"가 나온다는 것을 근거로 22절의 "너희 영혼을 깨끗하게 하여"가 죄 사함을 뜻한다고 볼 수도 없습니다.

저는 22절의 "너희 영혼을 깨끗하게 하여"가 죄 사함이 아니라 거듭남을 뜻한다고 봅니다. 왜냐하면 디도서 3장 5절에 보면 "중생의 씻음"이라는 표현이 나오기 때문입니다. WBC주석에서 윌리엄 바운스는 이에 대해 이렇게 썼습니다.

> **"성령은 신자들을 중생으로 깨끗케 하고, 그들을 새롭게 하심으로 채운다. … 회심은 부정적으로는 깨끗케 하고(씻음), 긍정적으로는 성령에 의한 새롭게 하심을 이룬다."**[174]

톰 라이트도 이렇게 썼습니다.

> **"여기서 그가 '거듭남'과 관련하여 주요하게 말하는 점은,** 그것은 하나님의 값없는 선물이며, **이전에 우리를 오염시켰던 모든 것에서 우리를 깨끗하게 하시는 일을 수반한다는 것이다."**[175]

174 윌리엄 바운스 『목회서신』 채천석 · 이덕신 옮김. 서울: 솔로몬, 2013. p. 882.

175 톰 라이트 『모든 사람을 위한 목회서신』 김명희 옮김. 서울: 한국기독학생회출판부, 2018. p. 207.

"영혼을 깨끗하게 하여"라는 표현과 잘 어울리지요! 때문에 저는 이것이 거듭남을 뜻한다고 생각합니다.

또, 22절과 23절을 비교해 볼 때 23절의 "너희가 거듭난 것은"이 22절에서 이미 언급한 것을 다른 말로 반복한 것으로 보입니다. 그런데 23절은 문자 그대로 거듭남에 대해서 쓴 것입니다. 그러므로 거듭남입니다.

또한, 22절에서 베드로가 "너희가 진리를 순종함으로 너희 영혼을 깨끗하게 하여 거짓이 없이 형제를 사랑하기에 이르렀으니"라고 한 것도 이것이 거듭남을 뜻한다는 것을 뒷받침해줍니다. 왜냐하면 요한일서에 따르면 형제 사랑은 거듭남의 결과이기 때문입니다.

요한일서 3:9-10 "**하나님께로부터 난 자마다** 죄를 짓지 아니하나니 이는 하나님의 씨가 그의 속에 거함이요 그도 범죄하지 못하는 것은 하나님께로부터 났음이라. 이러므로 **하나님의 자녀**들과 마귀의 자녀들이 드러나나니 무릇 의를 행하지 아니하는 자나 또는 **그 형제를 사랑하지 아니하는 자는 하나님께 속하지 아니하니라.**"

요한일서 4:7-8 "사랑하는 자들아 우리가 서로 사랑하자 사랑은 하나님께 속한 것이니 **사랑하는 자마다 하나님으로부터 나서 하나님을 알고** 사랑하지 아니하는 자는 하나님을 알지 못하나니 이는 하나님은 사랑이심이라."

이 때문에 저는 "너희 영혼을 깨끗하게 하여"가 거듭남을 뜻한다고 생각합니다.

놀랍게도, 저처럼 "너희 영혼을 깨끗하게 하여"가 거듭남을 뜻한다고 보는 분들이 의외로 많습니다.

먼저, 박창환 교수님과 김경희 교수님은 이렇게 썼습니다.

> **"여기서 진리는 일반적인 여러 진리가 아니라 복음의 진리를 가리키는 것으로서 복음을 믿고 순종함으로써 '새사람'이 되면서 마음과 정신과 생각이 순수해져서 가식 없이 형제를 사랑하는 상태로 들어가게 되는 것이다."[176]**

"새사람"이라는 표현을 사용한 것을 볼 때 거듭남을 뜻한다고 본 것이 분명하지요!

또, 이상근 박사님도 이렇게 썼습니다.

> **"형제를 사랑하려면 먼저 하나님의 진리를 순종함으로 자신의 영혼이 깨끗하게 되어야 한다. 진리로 거듭난 자만이 참된 자기를 알고 남을 안다. 그리고 참된 사랑을 할 수 있다."[177]**

또한, 박윤선 박사님도 이렇게 썼습니다.

---

176 박창환·김경희 공저 『베드로전후서/유다서』 서울: 대한기독교서회, 1996. p. 64.

177 이상근 『공동서신』 서울: 기독교문사, 2008. p. 130.

"베드로는 신자들이 믿는 형제들을 사랑함에 있어서, 거짓이 없이 뜨겁게 할 수 있는 가능성을 그들의 영적 생명 구조에서 찾아냈다. 첫째, **그들의 영혼이 중생하여 순결하여졌으니 (22절)**, 이것은 사랑을 거짓 없이 할 수 있는 가능성이요, 둘째, 그들을 중생시킨 생명 있는 복음의 말씀이 그들에게 내재하니, 그것도 사랑을 열렬하게 할 가능성이다."[178]

마지막으로, 채영삼 교수님도 이렇게 썼습니다.

"흥미롭게도, 2절에 나타나는 거듭남, 그리스도의 사역, 복음을 들음/순종, 성령의 역사 등의 모티브들은 **22절에서 새롭게 반복된다. 22절에서 '진리를 순종함으로 거룩하여진'이라는 표현은, 2-3절에서처럼 중생을 성령께서 그리스도의 죽으심과 부활의 복음의 말씀을 통해 역사한 결과로 다시 설명하는 대목이다. … 그러므로 22절은, 앞의 2-3절에서 복음의 말씀을 듣고 순종함으로써 일어난 거듭남을 다시 한번 설명한 본문이다.**"[179]

그러므로 잘 들으십시오! 지금까지 여러분에게 설명해드린 것처럼 "너희 영혼을 깨끗하게 하여"는 거듭남을 뜻합니다. 그런데 이 문구에 사용된 "영혼"이 원어로 "프쉬케" 즉 혼입니다.

---

178 박윤선 『히브리서, 공동서신』 서울: 영음사, 1991. p. 353.

179 채영삼 『공동서신의 신학』 서울: 이레서원, 2021. p. 254.

그러므로 거듭날 때 단지 영만 거듭나는 것이 아닙니다. 혼도 거듭나는 것입니다.

한편, 이 외에도 거듭날 때 영만 거듭나는 것이 아니라 혼도 거듭난다는 것을 보여주는 단순하지만 결정적인 증거가 하나 있습니다. 놀랍게도 그것은 요한복음 3장 6절입니다. 완전히 반전이지요! 그 구절에 나오는 "육으로 난 것은 육이요"에서 육을 통해서 태어나는 육은 부모의 육신과 똑같은 육신입니다. 마찬가지로 "영으로 난 것은 영이요"에서도 영(성령님)을 통해서 태어나는 영은 성령님과 똑같은 구조를 가진 영입니다. 왜냐하면 무엇을 낳을 때 항상 같은 것을 낳기 때문입니다.

그런데 우리가 영과 혼 시리즈 설교를 통해 알게 된 것이 무엇입니까? 하나님은 영이시고 짐승은 혼이 있고 사람에게는 영과 혼이 있는데, 짐승의 혼은 영의 한 조각이기 때문에 사람의 영과 혼을 합한 것이 바로 하나님의 영과 같다는 것입니다. 즉, 사람의 영과 혼을 합한 것이 바로 사람을 거듭나게 하는 성령님(영)과 구조가 같은 것입니다. 그래서 "영으로 난 것은 영이요"라는 말씀은 단지 '영만 거듭났다'는 뜻일 수 없습니다. 영과 혼 즉 영혼이 거듭났다는 뜻일 수밖에 없습니다. 그러므로 절대로 거듭날 때 영만 거듭나는 것이 아닙니다. 영혼이 거듭나는 것입니다. 할렐루야!

사랑하는 여러분, 사람이 거듭날 때 영만 거듭나는 것이 아닙니다. 영혼이 거듭납니다. 이에 대해 H. A. 아이언사이드 박사는 "죽음 그 후에는"이라는 설교에서 이렇게 말했습니다.

“**한 영혼이 그리스도를 구주로 믿고 의지할 때, 전에는 멸망과 영적 파산 가운데 있었던 그 사람에게 새로운 생명이 주어지게 되며, 모든 부분에서 이 생명을 생생하게 경험하게 됩니다.** 각성된 영은 이제 하나님의 말씀을 받게 되며, 그 사람은 심령으로 새롭게 되어졌습니다. … 영은 이제 비로소 하나님의 마음과 영적인 것들을 알아듣고 이해할 수 있게 되었고, 말씀에 의한 분별도 가능하게 되는 것입니다. **그의 혼도 구원받았습니다. 그 감정과 정서도 깨끗케 되었고, 그 마음의 갈망과 원함도 이제는 악하고 세속적인 것에서 돌이켜, 거룩하고 천국에 속한 것들로 바뀌게 되었습니다.**

그러나 몸만이 변화되지 않은 채 지금 그대로의 모습으로 남아있습니다. … 그렇지만 결국 주 예수 그리스도의 재림 때, 주께서 우리의 이 낮고 천한 몸을 변화시켜서 그리스도의 영광스러운 몸과 같이 변케 해주실 것입니다.”[180]

또한, 웨인 그루뎀은 『조직신학(상)』권에서 이렇게 썼습니다.

“우리의 전 인격이 허물과 죄로 죽었으나(엡 2:1) 이제 하나님께 대하여 산 자가 되었다. 이제 우리는 스스로를 죄에 대하여 죽고 하나님께 대하여 산 자로(롬 6:11) 여겨야 한다. **이는 단지 우리 안에 있는 한 부분(영이라 불림)이 살아났다는 말이 아**

180 https://nncnet.tistory.com/2803 [푸른초장]

니라, 전 인격체로서 우리가 그리스도 안에서 새로운 피조물이 되었다는 의미이다(고후 5:17)."[181]

이것이 성경적인 참 진리입니다. 그러므로 여러분 모두 이것을 받아들이시기 바랍니다.

그리고 이것은 조금 다른 말이지만, 거듭날 때 단지 영이 아니라 영혼이 거듭나는데, 왜 예수님은 "영으로 난 것은 영이니"라고 영만 거듭나는 것처럼 말씀했을까요?

우리는 그 이유를 이미 설명해드린 영과 혼이라는 단어의 용례에서 찾을 수 있습니다.

또, 하나의 이유는 사람의 영과 혼을 합하면 하나님의 영과 같아지기 때문입니다. 성경은 사람을 '영혼'과 '육체'로 나누기도 하고, '영 혼 육'으로 나누기도 합니다.

고린도후서 7:1 "그런즉 사랑하는 자들아 이 약속을 가진 우리는 하나님을 두려워하는 가운데서 거룩함을 온전히 이루어 **육과 영**의 온갖 더러운 것에서 자신을 깨끗하게 하자."

데살로니가전서 5:23 "평강의 하나님이 친히 너희를 온전히 거룩하게 하시고 또 너희의 온 **영과 혼과 몸**이 우리 주 예수 그리스도께서 강림하실 때에 흠 없게 보전되기를 원하노라."

---

181 웨인 그루뎀 『조직신학(상)』 노진준 옮김. 서울: 은성, 2009. pp. 727-728.

이런 차이가 있는 이유는, 사람은 영 혼 육으로 구성된 존재지만 '영'과 '혼'을 합하면 하나님의 '영'과 같은 것이기 때문입니다. 그러므로 '영'과 '육'이라고 해도 맞고, 영 혼 육이라고 해도 맞습니다. 이를 통해 우리는, 성경에서 혼을 뺀 상태에서 영과 몸을 언급할 때 그것은 단지 영이 아니라 영혼을 뜻한다는 것을 재확인할 수 있습니다. 이것을 깨달으면, 요한복음 3장 6절이 단지 영이 아니라 영혼이 거듭난다는 뜻이라는 것을 여러분이 더 잘 이해하실 수 있습니다. 할렐루야!

그런데, 아직 끝이 아닙니다! 한 가지 예상반론을 더 다뤄야 하기 때문입니다. 거듭남은 믿음으로 그리스도의 부활과 연합할 때 성령에 의해 일어납니다.

> 로마서 6:4 "그러므로 우리가 그의 죽으심과 합하여 세례를 받음으로 그와 함께 장사되었나니 **이는 아버지의 영광으로 말미암아 그리스도를 죽은 자 가운데서 살리심과 같이 우리로 또한 새 생명 가운데서 행하게 하려 함이라.**"

거듭남은 예수님의 부활과 밀접한 관계가 있습니다. 때문에 베드로는 이렇게 말했습니다.

> 베드로전서 1:3 "우리 주 예수 그리스도의 아버지 하나님을 찬송하리로다. 그의 많으신 긍휼대로 **예수 그리스도를 죽은 자 가운데서 부활하게 하심으로 말미암아 우리를 거듭나게 하사**

산 소망이 있게 하시며"

그런데 로마서 8장 10절에 보면 이런 말씀이 있습니다.

"또 그리스도께서 너희 안에 계시면 몸은 죄로 말미암아 죽은 것이나 영은 의로 말미암아 살아 있는 것이니라."

이 때문에 성령으로 거듭날 때 새 생명을 얻는 것은 영이다, 그러므로 실제로 영만 거듭나는 것 아니냐? 라는 의심이 다시 생길 수 있습니다.

그러나 그렇지 않습니다. 왜냐하면 로마서 8장 10절은 영이 새 생명을 얻는다는 뜻이 아니기 때문입니다. 전에 자세히 설명해드린 것처럼, 신자의 몸은 죄 때문에 결국 죽지만, 신자의 영은 주님이 주시는 의 때문에 영생을 얻었고 멸망하지 않는다는 뜻입니다. 그러므로 이 구절은 영에만 새 생명이 주어진다는 뜻이 아니며, 영만 거듭난다는 견해와 무관한 구절입니다.

2) 야고보가 말한 것이 과연 혼의 구원인가?

야고보서 1:21 **"그러므로 모든 더러운 것과 넘치는 악을 내버리고 너희 영혼을 능히 구원할 바** 마음에 심어진 말씀을 온유함으로 받으라."

여기서 "영혼"은 '프쉬케'로 혼입니다. 이에 근거하여 케네스 해긴 목사님은 거듭날 때 영만 거듭나고 혼은 거듭나지 않았으므로 혼도 구원받아야 한다고 주장하셨습니다. 성화가 곧 혼의 구원이라는 것입니다. 이 구절은 이미 구원받은 신자들에게 한 말이기 때문에 정말로 그런 것 같습니다. 그러나 이것은 이 구절을 오해한 것입니다.

① 이 구절에 나오는 "구원"은 단지 성화가 아니다!

먼저, 성화를 구원을 이루는 것이 아니라 혼의 구원 즉 또 하나의 구원으로 분리시키는 것은 성경적인 개념이 아닙니다. 성경에는 그런 개념이 없습니다. 성화를 구원을 이루는 것으로 말할 뿐 혼의 구원을 받아야 한다고 말하고 있지 않기 때문입니다. 그러므로 이 구절의 구원은 단지 혼의 구원을 뜻할 수가 없습니다.

알렉 모티어는 이 구절에 대해 이렇게 썼습니다.

> "야고보서의 이 본문에서 사용된 동사의 시제(부정과거)는 **'심어진 말씀'**이 실제로 **일상적 체험에서 구원을 명확한 현실로 만들 능력이 있음**을 강조한다."[182]

해긴 목사님처럼 이 구절의 구원을 성화 즉 현재로 보았지

182 알렉 모티어 『야고보서 강해』 정옥배 옮김. 서울: IVP, 2018. p. 96

요. 그러나, 다른 학자들은 대부분 미래로 봅니다. 예를 들어, 무는 이렇게 썼습니다.

"야고보는 … '영혼의 구원'을 제시한다. 구약성경의 용례에 따라 '영혼'은 단순히 '그 사람 자신'을 의미하고, 구원은 미래의 일로 간주된다. '말씀을 받아들이는' 사람은 심판 날에 구원을 얻게 된다는 것이다."[183]

또, 고든 케디는 이렇게 썼습니다.

"야고보가 말하는 영혼의 구원은 영적인 안목으로, 하늘에서 누릴 충만하고 온전한 구원의 큰 날을 내다보고 언급한 것입니다."[184]

또, 댄 매카트니는 이렇게 썼습니다.

"야고보의 관점에서 이 구원 또는 구출은 이미 신자에게 효과가 나타나고 있지만 궁극적으로는 여전히 미래에 있다."[185]

마지막으로, 피터 데이비스도 이렇게 썼습니다.

---

183 더글라스 무 『야고보서』 이승호 옮김. 서울: CLC, 2013. p. 121.

184 고든 케디 『야고보서』 이중수 옮김. 서울: 목회자료사, 1993. p. 79.

185 댄 매카트니 『야고보서』 강대이 옮김. 서울: 부흥과개혁사, 2019. p. 169.

"순종하기만 한다면 복음이 사람을 구원할 수 있다(여기서 사람은 몸과 대조되는 실체가 아니라 전인을 의미한다. 신 6:5; 욥 33:28; 사 42:2; 막 8:35; 요 10:11; 행 2:41)는 것은 신약성경의 자명한 진리다. **구원은 미래적이다. 그러므로 이 구원은 야고보서의 총체적인 어조에 어울리는 하나님의 심판의 묵시적인 시간으로부터의 구원이다. 그래서 진리의 말씀으로 그리스도인을 중생시키시는(낳으시는) 하나님은, 그 사람이 그 말씀을 받는다면 그들 속에 심긴 동일한 말씀으로 그 사람을 구원하실 것이다.**"[186]

이처럼 다수의 학자들이 이 구절의 "구원"을 미래의 구원으로 봅니다.

또, 어떤 학자들은 이 구절의 구원이 현재나 미래의 구원이 아니라 과거, 현재, 미래의 구원 즉 구원의 서정 전체를 뜻한다고 봅니다. 예를 들어, 크레이그 블롬버그는 이렇게 주장했습니다.

"심어진 말씀은 계속적으로 구원할 수 있다. **부정과거 부정사인 '구원하다'는 전반적인 것 혹은 사실 확인적인 것으로, 구원의 전 과정이 처음부터 끝까지 구분되지 않는 전체라고 본다.** 그러므로 복음의 '말씀'은 우리가 그리스도와 처음 관계를

186 피터 데이비스 『야고보서』 오광만 옮김. 서울: 새물결플러스, 2019. p. 181.

맺었을 때부터 종말에 구원이 완성될 때까지 충분히 우리를 유지하고 성숙시킬 수 있다."[187]

존 맥아더는 이것을 더 자세히 이렇게 설명했습니다.

"**하나님의 말씀이 '(우리의) 영혼을 능히 구원한다'는 이 구절의 가르침은 첫째로 우리가 처음에 받은 구원을 가리킨다.** 이때에는 하나님 말씀을 통해 복음의 진리가 아직 구원받지 못한 이의 마음속에 전달되며, 이를 통해 그가 구원의 길을 깨닫고 죄의 형벌에서 건짐을 받게 된다(참조. 벧전 1:23). 그리고 **둘째로 하나님의 말씀은 그분이 베푸시는 진리의 지속적인 원천이 됨으로써 우리의 영혼을 '능히 구원하게' 된다.** 성령님은 그 말씀의 진리를 사용하셔서 우리를 죄의 권세와 지배로부터 보호하시며, 이를 통해 신자들의 '영혼'이 하나님의 가족 바깥으로 떨어져 나가는 일이 없도록 지키신다. 그리고 **마지막으로, 하나님의 말씀은 우리를 완전하고 궁극적인 구원으로 인도해 갈 수 있다.** 이때 우리는 하늘에서 그리스도와 함께 영광을 누리며, 죄의 존재로부터 영원히 벗어난 상태로 살아가게 된다. 바울이 다음의 내용을 확증하면서 선포한 것은 바로 이 진리였다. '이제 우리의 구원이 처음 믿을 때보다 가까이 왔느니라.'(롬 13:11). **이처럼 성경의 진리 배후에 있는 하나님의 능력은 우리의 구원**

187 크레이그 블롬버그·마리암 카멜 『강해로 푸는 야고보서』 정옥배 옮김. 서울: 디모데, 2018. p. 93.

을 불러일으키는 동시에 그 구원이 계속 더 성장하며 번성하게 하고, 마침내는 우리를 온전하고 충만한 영광의 최종적인 상태 가운데로 이끌어 간다. 우리는 이미 하나님 말씀의 능력을 통해 구원을 받았다(칭의). 우리는 지금 그 말씀의 능력으로 구원을 받고 있다(성화). 그리고 우리는 그 말씀의 능력으로 마침내 영원히 구원받은 상태, 궁극적이며 완전한 구원에 이른 상태에 들어가게 될 것이다(영화)."[188]

이 구절에 나오는 "구원"이 과거, 현재, 미래의 구원을 모두 포함한다는 주장이지요.

그럼 둘 중 어느 견해가 옳을까요? 저는 주석들과 씨름하며 연구한 후 마지막 견해가 옳다는 결론에 도달했습니다.

야고보서 1장 21절에 보면 "너희 영혼을 구원할"이라고 쓰여 있습니다. 그런데 18절에 이미 거듭남이 나왔습니다. 수신자들이 이미 구원받은 자들입니다. 그래서 과거의 구원 즉 중생이 아니라 성화나 영화와 관계된 말씀이라고 생각하기 쉽습니다.

그러나 '구원할 바'에 사용된 헬라어는 동부정사입니다. 부정사는 시제와 무관하고 문맥에 의해서 그 의미가 결정됩니다. 때문에 꼭 현재나 미래의 구원을 뜻한다고 볼 수 없습니다.

또, "능히 구원할 바"에서 "능히"라는 단어 때문에 "능히 구원할 수 있다"는 뜻이 됩니다. 때문에 과거가 아닌 현재나 미래

188 존 맥아더 『야고보서』 송동민 옮김. 서울: 아바서원, 2020. pp. 116-117.

에 "구원할"이라는 의미가 아닙니다. 과거, 현재, 미래 어떤 구원이든 구원할 수 있다는 뜻이고, 과거의 구원도 배제하지 않습니다.

또한, "말씀을 온유함으로 받으라!"에 의하면 현재나 미래에 대한 구원으로만 보이지만, 그 전에 "심어진"이 나옵니다. "구원할 수 있는"이 "말씀을 온유함으로 받으라!"와만 연결되는 것이 아니라 "심어진 말씀"과도 연결됩니다. 그러므로 이 구절의 '구원'이 과거, 현재, 미래를 다 포함한다고 보아야 합니다. 따라서 이 구절에 나오는 "구원"은 단지 성화나 혼의 구원이 아닙니다.

② 이 구절에 나오는 "영혼"은 단지 혼이 아니다!

야고보서 1:21 "그러므로 모든 더러운 것과 넘치는 악을 내버리고 **너희 영혼을 능히 구원할 바** 마음에 심어진 말씀을 온유함으로 받으라."

이 구절은 절대 혼의 구원에 대해 쓴 것이 아닙니다. 그 이유는 두 가지입니다.

첫째, 이미 설명한 대로 "구원"이 단지 성화가 아니라 구원의 서정 전체를 뜻합니다.

둘째, 이 구절에 나오는 "영혼" 역시 단지 혼이 아니라 그 사람 전체를 뜻합니다. 이에 대해 거의 모든 학자들의 의견이 일치합니다. 그중의 몇 가지를 소개해드리겠습니다.

먼저, 토마스 맨톤은 이 구절의 "영혼"에 대해 이렇게 썼습니다.

"'너희 영혼' 너희의 육신과 영혼, 너희의 존재 자체라는 뜻이다. 야고보는 영혼 구원이란 말로 영혼·육신을 포함한 사람 존재 전체의 구원을 뜻했다. 즉, 중요한 부분이 전체를 대신한 것이다. 롬 13:1의 '각 영혼(개역 성경은 각 사람으로 되어 있음)은 위에 있는 권세들에게 굴복하라'는 구절에서도 '영혼'(soul)은 '사람'(person)이란 뜻으로 쓰였다. **다음 구절에서도 본 절과 같은 용법이 사용된다. '믿음의 결국 곧 영혼의 구원'(벧전 1:9) … 이 경우들에 있어서도 영혼은 그 사람 전체를 의미한다. 사람을 영혼으로 표현한다 하더라도 육체가 배제되는 것은 아니다."**[189]

또, 더글라스 무는 이렇게 썼습니다.

"구약성경의 용례에 따라 '영혼'은 단순히 '그 사람 자신'을

---

189 토마스 맨톤 『야고보서(상)』 이갈상 옮김. 서울: 아가페, 1991. pp. 277-278.
참고로, 토마스 맨톤 『야고보서(하)』권에 보면, 야고보서 5장 20절에 나온 '혼'이라는 단어도 사람을 가리킨다고 쓰여 있다. "'영혼'은 사람을 가리킨다. 이는 신체의 중요한 일부를 가지고 전체를 표시하는 어법이다. 영혼이 구원받는다는 것은 육신 역시 구원받는 것을 의미한다. 그래서 벧전 1:9은 '믿음의 결국 곧 영혼의 구원을 받음이라'고 기록하고 있으며, 약 1:21 역시 '능히 너희 영혼을 구원할 바'라고 쓰고 있다."(토마스 맨톤 『야고보서(하)』 황영철 옮김. 서울: 아가페, 1992. p. 367.)

의미하고, 구원은 미래의 일로 간주된다."[190]

또, 피터 데이비스는 이렇게 썼습니다.

"순종하기만 한다면 복음이 사람을 구원할 수 있다(여기서 사람은 몸과 대조되는 실체가 아니라 전인을 의미한다)."[191]

또, 크레이그 블롬버그는 이렇게 썼습니다.

"'영혼'은 이 맥락에서 단지 육체와 분리된 '혼'을 말하기보다는 존재 전체 혹은 생명을 말한다."[192]

마지막으로, 댄 매카트니도 이렇게 썼습니다.

"이 단어는 생명이나 전 인격체, 즉 인간의 개인 정체성이라는 일반적인 개념을 가지고 있다. 따라서 심어진 말씀은 그 말씀이 심어진 사람의 전 인격을 구원할 수 있다."[193]

이처럼 이 구절의 "영혼"이 "프쉬케"라고 혼을 뜻하는 것이

---

190 더글라스 무 『야고보서』 이승호 옮김. 서울: CLC, 2013. p. 121.

191 피터 데이비스 『야고보서』 오광만 옮김. 서울: 새물결플러스, 2019. p. 181.

192 크레이그 블롬버그·마리암 카멜 『강해로 푸는 야고보서』 정옥배 옮김. 서울: 디모데, 2018. p. 93.

193 댄 매카트니 『야고보서』 강대이 옮김. 서울: 부흥과개혁사, 2019. p. 168.

아닙니다. 사람 전체를 뜻합니다.

또, 이 구절뿐 아니라 5장 20절에서도 "혼"이라는 단어와 함께 "구원"에 대해 말했습니다. "영혼"도 혼을 뜻하는 프쉬케입니다.

> "너희가 알 것은 죄인을 미혹된 길에서 돌아서게 하는 자가 **그의 영혼을** 사망에서 **구원할 것이며** 허다한 죄를 덮을 것임이라."

1장 21절에 나오는 "영혼"과 같은 단어지요. 그러나 혼의 구원 즉 성화를 뜻하지 않습니다. 그러므로 혼이라는 단어를 사용했다고 혼의 구원을 뜻하는 것이 아닙니다.

이 구절을 더 살펴보면, 야고보서 5장 20절의 "그의 영혼을 사망에서 구원할 것이며"에 나오는 "그의 영혼"이 누구냐에 대해서는 의견이 갈립니다. '진리를 떠난 죄인을 돌아서게 한 사람의 영혼이다'와 '미혹된 길에서 돌아서게 된 영혼이다'가 그것입니다. 일부 학자는 둘 다를 의미한다고 주장합니다. 그러나 거의 모든 학자들이 미혹에서 돌아서게 된 자의 영혼을 뜻한다는 데 의견이 일치합니다.

이 구절은 이단사설에 미혹된 자들에 대한 것입니다. 즉, 그대로 두면 멸망할 자들에 관한 것입니다. 그들을 돌아서게 하는 것이 그들의 영혼을 사망에서 구원하는 것이 된다는 뜻입니다.

여러분, 이것이 성화입니까? 아니지요! 마찬가지로 1장 21절에서 프쉬케를 사용했으니 혼의 구원인 성화를 뜻한다고 볼 수는 없습니다.

이 외에도, 제가 좀 찾아보았는데 히브리서 10장 39절과 베드로전서 1장 9절에도 영혼을 구원한다는 말이 나오고 헬라어로 "프쉬케" 즉 혼입니다.

히브리서 10:39 "우리는 뒤로 물러가 멸망할 자가 아니요 **오직 영혼을 구원함에 이르는 믿음을 가진 자니라.**"

베드로전서 1:9 "믿음의 결국 곧 **영혼의 구원을 받음이라.**"

하지만 두 구절의 "구원" 모두 성화를 뜻하지 않습니다. 이것은, 혼이라는 단어를 사용했다고 그것이 성화와 관계있는 혼의 구원을 뜻하는 것이 아니라는 것을 다시 한번 보여줍니다.

사실, 중생은 영, 성화는 혼! 이렇게 구분하는 것 자체가 옳지도 가능하지도 않습니다. 사람은 영과 혼이 결합되어 영혼으로 존재하고, 단지 영이 아니라 영혼이 거듭납니다. 영혼이 거듭나고 영혼이 자라갑니다. 혼이 아니라 영혼이 자라는 것이 성화입니다. 그러므로 1장 21절에 나오는 혼이라는 단어만 보고 그것을 혼의 구원으로 보는 것은 바른 것이 아닙니다.

3) 바울은 왜 분별보다 변화를 앞세웠는가?

케네스 해긴 목사님은 성화를 혼의 구원으로 규정하고 야고보서 1장 21절과 함께 로마서 12장 2절을 근거로 내세웠습니다.

"너희는 이 세대를 본받지 말고 **오직 마음을 새롭게 함으로 변화를 받아** 하나님의 선하시고 기뻐하시고 온전하신 뜻이 무엇인지 분별하도록 하라."

그런데, 저는 오래도록 이 구절을 이해하는 데 장애 같은 것을 느꼈습니다. 특히, 하나님의 뜻을 분별하고 그것을 행함으로 변화되는 것이 아니라, 변화된 후에 하나님의 선하시고 기뻐하시고 온전하신 뜻을 분별하게 된다는 것이 순서가 거꾸로입니다. 그래서 이해가 안 되고 읽을 때마다 혼란스러웠습니다. 그런데 존 스토트가 이 구절을 이렇게 정리했습니다.

"변화는 어떻게 일어나는가? 바울은 이렇게 대답한다. '마음을 새롭게 함으로 변화를 받아.' 이는 오직 새롭게 된 마음만이 '하나님의 뜻을 분별' 즉 식별하고 평가하며 순종하기로 결정할 수 있기 때문이다. …

그렇다면 그리스도인의 도덕적 변화의 단계는 다음과 같다. **첫째, 우리의 마음이 하나님의 말씀과 성령에 의해 새로워진다. 둘째, 하나님의 뜻을 분별하고 소망할 수 있게 된다. 그리고 그 후 우리는 그것에 의해 점차 변화되어 간다.**"[194]

---

194 존 스토트 『로마서 강해』 정옥배 옮김. 서울: 한국기독학생회출판부, 1996. p. 432.

굉장히 깔끔하지요! 그러나 어이없게도 성경과 순서가 다릅니다. 그러므로 옳은 것이 아닙니다.

로마서 12장 2절에 보면 이 순서와 달리 분별이 아니라 변화가 먼저입니다. 그러면 왜 변화가 먼저일까요? 저는 '그것이 알고 싶다' 모드가 되어 주요 주석들을 읽으며 열심히 씨름했습니다. 그러나 답이 없었습니다. 당시 저는 밤에도 그 구절을 생각하고, 새벽에도 생각했습니다. 그래도 답이 나오지 않자, 이튿날 주요 주석이 아니라서 잘 읽지 않던 주석들까지 모두 읽었습니다. 그리고 뜻밖에 거기에서 단서를 얻었습니다.

먼저, 저는 이 구절에 나오는 "변화"가 단지 마음의 변화인가? 아니면 행동의 변화인가? 를 놓고 고심했습니다. 그런데 이에 대해 슈트워트 올리오트가 이렇게 썼습니다.

"이 일은 단순히 외형적인 어떤 생활 스타일을 채택한다고 되지 않습니다. **당신의 마음(정신)에 변화가 있어야 합니다. 당신의 생각이 우선 달라져야만 외형도 바뀔 수 있습니다.**"[195]

또, 브루스 바톤 외 3인도 이렇게 썼습니다.

"신자들은 안에서 밖으로 철저한 변화를 경험할 것이다. 또한 그 변화는 모든 생각과 행동이 시작하는 '마음'에서부터 시

195 슈트워트 올리오트 『로마서, 골로새서』 이중수 옮김. 서울: 목회자료사, 1993. p. 154.

작해야 한다. 바울은 에베소 성도들에게 '너희는 유혹의 욕심을 따라 썩어져 가는 구습을 따르는 옛사람을 벗어 버리고 **오직 너희의 심령이 새롭게 되어** 하나님을 따라 의와 진리의 거룩함으로 지으심을 받은 **새 사람을 입으라**'(엡 4:22-24)고 쓰고 있다."[196]

이를 통해, 저는 이 구절의 변화가 행동의 변화까지 포함하지만 마음의 변화에서 출발하며 마음의 변화를 매우 중요시한다는 것을 깨달았습니다.

그러나 제가 이 구절을 이해하는 데 가장 큰 도움이 된 것은, 톰 홀랜드의 『로마서 주석』입니다. 그 책은 제가 오래도록 궁금하게 여겼던 것을 해결해주었습니다.

오래전, 피터 와그너 박사는 이 구절에 나오는 "하나님의 선하시고 기뻐하시고 온전하신 뜻"이 각자의 은사와 부르심을 옳게 분별하는 것을 뜻한다고 주장했습니다. 그 뒤에 나오는 3절 때문에 그의 주장은 옳아 보입니다.

로마서 12:3 "내게 주신 은혜로 말미암아 너희 각 사람에게 말하노니 마땅히 생각할 그 이상의 생각을 품지 말고 오직 하나님께서 각 사람에게 나누어 주신 믿음의 분량대로 지혜롭게 생각하라."

---

196 브루스 바톤 외 3인 『로마서』 박대영 옮김. 서울: 성서유니온, 2012. p. 363.

그러나 톰 홀랜드는 그 주장을 다음과 같이 일축했습니다.

"바울은 '선하시고 기뻐하시고 온전하신' 하나님의 뜻이라고 묘사한다. 신자 각 개인을 향한 온전한 계획이 있다는 바울의 확신을 의미한다고 일부 사람들은 해석한다. 그렇다면 이 해석을 뒷받침할 만한 근거가 필요할 것이다. 그런데 이 진술에서 바울은 교회를 향해 말하고 있다. '소마타 휘몬'("너희 몸")을 드리라는 바울의 권고를 보더라도 명확히 알 수 있다. 분명 교회가 하나님의 온전하신 뜻을 분별한다는 의미이다. …

하나님의 뜻을 분별한다는 내용은 바울의 다른 서신서에도 등장한다(살전 5:18; 엡 5:17; 골 3:15). 이 편지들의 대상이 개인이 아닌 교회라는 점을 감안하면, '하나님의 뜻'이란 분명 집단적 의미를 지닌다."[197]

그 후 톰 홀랜드가 연이어 한 설명들이 저에게 큰 도움이 되었습니다.

먼저, 그는 "이 세상을 본받지 말고"에 대해 이렇게 썼습니다.

"삶에 미치는 이러한 영향은 종종 눈에 띄지 않는다. 대중문화, 미디어, 과학, 비신자 가정, 친구 및 동료들을 통해 가치가

197 톰 홀랜드 『로마서 주석』 최성호·정지영 옮김. 서울: CLC, 2016. p. 650.

확산된다. 그 가치는 소리 없이 사람들을 변화시킨다."[198]

또, 그는 "마음을 새롭게 함으로 변화를 받아"에 대해 이렇게 썼습니다.

> "바울은 교회의 마음이 새롭게 된다는 표현을 하면서 로마서 1:28의 육신대로 사는 사람들과 대조했을 가능성이 크다. '또한 그들이 마음에 하나님 두기를 싫어하매 하나님이 그들을 그 상실한 마음대로 내버려 두사 합당하지 못한 일을 하게 하셨으니.' 교회의 마음이 새롭게 된다는 것은 하나님의 말씀과 가치를 귀히 여기는 사람들과 더불어 하나님의 시각을 재발견한다는 의미이다."[199]

또한, 그는 "하나님의 선하시고 기뻐하시고 온전하신 뜻이 무엇인지 분별"하는 것을 이해하는 데 결정적으로 도움이 되는 이런 말을 했습니다.

> "교회가 마음을 새롭게 할 때, 하나님의 뜻뿐만 아니라 로마 사회에서 당면한 문제들을 잘 분별할 수 있을 것이다."[200]

---

198 톰 홀랜드 『로마서 주석』 최성호·정지영 옮김. 서울: CLC, 2016. p. 647.
199 톰 홀랜드 『로마서 주석』 최성호·정지영 옮김. 서울: CLC, 2016. p. 649.
200 톰 홀랜드 『로마서 주석』 최성호·정지영 옮김. 서울: CLC, 2016. p. 649.

이것이 저에게 결정적인 힌트가 되었습니다. 때문에 저는 브루스 바톤 외 3인이 한 이와 유사한 말이, "하나님의 선하시고 기뻐하시고 온전하신 뜻이 무엇인지 분별"하는 것이 무슨 뜻인지 가장 잘 보여주고 있다고 생각합니다.

> "하나님의 … 뜻이 무엇인지 분별하도록 하라.
>
> 신자들이 자신의 마음을 바꾸고 더욱 그리스도처럼 되면, 그들은 자신의 뜻이 아니라 하나님의 뜻을 원하게 될 것이다. 그들이 변하고 있을 때만, 하나님께서 자신들에게 원하시는 것을 알 수 있고 또 행하기를 즐거워할 것이다. 하나님의 뜻을 아는 일이 늘 쉽지만은 않으며, 모든 상황에 대해 일련의 법이나 규칙들로 그 뜻이 정해지지 않을 때는 더더욱 그렇다. 하지만 우리가 기꺼이 하나님께 순종하고 의지하려고만 한다면 알 수 있다. 그렇게 할 때라야 그 뜻을 알 수 있다. 그 뜻을 알고서야 하나님의 뜻을 행하는 더 어려운 임무도 수행할 수 있다."[201]

여러분, 이제 "하나님의 선하시고 기뻐하시고 온전하신 뜻"을 "분별"하는 것이 무엇인지 감이 잡히시지요!

이 구절에 나오는 하나님의 뜻은 성경에 명시되어 있는 그런 하나님의 뜻들이 아닙니다. 세상을 살아가면서 우리가 스스로 분별해야 할 더 까다롭고 모호한 것들에 대한 하나님의 뜻입

---

201 브루스 바톤 외 3인 『로마서』 박대영 옮김. 서울: 성서유니온, 2012. p. 364.

니다. 예를 들어, 로마서 13장에 나오는 것처럼 당시 권세자들은 교회를 박해하고 악했는데 그들에게 조세를 바쳐야 옳은가 바치지 않아야 옳은가? 또, 로마서 14장에 나오는 것처럼 우상의 제물을 피하기 위해서 채소만 먹는 것이 옳은가? 아니면 시장에서 파는 고기를 먹어도 좋은가? 와 같은 것을 분별하는 것을 가리킵니다. 이런 류의 분별은 마음을 새롭게 함으로 변화가 되어야 가능합니다. 즉, 장성한 자들만 분별할 수가 있습니다. 이것이 바로 이 구절의 뜻입니다.

한편, 로마서 12장 2절과 함께 다음 구절도 제게는 하나의 수수께끼였습니다.

> 히브리서 5:12-14 "때가 오래 되었으므로 너희가 마땅히 선생이 되었을 터인데 너희가 다시 하나님의 말씀의 초보에 대하여 누구에게서 가르침을 받아야 할 처지이니 단단한 음식은 못 먹고 젖이나 먹어야 할 자가 되었도다. 이는 젖을 먹는 자마다 어린 아이니 의의 말씀을 경험하지 못한 자요. **단단한 음식은 장성한 자의 것이니 그들은 지각을 사용함으로 연단을 받아 선악을 분별하는 자들이니라.**"

저는 이 구절을 읽을 때마다 '왜 말씀을 지키는 자가 아니라 선악을 분별하는 자들이 장성한 자라고 하지? 어떤 면에서 선악의 분별은 누구나 할 수 있는 것 아닌가?'라는 생각이 들었습니다.

그러나 이처럼 누구나 할 수 있는 선악 분별은 성경에 명시되어 있는 하나님의 뜻에 관한 것들입니다. 비유컨대, 그것은 젖과도 같은 것입니다. 힘들게 씹을 필요가 없고 그저 삼키기만 하면 되는 것들입니다. 그러나 단단한 음식은 설명하기도 이해하기도 쉽지 않습니다. 그 전 절에도 그것이 나타나 있습니다.

히브리서 5:11 **"멜기세덱에 관하여는 우리가 할 말이 많으나 너희가 듣는 것이 둔하므로 설명하기 어려우니라."**

우리가 이런 류의 말씀을 이해하려면 "지각을 사용"해야 합니다. 참고로, 다른 교회의 설교는 그냥 편히 들으면 됩니다. 그러나 우리 교회의 설교는 그냥 듣기만 하면 알아들을 수가 없습니다. 반드시 지각을 사용해야 합니다. 왜냐하면 단지 젖이 아니라 단단한 식물을 많이 나누기 때문입니다. 그러므로 지각을 사용할 뿐 아니라 그렇게 함으로써 "연단을 받아야" 합니다(히 5:14). 여기서 "연단"은 헬라어 "귐나조"로 "연습하다, 훈련하다."라는 뜻입니다. 지각을 열심히 사용해서 이해하려고 애쓰는 것을 뜻합니다. 이런 고단한 과정을 통해서만 선악 즉 하나님의 선하시고 기뻐하시고 온전하신 뜻이 무엇인지 분별할 수가 있습니다.

정리하자면, 이와 같은 하나님의 뜻을 분별하는 데 필요한 것은 다음 두 가지입니다.

첫째, 장성한 자가 되어야 합니다. 즉, 마음을 새롭게 함으로 변화가 되어 말씀대로 사는 자가 되어야 합니다.

둘째, 지각을 사용함으로 하나님의 뜻이 무엇인지 알기 위해 고민하고 노력해야 합니다. 즉, 연구하고 씨름해야 합니다. 그래야 하나님의 뜻을 분별할 수 있습니다. 그래서 바울이 로마서 12장 2절에서 이렇게 말한 것입니다.

"너희는 이 세대를 본받지 말고 오직 마음을 새롭게 함으로 변화를 받아 하나님의 선하시고 기뻐하시고 온전하신 뜻이 무엇인지 분별하도록 하라."

즉, 지금까지 설명해드린 것이 이 구절의 뜻입니다. 여러분, 이제 이 구절의 뜻이 무엇인지 이해가 되시지요!

4) 마음을 새롭게 함으로 변화되려면 어떻게 해야 하나?

케네스 해긴 목사님은 마음을 새롭게 하는 것이 성화의 비결이라고 하셨습니다. 맞습니다! 그것이 변화 즉 성화의 비결입니다. 문제는 해긴 목사님이 "믿음의 말씀"식으로 말씀을 읽고 묵상하고 읊조리는 것이 마음을 새롭게 하는 비결이라고 생각하셨다는 것입니다.

오래전에 제가 『믿음의 말씀 바로 알기!』라는 책에서 지적한 대로, 해긴 목사님은 모든 성경말씀을 믿음의 말씀으로 오해하셨습니다. 그래서 말씀을 반복해서 읽고 묵상하고 읊조림으로 그대로 믿는 것이 마음을 새롭게 하는 것이요 성화의 비결이라고 가르치셨습니다. 그 증거로, 해긴 목사님은 이렇게 말했습니다.

"당신의 마음이 말씀으로 새로워질 때, 당신의 생각은 변화됩니다. 당신의 생각이 변화될 때, 당신의 행동이 변화됩니다. 당신은 더 이상 사단의 지배하에 있던 때와 같이 생각하고 행동하지 않습니다. 당신의 생각과 행동이 변화되면 당신은 변화된 것입니다. 바울은 거듭나고 성령 충만함을 받은 그리스도인들에게 편지를 쓰면서 그들이 그들의 몸과 마음, 혹은 혼에 어떤 일을 행해야 한다고 말했습니다. 바울은 믿는 자들에게 그들의 몸을 산 제사로 하나님께 드리라고 말했습니다. 그리고 그들의 마음도 하나님의 말씀으로 새로워져야 한다고 했습니다.

엡 4:23 '오직 너희의 마음(mind)이 새롭게 되어'

성경은 당신의 마음이 새로워질 때 당신의 삶에서 선하시고 기뻐하시고 온전하신 하나님의 뜻을 알 수 있다고 하셨습니다(롬 12:2). 마음을 새롭게 하려면 하나님의 말씀을 묵상해야 합니다. 왜냐하면 하나님의 말씀은 사람의 마음을 새롭게 하는 능력이 있는 '영이요 생명'이기 때문입니다. 하나님의 말씀을 묵상한다는 말은 말씀을 적극적으로 읽고 생각하고 말하고 '그곳에 거하는 것'을 의미합니다. …

성공과 승리는 하나님의 말씀을 계속하여 입에 두고 그 말씀에 따라 행동함으로 어떤 상황에서도 누릴 수 있습니다. '당신의 문제를 말하고 거기 거하지 말고 하나님의 말씀을 말하고 거기 거하십시오.' 그렇게 하면 마귀는 당신의 삶에서 역사할 수 없게 될 것입니다."[202]

"그리스도인이 '하나님의 말씀은 내 경우에 대하여 어떻게 말하고 있지?'라고 묻기만 한다면 많은 문제는 해결될 것입니다. 믿는 자들은 그들의 마음을 마귀의 생각이 아니라 '하나님의 말씀과 같이 생각하도록' 훈련시켜야 합니다. '새로워진 마음은 하나님의 말씀을 생각합니다.' 이런 방법으로 당신은 마귀에 대적하여 강하게 설 수 있습니다. 새로워지지 않은 마음은 마귀의 생각들을 합니다."[203]

"고백: 나는 매일 하나님의 말씀으로 나의 마음을 새롭게 한다. 그러므로 나는 이 세상을 본받지 않는다. '하나님께서 생각하시는 것처럼 생각하므로 말미암아 나의 마음은 새롭게 된다.'"[204]

이것들을 종합해보면, 해긴 목사님이 믿음의 말씀을 통해 성경과 똑같이 생각하고 말하고 믿게 된 상태를 마음이 새롭게 된 것으로 이해하셨다는 것을 알 수가 있습니다.

그러나 과연 이것이 바울이 이 구절에서 말한 "마음을 새롭

202 케네스 E. 해긴 『승리하는 교회』 김진호 옮김. 용인: 믿음의 말씀사, 2007. pp. 59-60.
203 케네스 E. 해긴 『승리하는 교회』 김진호 옮김. 용인: 믿음의 말씀사, 2007. p. 63.
204 케네스 E. 해긴 『믿음의 양식』 김진호 옮김. 용인: 믿음의 말씀사. 2007. p. 173.

게 함으로"일까요? 즉, 이것이 진짜 성화의 비결일까요?

저는 아니라고 생각합니다. 이것이 치유의 비결일 수는 있습니다. 또, 응답받는 기도의 비결일 수도 있습니다. 그러나 성경이 말하는 성화의 비결은 아닙니다. 왜냐하면 바울이 말한 "마음을 새롭게 함으로"는 그런 뜻이 아니기 때문입니다.

그럼 마음을 새롭게 한다는 것은 어떤 뜻일까요? 즉, 성경이 말하는 진짜 성화의 비결은 무엇일까요?

저는 그것이 알고 싶었습니다. 그래서 이 구절에 대한 주석들을 모두 읽고 연구했습니다. 그 결과 마음을 새롭게 하는 것이 해긴 목사님이 말씀한 그런 뜻이 아니라는 것을 알았습니다. 그것은 그런 뜻이 아니라 성령과 말씀의 역사로 마음이 바뀌게 됨을 뜻합니다. 그것을 존 스토트가 다음과 같이 잘 설명했습니다.

"변화는 어떻게 일어나는가? 바울은 이렇게 대답한다. **'마음을 새롭게 함으로 변화를 받아.'** …

바울은 여기에서 어떻게 우리의 마음이 새롭게 되는지 말하지는 않지만, 우리는 그의 다른 글들로부터 그것이 성령과 하나님의 말씀을 결합시킴으로써 되는 일이라는 것을 안다. … 우리에게는 성령의 '검'이며 하나님의 뜻을 객관적으로 계시하는 하나님의 말씀이 필요하다."[205]

---

205 존 스토트 『로마서 강해』 정옥배 옮김. 서울: 한국기독학생회출판부, 1996. p. 432.

그러므로 "마음을 새롭게 함으로"는 말씀을 들을 때 성령이 강하게 역사하셔서 그 의미를 밝히 깨닫고 그렇게 살기로 진지하게 결단하게 된 것을 뜻합니다. 이것이 이런 뜻이라는 것은, 케네스 해긴 목사님이 이 구절과 함께 인용한 야고보서 1장 21절을 통해서도 알 수 있습니다. 이 구절 역시 제가 주석들을 모두 읽어보았는데, 특히 더글라스 무가 설명을 잘했습니다.

"마음에 심어진 말씀을 받으라는 권고는 … 말씀의 교훈을 받아들여 그대로 살려고 애쓰라는 권고이다."[206]

실제로 이 구절이 이런 뜻이라는 것은, 그 단락의 문맥에 분명히 나타나 있습니다.

야고보서 1:21-25 "그러므로 모든 더러운 것과 넘치는 악을 내버리고 **너희 영혼을 능히 구원할 바 마음에 심어진 말씀을 온유함으로 받으라. 너희는 말씀을 행하는 자가 되고 듣기만 하여 자신을 속이는 자가 되지 말라. 누구든지 말씀을 듣고 행하지 아니하면 그는 거울로 자기의 생긴 얼굴을 보는 사람과 같아서 제 자신을 보고 가서 그 모습이 어떠했는지를 곧 잊어버리거니와 자유롭게 하는 온전한 율법을 들여다보고 있는 자는 듣고 잊어버리는 자가 아니요 실천하는 자니** 이 사람

206 더글라스 무 『야고보서』 이승호 옮김. 서울: CLC, 2013. p. 121.

은 그 행하는 일에 복을 받으리라."

야고보의 말대로, 우리는 영혼을 능히 구원할 수 있는 마음에 심어진 말씀을 온유함으로 받아야 합니다. 왜냐하면 말씀을 듣기만 하고 행하지 않는 자는 자신을 속이는 자이기 때문입니다. 즉, 그렇게 살면서도 참 신자라고 믿는 것은 미혹이기 때문입니다. 그러므로 말씀대로 살기로 결단하고 말씀대로 살라는 것입니다. 그것이 "말씀을 온유함으로 받으라"는 말의 의미입니다.

또한, 말씀을 온유함으로 받으라는 것은 구체적으로 이런 뜻입니다.

먼저 부정적으로는, 거울로 제 자신을 보고 가서 그 모습이 어떠했는지를 곧 잊어버리는 것처럼 하지 말라는 뜻입니다.

많은 이들이 설교를 이런 식으로 듣습니다. 그래서 변화가 안 됩니다. 설교를 들은 후, 들은 것이 기억이 안 나고 남는 것이 없다면 온유한 마음으로 들은 것이 아닙니다. 길가 밭과 같은 굳은 마음으로 들은 것입니다.

누가복음 8:12 **"길 가에 있다는 것은 말씀을 들은 자니 이에 마귀가 가서 그들이 믿어 구원을 얻지 못하게 하려고 말씀을 그 마음에서 빼앗는 것이요."**

다음으로 긍정적으로는, "자유롭게 하는 온전한 율법을 들여다보고 있는 자는 듣고 잊어버리는 자가 아니요 실천하는 자니"라는 말씀처럼 하라는 뜻입니다. 이렇게 말씀을 듣는 자들은 "들여다보고"라는 표현에 나타나 있는 대로 진리에 끌리고 깊은 관심을 갖습니다. 설교를 초집중해서 듣고 그 의미를 깨닫고 큰 은혜를 받습니다. 그대로 살기로 결단하고 기도하고 노력합니다. 그리하여 결국 말씀대로 삽니다. 이것이 바로 말씀을 온유함으로 받아들이는 것입니다. 또한, "마음을 새롭게 함으로"의 의미이기도 합니다. 따라서 이것이 곧 성화의 비결입니다!

그 증거로, 성경이 어떻게 거룩하게 된다고 말하고 있는지 상기해보십시오. 무엇이 우리를 거룩하게 하나요? 바로 하나님의 말씀입니다.

요한복음 15:3 **"너희는 내가 일러 준 말로 이미 깨끗하였으니"**

요한복음 17:17-19 **"그들을 진리로 거룩하게 하옵소서.** 아버지의 말씀은 진리니이다. 아버지께서 나를 세상에 보내신 것 같이 나도 그들을 세상에 보내었고 또 그들을 위하여 내가 나를 거룩하게 하오니 **이는 그들도 진리로 거룩함을 얻게 하려 함이니이다."**

에베소서 5:26 **"이는 곧 물로 씻어 말씀으로 깨끗하게 하사 거룩하게 하시고"**

디모데전서 1:5 "**이 교훈의 목적은 청결한 마음과** 선한 양심과 거짓이 없는 믿음에서 나오는 사랑이거늘"

이처럼 진리 곧 말씀이 우리를 거룩하게 합니다. 여러분이 지금 듣고 있는 이 설교가 여러분을 거룩하게 만든다는 것입니다. 그러므로 설교를 들을 때 어떻게 듣느냐가 사활적으로 중요합니다.

어떤 분들은 '그러나 우리를 거룩하게 하는 것은 성령님 아니신가?'라고 생각할 것입니다. 맞습니다. 그러나 같은 뜻입니다. 왜냐하면 성령님은 "진리의 영"이시고 말씀은 "성령의 검"이기 때문입니다. 즉, 성령님은 말씀을 통해 일하시기 때문입니다.

예를 들어, 누가 우리를 거듭나게 합니까? 성령님입니다.

요한복음 3:5 "예수께서 대답하시되 진실로 진실로 네게 이르노니 사람이 물과 **성령으로 나지 아니하면** 하나님의 나라에 들어갈 수 없느니라."

그러나 복음이 전파되지 않으면 누구도 성령으로 거듭나지 못합니다. 복음이 전파되어야 성령님이 그것을 사용하셔서 거듭나게 하십니다. 그래서 성경에 다음과 같은 말씀들이 있는 것입니다.

고린도전서 4:15 "그리스도 안에서 일만 스승이 있으되 아버지는 많지 아니하니 그리스도 예수 안에서 **내가 '복음으로써' 너희를 낳았음이라."**

야고보서 1:18 "그가 그 피조물 중에 우리로 한 첫 열매가 되게 하시려고 자기의 뜻을 따라 **'진리의 말씀으로' 우리를 낳으셨느니라."**

베드로전서 1:23 "**너희가 거듭난 것은** 썩어질 씨로 된 것이 아니요 썩지 아니할 씨로 된 것이니 **살아 있고 항상 있는 '하나님의 말씀으로' 되었느니라."**

또한, 성령님이 거룩하게 하시는 것도 마찬가지입니다. 우리를 거룩하게 하시는 분은 성령님입니다.

에스겔 36:27 "**또 내 영을 너희 속에 두어 너희로 내 율례를 행하게 하리니 너희가 내 규례를 지켜 행할지라."**

로마서 8:2 "이는 그리스도 예수 안에 있는 **생명의 성령의 법이 죄와 사망의 법에서 너를 해방하였음이라."**

데살로니가후서 2:13 "주께서 사랑하시는 형제들아 우리가 항상 너희에 관하여 마땅히 하나님께 감사할 것은 하나님이 처음부터 너희를 택하사 **성령의 거룩하게 하심**과 진리를 믿음으로 구원을 받게 하심이니"

베드로전서 1:2 "곧 하나님 아버지의 미리 아심을 따라 **성령이 거룩하게 하심으로 순종함**과 예수 그리스도의 피 뿌림을 얻기 위하여 택하심을 받은 자들에게 편지하노니 은혜와 평강이 너희에게 더욱 많을지어다."

하지만 말씀과 상관없이 우리를 거룩하게 하시지 않습니다. 존 웨슬리의 불세례 개념은 잘못된 것입니다. 불세례는 성령세례와 같은 것이고 우리에게 능력을 주시는 것이 그 목적입니다. 거룩이 불세례의 목표가 아닙니다. 그러므로 우리는 불세례가 아니라 말씀을 통해서 거룩해집니다. 방금 전 인용한 에스겔 36장 27절도 그 증거입니다.

"또 내 영을 너희 속에 두어 너희로 내 율례를 행하게 하리니 너희가 내 규례를 지켜 행할지라."

이것은 성령을 우리 속에 두어서 말씀대로 살게 해주시겠다는 약속으로, 새 언약에 대한 예언입니다. 그런데 예레미야는 똑같은 새 언약을 이와 다르게 이렇게 예언했습니다.

예레미야 31:31-33 "여호와의 말씀이니라. 보라 날이 이르리니 내가 이스라엘 집과 유다 집에 **새 언약**을 맺으리라. 이 언약은 내가 그들의 조상들의 손을 잡고 애굽 땅에서 인도하여 내던 날에 맺은 것과 같지 아니할 것은 내가 그들의 남편이 되었어도 그들이 내 언약을 깨뜨렸음이라. 여호와의 말씀이니라. 그러나 그 **날 후에 내가 이스라엘 집과 맺을 언약은 이러하니 곧 내가 나의 법을 그들의 속에 두며 그들의 마음에 기록하여 나는 그들의 하나님이 되고 그들은 내 백성이 될 것이라.** 여호와의 말씀이니라."

잘 보시면, 거룩의 키가 되는 "내 영을 너희 속에 두어"라는 말이 빠지고 없습니다. 그 대신 "내가 나의 법을 그들의 속에 두며 그들의 마음에 기록하여"라는 말이 나옵니다. 히브리서 8장과 10장에도 같은 내용이 나옵니다. 그런데 이 두 가지는 같은 것입니다. 왜냐하면 마음에 하나님의 법을 기록하는 분이 바로 성령님이기 때문입니다.

고린도후서 3:2-3 "너희는 우리의 편지라. 우리 마음에 썼고 뭇 사람이 알고 읽는 바라. **너희는 우리로 말미암아 나타난 그리스도의 편지니 이는 먹으로 쓴 것이 아니요 오직 살아 계신 하나님의 영으로 쓴 것이며 또 돌판에 쓴 것이 아니요 오직 육의 마음판에 쓴 것이라.**"

그래서 성령을 주어 말씀대로 살게 해주겠다는 예언을 예레미야가 "내가 나의 법을 그들의 속에 두며 그들의 마음에 기록하여"라는 말로 바꿔서 예언한 것입니다. 같은 뜻이기 때문입니다. 그러므로 성령님이 우리를 거룩하게 하실 때 직접 거룩하게 하시는 것이 아닙니다. 말씀을 사용해서 그 일을 하시는 것입니다.

지금까지 설명해드린 것을 성령을 따라 행하라는 말씀을 통해 조금 다르게 설명해보겠습니다.

로마서 8:4 "육신을 따르지 않고 **그 영을 따라 행하는 우리에게 율법의 요구가 이루어지게 하려 하심**이니라."

갈라디아서 5:16 "내가 이르노니 **너희는 성령을 따라 행하라. 그리하면 육체의 욕심을 이루지 아니하리라.**"

"성령을 따라 행하는 것!" 이것이 말씀대로 살 수 있는 비결입니다. 이것은 성령께서 주시는 감동이나 소원에 즉각 순종하는 것을 뜻합니다(빌 2:13). 창세기에 보면 "죄의 소원은 네게 있으나 너는 죄를 다스릴지니라."(창 4:7 개역성경)라는 말씀이 나옵니다. 우리가 죄의 소원을 따를 때 죄를 짓게 됩니다. 마찬가지로 성령께서 주시는 소원을 따라 행할 때 거룩해집니다.

그런데 성령께서 우리 안에서 행하셔서 일어나게 하는 소원, 즉 죄의 소원에 반대되고 우리를 거룩으로 끌고 가는 강렬한 소원, 이런 소원이 어떻게 일어납니까? 물론 성령님께서 직접 감동하셔서 그런 소원을 일으킬 수도 있습니다. 그러나 그 소원이 가장 강력하게 일어나는 때는 성령께서 설교 시간에 진리를 예리한 검으로 사용하여 우리의 심령을 찌를 때입니다. 그 결과 도전을 받고 그 말씀대로 살아야겠다는 강력한 결단과 소원이 일어나게 되는 바로 그때입니다. 이것이 성령이 우리를 인도하시는 가장 대표적이고, 주되고, 강력한 방법입니다. 따라서 이것이 곧 하나님 말씀대로 살 수 있는 최고의 비결입니다.

이쯤에서, 어떤 분들은 "그러나 결심도 해야 되지 않느냐? 그리고 기도도 해야 되지 않느냐?"라고 묻고 싶을 것입니다. 맞습니다! 그러나 그 결심이 어디에서 나옵니까? 말씀에서 나옵니다. 말씀 듣고 깨닫는 데서 나옵니다. 또, 기도가 어디에서 나옵니까? 역시 말씀입니다. 말씀을 듣고 "아, 반드시 이렇게 살아야겠구나!" 하고 절감이 될 때 그렇게 살게 해달라는 기도가 터져 나오고 절로 기도가 되는 것입니다. 또한, 노력도 마찬가지입니다. 노력이 어디에서 나옵니까? 역시 말씀입니다! 말씀을 제대로 깨달으면 말씀대로 살려고 자기 몸을 쳐서 복종시키는 노력을 안 할 수가 없습니다. 그러므로 결국 성화의 비결이 뭐냐? 말씀입니다! 성경에 밝히 기록되어 있는 대로, 하나님의 말씀이 우리를 거룩하게 만드는 것입니다.

5) 마음을 새롭게 함으로 변화되고 싶으면 이렇게 하라!

우리를 거룩하게 만드는 것은 하나님의 말씀입니다. 그런데 말씀을 통해 실제로 거룩해지려면 두 가지가 필요합니다. 그것이 "자유롭게 하는 온전한 율법을 들여다보고 있는 자는 듣고 잊어버리는 자가 아니요 실천하는 자니"에 잘 나타나 있습니다. 그래서 이 부분을 자세히 설명해드리고자 합니다.

① "자유하게 하는 온전한 율법"이라는 표현이 보여주듯이, 예수님이 온전케 한 율법과 일치하는 참 진리를 듣고 배워야 한다.

우리가 변화되려면 어떻게 해야 할까요? 케네스 해긴 목사님은 『그리스도 안에서』라는 소책자에서 그리스도인에 대한 진리를 계속 읊조리고 그대로 믿으면 변화된다고 하셨습니다. 물론 그것을 통해 변화되는 사람도 있습니다. 하나님은 방법이 완전해야만 역사하시는 것이 아니라 중심과 마음의 간절한 소원을 보시고 역사하시기도 하시기 때문입니다. 그러나 그것은 우리가 다루고 있는 구절들이 말하고 있는 것이 아닙니다.

그럼 이 구절들의 진짜 의미는 무엇일까요?

야고보서 1:21 "그러므로 모든 더러운 것과 넘치는 악을 내버리고 너희 영혼을 능히 구원할 바 마음에 심어진 말씀을 온유함으로 받으라."

야고보는 "마음에 심어진 말씀을 온유함으로 받으라."고 했습니다. 왜냐하면 "너희 영혼을 능히 구원할 바"가 보여주듯이, 참 복음과 진리는 우리 영혼을 능히 구원할 수 있기 때문입니다. 즉, 능히 거듭나게 하고, 거룩하게 하고, 궁극적인 구원을 받게 할 수 있기 때문입니다. 그러므로 이 구절이 말하고 있는 진짜 비결은 성령이 사용하시는 하나님의 말씀입니다.

전에 어떤 성도님이 인터넷에 이런 간증을 올린 일이 있습니다.

> **"사랑하는교회에서 보낸 기적의 16개월** (ID: Jesus My Love)
>
> **이전 교회의 목회자가 사소한 것까지 옳고 그름을 따져 질책해도 제게 참된 변화가 없었던 이유는 다름 아닌 진리의 부재였습니다. 진리의 말씀을 먹으며 주님 앞에서 충분한 시간을 보내지 않는다면, 누구도 변화될 수 없기 때문입니다. 시시콜콜 간섭받지 않아도 담임목사님의 말씀을 듣다 보면 어느새 회개의 눈물이 쏟아지고 스스로 결단하게 됩니다. 살아 역사하시는 강력한 말씀은 확실히 저를 변화시키고 계시며, '나도 할 수 있다'는 소망을 주십니다."**[207]

참으로 귀한 간증입니다. 그런데 왜 다른 교회에 다닐 때는 변화가 안 됐는데 우리 교회 설교를 들으면 변화가 될까요? 그것은 저와 무관합니다. 제가 잘나서가 아니라 단지 진리의 힘 때문입니다. 제가 하나님의 은혜로 교리가 아니라 성경적인 참 진리를 전하기 때문에 일어나고 있는 일입니다.

사람의 계명 즉 교리는 손만 씻게 하고 마음을 거룩하게 하지 못합니다.

---

207 http://cafe.daum.net/Bigchurch/7aS/7491

마태복음 15:1-3, 7-11 "그때에 바리새인과 서기관들이 예루살렘으로부터 예수께 나아와 이르되 당신의 제자들이 어찌하여 장로들의 전통을 범하나이까? 떡 먹을 때에 **손을 씻지 아니하나이다.** 대답하여 이르시되 너희는 어찌하여 너희의 전통으로 하나님의 계명을 범하느냐? … 외식하는 자들아 이사야가 너희에 관하여 잘 예언하였도다. 일렀으되 **이 백성이 입술로는 나를 공경하되 마음은 내게서 멀도다. 사람의 계명으로 교훈을 삼아 가르치니 나를 헛되이 경배하는도다** 하였느니라 하시고 무리를 불러 이르시되 **듣고 깨달으라. 입으로 들어가는 것이 사람을 더럽게 하는 것이 아니라 입에서 나오는 그것이 사람을 더럽게 하는 것이니라.**"

그러나 하나님의 계명 즉 참 진리는 마음을 깨끗하게 하고 거룩하게 만듭니다(요 15:3, 17:17-19, 엡 5:26, 딤전 1:5).

심지어, 이단사설들을 비롯 교리와 전통에 의해 왜곡된 설교와 가르침은 오히려 죄를 짓게 만들기까지 합니다. 다음 구절들에 그 점이 잘 나타나 있습니다.

디모데전서 6:3-5 "누구든지 **다른 교훈**을 하며 **바른 말 곧 우리 주 예수 그리스도의 말씀과 경건에 관한 교훈**을 따르지 아니하면 그는 교만하여 아무것도 알지 못하고 변론과 언쟁을 좋아하는 자니 **이로써 투기와 분쟁과 비방과 악한 생각이 나며 마음이 부패하여지고** 진리를 잃어버려 경건을 이익의 방도로 생각하는 자들의 다툼이 일어나느니라."

디도서 1:13-15 "이 증언이 참되도다. 그러므로 네가 그들을 엄히 꾸짖으라. 이는 그들로 하여금 믿음을 온전하게 하고 **유대인의 허탄한 이야기와 진리를 배반하는 사람들의 명령**을 따르지 않게 하려 함이라. 깨끗한 자들에게는 모든 것이 깨끗하나 더럽고 믿지 아니하는 자들에게는 아무것도 깨끗한 것이 없고 **오직 그들의 마음과 양심이 더러운지라."**

두안 리트핀은 이 구절을 주해하면서 매우 중요한 이런 지적을 했습니다.

> **"여기서 바울은 다시 한번 신학적 오류가 도덕적 부패에 연결됨을 보여주고 있다."**[208]

실제로 이것이 '오직 믿음'과 '한번 구원은 영원한 구원'이라는 교리를 통해 수많은 교회들 안에서 지금도 일어나고 있는 일 아닙니까? 그러므로 성경적인 바른 복음과 진리보다 중요한 것은 없습니다.

그렇다면 무엇이 성경적인 바른 복음과 진리일까요? 그것은 야고보가 "마음에 심어진 말씀을 온유함으로 받으라."고 한 바

208 두안 리트핀 외 3인 『디도서, 빌레몬서, 히브리서, 야고보서』 김운성 외 2인 옮김. 서울: 두란노, 1992. p. 21.

로 그것입니다. 그런데 "마음에 심어진 말씀"이 구체적으로 무엇인지 25절이 잘 보여줍니다.

> **"자유롭게 하는 온전한 율법**을 들여다보고 있는 자는 듣고 잊어버리는 자가 아니요 실천하는 자니 이 사람은 그 행하는 일에 복을 받으리라."

그러므로 "자유롭게 하는 온전한 율법", 이것이 바로 참 복음과 참 진리입니다. 산상수훈을 설교할 때 자세히 설명한 것처럼, 실제로 "자유롭게 하는 온전한 율법"은 참 복음과 참 진리를 뜻합니다. 그때와 달리 지금은 야고보서의 말씀들을 통해 간단히 증명해드리겠습니다.

한 장 뒤에 나오는 야고보서 2장 14-26절을 여러분 모두 잘 아시지요! 거기서 야고보는 행함이 따르지 않는 믿음은 죽은 믿음이라고 강변했습니다. 야고보 사도는 구원파적인 거짓 복음을 전하지 않았습니다. 예수님이 전한 천국복음 그리고 바울이 전한 예수님의 주 되심을 강조하는 참 복음을 전했습니다. 그러므로 그들을 구원한 마음에 심어진 말씀은 구원파적인 것이 아니라 참 복음이었음이 틀림없습니다.

또한, 야고보는 마태복음 7장 21절과 일치하는 야고보서 2장 14절뿐 아니라 5장 12절이 보여주듯이 예수님이 말씀한 산상수훈과 일치하는 참 진리를 가르쳤습니다.

“내 형제들아 무엇보다도 맹세하지 말지니 하늘로나 땅으로나 아무 다른 것으로도 맹세하지 말고 오직 너희가 그렇다고 생각하는 것은 그렇다 하고 아니라고 생각하는 것은 아니라 하여 정죄 받음을 면하라.”

산상수훈에 나오는 맹세에 대한 예수님의 가르침과 똑같지요! 이것은 야고보가 산상수훈과 일치하는 참 진리를 전했음을 보여주는 단적인 증거입니다.

또, 야고보가 사용한 독특한 표현인 “자유롭게 하는 온전한 율법” 혹은 “자유의 율법”은 바울이 말한 “그리스도의 율법”과 같은 것입니다. 그것은 산상수훈에 나타나 있는 율법을 폐하러 오시지 않고 온전케 하러 오신 예수님의 가르침 및 강조점과 온전히 조화되고 일치되는 가르침입니다. 그러므로 야고보가 참 진리를 전한 것이 분명합니다.

여러분, 잘 들으십시오! 모든 설교가 절대다수의 성도들을 거듭나게 하거나 거룩하게 만드는 것이 아닙니다. 교리적인 설교는 극히 소수만 변화시킵니다. 그러므로 매주 설교를 열심히 듣는데도 변화되지 않는다면, 그 교회의 설교가 비성경적인 것이기 때문입니다. 우리는 야고보 사도처럼 반드시 예수님이 전한 천국복음을 전하고 산상수훈과 일치하는 참 진리를 가르쳐야 합니다. 그래서 듣는 자들로 하여금 팔복의 사람이 아니면 그리스도인이 아니고, 서기관과 바리새인보다 나은 의가 없으면 결코 천국에 들어갈 수 없다는 것을 깨닫게 해야 합니다.

그런데 슬프게도 현재 많은 설교자들이 복음을 바울과 야고보가 이해한 그대로 전하지 않고 있습니다. 너무나 많은 목사들이 들은풍월 수준의 교리적이고 피상적인 수준의 복음과 진리에 만족합니다. 성경을 깊이 연구하거나 진리를 옳게 분별하지 못하고 있습니다. 희석된 복음을 전하고 그리스도께서 완전케 한 율법을 거의 가르치지 않고 있습니다. 구체적으로 예를 들면, 그리스도의 율법은 단지 살인하지 말고 간음하지 말라고 말하지 않습니다. 형제에게 화를 내고 욕하는 것도 살인이고 그런 자는 지옥에 간다고 말씀합니다. 또, 여자를 보고 음욕을 품어도 간음이고 그런 자는 지옥에 간다고 말씀합니다. 그런데 주님이 말씀한 그대로 설교하는 설교자가 너무 적습니다. 그래서 영혼들에게 치명적인 위협이 되고 있습니다. 그로 인해 교회들 안에 명목상의 신자와 외식자들이 가득하고, 참 신자인 팔복의 사람과 서기관과 바리새인보다 나은 의를 가지고 살아가는 자가 너무 적습니다. 바꾸어 말하면, 천국에 들어갈 자가 너무 적습니다. 참으로 통탄할 일이 아닐 수가 없습니다.

이와 반대로, 소수지만 우리 교회처럼 진리를 사랑하고 바르게 분별하여 성경적인 참 복음을 전하고 참 진리를 가르치는 교회들도 있습니다. 이처럼 설교자가 복음과 진리를 바르게 깨닫고 타협하지 않고 전하면, 설교가 찌르는 검이 됩니다. 말씀 자체가 좌우에 날선 검과 같은 특성을 가지고 있기 때문입니다. 마치 베드로나 스데반의 설교처럼 듣는 사람들이 찔림을 받고 도전을 받게 되어 있습니다. 이처럼 말씀이 살아 있는 검처럼 되어야 영혼을 살릴 수 있습니다. 수술이 꼭 필요한 위급한 환자를 수술하지 않고 살릴 수 있나요? 없지요. 마찬가지로 말씀의 검으로 찌르는 것이 없으면 영적인 암 덩어리인 죄를 도려낼 수가 없고 영혼을 살릴 수 없습니다.

예수님은 죄를 짓지 않기 위해 눈을 빼고, 손을 자르고, 발을 잘라버리라고 하셨습니다. 바울도 땅에 있는 지체를 죽이라고 했습니다. 그런데 무엇으로 자르고 죽입니까? 실제 칼이 아닙니다. 날이 서 있는 순수한 복음과 진리의 검을 통해서만 그 일이 가능합니다.

또, 말씀 자체가 불이고 방망이입니다. 그래서 참 복음과 진리는 듣는 사람들의 마음을 깨뜨리고 뜨겁게 합니다.

또한, 말씀 자체가 영의 양식입니다. 그래서 듣는 사람들에게 영적 포만감과 함께 능히 말씀대로 살 수 있는 힘을 제공해 줍니다.

여러분, 모두 사실 아닙니까? 때문에 리처드 필립스는 이렇게 말했습니다.

> **"우리의 성화, 즉 거룩함이 성장하는 문제에 대해 생각해보십시오. 우리의 삶에, 마음과 생각 속에 하나님 말씀의 빛이 비치는 것보다 더 효과적인 것이 있을 수 있겠습니까?"[209]**

---

209 리처드 필립스 『히브리서』 전광규 옮김. 서울: 부흥과개혁사, 2018. p. 250.

맞습니다. 이보다 더 효과적인 것은 없습니다. 그러므로 여러분 모두 이것을 굳게 믿고 매시간 기대하는 마음으로 설교를 들으십시오. 그래서 변화되는 여러분 되시기 바랍니다.

끝으로, 설교자들에게 하고 싶은 말이 있습니다. 사람이 손가락으로 돌판에 글자를 새길 수 있습니까? 없지요! 모세가 돌판을 들고 시내산에 올라갔을 때, 하나님은 친히 손가락으로 돌판에 십계명을 쓰셨습니다. 그리고 성경은 성령이 하나님의 손이라고 말씀합니다. 그러므로 오직 성령님만이 사람의 마음에 하나님의 법을 기록할 수 있습니다.

하나님의 말씀은 목사의 검이 아니라 성령의 검입니다. 즉, 마음에 하나님의 법을 기록하는 것은 목사가 아니라 성령님입니다. 그래서 사람은 말씀으로 거듭나는데, 목사가 아니라 성령으로 거듭난다고 한 것입니다. 그러므로 목회자들은 성경을 바르게 해석할 뿐 아니라 열심히 기도해야 합니다.

사도행전 6:4 "**우리는 오로지 기도하는 일과 말씀 사역에 힘쓰리라** 하니"

그런데 목사들이 너무 정치적이고, 각종 모임과 식사자리에 너무 많이 참석하고, 그 외에도 쓸데없는 일로 너무 바쁩니다. 또, 강해설교자들은 연구는 상대적으로 많이 하지만 분별력이 떨어지고 대부분 기도를 너무 적게 합니다. 성령 충만하지 않으면 예수님이 명령하신 대로 "가르쳐 지키게 할 수"가 없습니다. 그런데 대부분의 설교에 기름부음과 능력이 턱없이 부족합니다(살전 1:5). 그러므로 목회자들은 성경 그대로 참 복음과 진리를 전하고 가르칠 뿐 아니라 지금보다 훨씬 더 열심히 기도해야 합니다.

② "들여다본다"는 표현이 보여주듯이, 진리를 사랑하고 깊은 관심을 가지고 사모하는 마음으로 들어야 한다.

설교자가 참 진리를 전하면 듣는 사람이 모두 거룩해질까요? 그렇지 않습니다.

데살로니가전서 2:13 "이러므로 우리가 하나님께 끊임없이 감사함은 **너희가 우리에게 들은 바 하나님의 말씀을 받을 때에 사람의 말로 받지 아니하고 하나님의 말씀으로 받음이니 진실로 그러하도다. 이 말씀이 또한 너희 믿는 자 가운데에서 역사하느니라.**"

이처럼 설교를 사람의 말이 아니라 하나님의 말씀으로 인정하고 겸손히 사모하는 마음으로 들어야 합니다. 그래야 변화됩니다.

일례로, 고넬료의 집에 모인 사람들을 생각해보십시오. 고넬료는 사모하는 마음으로 친척과 가까운 친구들을 모아놓고 기다렸습니다. 베드로가 도착하자 그 발 앞에 엎드려 절했습니다. 베드로는 급히 일으켜 세우며 일어서라 나도 사람이라라고 말하며 말렸습니다. 그때 고넬료가 뭐라고 말했는지 아십니까?

사도행전 10:33 **"이제 우리는 주께서 당신에게 명하신 모든 것을 듣고자 하여 다 하나님 앞에 있나이다."**

이처럼 고넬료는 베드로의 설교를 하나님의 말씀으로 인정하고 겸손히 사모하는 마음으로 들었습니다. 그때 성령이 그들에게 임했습니다(행 10:44). 그런데 훗날 베드로는 이 사건을 회상하며 이렇게 말했습니다.

사도행전 15:7-9 "많은 변론이 있은 후에 베드로가 일어나 말하되 형제들아 너희도 알거니와 하나님이 **이방인들로 내 입에서 복음의 말씀을 들어 믿게 하시려고** 오래전부터 너희 가운데서 나를 택하시고 또 마음을 아시는 **하나님이 우리에게와 같이 그들에게도 성령을 주어 증언하시고 믿음으로 그들의 마음을 깨끗이 하사** 그들이나 우리나 차별하지 아니하셨느니라."

그날 설교를 들은 사람들의 마음이 깨끗하게 되는 일이 일어났다고 증언했습니다. 그런즉 거룩의 비결이 무엇이겠습니까? 간절히 사모하는 마음으로 말씀을 듣는 것입니다. 설교를 하나님의 말씀으로 인정하고 겸손한 마음과 사모하는 마음으로 들으면 성령이 임하고 그 결과 마음이 깨끗해집니다. 이것이

고넬료의 집에서 일어난 일이고, 지금 이곳에서 일어나고 있는 일입니다.

저는 다음 구절 역시 그것을 말하고 있다고 생각합니다.

> 야고보서 1:22-25 "너희는 말씀을 행하는 자가 되고 듣기만 하여 자신을 속이는 자가 되지 말라. **누구든지 말씀을 듣고 행하지 아니하면 그는 거울로 자기의 생긴 얼굴을 보는 사람과 같아서 제 자신을 보고 가서 그 모습이 어떠했는지를 곧 잊어버리거니와 자유롭게 하는 온전한 율법을 들여다보고 있는 자는 듣고 잊어버리는 자가 아니요 실천하는 자니 이 사람은 그 행하는 일에 복을 받으리라.**"

어떤 사람이 거울을 보고 얼굴에 묻은 오물을 보았습니다. 그러면 깨끗이 씻어야 합니다. 그런데 안 씻는 사람이 있습니다. 설교를 듣는 자들 중에도 이런 자들이 있습니다.

왜 이들은 거울을 보고도 잊어버리고 씻지 않을까요? 즉, 왜 고치지 않을까요? 그것은 진리에 무관심하기 때문입니다. 이들은 예배에 참석하고 설교를 들었다는 것으로 만족하며 종교생활을 하는 자들입니다. 진리를 사랑하지 않고 그 진리대로 살고자 하는 의지가 없는 자들입니다. 그래서 자기의 상태를 알고도 다시 잊어버리는 것입니다. 이들은 마치 소나기가 쏟아지지만 뚜껑을 덮어놓은 항아리와 같아서, 아무리 설교를 들어도 말씀이 그 속으로 들어가지 않습니다. 강물 속에 있는 돌을 건져서 깨면 그 안이 말라 있는 것과도 같습니다. 이런 자들은 진리에 무관심한 것을 고치지 않는 한 아무리 교회에 오래 다녀도 변화되지 않습니다.

또, 설교 시간에 졸거나 집중해서 듣지 않는 자들도 여기에 속합니다. 그들 역시 그것을 고치지 않는 한 희망이 없습니다.

또한, "말씀을 온유함으로 받으라"고 했음에도 불구하고 스데반의 설교를 들은 바리새인들처럼 설교를 듣고 화를 내는 사람도 여기에 속합니다. 상암경기장에서 옥한흠 목사님이 말한 대로 회개와 행함 있는 산 믿음이 없으면 가짜고 천국에 못 들어간다고 설교하면 싫어하는 사람들이 있습니다. 말씀 앞에 온유하지 못한 자들입니다. 그들은 하나님 말씀 때문에 두려워 떨기는커녕 도리어 화를 냅니다. 그러면서 설교자와 설교를 비판하고 흉을 봅니다. 한마디로 이런 자들은 하나님의 자녀가 아니라 마귀의 자녀입니다.

반면에, 이들과 달리 감사하게도 거울을 "들여다보는 것처럼" 말씀을 듣는 분들이 있습니다. 이들은 왜 이렇게 말씀을 들을까요? 그것은 바로 진리를 사랑하기 때문입니다. 이들은 참 진리를 알기 원합니다. 특히 구원론에 관심이 많습니다. 어떤 대가를 지불하고라도 반드시 천국에 가기 원합니다. 때문에 참 진리를 듣고 자기를 방어하거나 설교자를 공격하지 않습니다. 도리어 '이 얼마나 금같이 귀한 말씀인가! 참으로 생명의 말씀이 아닌가! 얼마나 나에게 필요한 말씀인가! 이 말씀을 못 들었으면 어쩔 뻔했나? 이런 설교를 들을 수 있다니 얼마나 큰 은혜이며 특권인가?'라고 생각하고 감사함으로 기쁘게 받아들입니다. 마치 우리 교회 성도님들의 고백과 댓글들 같지요!

이들은 강해설교나 제자훈련 하는 교회 신자들처럼 단지 지적인 성경공부에 관심을 가진 자들이 아닙니다. 거울을 보는 사람의 목적이 그렇듯 말씀을 통해 자기 실상을 깨닫기 원합니다. 자기의 실상을 모르는 자들은 희망이 없습니다. 심령이 가난하고 통회하며 하나님 말씀 때문에 두려워 떠는 참 신자가 될 수 없기 때문입니다. 그러나 이들은 말씀을 듣고 적나라한 자기의 실상을 깨닫습니다. 그래서 단지 소원이나 문제 해결을 위해 기도하지 않고 죄를 버리고 말씀대로 살기 위해 회개하며 기도하고 노력합니다. 그리고 성령님을 의지하여 말씀대로 살아갑니다. 여러분, 감사하게도 이것이 우리 교회의 다수의 성도님들의 특징 아닙니까? 할렐루야~ 주님께 영광을!

한편, 우리가 주목해야 할 부분은 **"듣고 잊어버리는 자가 아니요 실천하는 자니"**라는 문구입니다. 이것이 왜 중요한지 아십니까? 그것은 "듣고 잊어버리는 자가 아니요"와 "실천하는 자"가 바로 연결되기 때문입니다. 문맥상 이것은 "자유롭게 하는 율법을 들여다보고 있는" 것이 실천 즉 변화의 비결이라는 것을 보여줍니다. 즉, 진리를 사랑하고 깊은 관심을 가지고 겸손한 마음으로 사모하며 듣는 것이 변화되는 비결이라는 것을 보여줍니다. 이 외에 다른 비결은 없습니다. 그러므로 우리 모두 그렇게 말씀을 들어야 합니다.

많은 사람들이 말씀대로 살려고 노력하다가 실패한 후 뭔가 새롭고 특별한 방법을 찾습니다. 그러나 새로운 방법도 특별한 방법도 없습니다. 성경을 주의해서 읽어보십시오. 그러면 실제로 말씀을 잘 듣는 것이 비결임을 알 수가 있습니다.

시편 119:11 **"내가 주께 범죄하지 아니하려 하여 주의 말씀을 내 마음에 두었나이다."**

이 구절은 죄짓지 않고 말씀대로 살 수 있는 비결을 보여줍니다. 비결은 바로 주의 말씀을 내 마음에 두는 것입니다. 그런데 그것은 말씀을 사랑하고 사모하는 마음으로 들을 때 되어집니다.

누가복음 8:15 **"좋은 땅에 있다는 것은 착하고 좋은 마음으로 말씀을 듣고 지키어 인내로 결실하는 자니라."**

이 구절도 마찬가지입니다. 씨 뿌리는 비유는 말씀을 어떻게 듣느냐에 대한 비유입니다. 그러므로 같은 것을 말하고 있는 것입니다.

데살로니가전서 2:13 **"이러므로 우리가 하나님께 끊임없이 감사함은 너희가 우리에게 들은 바 하나님의 말씀을 받을 때에 사람의 말로 받지 아니하고 하나님의 말씀으로 받음이니 진실로 그러하도다. 이 말씀이 또한 너희 믿는 자 가운데에서**

역사하느니라.”

이 구절 역시 마찬가지입니다. 데살로니가교회 성도들은 놀랍게 변화된 모범적인 성도들입니다. 그런데 설교를 들을 때 사람의 말이 아니라 하나님의 말씀으로 들은 것이 그 비결이었습니다.

고린도후서 3:2-3 “너희는 우리의 편지라. 우리 마음에 썼고 뭇 사람이 알고 읽는 바라. 너희는 우리로 말미암아 나타난 그리스도의 편지니 **이는 먹으로 쓴 것이 아니요 오직 살아 계신 하나님의 영으로 쓴 것이며 또 돌판에 쓴 것이 아니요 오직 육의 마음판에 쓴 것이라.”**

이 구절도 사모하는 마음으로 말씀을 들을 때 성령을 통해 일어나는 일을 기록한 것이므로, 같은 의미입니다.

히브리서 8:10 “또 주께서 이르시되 그날 후에 내가 이스라엘 집과 맺을 언약은 이것이니 **내 법을 그들의 생각에 두고 그들의 마음에 이것을 기록하리라.** 나는 그들에게 하나님이 되고 그들은 내게 백성이 되리라.”

히브리서 10:16-17 “주께서 이르시되 그날 후로는 그들과 맺을 언약이 이것이라 하시고 **내 법을 그들의 마음에 두고 그들의**

생각에 기록하리라 하신 후에 또 그들의 죄와 그들의 불법을 내가 다시 기억하지 아니하리라 하셨으니"

이 구절들도 마찬가지입니다. 그러므로 참 진리를 사모하는 마음으로 듣는 것이 참으로 변화와 성화의 비결입니다.

그런데, 어떤 분들은 이렇게 묻고 싶을 것입니다.

"목사님, 듣고 보니 옳습니다. 참으로 바른 진리를 사모하는 마음으로 듣는 것이 변화의 비결임을 알았습니다. 그런데 저는 바른 진리를 오랫동안 사모하는 마음으로 들었는데도 변화가 안 됩니다. 왜 그럴까요? 그리고 어찌해야 할까요?"

죄송하지만, 이미 말씀드린 것 외에 다른 비결은 없습니다. 그러나 여러분에게 해드릴 말이 전혀 없는 것은 아닙니다. 이 설교를 준비할 때 문득 제게 이런 생각이 들었습니다.

'거듭난 사람도 아직 몸의 구속이 이루어지지 않았기 때문에 영혼을 거스르는 육체의 정욕이 올라온다. 또, 문화 자체가 타락했고 너무 악하다. TV를 시청하든, 영화를 감상하든, 인터넷을 접속하든 정도의 차이만 있을 뿐 선정적이고 음란한 것들이 많다. 심지어, 광고나 뉴스도 안심하고 볼 수가 없다.

세상은 유혹으로 가득 차 있다. 육신의 정욕, 안목의 정욕, 이생의 자랑을 계속 부채질한다. 마귀는 타락한 세상의 문화

를 총동원하여 끊임없이 유혹하고 범죄하게 하려고 한다.

반면에, 우리는 주일날 한 편의 설교를 듣고 세상 유혹에 반하는 도전과 자극을 받는 것이 전부다.

과연 이것으로 일주일을 버틸 수 있을까? 참 복음과 진리를 듣는 것이 변화와 성화의 비결인 것은 맞다! 그러나 용량이 매우 부족하다. 그로 인해 충분한 효과가 나타나지 않을 수도 있다.

그러니 어찌해야 할까? 우리 교회 여러 성도님들이 이미 하고 있는 것처럼, 설교를 반복해서 듣는 것이 필요하다. 또, 출판되는 책들을 읽고 꼼꼼히 되새김질하는 것이 필요하다.

하나님의 말씀 외에 다른 방법은 없다! 그러므로 공격적으로 성경적인 강력한 설교들을 들어라! 복용량을 늘려라! 그것만이 살길이고, 참 비결이다!'

여러분, 설교를 자꾸 들어야 믿음이 생깁니다.

로마서 10:17 "**그러므로 믿음은 들음에서 나며 들음은 그리스도의 말씀으로 말미암았느니라.**"

또, 믿음이 생겨야 순종할 수 있습니다.

로마서 1:5 "그로 말미암아 우리가 은혜와 사도의 직분을 받아 그의 이름을 위하여 모든 이방인 중에서 **믿어 순종하게 하나니**"

그러므로 우리에게 필요한 것은 새로운 방법이 아니라 순종할 수 있는 믿음이 생기도록 말씀을 더 많이 듣는 것입니다.

생각해보십시오! '말씀대로 살아야겠다!' 이런 의지가 어디에서 생깁니까? 설교 들을 때 생깁니다. '정신 차려야겠다. 회개해야겠다. 이대로 살면 안 되겠다. 말씀대로 살아야겠다!' 이런 소원과 의지가 언제 생깁니까? 설교를 들을 때 생깁니다. 그런데 그런 소원과 의지가 생겼는데, 살아낼 만큼 충분히 강하지가 않습니다. 그때 어떻게 해야 될까요? 당연히 말씀을 더 들어야 합니다. 말씀을 더 들어야 그런 소원과 의지가 더 강해지기 때문입니다. 그러므로 말씀을 더 많이 듣는 것이 비결입니다.

유명한 복음성가 중에 이런 것이 있습니다.

"주님 뜻대로 살기로 했네. 주님 뜻대로 살기로 했네. 뒤돌아서지 않겠네!"

그런데 많은 경우 아무리 이 찬송을 불러도 별 효과가 없습니다.

또, 성경구절 중에 이런 구절이 있습니다.

시편 51:10 **"하나님이여, 내 속에 정한 마음을 창조하시고 내 안에 정직한 영을 새롭게 하소서!"**

그런데 많은 경우 아무리 이런 기도를 해도 별 효과가 없습니다. 왜냐하면 전혀 무익한 것은 아니지만 근본적인 해결책이 아니기 때문입니다.

물론 어떤 이들은 기도를 많이 하는 것을 통해서 변화됩니다. 그러나 그들은 말씀대로 살고자 하는 의지가 강한 사람들입니다. 그것이 설교를 충분히 들은 것과 똑같은 효과를 발휘한 것입니다. 이런 경우를 제외하고, 일반적으로 기도 많이 하는 것만으로는 사람이 변화되지 않습니다. 그래서 잠언에 이런 말씀이 있는 것입니다.

> 잠언 28:9 **"사람이 귀를 돌려 율법을 듣지 아니하면 그의 기도도 가증하니라."**

참 변화는 찬송하며 결단하고 기도 좀 한다고 되지 않습니다. 말씀을 통해 마음이 새롭게 될 뿐 아니라 말씀을 더 들음으로 계속 자극과 도전을 받아 마음이 견고해져야 합니다. 이렇게 한 번 두 번 세 번, 회를 거듭할수록 말씀대로 살고자 하는 의지가 더욱 강해집니다. 죄짓는 것도 원리가 같지 않나요? 어떤 유혹이나 자극, 시험이든지 처음에는 견딜 만합니다. 그러나 두 번째는 더 강해지고, 세 번 네 번 반복될수록 더 강해집니다. 그래서 굴복하게 됩니다. 말씀대로 사는 것도 마찬가지입니다. 가만히 있는데 원한다고 강해지는 것이 아닙니다. 육체의 소욕은 유혹이 될 만한 것을 자꾸 접하면 강해지고, 성령의 소욕은 말씀을 통해 은혜받고 도전받을수록 더욱 강해집니다. 그러므로 말씀을 더 많이 들어야 합니다.

쉬운 예로, 밥 한 숟갈 먹고 힘을 쓸 수 있습니까? 한두 숟갈만 먹으면 처음에는 힘이 나는 것 같아도 곧 힘이 소진됩니다. 적어도 한 그릇은 먹어야 합니다. 영적으로도 마찬가지입니다. 그런데 일주일에 설교 한 번 듣고 일주일 내내 말씀대로 살기를 기대하고는 '나는 말씀대로 살고 싶은데, 왜 회개하고 기도해도 안 되지?' 이렇게 말하면 되겠습니까? 그러므로 투덜대거나 낙심하지 말고 충분히 말씀을 먹는 여러분 되시기 바랍니다.

끝으로, 시편에 나오는 시를 통해 말씀을 마무리하겠습니다.

시편 1:1-3 "복 있는 사람은 악인들의 꾀를 따르지 아니하며 죄인들의 길에 서지 아니하며 오만한 자들의 자리에 앉지 아니하고 **오직 여호와의 율법을 즐거워하여 그의 율법을 주야로 묵상하는도다.** 그는 시냇가에 심은 나무가 철을 따라 열매를 맺으며 그 잎사귀가 마르지 아니함 같으니 그가 하는 모든 일이 다 형통하리로다."

여기서 "복 있는 사람"은 말씀대로 행하는 사람입니다. 그 뒤 나오는 구절들이 그 증거입니다.

시편 1:4-6 "**악인들은 그렇지 아니함이여** 오직 바람에 나는 겨와 같도다. **그러므로 악인들은 심판을 견디지 못하며 죄인들**

이 의인들의 모임에 들지 못하리로다. 무릇 의인들의 길은 여호와께서 인정하시나 악인들의 길은 망하리로다."

그런데 그들의 특징이 무엇입니까? "오직 여호와의 율법을 즐거워하여 그의 율법을 주야로 묵상하는 것"입니다. 이것이 비결입니다! 그러므로 일주일에 한 번 설교 듣는 것에서 멈추지 마십시오. 성경적이고 성령 충만하여 날 선 검과 같이 찌르는 설교! 회개를 촉구하는 설교! 강하게 도전하는 설교! 정신이 번쩍 나게 하는 설교! 마음과 각오를 새롭게 하는 설교를 지금보다 더 많이 들으십시오. 여러분 모두에게 도전이 되라고 한 가지 말씀드리고 싶은 것이 있습니다.

최근에 저는 제가 존경하는 법무부 장관과 국정원 원장을 지내신 김승규 장로님을 만나서 장시간 대화를 나누었습니다. 그때 놀라운 말들을 들었습니다. 장로님께서 저의 산상수훈 시리즈 설교를 전부 들으셨을 뿐 아니라, 천국과 지옥을 좌우할 수 있는 중요한 진리라서 가족, 형제, 친척들 전체에게 꼭 들어보라고 권하셨다고 합니다. 또, 놀랍게도 매일 저의 설교를 한 편씩 듣고 계시다고 합니다. 더 놀라운 것은, 전혀 죄를 짓지 않고 하루하루를 살고 싶어서 사모하는 마음으로 구했더니 하나님께서 그 기도를 기뻐하시고 은혜를 부어주셨다는 놀라운 간증을 하셨습니다.

어떻습니까? 사랑하는교회의 목회자와 성도들로서 참 부끄럽지요! 그러므로 우리 모두 말씀을 듣는 일에 더 열심을 냅시다. 사람마다 양은 다 다르겠지만, 그것이 참으로 변화와 성화의 비결입니다. 그러므로 꼭 그렇게 하여 변화되는 여러분 되시기 바랍니다.

결론을 말씀드리겠습니다. 하나님은 사람을 당신의 형상과 모양대로 만드셨습니다.

창세기 1:26-27 "하나님이 이르시되 **우리의 형상을 따라 우리의 모양대로 우리가 사람을 만들고** 그들로 바다의 물고기와 하늘의 새와 가축과 온 땅과 땅에 기는 모든 것을 다스리게 하자 하시고 하나님이 자기 형상 곧 **하나님의 형상대로 사람을 창조하시되** 남자와 여자를 창조하시고"

성경에서 '하나님의 형상'은 유일하게 사람을 상대로만 사용되었습니다. 다른 피조물들은 '그것들의 종류대로' 창조된 반면, 사람은 '하나님의 형상을 따라' 창조되었습니다.[210] 이것이 사람과 다른 피조물 간의 차이를 만들어냅니다.

창세기 9:6 "다른 사람의 피를 흘리면 그 사람의 피도 흘릴 것이니 **이는 하나님이 자기 형상대로 사람을 지으셨음이니라.**"

210 브루스 월키 『창세기 주석』 김경열 옮김. 서울: 새물결플러스, 2019. p. 109.

동물은 잡아먹어도 죄가 되지 않습니다. 그러나 사람을 죽이면 큰 죄가 됩니다. 왜냐하면 하나님의 형상대로 지음을 받았기 때문입니다.

그런데, 창세기 1장 26절에 보면 사람을 단지 하나님의 형상이 아니라 모양대로 만들었다고 했습니다. 그럼 하나님의 형상은 뭐고 모양은 무엇일까요?

많은 학자들이 형상과 모양이 서로 다른 것이라고 주장합니다. 예를 들어, 존 하틀리는 이렇게 썼습니다.

> "'형상'은 **복사본 혹은 원본과 아주 흡사한 형태**를 가리킨다. … '모양'은 … **두 대상의 유사함**을 강조한다."[211]

또, 브루스 월키는 이렇게 썼습니다.

> "중요한 추가인 '모양대로'는 인간이 단지 하나님의 모사품이고, 따라서 그분과 구별된다는 것을 강조한다. **고대 근동에서는 신의 형상이 신 자체와 동등시되는 반면 모양이라는 단어는 성경의 세계관에서 하나님과 인간을 분명하게 구별하는 기능을 한다.**"[212]

---

211 존 하틀리 『창세기』 김진선 옮김. 서울: 성서유니온, 2019. p. 85.

212 브루스 월키 『창세기 주석』 김경열 옮김. 서울: 새물결플러스, 2019. p. 111.

"하나님의 형상에 대한 기독교적 이해는 뉴에이지 사고로부터 구별되어야 한다. **우리는 하나님의 형상대로 지어졌으나 단지 모양일 뿐이다. … 오직 둘째 아담이신(참조. 시 8편과 히 2장) 그리스도만이 하나님의 형상의 대리적 기능을 완전하게 성취하신다. 유일무이하게 하나님의 형상의 현시이신 분이요 하늘의 인자요 구름을 타고 오시는 그분이 진정한 형상이시며 그래서 땅을 다스리시는 하나님의 진정한 왕이시다."**[213]

멋진 설명이지요! 그러나 형상과 모양이 다르다는 것은 옳은 것이 아닙니다. 왜 그런지 케네스 매튜스가 그 이유를 다음과 같이 잘 설명했습니다.

"'형상'과 '모양'은 1장 26절과 5장 3절에서만 함께 나오는데 5장 3절에서는 어순이 다르다. 두 용어는 용법상 본질적으로 같은 것으로 드러나서 상호 대체적이다. … 이 용어를 상호 대체적인 것으로 이해하는 것의 근거는 시리아의 텔 페케리예(Tell Fekheriyeh, 고대의 시칸)에서 복원된 9세기 조각상에서 나오는데, 여기에는 앗수르와 아람어의 두 가지 언어로 된 본문이 담겨 있다. 이 조상과 관련하여 '첼렘'(형상)과 '데무트'(모양)가 짝을 이루며 같은 의미로 사용되었다."[214]

213 브루스 월키 『창세기 주석』 김경열 옮김. 서울: 새물결플러스, 2019. pp. 117-118.
214 케네스 매튜스 『창세기 1』 권대영 옮김. 서울: 부흥과개혁사, 2018. pp. 199-200.

고든 웬함,[215] 존 하틀리[216]도 이와 견해가 같습니다. 그러므로 형상과 모양은 서로 다른 것이 아니라 같은 뜻으로 보아야 합니다.

또한, 많은 학자들이 "사람을 하나님의 형상과 모양대로 만들었다"는 말씀을 "사람을 영적 존재로 만드셨다. 그리하여 하나님과 교제할 수 있는 존재로 만드셨다"는 의미로 이해합니다. 예를 들어, 앨런 로스는 이렇게 썼습니다.

> "**형상**이란 용어는 인격, 속성(몸과 영혼으로서의), 혹은 도덕적 선택을 할 능력 등으로 다양하게 설명되어왔다. **이 말은 실재의 모습을 육체적으로 나타내고 있다는 의미가 아니다. 왜냐하면 하나님께서는 영이시기 때문이다. 이 말은 따라서 인간이 하나님의 영적 속성을 반영하고 있음을 비유적으로 나타내는 것이 분명하다.**"[217]

> "이 형상은 인간에게만 부여되었다(2:7). **'형상'은 여기서 비유적으로 사용되고 있다. 왜냐하면 하나님은 인간의 모습을 가지고 계시지 않기 때문이다.** 하나님의 형상 안에 있다는 것은 인간이, 불완전하고 한정적이긴 하지만, 전달 가능한 하나님의 속성(생명, 인격, 진리, 지혜. 사랑, 거룩함, 공의)을 공유하고 있으며,

---

215 고든 웬함 『창세기(상)』 박영호 옮김. 서울: 솔로몬, 2013. p. 123. p. 271.

216 존 하틀리 『창세기』 김진선 옮김. 서울: 성서유니온, 2019. p. 149.

217 앨런 로스 『창조와 축복』 김창동 옮김. 서울: 디모데, 2015. p. 163.

따라서 하나님과 영적인 교제를 가질 수 있다는 것을 의미한다."[218]

이처럼 많은 이들이 하나님의 형상이 영을 뜻한다고 생각합니다. 그러나 이것도 바른 것이 아닙니다. 왜냐하면 하나님께서 사람을 하나님의 형상과 모양대로 만들었다는 것은 단지 그런 의미가 아니기 때문입니다. 그것은 사람을 만든 목적과 관계있는 것으로, 하나님의 대리자로 만들었다는 뜻입니다. 이에 대해 웨인 그루뎀은 이렇게 썼습니다.

"'하나님의 형상'의 의미

하나님이 지으신 피조물 중에서 오직 사람만이 '하나님의 형상대로' 지음받았다. 이 말의 의미는 무엇일까? 아마 다음과 같이 정의해 볼 수 있을 것이다: 사람이 하나님의 형상으로 되었다는 사실은 사람이 하나님을 닮았고 하나님을 대변한다는 의미이다."[219]

또, 고든 웬함도 이렇게 썼습니다.

"형상은 사람을 땅에서 하나님의 대리자가 되게 한다. 사람

218 앨런 로스 『창세기』 강성렬 옮김. 서울: 두란노, 1992. p. 46.

219 웨인 그루뎀 『조직신학(상)』 노진준 옮김. 서울: 은성, 2009. pp. 668-669.

은 신의 형상으로 만들어졌으며, 따라서 땅에서 하나님의 대리자라는 것은 왕에 대한 동양의 공통된 견해였다. 애굽과 앗시리아 문헌은 둘 다 왕을 하나님의 형상으로 묘사한다. 더욱이 이 문헌들에서 사람에게는 명백하게 왕의 과업인 피조 세계를 다스리고 정복하라는 명령이 주어졌으며(참조. 왕상 4:24 등), 시편 8편은 사람을 영화로 관을 씌우고 하나님의 손으로 만드신 것을 다스리게 하면서 하나님보다 조금 못하게 창조되었다고 말한다. 왕의 기능들에 대해서는 시편 8편에 아주 명료하게 언급되어 있다. 사람이 땅에서 신의 대리자임을 주장하는 또 다른 고찰은 바로 형상에 대한 개념에서 기인한다. 신이나 왕들의 형상은 그 대리자들을 가리키는 것으로 간주되었다. … 애굽의 기자들은 종종 왕들을 하나님의 형상으로 존재하고 있는 것으로 말하는 데 반하여, 다른 사람들에 대해서는 결코 이러한 방식으로 언급하지 않았다. 구약성경은 이러한 오래된 개념을 서민화한 것으로 보인다. 구약성경은 바로 어떤 한 왕이 아니라 모든 사람이 하나님의 형상을 지니고 있으며, 땅에서 그의 대리자라는 것을 말한다."[220]

"가장 설득력 있는 견해는 하나님의 형상이 사람을 땅에서 하나님의 부섭정이 되게 한다는 것이다."[221]

220 고든 웬함 『창세기(상)』 박영호 옮김. 서울: 솔로몬, 2013. p. 126.
221 고든 웬함 『창세기(상)』 박영호 옮김. 서울: 솔로몬, 2013. p. 128.

또한, 브루스 월키도 이렇게 썼습니다.

> “**고대 근동의 문헌들에서는 오직 왕만이 신의 형상을 입는다. 그러나 히브리적 관점에서는 하나님의 형상이 모든 인간에게 부여되어 민주화된다.** 하르트는 이렇게 설명한다. ‘**이 본문은 하나님의 대리자로서 땅에 대한 왕적 지배권의 행사가 하나님이 인간을 창조하신 기본 목적이라는 것을 말하고 있다.**’ 그는 다음과 같이 덧붙인다. ‘**인간은 창조세계 위에 임명된 왕이고, 궁극의 왕이신 하나님께 대한 책임적 존재로서 창조세계를 관리하고 발전시키며 돌보도록 기대된다.**’”[222]

이처럼 하나님께서 사람을 하나님의 형상과 모양대로 만들었다는 것은 사람을 만든 목적과 관계가 있고, 사람을 하나님의 대리자로 만들었다는 뜻입니다.

그러나 십분 양보해서 이것이 단지 하나님과 교제하게 하기 위해 영적인 존재로 만들었다는 뜻이라고 가정해봅시다. 그 경우, 사람을 영으로 만들고 천국에서 함께 살면 될 것입니다. 그러나 그렇게 하지 않으셨습니다. 천지창조 후 마지막으로 사람을 만드셨고, 사람을 땅에 두셨습니다. 이것은 땅에서 사람을 하나님의 대리자로 세워 모든 만물을 다스리게 하길 원하셨다는 것을 보여줍니다. 이것이 하나님이 사람을 만든 목적이며,

222 브루스 월키 『창세기 주석』 김경열 옮김. 서울: 새물결플러스, 2019. pp. 110-111.

성경에 명시되어 있습니다.

창세기 1:26, 28 "하나님이 이르시되 **우리의 형상을 따라 우리의 모양대로 우리가 사람을 만들고 그들로 바다의 물고기와 하늘의 새와 가축과 온 땅과 땅에 기는 모든 것을 다스리게 하자** 하시고 … 하나님이 그들에게 이르시되 생육하고 번성하여 땅에 충만하라, 땅을 정복하라, **바다의 물고기와 하늘의 새와 땅에 움직이는 모든 생물을 다스리라** 하시니라."

시편 8:4-8 "사람이 무엇이기에 주께서 그를 생각하시며 인자가 무엇이기에 주께서 그를 돌보시나이까? 그를 하나님보다 조금 못하게 하시고 영화와 존귀로 관을 씌우셨나이다. **주의 손으로 만드신 것을 다스리게 하시고** 만물을 그의 발 아래 두셨으니 곧 모든 소와 양과 들짐승이며 공중의 새와 바다의 물고기와 바닷길에 다니는 것이니이다."

시편 115:16 "하늘은 여호와의 하늘이라도 **땅은 사람에게 주셨도다.**"

그러므로 사람을 하나님의 형상과 모양대로 만들었다는 것은 단지 영을 가진 영적 존재로 만들었다는 뜻이 아니라 이 땅에서 하나님을 대리하는 자로 만들었다는 뜻입니다.

이 사실을 통해 우리는 놀라운 것을 깨달을 수 있습니다. 그것은 많은 이들이 착각하고 있는 것처럼 하나님의 형상과 모양이 단지 영이 아니라 영 혼 육 전체라는 것입니다. 저는 동물의 혼이 영의 한 조각이라는 것을 이미 말씀드렸습니다. 그러므로 영뿐 아니라 사람의 혼도 하나님의 형상과 모양대로 지음을 받은 것이 분명하지요. 그런데 더 나아가 사람의 몸도 하나님의 형상과 모양대로 지음을 받은 것입니다.

여러분, 처음 듣는 말이고 충격이지요! 그러나 이것이 성경적인 참 진리입니다. 하나님이 사람을 왜 만드셨습니까? 하나님의 대리자로 삼아 땅을 다스리게 하기 위해서였습니다. 그런데 천사들과 달리 동물들은 영적인 존재가 아닙니다. 하나님을 보거나 하나님의 음성을 들을 수 없습니다. 그래서 하나님은 자신을 대리할 존재로 영 혼 육을 가진 사람을 만드신 것입니다.

사람의 영은 하나님과 교제하는 기능을 합니다. 영끼리 서로 통하기 때문입니다. 그러나 동물들은 영이 아니라 혼과 육입니다. 때문에 사람을 영뿐 아니라 혼과 육을 가진 존재로 만들어 동물들과 소통하며 땅을 다스리게 하셨습니다. 또, 사람이 땅에서 하나님의 대리자가 되려면, 동물들이 사람을 하나님의 대리자로 인식할 수 있도록 영 혼 육 전체가 하나님의 형상이어야 할 필요가 있습니다. 이것이 하나님께서 단지 영이 아니라 영 혼 육 전체를 하나님의 형상과 모양대로 만든 이유입니다.

그나저나, 하나님은 영이십니다. 때문에 많은 학자들이 하나님의 형상과 모양은 사람의 영과 관계가 있고 몸과 무관하다고 생각합니다. 그러나 유명한 조직신학자 웨인 그루뎀은 형상을 몸과 어느 정도 연관시켰습니다. 그것이 그의 『조직신학(상)』권에 나옵니다.

"(하나님을 닮은) **육체적인 면: 우리의 육체도 하나님의 형상대로 만들어졌다는 말이 일리가 있는 말일까?** 하나님은 영이시다(요 4:24). 그러므로 우리의 육체적인 모습은 하나님도 육체를 가지고 계심을 암시한다고 보아서는 안 되고, 하나님이 물질적이거나 육체적인 것을 가지고 계시는 듯이 어떤 모양으로든지 형상을 만드는 것은 죄가 된다(출 20:4; 시 115:3-8; 롬 1:23을 보라). **우리의 육체가 하나님이 육신을 가지고 계심을 의미한다고 암시하도록 해서는 안 됨에도 불구하고 우리의 육체가 하나님의 특징을 반영하고 그래서 하나님의 형상으로 지음을 받았다는 사실에 육체적인 면 중에서도 포함시켜야 할 면은 있다고 생각한다. 가령 우리의 육신은 눈을 통해 사물을 볼 수 있는 능력을 제공하는데 이것은 하나님을 닮은 특성이다. 왜냐하면 비록 우리처럼 육신의 눈을 가지고 보시는 것도 아니고 우리보다 훨씬 더 많은 것을 보시지만, 하나님도 보시기 때문이다. 하나님께서는 육신적인 귀를 가지고 계시지는 않지만 우리의 귀가 가지고 있는 능력은 하나님을 닮은 능력이다. 말할 수 있는 능력을 주는 우리의 입도 역시 말씀하시는 하나님이시라는 사실을 증거한다. 하나님의 창조물을 이해하고 느끼고 맛보는 우리의 감각은 하나님 자신도 당신의 피조물을 즐기고 느끼**

신다는 사실을 보여준다."[223]

이처럼 사람의 영과 혼뿐 아니라 몸을 하나님의 형상 및 모양과 연결시켰습니다. 그러나 아쉽게도 형상이 아니라 기능에 대한 것입니다. 제가 보기에 웨인 그루뎀뿐 아니라 많은 학자들이 놓친 것이 있습니다. 그것은 바로 하나님이 영이시지만 형체가 없는 분이 아니라는 점입니다.

잘 들으십시오. 하나님은 육체는 없지만 영체가 있습니다. 비근한 예로, 사람의 영에도 영체가 있습니다. 부자는 음부에서 자기 혀에 대해 말했습니다. 또, 나사로의 손가락에 대해 말했습니다. 무엇보다, 그는 나사로를 알아보았습니다. 왜냐하면 사람의 영에 영체가 있고 그 사람의 육체와 똑같이 생겼기 때문입니다. 그러므로 사람의 영에 영체가 있음이 분명합니다.

그런데 사람의 영에 영체가 있다면 영이신 하나님께도 영체가 있다고 보아야 합니다. 왜냐하면 사람은 하나님의 형상대로 지음을 받았기 때문입니다. 이와 같이 하나님께 영체가 있다는 사실은 출애굽기에 매우 잘 나타나 있습니다.

출애굽기 33:18-23 "모세가 이르되 원하건대 **주의 영광을 내게 보이소서!** 여호와께서 이르시되 내가 내 모든 선한 것을 네 앞으로 지나가게 하고 여호와의 이름을 네 앞에 선포하리라. 나는

223 웨인 그루뎀 『조직신학(상)』 노진준 옮김. 서울: 은성, 2009. pp. 676-677.

은혜 베풀 자에게 은혜를 베풀고 긍휼히 여길 자에게 긍휼을 베푸느니라. 또 이르시되 **네가 내 얼굴을 보지 못하리니** 나를 보고 살 자가 없음이니라. 여호와께서 또 이르시기를 보라 내 곁에 한 장소가 있으니 너는 그 반석 위에 서라. 내 영광이 지나갈 때에 **내가 너를 반석 틈에 두고 내가 지나도록 내 손으로 너를 덮었다가 손을 거두리니 네가 내 등을 볼 것이요 얼굴은 보지 못하리라.**"

보십시오! 하나님은 영이시지만 손도 있고, 등도 있고, 얼굴도 있습니다. 즉, 영이지만 분명히 형체가 있습니다. 때문에 케네스 해긴 목사님은 이렇게 썼습니다.

"우리는 육체의 몸(physical body)뿐 아니라 영의 몸(spirit body)도 있음을 깨달을 필요가 있습니다. 천사들은 영이지만 그들은 어떤 형태나 영의 몸을 소유하고 있습니다. 하나님 자신도 영이지만 어떤 사람들이 이 사실을 해석하듯이 하나님이 단지 영향력이나 우리가 느낄 수 없는 무엇을 의미하는 것은 아닙니다. 하나님은 어떤 모양(shape)이나 어떤 형태(form)의 영의 몸(spirit body)을 가지고 계십니다. 이 사실을 우리가 어떻게 알 수 있습니까? 성경은 모세가 시내산 위에 있을 때 하나님께 얼굴을 마주하고(face to face) 말을 했었다고 말하고 있습니다.

'너는 내 얼굴을 볼 수 없다'(출 33:20) 모세가 하나님의 얼굴을 보는 것은 허락되지 않았지만 하나님은 보여질 수 있었던 얼굴을 소유하고 있었습니다.

하나님께서는 또한 모세에게 '내 영광이 지날 때에 내가 너를 반석 틈에 두고 내가 지나가도록 내 손으로 너를 덮었다가 손을 거두리니 네가 등을 볼 것이요 얼굴은 보지 못하리라(출 33:22-23)라고 말했습니다."[224]

그러므로 하나님께도 영체가 있습니다. 한 걸음 더 나아가, 참으로 놀라운 사실은 하나님의 영체가 사람과 그 모습이 같다는 것입니다. 그것이 에스겔과 다니엘서에 분명히 기록되어 있습니다.

에스겔 1:26-28 "그 머리 위에 있는 궁창 위에 보좌의 형상이 있는데 그 모양이 남보석 같고 **그 보좌의 형상 위에 한 형상이 있어 사람의 모양 같더라.** 내가 보니 **그 허리 위의 모양은 단 쇠 같아서 그 속과 주위가 불같고 내가 보니 그 허리 아래의 모양도 불같아서 사방으로 광채가 나며 그 사방 광채의 모양은 비 오는 날 구름에 있는 무지개 같으니 이는 여호와의 영광의 형상의 모양이라."**

"한 형상이 있어 사람의 모양 같더라."와 "이는 여호와의 영

224 케네스 E. 해긴 『인간의 세 가지 본성』 김진호 옮김. 성남: 믿음의 말씀사, 2000. pp. 43-44.

광의 형상의 모양이라."는 말에 주목하십시오. 이분은 성부 하나님이십니다. 그런데 사람의 모양 같았습니다. 다음 구절도 "허리 아래"와 "허리 위"라는 표현을 볼 때 마찬가지입니다.

에스겔 8:1-3 "여섯째 해 여섯째 달 초닷새에 나는 집에 앉았고 유다의 장로들은 내 앞에 앉아 있는데 주 여호와의 권능이 거기에서 내게 내리기로 내가 보니 **불같은 형상**이 있더라. **'그 허리 아래'의 모양은 불같고 '허리 위'에는 광채가 나서 단 쇠 같은데 그가 '손' 같은 것을 펴서** 내 머리털 한 모숨을 잡으며 주의 영이 나를 들어 천지 사이로 올리시고"

또, 다니엘서에 보면 이렇게 기록되어 있습니다.

다니엘 10:4-9 "첫째 달 이십사일에 내가 힛데겔이라 하는 큰 강가에 있었는데 그때에 내가 눈을 들어 바라본즉 **한 사람이 세마포 옷을 입었고 허리에는 우바스 순금 띠를 띠었더라. 또 그의 몸은 황옥 같고 그의 얼굴은 번갯빛 같고 그의 눈은 횃불 같고 그의 팔과 발은 빛난 놋과 같고 그의 말소리는 무리의 소리와 같더라.** 이 환상을 나 다니엘이 홀로 보았고 나와 함께 한 사람들은 이 환상은 보지 못하였어도 그들이 크게 떨며 도망하여 숨었느니라. 그러므로 **나만 홀로 있어서 이 큰 환상을 볼 때에 내 몸에 힘이 빠졌고 나의 아름다운 빛이 변하여 썩은 듯하였고 나의 힘이 다 없어졌으나** 내가 그의 음성을 들었는데 그의 음성을 들을 때에 **내가 얼굴을 땅에 대고 깊이 잠 들었느니라.**"

여기서 세마포 옷을 입은 한 사람이 누구인가에 대해서는 학자들 간에 의견이 일치하지 않습니다. 일부 학자들은 세마포 옷을 입은 한 사람을 미가엘보다 더 큰 천사로 해석합니다. 그러나 미가엘보다 더 큰 천사가 있는지 매우 의심스럽습니다.

또, 계시록 10장에 나오는 천사와 같은 천사로 보는 학자도 있습니다.

요한계시록 10:1-3 "내가 또 보니 **힘 센 다른 천사**가 구름을 입고 하늘에서 내려오는데 **그 머리 위에 무지개가 있고 그 얼굴은 해 같고 그 발은 불기둥 같으며** 그 손에는 펴 놓인 작은 두루마리를 들고 그 오른 발은 바다를 밟고 왼 발은 땅을 밟고 사자가 부르짖는 것 같이 큰 소리로 외치니 그가 외칠 때에 일곱 우레가 그 소리를 내어 말하더라."

그러나 구체적인 묘사가 일치하지 않고, 특히 다니엘은 세마포 옷을 입은 한 사람을 보았을 때 "몸에 힘이 빠졌고 아름다운 빛이 변하여 썩은 듯하였고 힘이 다 없어졌으며 그의 음성을 들을 때 얼굴을 땅에 대고 깊이 잠들었는데" 요한은 1장에서 예수님을 만났을 때와 달리 멀쩡하게 서 있다는 것이 이해가 안 됩니다.

이들과 달리 스튜워트 올리오트는 성육신하기 전의 예수님이라고 생각합니다. 그는 이렇게 썼습니다.

> "슬퍼하던 **다니엘이 티그리스 강변에서 본 하늘의 방문자는 의심할 여지 없이 하나님의 아들이었습니다! 주 예수 그리스도께서는 마리아의 몸에서 인간의 몸을 덧입고 성육하시기 훨씬 이전에 구약에서 여러 번 사람의 형태로 나타나셨습니다. 이런 현상을 '현현'이라고 부릅니다.** 본 장에 나타난 예수님의 현현은 이번이 처음이 아니었습니다. **다니엘은 다시 한번 성육신 이전의 영광스런 주님을 목격한 것입니다.**"[225]

이 외에도 존 왈브어드, 에드워드 영, 즈드라브코 스테파노비치, 박윤선, 이상근 그리고 『호크마종합주석』도 예수님으로 봅니다. 자료가 많지 않아 충분히 연구하진 못했지만, 저도 다음과 같은 이유 때문에 그렇게 봅니다.

우선, 세마포 옷을 입은 사람의 모습은 에스겔 1장이나 8장의 하나님의 현현과 상당히 흡사한 점이 있습니다. 다니엘은 세마포를 입은 한 사람을 "그의 몸은 황옥 같고 그의 얼굴은 번갯빛 같고 그의 눈은 횃불 같고 그의 팔과 발은 빛난 놋과 같고"라고 묘사했습니다. 그런데 에스겔 1장 27절에 보면 "내가 보니 그 허리 위의 모양은 단 쇠 같아서"라고 기록되어 있습

225 스튜워트 올리오트 『다니엘』 이중수 옮김. 서울: 목회자료사, 1993. p. 180.

니다. 에스겔 8장 2절에도 "그 허리 아래의 모양은 불같고 허리 위에는 광채가 나서 단 쇠 같은데"라고 기록되어 있습니다. 그런데 "단 쇠"의 히브리어 "하쉬말"은 "어떤 빛나는 물질"이라는 뜻입니다. 그러므로 서로 굉장히 유사하지요!

다음으로, 세마포 옷을 입은 사람의 모습이 계시록 1장 13-16절에 기록되어 있는 그리스도의 모습과 유사하고 다니엘과 요한의 반응이 일치합니다.

다니엘 10:8-9 "그러므로 **나만 홀로 있어서 이 큰 환상을 볼 때에 내 몸에 힘이 빠졌고 나의 아름다운 빛이 변하여 썩은 듯하였고 나의 힘이 다 없어졌으나** 내가 그의 음성을 들었는데 그의 음성을 들을 때에 **내가 얼굴을 땅에 대고 깊이 잠들었느니라.**"

요한계시록 1:17 "**내가 볼 때에 그의 발 앞에 엎드러져 죽은 자 같이 되매** 그가 오른손을 내게 얹고 이르시되 두려워하지 말라."

이것은 두 존재가 같은 영광과 권능을 가지고 있음을 뜻합니다. 그래서 저도 세마포 옷을 입은 한 사람이 성육신하기 전의 예수님이라고 생각합니다.

그런데 이때는 예수님이 성육신하시기 전이고 하나님처럼 영으로 존재하실 때입니다. 그런데도 사람의 모양을 하고 계셨습니다. 그래서 다니엘이 보이는 대로 "한 사람"이라고 쓴 것입니다. 그러므로 이것은 하나님은 영이시지만 영체를 갖고 계시고 그 모습이 사람과 같은 모습이라는 것을 보여주는 결정적인 증거입니다.

이에 덧붙여, 본래 '형상'이라는 단어는 형태와 관계가 있는 단어입니다. 고든 웬함도 창세기 1장 26절을 주해하면서 "이 단어는 구약성경에서 17번 나타나는데, 열 번은 다양한 유형의 실체적 형상에 대해 언급"했다고 했습니다.[226] 그러므로 사람이 하나님의 형상대로 지음을 받았다는 것은 영과 혼뿐 아니라 몸도 하나님의 모양대로 지음받은 것을 의미한다고 보는 것이 옳습니다.

물론 여러분 모두 생전 처음 듣는 말이고 굉장히 생소할 것입니다. 그러나 제가 이것을 깨달은 후에 알게 된 사실입니다만, 칼빈도 저와 비슷한 생각을 갖고 있었습니다. 그 사실이 케네스 매튜스의 글에 이렇게 나타나 있습니다.

> "칼빈에게 아담 안에 있는 '형상'은 '우리의 총체적 본성의 완전'이었고 이는 '우리 안에서 타락으로 파괴되었던' 것이다. **'총체적 본성'**으로 **칼빈이 의미했던 것은 무엇보다도 지식과 의로움과 거룩함이지만 칼빈이 또 받아들였던 것은 이 '형상'에 인간의 육체도 포함된다**는 것이다. **'그럼에도 인간에게 어떤 불꽃**

226 고든 웬함 『창세기(상)』 박영호 옮김. 서울: 솔로몬, 2013. p. 124.

이 타오르지 않는 부분은 없다. 인간의 육체도 마찬가지다.'"[227]

또, 케네스 매튜스도 저와 견해가 같습니다.

"'형상'과 '모양' 모두 육체적 표현에 대해 사용된다. 육체적 조상이나 그림과 그것이 대표하는 사람이나 사물 사이에 부합이 존재한다. … 모세 율법이 하나님에 대한 온갖 육체적 표현을 금지했기에(출 20:1-2; 신 4:16), 일반적으로 육체적 형태가 의도된 것인지에 대해 의심을 가졌다. 신명기 4장 16절은 1장 27절을 제대로 반향한 것일 수 있다. 여기서 특별히 '남자든 여자든' 우상을 만드는 것을 금지하지만 신명기 4장 16절도 시내 금지(출 20:1-2)도 '형상'이나 '모양'이라는 말이 나오지 않는다. 이에 근거하여 '형상'을 구성하는 육체적 차원을 배제할 수는 없다. 구약성경에서 우상이나 조상을 가리키는 데 사용된 단어 가운데 '형상'(첼렘)이라는 용어는 우상숭배와 연결되는 경우가 그리 많지 않지만 분명히 있기는 있으며(예. 민 33:52) 그래서 필연적으로 독자를 괴롭히지는 않는다. 신현(theophany)이 흔히 인간의 형태를 수반한다는 것(예. 창 18:1-2)과 선지자들이 환상 가운데 하나님이 천상의 보좌에 앉은 인간의 모습으로 나오는 것을 본다는 것을 덧붙일 수 있다. 선지자들은 하나님을 사람이라고 말하지 않는다. 왜냐하면 에스겔은 자신이 본 것을 '사

227 케네스 매튜스 『창세기 1』 권대영 옮김. 서울: 부흥과개혁사, 2018. p. 198.

람의 모양(드무트) 같더라.'(겔 1:26)라고 분명히 말하기 때문이다. 에스겔이 본 신현 환상은 '모양'(드무트)이라는 말을 거듭 사용함으로써 창세기 1장 26절을 연상시키고 '모양'이 어떻게 구약성경에 나오는 신현과 연관되는지를 그려낸다."[228]

또한, 고든 웬함도 저와 같은 주장을 했습니다.

"형상은 신체적 닮음을 의미한다. 즉 사람을 하나님과 마찬가지로 보는 것이다. 신체적 형상이 첼렘(형상)의 가장 자주 나타나는 의미이며, 창세기 5:3에서 아담이 '자기 형상과 같은'(아주 당연히 아버지와 아들의 유사한 외모에 대해 언급하고 있는 것이다) 셋을 낳았다고 말하고 있는 사실이 이러한 해석을 지지한다. 훔버트는 이것이 창세기가 의미하고 있는 모든 것이라고 주장했으며, 궁켈과 폰 라트는 이것이 적어도 형상이 의미하는 것의 일부분이라고 주장했다."[229]

사랑하는 여러분, 사람의 영과 혼뿐 아니라 몸도 하나님의 형상과 모양대로 지음을 받았다는 것은 새롭고 생소하지만 성경으로 증명 가능한 참 진리입니다. 이를 증명하는 것은 쉽고 간단합니다! 하나님은 사람을 자신의 형상과 모양대로 만드셨

228 케네스 매튜스 『창세기 1』 권대영 옮김. 서울: 부흥과개혁사, 2018. pp. 201-202.

229 고든 웬함 『창세기(상)』 박영호 옮김. 서울: 솔로몬, 2013. p. 125.

습니다. 그런데 구체적으로 사람의 무엇을 그리 만드셨을까요?

단지 사람의 영이 아닙니다. 영 혼 육 전부입니다. 왜냐하면 성경이 사람 전체를 하나님의 형상과 모양대로 만들었다고 거듭 말씀하고 있기 때문입니다.

창세기 1:26-27 "하나님이 이르시되 **우리의 형상을 따라 우리의 모양대로 우리가 '사람'을 만들고** 그들로 바다의 물고기와 하늘의 새와 가축과 온 땅과 땅에 기는 모든 것을 다스리게 하자 하시고 **하나님이 자기 형상 곧 하나님의 형상대로 '사람'을 창조하시되** 남자와 여자를 창조하시고"

창세기 5:1 "이것은 아담의 계보를 적은 책이니라. **하나님이 '사람'을 창조하실 때에 하나님의 모양대로 지으시되**"

창세기 9:6 "다른 사람의 피를 흘리면 그 사람의 피도 흘릴 것이니 이는 **하나님이 자기 형상대로 '사람'을 지으셨**음이니라."

야고보서 3:9 "이것으로 우리가 주 아버지를 찬송하고 또 이것으로 **하나님의 형상대로 지음을 받은 '사람'**을 저주하나니"

이처럼 한 번도 사람의 영을 하나님의 형상과 모양대로 만든다고 하지 않았습니다. 사람을 하나님의 형상과 모양대로 만들었다고 했습니다. 케네스 매튜스의 말도 이것을 뒷받침해줍니다.

"대부분의 주석가들은 사람을 물질적 속성과 영적 속성으로 해부하고서 '이마고 데이'(하나님의 형상-저자 주)를 육체적이든 영적이든 규명해왔다. 하지만 이 이분법은 히브리 인류학에 맞지 않는다. 2장 7절이 증명하는 것처럼 사람은 단일의 총체로 여겨진다. 1장 26절에서는 총체적인 인간, 심지어 전 인류를 집합적으로 염두에 둔 것이다."[230]

또한, 고든 웬함의 말도 이를 뒷받침해줍니다.

"구약성경은 이러한 방식으로 영적인 영역과 물질적인 영역을 뚜렷이 구별하지 않는다고 주장된다. 하나님의 형상은 한편으로는 사람의 마음이나 영혼을 나타내고, 또 다른 한편으로는 그의 신체적 특성만을 나타내는 것이 아니라 사람의 전 존재의 특성을 나타내야 한다는 것이다."[231]

그러므로 참으로 단지 영이 아니라 영 혼 육 전체를 하나님의 형상과 모양대로 만든 것입니다. 고든 웬함이 말한 것처럼 창세기 5장 3절도 그 증거 중 하나입니다.

"아담은 백삼십 세에 자기의 모양 곧 자기의 형상과 같은 아

230 케네스 매튜스 『창세기 1』 권대영 옮김. 서울: 부흥과개혁사, 2018. p. 201.

231 고든 웬함 『창세기(상)』 박영호 옮김. 서울: 솔로몬, 2013. pp. 125-126.

들을 낳아 이름을 셋이라 하였고"

왜냐하면 "자기의 모양 곧 자기의 형상과 같은 아들을 낳았다"는 것은 분명히 외적인 모습을 포함하기 때문입니다. 그러므로 하나님의 모양과 형상대로 지음받은 것은 단지 영과 혼이 아닙니다. 영 혼 육 전체입니다. 사람은 단지 영이나 혼이 아니라 영 혼 육이 모두 하나님의 형상과 모양대로 지음받은 영화로운 존재인 것입니다.

한편, 저는 이 안에 사람에 대한 하나님의 명백하고 숭고한 뜻이 들어 있다고 생각합니다. 그것은 바로 하나님을 닮으라는 것입니다. 제가 결론적으로 강조하고 싶은 것은 바로 하나님을 닮는 것의 중요성입니다.

사람은 단지 영이 아니라 영 혼 육이 모두 하나님의 형상과 모양대로 지음을 받았습니다. 이것이 사람이 존귀한 이유입니다.

창세기 9:6 **"다른 사람의 피를 흘리면 그 사람의 피도 흘릴 것이니 이는 하나님이 자기 형상대로 사람을 지으셨음이니라."**

사람은 하나님의 형상대로 지음을 받았다는 것 때문에 달과 별들보다도 더 존귀한 존재입니다.

시편 8:3-5 **"주의 손가락으로 만드신 주의 하늘과 주께서 베풀어 두신 달과 별들을 내가 보오니 사람이 무엇이기에 주께**

서 그를 생각하시며 인자가 무엇이기에 주께서 그를 돌보시나이까? 그를 하나님보다 조금 못하게 하시고 영화와 존귀로 관을 씌우셨나이다."

잘생겼든 못생겼든, 머리가 좋든 나쁘든, 돈이 많든 적든 하나님의 형상대로 지음을 받았다는 것 하나만으로도 사람은 누구나 천하보다 귀한 존재입니다. 그러므로 여러분 모두 건강한 자존감을 가지시기 바랍니다.

물론 지식과 돈과 명예와 권세도 사람을 존귀하게 만듭니다. 그러나 하나님을 닮은 것만큼 사람을 영화롭게 하는 것은 없습니다. 성경은 자주 하나님의 형상과 영광을 동일시합니다.

고린도전서 11:7 "남자는 **하나님의 형상과 영광**이니 그 머리를 마땅히 가리지 않거니와 여자는 남자의 영광이니라."

고린도후서 3:18 "우리가 다 수건을 벗은 얼굴로 거울을 보는 것 같이 주의 영광을 보매 **그와 같은 형상으로 변화하여 영광에서 영광에 이르니** 곧 주의 영으로 말미암음이니라."

고린도후서 4:4 "그 중에 이 세상의 신이 믿지 아니하는 자들의 마음을 혼미하게 하여 **그리스도의 영광**의 복음의 광채가 비치지 못하게 함이니 **그리스도는 하나님의 형상이니라.**"

이처럼 바울은 '형상'과 '영광'을 동일시했습니다. 이것은 하나님의 형상을 닮는 것이 영광이요 참 영광이라는 것을 보여줍니다. 이것을 깊이 깨달아야 합니다. 그리하여 하나님을 닮는 것을 참 영광으로 여기고 무엇보다도 하나님을 닮기 위해 살아가야 합니다.

솔직히 대답해보십시오! 하나님을 닮는 것이 최고의 영광이라는 사실이 정말로 깊이 공명이 되십니까? 그래서 속에서 하나님의 형상을 이루기 위해 살아야겠다는 불같은 소원이 일어나십니까? 아마 지적으로 동의는 되지만 그렇지 않은 분들이 많을 것입니다. 그런 분들을 위해 저는 왜 하나님의 형상을 닮는 것이 참 영광이고 최고의 영광인지 좀 더 자세히 설명해드리고자 합니다.

하나님께서 사람을 하나님의 형상대로 만드신 이유가 무엇입니까? 이미 말씀드린 대로, 하나님의 대리자로 삼아 땅을 다스리게 하시기 위함입니다. 천지창조 후, 하늘에서는 영이신 하나님이 천사들을 비롯하여 하늘의 모든 것을 다스리시고, 땅에서는 사람이 천하 만물을 다스렸습니다. 실제로 대홍수 전 노아에게 동물들이 자발적으로 나아온 것처럼, 모든 동물들이 아담과 하와에게 복종했습니다. 아담은 진짜 밀림의 왕 타잔이었고, 땅의 왕이었습니다. 그가 그렇게 된 이유는 단 하나, 하나님의 형상대로 지음을 받았기 때문이었습니다.

그런데 아담은 하나님이 금하신 선악과를 따 먹고 타락했습니다. 그러나 그 뒤 하나님의 형상이 완전히 파괴되진 않았습니다. 존 맥아더는 이렇게 썼습니다.

> “**비록 그 형상이 인간의 타락으로 철저히 훼손되었지만 그런데도 그 형상 자체는 결코 소멸할 수 없는 특징을 지닌다.** 사람들은 여러 가지로 ‘하나님’을 닮은 모습을 계속 드러내며, 이는 지성과 자의식, 추론과 도덕적 본성, 감정과 의지 등의 측면에서 그러하다.”[232]

우리는 이 사실을 창세기 5장 1-3절부터 야고보서 3장 9절에 이르기까지 성경의 여러 구절을 통해 확인할 수 있습니다.

물론 아담의 상태가 타락하기 전과 똑같지는 않습니다. 케네스 매튜스가 창세기 5장 1-3절을 주해하면서 그것을 예리하게 이렇게 지적했습니다.

> “**창세기 5장에서 증명되는 또 하나는 ‘형상’이 에덴에서의 반역적인 범죄에도 불구하고 유지된다는 것이다.** 이는 9장 6절에서도 지지되는데 여기서 홍수 이후 세계에서 인간의 존엄성은 인류가 하나님의 특별한 창조로서 하나님의 형상을 담고 있다는 근거로 보호받는다. 인간은 타락했어도 인간이며 같은 품위를 유지하고 모든 사람에게 보호가 보장된다. **하지만 5장 3절에서 관찰되는 것은 앞서 1장 26-28절에 인간의 지배에 대한 강**

232 존 맥아더 『야고보서』 송동인 옮김. 서울: 아바서원, 2020. p. 240.

조가 나오지 않는다는 점이다. 이는 무언가 잘못되었다고 의심하게 만들고 이 의심은 노아 언약에서 분명해지는데, 여기서 홍수 이후 세계는 지배에 대한 언급도 없이 '피'와 사람의 생명에 대해 특별한 제한이 요구된다(9:4-7). 인간이 짐승을 지배하는 창조의 위계질서가 온전히 남아 있는 반면에 인간의 생명을 취하는 것에 대한 경고는 범인이 짐승이든 인간이든(9:5) 동물계 질서에 대한 인간의 지배가 위태롭다는 것을 보여준다."[233]

저도 창세기 9장 2절에 다스리라는 것과 유사한 이런 말씀이 나온다는 것을 잘 압니다.

"땅의 모든 짐승과 공중의 모든 새와 땅에 기는 모든 것과 바다의 모든 물고기가 **너희를 두려워하며 너희를 무서워하리니 이것들은 너희의 손에 붙였음이니라.**"

그러나 아담과 하와를 창조한 후 축복할 때와 유사한 노아 홍수 후 다시 인류가 새 출발할 때 하나님은 창조 직후와 다른 이런 말씀을 하셨습니다.

창세기 9:1 "하나님이 노아와 그 아들들에게 복을 주시며 그들에게 이르시되 **생육하고 번성하여 땅에 충만하라.**"

---

233 케네스 매튜스 『창세기 1』 권대영 옮김. 서울: 부흥과개혁사, 2018. pp. 204-205.

창세기 9:7 "**너희는 생육하고 번성하며 땅에 가득하여 그 중에서 번성하라** 하셨더라."

자세히 보면, 창세기 1장에 나오는 "다스리라"는 말이 빠지고 없습니다. 뿐만 아니라, 5절에 보면 이렇게 기록되어 있습니다.

"내가 반드시 너희의 피 곧 너희의 생명의 피를 찾으리니 짐승이면 그 짐승에게서, 사람이나 사람의 형제면 그에게서 그의 생명을 찾으리라."

이것은 짐승이 사람에게 복종하지 않고 반기를 들고 사람을 잡아먹기까지 하게 되었음을 보여줍니다. 땅을 다스리는 사람의 지배권이 심각한 손상을 입게 된 것입니다.

그러면 왜 이렇게 되었을까요? 그 이유를 아는 것은 어렵지 않습니다. 사람이 타락하여 하나님의 형상이 심각하게 훼손되었기 때문입니다. 이것은 창세기 9장 2절에서 왜 하나님이 창조 직후처럼 다스리라고 하지 않고 "땅의 모든 짐승과 공중의 모든 새와 땅에 기는 모든 것과 바다의 모든 물고기가 너희를 두려워하며 너희를 무서워하리니 이것들은 너희의 손에 붙였음이니라."라고 말씀했는지를 이해할 수 있게 해줍니다.

또한, 이것은 성 프랜시스나 썬다 싱처럼 하나님을 많이 닮은 성자들에게 동물들이 왜 지금도 복종하는지 그 이유를 가르쳐주는 것이기도 합니다.

그럼에도 불구하고 하나님께 감사하시기 바랍니다. 하나님께서 자신의 형상과 모양대로 사람을 만들어 땅을 다스리게 하시려는 목적은 결코 실패하지 않습니다. 도리어 더 좋고 완벽하게 이루어질 것입니다. 하나님은 그런 놀라운 반전을 이루기 위해 예수님을 이 땅에 보내셨습니다. 그리고 믿는 자들 속에서 다시 하나님의 형상이 회복되게 하시는 일을 하고 계십니다. 구원의 서정 즉 중생, 성화, 영화는 모두 하나님의 형상을 회복하는 것과 관계가 있습니다. 중생은 기본적으로(골 3:9-10), 성화는 점진적으로(고후 3:18), 영화는 온전히 하나님의 형상이 회복되는 것입니다(롬 8:18-23, 빌 3:20-21, 요일 3:1-2). 그것이 구원입니다!

때가 되면 하나님께서 중생, 성화, 영화를 통해 하나님의 형상이 온전히 회복된 자들만 천년왕국에 들어가게 하실 것입니다. 그때 에덴동산에서처럼 만물을 다스리는 사람의 지배권이 다시 온전히 회복됩니다. 그것을 이사야 선지자가 이렇게 노래했습니다.

이사야 11:6-9 **"그때에 이리가 어린 양과 함께 살며 표범이 어린 염소와 함께 누우며 송아지와 어린 사자와 살진 짐승이 함께 있어 어린아이에게 끌리며 암소와 곰이 함께 먹으며 그것들의 새끼가 함께 엎드리며 사자가 소처럼 풀을 먹을 것이며 젖 먹는 아이가 독사의 구멍에서 장난하며 젖 뗀 어린 아**

이가 독사의 굴에 손을 넣을 것이라. 내 거룩한 산 모든 곳에서 해 됨도 없고 상함도 없을 것이니 이는 물이 바다를 덮음 같이 여호와를 아는 지식이 세상에 충만할 것임이니라."

뿐만 아니라, 천 년이 지난 후 하나님은 새 하늘과 새 땅을 만드실 것입니다. 그때 새 예루살렘성과 함께 하나님이 직접 그리로 내려오십니다. 그리고 하나님의 형상이 다시 회복된 구원받은 성도들과 함께 영원히 다스리실 것입니다.

요한계시록 5:9-10 "그들이 새 노래를 불러 이르되 두루마리를 가지시고 그 인봉을 떼기에 합당하시도다. 일찍이 죽임을 당하사 각 족속과 방언과 백성과 나라 가운데에서 사람들을 피로 사서 하나님께 드리시고 그들로 우리 하나님 앞에서 나라와 제사장들을 삼으셨으니 **그들이 땅에서 왕 노릇 하리로다** 하더라."

요한계시록 22:1-5 "또 그가 수정 같이 맑은 생명수의 강을 내게 보이니 하나님과 및 어린 양의 보좌로부터 나와서 길 가운데로 흐르더라. 강 좌우에 생명나무가 있어 열두 가지 열매를 맺되 달마다 그 열매를 맺고 그 나무 잎사귀들은 만국을 치료하기 위하여 있더라. 다시 저주가 없으며 하나님과 그 어린 양의 보좌가 그 가운데에 있으리니 그의 종들이 그를 섬기며 그의 얼굴을 볼 터이요 그의 이름도 그들의 이마에 있으리라. 다시 밤이 없겠고 등불과 햇빛이 쓸 데 없으니 이는 주 하나님이 그들에게 비치심

이라. 그들이 세세토록 왕 노릇 하리로다."

그러므로 하나님의 목적은 절대로 실패하지 않습니다. 처음 하늘과 처음 땅이 아니라 더 좋은 새 하늘과 새 땅에서 온전히 성취됩니다.

사랑하는 여러분, 하나님은 왕이시고 하나님의 형상은 왕의 자격입니다! 때문에 하나님을 닮고 그 형상을 회복하는 것보다 중요한 것은 없습니다! 우리가 반드시 깨달아야 할 것은, 하나님은 "영광의 하나님"이시고 하나님을 닮는 것이 최고의 영광이라는 것입니다. 그래서 하나님을 얼마나 닮았느냐에 따라 천년왕국과 새 하늘과 새 땅에서 다스리는 지경이 달라집니다. 예수님이 말씀한 대로 그때 어떤 이는 다섯 고을 어떤 이는 열 고을을 다스리는 권세를 받을 것입니다. 어떤 이들을 심지어 한 나라보다 더 큰 지역을 다스리게 될 것입니다. 그러니 하나님을 닮는 것이 얼마나 근본적으로 그리고 절대적으로 중요한 것인지 아시겠지요!

그러므로 더 이상 세상의 헛된 영광을 위해 살지 마십시오. 또, 사역의 성공을 위해 살지 마십시오. 하나님을 닮는 것을 최고의 영광으로 여기고 그것을 위해 살아가십시오. 그리하여 새 하늘과 새 땅에서 해처럼 빛나는 영광스러운 얼굴로 주님과 영원히 왕 노릇 하는 여러분 되시기 바랍니다.

엄선한 천국지옥 방문기!
당신의 영원을 어디서 보낼 것인가?
변승우 편저 | 신국판 | 276면 | 13,000원

영과 혼에 대한 궁금증이 풀리다!
너 자신을 알라!
변승우 | 신국판 | 496면 | 25,000원

저자가 쓴 125권 중 대표작!
당신의 복음은 바울의 복음인가?
변승우 | 신국판 | 532면 | 22,000원

사랑하는 사람을 구원하는 책!
노후준비보다 중요한 사후준비!
변승우 | 신국판 | 184면 | 12,000원
큰글씨 | 신국판 | 232면 | 13,000원

하나님 아빠 아버지!
변승우 | 신국판 변형 | 84면 | 7,000원

우리 산상수훈과 함께 다시 시작해요!(중)
나는 바리새인보다 나은 의를
가지고 있는가?
변승우 | 신국판 | 512면 | 20,000원

유대교의 전철을 밟고 있는 개신교!
변승우 | 신국판 변형 | 80면 | 6,000원

우리 산상수훈과 함께 다시 시작해요!(상)
나는 팔복의 사람인가?
변승우 | 신국판 | 524면 | 20,000원

중심이 미래를 좌우한다!
변승우 | 신국판 | 120면 | 7,000원

은사 사역 필독서!
너희는 더욱 큰 은사를 사모하라!
변승우 | 신국판 | 272면 | 12,000원

이 책 한 권이면 계시록이 보인다!
하나님의 어리석음이 사람보다
지혜롭다!!!
변승우 | 신국판 | 848면 | 33,000원

지옥에 가는 크리스천들
(수정증보판)
변승우 | 신국판 | 424면 | 12,000원

터
변승우 | 신국판 | 292면 | 9,000원

정경의 권위
변승우 | 신국판 | 160면 | 7,000원

다이아몬드 같은 진리!
변승우 | 신국판 | 488면 | 16,000원

예정론의 최고난제:
토기장이의 비유 풀이!
변승우 | 신국판 | 244면 | 12,000원

능력으로 관통되는 복음!
변승우 | 신4.6판 | 76면 | 5,000원
큰글씨 | 신국판 변형 | 84면 | 6,000원

이기는 자가 가는 나라!
변승우 | 문고판 | 48면 | 3,000원
큰글씨 | 신국판 변형 | 56면 | 4,000원

한 가지!
변승우 | 신국판 변형 | 112면 | 6,000원

거룩한진주의 도서들 2

십일조 대논쟁!
변승우 | 신국판 | 144면 | 7,000원

길
변승우 | 신국판 | 228면 | 7,000원

열방을 위한 하나님의 전략!
변승우 | 신국판 | 184면 | 9,000원

정통보다 더 성경적인 교회!
변승우 | 신국판 | 180면 | 8,000원

하나님의 집인가? 귀신의 집인가?
변승우 | 신국판 변형 | 84면 | 5,000원

당신의 자녀를
하나님의 자녀가 되게 하라!
변승우 | 신국판 변형 | 108면 | 5,000원

참으로 하나님의 은혜를
깨달은 날부터!
변승우 | 신국판 변형 | 64면 | 4,500원

사랑하는교회에 뿌리를 내려라!
변승우 | 신4.6판 | 80면 | 6,000원

제7차 아프리카 선교 보고
오늘도 살아 역사하시는 하나님!
변승우 편저 | 신국판 변형 | 92면 | 7,000원

"아이고 집사님, 아이고 권사님,
아이고 목사님이 왜 지옥에 계시나요?"
신국판 변형 | 52면 | 5,000원

아프리카 선교 현장에서
사도행전이 재현되다!
신4.6판 | 56면 | 3,500원

주님, 이 구절은 무슨 뜻인가요?
변승우 | 신4.6판 | 132면 | 6,500원

강남 사는 이작골 스타일 목사의
산소 같은 산행일기 3
변승우 | 4.6배판 변형 | 328면 | 17,000원

부에 대한 균형 잡힌 가르침!
변승우 | 신국판 | 160면 | 8,000원

사랑하는교회는 어떤 교회인가?
변승우 | 신국판 변형 | 108면 | 6,000원

강남 사는 이작골 스타일 목사의
산소 같은 산행일기 2
변승우 | 4.6배판 변형 | 292면 | 16,500원

해 아래 가장 명백한 진리
(복음전도용)
변승우 | 문고판 | 24면 | 1,000원
큰글씨 | 신국판 변형 | 24면 | 2,000원

오직 기독교가 길이요 진리요 생명이다!
변승우 | 문고판 | 40면 | 2,000원
큰글씨 | 신국판 변형 | 48면 | 3,000원

성경이 흔들리면 기독교가 무너진다!
변승우 | 신국판 | 164면 | 7,000원

평생 되새겨야 할 가장 중요한 진리!
변승우 | 신국판 변형 | 104면 | 7,000원

동성애 쓰나미!
변승우 | 신국판 | 328면 | 13,000원

믿음의 말씀 바로 알기!
변승우 | 신국판 변형 | 168면 | 8,000원

스카이(SKY)보다 크신 하나님!

변승우 | 신4.6판 | 76면 | 5,000원

하나님께 나아가자!

변승우 | 신국판 변형 | 92면 | 6,000원

하나님의 시선을 끄는 겸손!

변승우 | 신4.6판 | 48면 | 4,000원

땅에 떨어지는 예언들!

변승우 | 신국판 | 216면 | 11,000원

믿음으로 자백하라!

변승우 | 신국판 변형 | 160면 | 7,000원

전염병 경보 발령!

변승우 | 신국판 변형 | 84면 | 5,000원

사랑하는교회 (舊 큰믿음교회)
이단시비 종결되다!

변승우 편저 | 신국판 | 196면 | 6,000원

교회를 허무는 마귀의 교리
은사중지론!

변승우 | 신4.6판 | 60면 | 6,000원

당신의 고백을 점검하라!

변승우 | 신국판 변형 | 64면 | 4,000원

종말론 바로 알기!

변승우 | 신국판 변형 | 88면 | 4,500원

아~ 믿으라는 말이 이런 뜻이었구나?

변승우 | 신국판 변형 | 96면 | 5,000원

알면 사랑할 수밖에 없는 하나님

변승우 | 신4.6판 | 40면 | 2,000원

하나님이 주신 비전!

변승우 | 신4.6판 | 136면 | 4,000원

?

변승우 | 신국판 | 312면 | 11,000원

하나님의 부르심

변승우 | 신4.6판 | 60면 | 2,500원

하나님의 선물

변승우 | 신4.6판 | 128면 | 4,000원

크리스천의 문화생활

변승우 | 신4.6판 | 64면 | 2,500원

사랑받고 사랑하는 사람!

변승우 | 신4.6판 | 120면 | 4,000원

강남 사는 이작골 스타일 목사의
산소 같은 산행일기

변승우 | 4.6배판 변형 | 312면 | 16,500원

성경이 무엇을 말하느냐?

변승우 | 신국판 변형 | 168면 | 5,000원

나는 행복합니다

변승우 | 신4.6판 | 124면 | 4,000원

박해

변승우 | 신국판변형 | 140면 | 5,000원

과부 명부!

변승우 | 신4.6판 | 120면 | 2,500원

멍에

변승우 | 신국판 | 200면 | 5,000원

거룩한진주의 도서들 3

하나님이 절대주권으로
예정하셨다고요?
변승우 | 신국판 | 296면 | 8,000원

대질심문
변승우 | 신국판 | 324면 | 6,000원

천국의 가장 작은 자가 어떻게
세례 요한보다 클 수가 있나?
변승우 | 신국판 변형 | 96면 | 3,000원

계시
변승우 | 신국판 | 124면 | 4,000원

자의식 대수술!
변승우 | 신국판 | 184면 | 4,500원

종교개혁보다 나를 개혁하는 것이
더 중요하다!
변승우 | 신국판 | 348면 | 9,000원

내가 너희를 사랑한 것같이!
변승우 | 신국판 | 200면 | 4,500원

예언을 멸시하지 말라!
변승우 | 신국판 | 190면 | 5,000원

올바른 성경 읽기
변승우 | 신국판 | 120면 | 6,000원

청년이 무엇으로 그의 행실을
깨끗하게 하리이까?
변승우 | 신국판 | 104면 | 5,000원

푯대
변승우 | 신국판 | 184면 | 5,000원

용서는 나를 위한 것이다!
변승우 | 신국판 | 114면 | 4,000원

종교개혁은 아직 끝나지 않았다!
변승우 | 신국판 | 148면 | 5,500원

주께서 보여주신 선 (善)
변승우 | 신국판 | 118면 | 4,500원

할렐루야!
변승우 | 신국판 | 148면 | 4,500원

기름부음 받은 자를 존중하라!
변승우 | 신국판 | 98면 | 7,000원

미혹
변승우 | 신국판 | 136면 | 7,000원

내가 꿈꾸어온 교회
변승우 | 신국판 | 148면 | 4,000원

교회여~ 추수꾼들을 일으켜라!
변승우 | 신국판 | 142면 | 7,000원

습관적인 죄에 대한 새로운 이해!
변승우 | 신국판 | 112면 | 7,000원

예수님이 전부입니다!
변승우 | 신국판 | 114면 | 7,000원

하나님은 용기 있는 사람을 쓰신다!
변승우 | 신국판 | 128면 | 5,000원

주의 음성을 네가 들으니!
변승우 | 신국판 | 128면 | 8,000원

실전 영분별
변승우 | 신국판 | 172면 | 9,000원

여호와의 산, 그 거룩한 곳!
변승우 | 신국판 | 112면 | 4,000원

1세기의 사도와 오늘날의 사도
변승우 | 신국판 | 161면 | 5,000원

장로 그리고 당회는 과연 성경적인가?
(수정증보판)
변승우 | 신국판 | 112면 | 5,000원

패러다임의 전환이 필요한
전통적인 계시관
변승우 | 신국판 | 176면 | 5,000원

날 사랑하심! 날 사랑하심~
변승우 | 신국판 | 176면 | 9,000원

교회가 변하면 세상이 변한다!
변승우 | 신국판 | 250면 | 7,000원

월드컵보다 더 중요한 경기
변승우 | 신국판 변형 | 130면 | 3,500원

말씀 말씀 하지만
성경에서 벗어난 제자 훈련
변승우 | 신국판 변형 | 183면 | 5,000원

긴급수혈
변승우 | 신국판 변형 | 73면 | 5,000원

그 시에 주시는 그 말을 하라!
즉흥 설교 시리즈 제5권
변승우 | 신국판 변형 | 264면 | 7,000원

그 시에 주시는 그 말을 하라!
즉흥 설교 시리즈 제4권
변승우 | 신국판 변형 | 292면 | 7,000원

그 시에 주시는 그 말을 하라!
즉흥 설교 시리즈 제3권
변승우 | 신국판 변형 | 293면 | 7,000원

그 시에 주시는 그 말을 하라!
즉흥 설교 시리즈 제2권
변승우 | 신국판 변형 | 305면 | 7,000원

그 시에 주시는 그 말을 하라!
즉흥 설교 시리즈 제1권
변승우 | 신국판 변형 | 304면 | 7,000원

양신역사
변승우 | 신국판 변형 | 147면 | 7,000원

명목상의 교인인가? 미성숙한 신자인가?
변승우 | 신국판 변형 | 84면 | 5,000원

정통의 탈을 쓴 짝퉁 기독교
변승우 | 신국판 변형 | 295면 | 5,500원

예수빵 (개정판)
변승우 | 신국판 변형 | 116면 | 7,000원

가짜는 진짜를 핍박한다!
변승우 | 신국판 변형 | 163면 | 5,500원

구원에 이르는 지혜
변승우 | 신국판 변형 | 104면 | 4,500원

꺼져가는 등불, 양심
변승우 | 신4.6판 | 87면 | 2,500원

거룩한진주의 도서들 4

열방이 너희를 복되다 하리라!
변승우 | 신4.6판 | 77면 | 4,000원

하나님의 인자와 엄위 그 가운데
생명의 좁은 길이 있습니다!
변승우 | 신4.6판 | 156면 | 4,000원

여호와의 입에서 나오는 말씀
변승우 | 신국판 | 268면 | 10,000원

특별히 예언을 하려고 하라!
변승우 | 신국판 | 314면 | 9,000원

목사님, 어떻게 해야
마음이 청결한 자가 될 수 있나요?
변승우 | 문고판 | 90면 | 2,000원

좋은 씨와 맑은 물
변승우 편저 | 신국판 | 300면 | 5,000원

진짜 구원받은 사람도
진짜 버림받을 수 있다!
변승우 | 신국판 | 360면 | 13,500원

Am I a Person of the Beatitudes?
나는 팔복의 사람인가? [영문]
변승우 | 신국판 | 528면

A Book That Will Save The Ones We love
An Afterlife Plan More Important Than
One's Retirement Plan!
노후준비보다 중요한 사후준비! [영문]
변승우 | 신국판 | 164면

The Book of Acts Reenacted
: Missions in Africa!
아프리카 선교 현장에서 사도행전이 재현되다! [영문]
신4.6판 | 60면 | 3,500원

A Selection of Testimonies on Heaven and Hell!
Where Will You Spend Your Eternity?
당신의 영원을 어디서 보낼 것인가? [영문]
변승우 편저 | 신국판 | 236면

Christians Going to Hell
지옥에 가는 크리스천들 [영문]
변승우 | 신국판 변형 | 300면

The Foundation
터 [영문]
변승우 | 신국판 | 256면

根基
터 [중문]
변승우 | 신국판 변형 | 188면

Truth Like a Diamond!
다이아몬드 같은 진리! [영문]
변승우 | 신국판 | 495면

The Gospel Pervaded by Power
능력으로 관통되는 복음! [영문]
변승우 | 신국판 변형 | 41면

大能贯通的福音
능력으로 관통되는 복음! [중문]
변승우 | 신국판 변형 | 44면

The Kingdom of Overcomers
이기는 자가 가는 나라! [영문]
변승우 | 신국판 변형 | 52면

得胜者所进的国
이기는 자가 가는 나라! [중문]
변승우 | 신국판 변형 | 36면

When the Church Changes,
the World Changes!
교회가 변하면 세상이 변한다! [영문]
변승우 | 신국판 | 220면

教会改变世界就会改变
교회가 변하면 세상이 변한다! [중문]
변승우 | 신국판 | 212면

The Clearest Truth Under the Sun
해 아래 가장 명백한 진리 [영문]
변승우 | 신국판 변형 | 44면

Christianity Alone Is the Way,
and the Truth, and the Life!
오직 기독교가 길이요 진리요 생명이다! [영문]
변승우 | 신국판 변형 | 52면

唯独基督教是道路、真理、生命!
오직 기독교가 길이요 진리요 생명이다! [중문]
변승우 | 신국판 변형 | 32면

救いに至る知恵
구원에 이르는 지혜 [일본어]
변승우 | 문고판 | 102면

得救的智慧
구원에 이르는 지혜 [중문]
변승우 | 신국판 변형 | 96면

동역자 도서

영광에서 영광으로
김옥경 | 신국판 | 360면 | 16,000원

From Glory to Glory
영광에서 영광으로 [영문]
김옥경 | 신국판 변형 | 336면

荣上加荣
영광에서 영광으로 [중문]
김옥경 | 신국판 변형 | 336면

치유에 대한 성경적인 3가지 원리
치유티칭
진성원 | 신4.6판 | 96면 | 6,000원

김동욱 목사 명설교 모음
김동욱 | 신국판 | 232면 | 15,000원

물러서지 않는 것이 신앙이다!
이윤석 | 신4.6판 | 80면 | 3,000원

문맥 안에서 다시 보는 로마서 난해구
이동기 | 신국판 | 296면 | 15,000원

믿음의 순종
이동기 | 신4.6판 변형 | 72면 | 4,500원

거룩한진주의 도서들 5

팩트 체크!
"변승우 목사가 신사도 운동을 한다?"
이동기 외 2인 | 신4.6판 | 72면 | 4,000원

'주께서' (약 5:15)
이 안에 치유의 비결이 있다!
이길용 | 신4.6판 | 116면 | 3,500원

하나님이 창안하신 부부질서
김원호 | 신국판 변형 | 273면 | 8,000원

읽는 자는 깨달을 찐저!
강순방 | 신국판 | 184면 | 5,000원

Let the Readers Understand!
읽는 자는 깨달을 찐저! [영문]
강순방 | 신국판 | 184면

번역서

그 발 앞에 엎디어
썬다 싱 | 신국판 변형 | 152면 | 10,000원

아주사 부흥 그 놀라운 간증
토미 웰첼 | 신국판 변형 | 200면 | 12,000원

가브리엘 천사를 만나다
롤랜드 벅 | 찰스 & 프랜시스 헌터 엮음 |
신국판 | 288면 | 15,000원

주여! 내 마음을 살피사
찰스 G. 피니 | 신국판 | 376면 | 8,500원

가브리엘 천사를 만난 사람
롤랜드 벅·샤론 화이트 | 신국판 | 246면 | 7,700원

마귀들에 대한 놀라운 계시
하워드 O. 피트만 | 신국판 | 196면 | 12,000원

영과 혼의 궁금증이 풀리다!

Know Thyself!

너 자신을 알라!

발행일 2022년 12월 20일 초판 1쇄
2025년 9월 9일 2쇄
지은이 변승우
발행인 변승우
발행처 도서출판 거룩한진주
주 소 서울 송파구 위례성대로22길 27-22 (우) 05655
전 화 02-586-3079
팩 스 02-523-3079
Website http://www.belovedc.com
http://cafe.daum.net/Bigchurch (B 대문자)
http://www.youtube.com/@belovedch

ISBN 979-11-6890-024-0 03230